RÉPERTOIRE
UNIVERSEL ET RAISONNÉ
DE JURISPRUDENCE
CIVILE, CRIMINELLE,
CANONIQUE ET BÉNÉFICIALE.

Ouvrage de plusieurs jurisconsultes :

Mis en ordre & publié par M. Guyot, écuyer, ancien magistrat.

TOME CINQUANTE-SEPTIÈME.

A PARIS,

Chez { PANCKOUCKE, hôtel de Thou, rue des Poitevins.
VISSE, rue de la Harpe, près de la rue Serpente.

Et se trouve chez les principaux libraires de France.

M. DCC. LXXXIII.

Avec approbation & privilége du roi.

RÉPERTOIRE
UNIVERSEL ET RAISONNÉ
DE JURISPRUDENCE
CIVILE, CRIMINELLE,
CANONIQUE ET BÉNÉFICIALE.

R.

ROI. Ce mot a la même origine & la même signification que le mot latin *Rex*; & à ceux-là tiennent le verbe *regere* & tous ses dérivés. Un *Roi* est littéralement celui qui régit, qui gouverne. Sénèque a donc bien défini les Rois, lorsqu'il a dit que ce sont les tuteurs de la chose publique : *Reges sunt tutores statûs publici.* Ammien Marcellin a donc bien défini la royauté, lorsqu'il a dit que c'est la charge de veiller & de pourvoir au salut d'autrui, *cura salutis alienæ.*

On comprend déjà qu'un Roi est toute autre chose qu'un despote; c'est de la langue grecque que nous avons emprunté ce dernier mot : il y signifioit un *maître* qui dominoit arbitrairement sur des esclaves, qui en disposoit comme de sa chose propre. C'étoit le relatif du mot esclave; & l'un supposoit nécessairement l'autre; *despotes*, *herus*, *relativum est servi.*

Cette puissance arbitraire du despote n'avoit, aux yeux des Grecs, rien que de légitime; & cela devoit être ainsi. Puisqu'ils admettoient l'esclavage civil, pourquoi l'esclavage politique les auroit-il révoltés? Aussi voyez dans l'histoire des *Hilotes*, jusqu'à quel point les Spartiates poussèrent les combinaisons & l'abus de ces deux sortes d'esclavages.

De nos jours encore, n'a-t-on pas vu des publicistes enseigner qu'il y a des *royaumes patrimoniaux*, *des Rois propriétaires* du pays & de la nation qu'ils gouvernent, & fonder ce droit de *propriété* sur la conquête ou sur le consentement d'un peuple qui s'est donné sans réserve? Ils ont cru avoir beaucoup fait pour l'humanité, en reconnoissant que, » dans le doute, tout royaume doit être » censé *non patrimonial*, tant qu'on ne prouve pas, » d'une manière ou d'une autre, qu'un peuple s'est » soumis sur ce pied-là à un souverain (*) «.

Si le principe de ces publicistes pouvoit être vrai, l'expression qu'ils emploient seroit au moins impropre. Celui qui s'intitule *Roi*, déclare par cela même qu'il n'est pas propriétaire, qu'il n'est que le gouverneur, l'administrateur de la chose d'autrui. On me pardonnera peut-être d'avoir insisté sur la valeur d'un mot, lorsqu'on verra que la connoissance des droits des peuples & des souverains tient à la définition exacte de ce mot.

J'écris dans un siècle & dans un pays où l'on

(*) Ce sont les principes de Burlamaqui, professeur en droit naturel & civil à Genève. Voyez ses principes du droit politique, part. 1, chap. 7, §. 51, 52 & 53.

paroît avoir une plus haute idée de la dignité de l'homme, où l'on ne connoît que des Rois, où les Rois mêmes abhorrent le despotisme, & l'esclavage civil & l'esclavage politique.

Mais si nous sortons de l'Europe, comment ne serions-nous pas tentés de croire que l'homme est né pour ce double esclavage ? Par-tout je le vois façonné au joug, découragé au moindre effort qu'il faudroit faire pour briser sa chaîne, effrayé de la liberté même, quand on la lui fait entrevoir, traitant de barbares, les peuples libres, & d'ennemis publics, ceux qui osent lui parler de liberté. Dans ces climats, où le despotisme & l'esclavage sont au moins naturalisés, vous verrez souvent le fer des assassins ensanglanter le trône : le tyran meurt, mais la tyrannie est éternelle.

„ Je voudrois entendre, s'il est possible, disoit „ un magistrat ami de Montaigne, & digne de l'être, „ comment il se peut faire que tant d'hommes, „ tant de villes, tant de nations endurent quel- „ quefois un tyran seul, qui n'a puissance que celle „ qu'on lui donne ; qui n'a pouvoir de leur nuire, „ sinon d'autant qu'ils ont vouloir de l'endurer ; qui „ ne sauroit leur faire mal aucun, sinon lorsqu'ils „ aiment mieux le souffrir que lui contredire. Grande „ chose certes, & toutefois si commune, qu'il s'en „ faut d'autant plus douloir & moins ébahir, de „ voir un million de millions d'hommes servir mi- „ sérablement, ayant le col sous le joug, non pas „ contraints par une plus grande force, mais aucu- „ nement (ce semble) enchantés & charmés par „ le seul nom d'un, duquel ils ne doivent craindre „ la puissance, puisqu'il est seul, ni aimer les qua- „ lités, puisqu'il est en leur endroit inhumain & „ sauvage....

„ O bon dieu ! que peut être cela ? comment „ dirons-nous que cela s'appelle ? quel malheur est

» celui là, ou quel vice? Voir un nombre infini,
» non pas obéir, mais servir; non pas être gou-
» vernés, mais tyrannisés, n'ayant ni biens, ni pa-
» rens, ni enfans, & leur vie même, qui soit à
» eux; souffrir les pilleries, les paillardises, les
» cruautés, non pas d'une armée, non pas d'un
» camp barbare contre lequel il faille *dépendre* son
» sang & sa vie, mais d'un seul; non pas d'un
» Hercule ni d'un Samson, mais d'un seul *hommeau*,
» & le plus souvent le plus lâche & le plus féminin de
» la nation; non pas accoutumé à la poudre des ba-
» tailles, mais encore à grande peine au sable des
» tournois; non pas qui puisse par force commander
» aux hommes, mais tout empêché de servir vile-
» ment à la moindre femmelette « (*)!

M. de Montesquieu a voulu résoudre ce problême politique par des causes physiques. Selon lui, c'est la latitude, c'est la configuration du globe qui fixe le sort des peuples, qui les dévoue à l'esclavage ou à la liberté.

» L'Asie, dit-il, n'a point précisément de zone
» tempérée; les lieux situés dans un climat très-
» froid y touchent immédiatement ceux qui sont
» dans des climats très-chauds. . . . . Les peuples
» guerriers, braves & actifs, y touchent immédia-
» tement des peuples efféminés, paresseux, timides;
» il faut donc que l'un soit conquis & l'autre con-
» quérant.

» En Europe, la zone tempérée est très-éten-
» due . . . . le climat y devient insensiblement froid,
» en allant du midi au nord . . . . les nations qui
» se touchent ont à peu près le même courage.

» C'est la grande raison de la foiblesse de

(*) Discours d'Etienne de la Boetie, de la servitude volontaire.

» l'Asie & de la force de l'Europe, *de la li-
» berté de l'Europe & de la servitude de l'Asie* (*).

Fort des principes de M. de Montesquieu, le philosophe de Genève les donne d'un ton encore plus affirmatif. » Quand tout le midi seroit couvert
» de républiques, & tout le nord d'états despotiques,
» il n'en seroit pas moins vrai, dit-il, que *par*
» *l'effet du climat le despotisme convient aux pays*
» *chauds*, la barbarie aux pays froids, & la bonne
» *politie* aux régions intermédiaires (**) «.

Si telle est l'influence des climats, je ne vois pas pourquoi l'on se récrie tant contre le despotisme oriental, ni comment Montesquieu & Rousseau ont pu croire que la nature avoit fait tous les hommes libres & égaux. Les climats, qui condamnent les peuples du nord à la barbarie, & les peuples du midi au despotisme, ne sont-ils pas l'ouvrage de la nature ?

Leur systême a sans doute de quoi flatter l'orgueil des Européens ; mais par-tout ailleurs il justifie la tyrannie & dégrade l'humanité. Cette supériorité qu'on nous attribue sur les autres hommes, & qu'on suppose être un présent de la nature, est trop étonnante pour que nous devions l'admettre sans en examiner les titres : sachons être hommes ; mais souffrons que l'Asiatique & l'Africain le soient aussi.

D'abord je ne crois pas qu'il soit démontré que, toutes choses d'ailleurs égales, les peuples du nord ont dû conquérir ceux du midi, & que la dégradation insensible de la température en Europe a dû y rendre les conquêtes plus difficiles qu'en Asie,

(*) Esprit des loix, liv. 17, chap. 3 & suiv.
(**) Contrat social, liv. 3, chap. 8.

où les climats très-froids touchent les climats très-chauds.

Suivez les conquêtes d'Alexandre ; voyez si elles lui ont couté plus au nord qu'au midi. La ville de Tyr l'arrête pendant sept mois ; les Scythes de l'Asie se soumettent à lui avant qu'il les ait attaqués : un seul combat lui suffit pour subjuguer les Scythes Européens.

Contemplez Rome dans sa puissance. Voyez si la conquête des Gaules lui a plus couté que celle de Carthage. Lisez aussi l'histoire de Jugurtha. Cet Africain fait passer sous le joug une armée romaine ; il résiste aux plus grands généraux de Rome, à Metellus, à Marius, à Sylla : & l'on peut douter encore quelle eût été l'issue de cette guerre, si le traître Bocchus n'eût pas livré Jugurtha aux Romains.

En second lieu, je ne comprends pas M. de Montesquieu, lorsqu'il dit que les peuples du nord ont conquis l'Asie en esclaves, & n'ont vaincu que pour un maître, tandis que les peuples du nord ont conquis l'Europe en hommes libres, & y ont fondé la monarchie & la liberté.

En Asie comme en Europe, ce n'est pas un seul homme, c'est une armée, c'est un peuple qui fait la conquête. Comment donc ces hommes, libres avant la conquête, égaux & compagnons de leur chef, ont ils consenti, en Asie, non seulement à ne pas partager la conquête avec lui, mais encore à devenir ses premiers esclaves, tandis que les conquérans de l'Europe ont conservé leur liberté, ont partagé la conquête avec leur chef ?

Je doute même que les faits s'accordent sur ce point avec le systême de M. de Montesquieu, ou du moins qu'ils soient assez uniformes pour pouvoir servir de base à un systême général.

Il est vrai que la plupart des peuples du nord de

l'Europe ont long-temps conservé leur liberté. Si l'on veut un modèle d'une constitution vraiment libre, c'est dans l'Islande qu'il faut l'aller chercher. C'est là, c'est dans le neuvième siècle que la nature a inspiré à une peuplade de Norwégiens un plan simple & sublime, qu'aucun philosophe, qu'aucun législateur n'avoit su trouver avant eux, & qu'on n'a pas su imiter dans la suite.

Dire que la révolution qui se fit dans le Danemark en 1660, & celle qui s'est faite de nos jours dans la Suède, prouvent que la liberté n'est pas l'apanage des peuples du nord de l'Europe, ce seroit peut-être mal juger les hommes & les événemens (*).

Mais les Russes sont-ils moins au nord de l'Europe que les Suédois & les Danois ? Cependant on ne trouve dans leur histoire aucune époque où ils aient été libres ; ils n'ont eu, jusqu'au seizième siècle, d'autres loix que la volonté du maître.

La race de Rurick occupe le trône pendant huit cents ans, en dispose comme de son patrimoine ; & sous cette dynastie, les Russes n'ont jamais soupçonné qu'il leur fût permis de ne pas vouloir ce que leurs souverains avoient voulu.

Le dernier prince de cette race veut limiter son pouvoir ; il offre de s'engager par serment à ne faire mourir aucun Boyard (*) sans le consentement des autres Boyards. Ils se jettent à ses genoux, & le supplient de ne pas dégrader ainsi la souveraineté.

Deux fois seulement les Boyards ont paru s'occuper, non de la liberté publique, mais de leur

---

(*) Les détails des deux grandes révolutions du Danemark & de la Suède sont connus de tout le monde. On sait jusqu'à quel point la soumission de ces deux peuples au pouvoir absolu a été volontaire.

(**) C'est le titre des grands seigneurs Russes.

propre grandeur. En plaçant sur le trône Michel Fédorowitz & Anne, duchesse de Courlande, ils leur font signer des conventions qui tendent, non à détruire le despotisme, mais à multiplier les despotes. Fédorowitz promet tout ce qu'on lui demande, ne tient rien de ce qu'il a promis, & personne ne réclame l'exécution du traité.

Anne met plus de franchise & de fierté dans sa marche. Elle assemble la noblesse, le conseil & le sénat, fait lire publiquement les articles qu'elle a signés, & demande à chaque article si c'est-là le vœu de la nation. L'assemblée répond que non. » Ces écrits ne sont donc pas nécessaires «, dit l'impératrice. Elle prend les papiers des mains du grand chancelier, les déchire dans l'assemblée, se déclare souveraine absolue, abolit le conseil souverain, dont les membres avoient voulu borner sa puissance; & la ville de Moskow retentit d'applaudissemens & de cris de joie.

Cette histoire de l'esclavage volontaire des Russes paroît avoir embarrassé l'auteur de l'esprit des loix; elle dérangeoit sa théorie des climats. Voici ce qu'il en a dit : » Que la noblesse Moscovite ait » été réduite en servitude par un de ses princes, » on y verra toujours des traits d'impatience que » les climats du midi ne donnent point. N'y avons- » nous pas vu le gouvernement aristocratique établi » pendant quelques jours « ?

Ceux qui ont lu l'histoire des Russes auront de la peine à les reconnoître dans ce tableau. L'Asie ni l'Afrique n'ont jamais eu de nation qui se soit offerte plus volontairement au joug, & qui l'ait souffert plus long-temps & avec autant de patience.

Il ne faut donc pas croire que les Européens, ni même que les peuples du nord de l'Europe soient tous libres, ni que le reste de la terre soit fait pour l'esclavage.

C'eſt au midi de l'Europe qu'ont exiſté les républiques grecques ; c'eſt-là que la ligue achéenne s'eſt formée; c'eſt de là que les colonies grecques établies en Italie, que les Romains mêmes ont emprunté la forme de leur gouvernement : & Rome & la grande Grèce étoient auſſi au midi de l'Europe.

Les Tyriens furent long-temps libres ; ils étoient cependant Aſiatiques ; & ce n'étoit pas un peuple ſeptentrional.

L'Afrique a eu auſſi des peuples libres. Je ne veux pas parler des républiques barbareſques, parce que des brigands ne doivent pas être comptés parmi des peuples libres. Mais Carthage a exiſté pendant près de huit ſiècles en Afrique ; & tous les politiques ont admiré la conſtitution de Carthage. Mais les Hottentots exiſtent encore au cap de Bonne-Eſpérance ; ils y vivent libres, & pourtant ſoumis aux loix. Leur gouvernement eſt encore moins compliqué que celui des anciens Iſlandois, ſans doute parce qu'ils ſont plus près de l'état de nature.

C'eſt un aſſez beau ſpectacle pour un homme ami de la liberté, que de la voir établie aux deux extrémités de la terre, au midi & au ſeptentrion, par des peuples ignorans, qui n'ont eu d'autre guide que le bon ſens naturel, & qui ont ſu pourvoir à leur repos & à leur indépendance. Tant il eſt vrai que la liberté eſt de tous les climats, faite pour tous les hommes ! S'il faut des vertus peu communes pour la recouvrer, ſi l'exemple de Caton & de Brutus prouve que la vertu même ne ſuffit pas toujours, c'eſt du moins aſſez, pour la conſerver, de vouloir être libre & de n'être pas corrompu.

Nous ſommes encore bien loin de la ſolution du problême propoſé par la Boetie ; on ne le réſoudra jamais bien, tant qu'on voudra tout expliquer par une ſeule cauſe. La ſervitude eſt l'effet de pluſieurs cauſes combinées ; elle eſt rarement volontaire dans son principe ; c'est presque toujours la force qui fait les despotes & les esclaves. Mais la force d'un seul contre plusieurs est nécessairement précaire & doit cesser bientôt. C'est ici que les causes morales viennent au secours de la puissance physique & achèvent ce qu'elle a commencé. Dans l'armée du conquérant, l'habitude d'obéir aveuglément à un chef ; la terreur qu'il répand chez le peuple vaincu ; l'admiration qu'inspirent les grands succès ; la bassesse des grands qui comptent leur liberté pour rien, pourvu qu'ils commandent eux-mêmes à des esclaves ; les dogmes des fausses religions qui ont infesté la terre, qui ont livré l'homme au despotisme ; l'avilissement de l'ame, suite nécessaire de l'esclavage ; qui étouffe jusqu'au sentiment de la liberté ; les préjugés d'une éducation servile, qui a corrompu les générations futures, qui a réduit tous les devoirs de l'homme à un seul, celui d'obéir : voilà les causes morales, dont le concours a dû perpétuer le despotisme ; voilà comment, dans quelques états, plusieurs ont subi le joug d'un seul.

Parmi ces causes, il ne seroit pas impossible d'indiquer celles qui ont le plus influé sur tel ou tel gouvernement ; on pourroit même dire pourquoi le despotisme est cruel & sanguinaire dans tel pays, pourquoi il est doux & modéré dans tel autre ; donner les raisons de la différence qu'on remarque entre le despotisme asiatique & le despotisme africain ; distinguer les états où le despotisme paroît établi sur des bases immuables, d'avec ceux qui tendent à leur destruction, & dans lesquels se prépare lentement un nouvel ordre de choses.

Mais tous ces développemens n'appartiennent qu'à l'histoire ; laissons-lui la triste fonction de nous présenter le tableau des crimes des souverains & des malheurs des peuples, & gardons-nous de souiller la science du droit public, en y faisant entrer la théorie du despotisme. Le despotisme existe dans le fait ; mais il n'existe que parce qu'on a violé la première de toutes les loix ; & si vous le soumettez à des loix, il cesse d'être despotisme. Quelle règle pourroit-on établir entre un despote & ses esclaves ? D'un côté, la volonté du maître ; de l'autre, la nécessité d'obéir. En supposant que la force fait le droit, déplaire est le seul crime dont on puisse être coupable dans un gouvernement despotique ; la mort en est la peine. Le maître qui ordonne, & l'esclave qui ose, se font tour à tour la loi. Le cordon d'un côté, de l'autre le poignard ; voilà leur code politique, criminel & civil.

Rentrons enfin dans ces heureuses contrées où le monarque le plus absolu convient que le sujet a des droits, où ces droits sont peut-être aujourd'hui mieux connus que jamais. Etudions les principes de leurs institutions sociales, nous retrouverons partout l'empreinte de la nature ; on regrettera cependant quelquefois de voir ces institutions altérées par le gouvernement féodal : c'est une mousse parasite, qui dégrade, qui dessèche & qui peut faire périr l'arbre auquel elle s'attache.

Pour bien connoître les véritables fondemens de l'autorité des Rois, il faut d'abord ne consulter que la loi de la nature ; celle-là est seule immuable. Nous verrons ensuite comment la loi des fiefs a modifié presque tous les gouvernemens de l'Europe, le mal qu'elle a fait aux Rois & aux peuples, & celui qu'elle peut leur faire encore.

L'homme n'est point né indépendant ; mais il ne dépend que de ses besoins ; & nul homme n'a reçu de la nature le droit de commander à un autre homme.

Parcourez le cercle de la vie humaine, & jugez si un être aussi misérable peut exister dans un état d'indépendance absolue.

Son enfance est un état de foiblesse, & par conséquent de dépendance. Il faut le nourrir & le défendre; il faut de plus que l'éducation en fasse un homme; & si nous le supposons destiné à vivre en société, il faut qu'elle en fasse un citoyen.

Son adolescence, & même une bonne partie de sa jeunesse, est un temps d'erreurs & d'orages; il faut le guider.

Sa carrière se termine à peu près comme elle a commencé; sa vieillesse est une seconde enfance: il faut lui rendre alors les secours qu'on a reçus de lui.

La femme parcourt le même cercle; mais elle a de plus la foiblesse de son sexe. A tous les âges elle a besoin que l'homme la protège; au lieu que l'homme a du moins quelques instans de force dans sa vie. Tout homme bien organisé est l'égal de tous les individus de son espèce.

Mais l'homme avec toute sa force, s'il vit isolé, sera bientôt la pâture des bêtes féroces; sa vie est menacée de toutes parts; il ne peut la sauver que par le secours de ses semblables; & comme ils sont tous environnés des mêmes dangers, le même intérêt les invite à se réunir contre l'ennemi commun.

La femme, dira-t-on, est donc subordonnée à l'homme par la loi de la nature? l'autorité des pères sur leurs enfans n'est donc que précaire & momentanée? les pères sont donc destinés, par la nature, à leur obéir à leur tour? Aucune de ces conséquences ne m'effraye. Mais ce n'est pas le moment de s'occuper de ces objets; il faut expliquer comment les sociétés ont dû se former, avant de chercher quelles ont dû être leurs premières loix.

C'est dans le besoin qui rapproche les deux sexes, que nous trouverons le germe des premières sociétés ; car sans lui, les relations d'époux & d'épouse, de père & de fils, n'auroient jamais existé : mais je doute que ce besoin, qui est momentané de sa nature, eût produit une association bien durable.

L'état de foiblesse de l'homme dans son enfance, quoiqu'il se prolonge beaucoup plus, a cependant son terme : il est donc probable, jusqu'à présent, que les premières sociétés n'auroient pas eu plus de durée que les besoins de l'enfant.

Mais la femme est toujours foible, elle a toujours besoin d'un protecteur : l'union de l'homme & de la femme a donc dû être *perpétuelle* par la loi de la nature.

Mais un enfant succède à l'autre. Ces nouveaux êtres ont aussi besoin de secours. Ce sont de nouveaux motifs pour le père & la mère de ne pas se séparer.

Mais l'enfant, devenu homme, aura aussi des devoirs à remplir à son tour. Il faudra qu'il nourrisse & qu'il protège dans leur vieillesse ceux qui l'ont nourri & protégé dans son enfance.

De là, la perpétuité de l'union de l'homme & de la femme, du père & des enfans ; de là, les sociétés domestiques.

La mort du père & de la mère auroit dû naturellement dissoudre ces sociétés domestiques, si de nouvelles causes ne les avoient pas perpétuées.

L'habitude d'être ensemble, l'affection mutuelle que doivent prendre l'un pour l'autre, des frères qui ont été nourris & élevés ensemble, peut-être la sociabilité que l'on dit naturelle à l'homme ; mais plus que tout cela, la nécessité de se secourir, ont dû former de nouvelles sociétés entre les enfans des hommes. Ils sont devenus pères à leur tour; leurs familles se sont réunies en un seul corps; de là les nations ou sociétés nationales.

C'est donc à l'inégalité des forces physiques & morales que je rapporte l'origine de toutes les sociétés, même de celles qui ont été l'ouvrage immédiat de la nature. Quand je parle de *force*, on ne s'effrayera point du mot; on voit bien que je parle de la force qui protège, & non de celle qui détruit ou qui opprime.

La nature a établi une société entre l'homme qui est fort, & la femme qui est foible, pour donner un protecteur à la femme.

Elle a établi une société entre l'enfant & le père & la mère, pour donner des protecteurs à l'enfant.

Elle a voulu que cette société se prolongeât pendant l'adolescence du fils, pour lui donner des guides.

Elle a voulu qu'elle se prolongeât jusqu'à la mort du père & de la mère, pour que le fils, devenu fort, protégeât à son tour son père & sa mère dans leur vieillesse.

Et les hommes, imitant l'ouvrage de la nature, ont formé des associations, pour trouver dans la réunion de leurs forces une protection puissante contre les dangers qui les environnoient.

Quelques-unes de ces sociétés n'ont voulu confier l'autorité qu'à elles-mêmes. La plupart ont mis à leur tête un ou plusieurs magistrats, pour mouvoir & diriger les forces communes. C'est ainsi que se sont formées les démocraties, les aristocraties, & les monarchies ou royaumes.

Si l'on demande quel est celui de ces trois gouvernemens qui vaut le mieux, je répondrai que celui-là est le meilleur qui pourvoit le mieux à la sûreté & à la prospérité de la nation, à la liberté & au bonheur des individus qui la composent. S'il atteint ce double but, peu m'importe qu'il soit dans la main d'un seul ou dans la main de plusieurs.

Ceux qui disent que la liberté ne réside que dans les républiques, qui frémissent au seul nom de Roi, qui ne voudroient voir que des républiques sur la surface de la terre, ont-ils bien pesé les avantages & les inconvéniens des différentes formes de gouvernemens? en ont-ils fait l'application à tous les peuples & à tous les pays?

La vraie démocratie n'existe & ne peut exister nulle part. Nulle république n'en a plus approché que celle de St.-Marin. Cependant elle n'est pas purement démocratique; elle est gouvernée par le conseil des soixante. On n'y assemble le conseil général que dans des cas extraordinaires; & ce conseil général, dans lequel réside véritablement le pouvoir souverain, n'est pas composé de l'universalité du peuple; chaque maison y a seulement un représentant.

Je ne conçois pas de gouvernement plus tumultueux, plus insensé que le seroit celui d'une pure démocratie. Elle ne pourroit être telle qu'autant que, pour former la volonté générale, on compteroit les voix de tous les individus qui composent la société, des femmes, des jeunes gens & des enfans. Si vous n'admettez aux délibérations que les hommes qui sont dans la maturité de l'âge, si vous en excluez les femmes, la jeunesse & l'enfance, ce n'est déjà plus une démocratie. Or, que seroit-ce, je vous prie, qu'un état où les femmes & les enfans seroient appelés aux délibérations publiques & formeroient la volonté générale?

Il ne reste donc à choisir qu'entre l'aristocratie & la monarchie; mais je demande si l'on peut dire que le citadin de Venise est libre; s'il est bien certain que les Bernois le seront long temps; s'il y a dans ces deux aristocraties plus de véritable liberté qu'il n'y en a dans la monarchie de la Grande-Bretagne, ou si le despotisme de plusieurs vaut mieux que celui d'un seul.

Au surplus, est-on par-tout le maître de choisir? la nature n'auroit-elle pas déterminé la forme qui convient à chaque pays? J'ai dit qu'elle n'avoit destiné aucun climat au despotisme, parce que je crois que tous les hommes ont reçu d'elle un droit égal à la liberté; & je ne crois pas être contraire à moi-même, en disant qu'il y a des pays destinés par la nature au gouvernement d'un seul, & d'autres qu'elle a faits pour le gouvernement de plusieurs; car je suppose toujours que dans tout gouvernement l'homme ne doit perdre de sa liberté que ce qui est nécessaire au maintien de la société; que tout gouvernement qui passe cette borne, est tyrannique, en ce qu'il est contraire à la loi naturelle.

Un peuple qui n'a pas la soif des conquêtes, qui est à l'abri des invasions, qui est d'un accès difficile, qui est entouré de mers ou de montagnes, & qui n'a qu'une petite surface à défendre, peut & doit être gouverné par plusieurs; il doit s'éloigner le moins qu'il est possible de la démocratie. Il ne faut pas que sa constitution & son existence dépendent de l'ambition de ses chefs.

Un peuple qui occupe un vaste territoire, ouvert de plusieurs côtés; qui, pour n'être pas attaqué, a besoin d'être toujours armé; qui, pour repousser des attaques imprévues, a besoin de porter promptement des forces considérables à de grandes distances; un tel peuple ne peut être bien gouverné que par un seul. Activité, secret & force dans l'exécution; voilà le grand avantage des monarchies sur les républiques.

La France n'a d'autre barrière qui la défende du côté de l'Allemagne, que des places fortes & des soldats. Peut-être n'a-t-on pas assez réfléchi à cette circonstance. Ne seroit-ce pas une indication de la forme du gouvernement que la nature nous destinoit ?

Voilà, si je ne me trompe, l'histoire de la formation des sociétés, & les véritables fondemens de l'autorité des Rois. Mais ce droit de gouverner les autres hommes, impose aussi des devoirs à ceux qui gouvernent. Toute société dans laquelle l'un des associés ne feroit aucune mise, & dont il tireroit tout le profit, seroit évidemment une société léonine. Une telle société ne peut pas subsister entre des hommes ; elle seroit nulle, même pour ceux qui s'y seroient soumis ; elle le seroit à plus forte raison pour ceux qui leur succèdent.

Un Roi, celui que j'appelle absolu, c'est-à-dire celui dont aucune convention n'a limité le pouvoir, n'est jamais que l'administrateur de la chose publique, le dépositaire des forces réunies de la société. Il ne peut disposer de ces forces que pour l'avantage de la société qui les lui a confiées ; il ne peut vouloir que ce que la société voudroit elle-même ; il ne peut avoir de droit sur les individus qui composent la société, que ceux que la société a pu lui transmettre, ceux qu'elle avoit elle-même : or, les droits de la société sur les individus qui la composent, ont des limites qu'il est impossible de franchir sans violer les loix de la nature.

Les hommes ne se sont mis en société que pour procurer leur avantage & leur sûreté par la réunion de leurs forces.

La société n'a de droit que ceux que les individus qui la composent ont pu & voulu lui transmettre.

Ils n'ont pu lui transmettre des droits qu'ils n'avoient pas.

Et chacun d'eux n'a voulu lui transmettre que la plus petite portion possible de ses droits, la seule portion dont le sacrifice étoit nécessaire pour assurer à chacun la jouissance de ses autres droits.

Ainsi le Roi le plus absolu ne peut pas tourner contre la société, les forces que la société lui a confiées.

Il peut, pour l'avantage de la société, tout ce que la société pourroit elle-même; il ne peut rien contre les intérêts de la société.

Il ne peut sur chaque individu que ce que chaque individu auroit pu sur lui-même ou sur les autres dans l'état de nature.

Il ne peut sur eux que ce qui est absolument nécessaire pour le maintien de la société.

Voilà les bornes que la nature a mises à l'autorité des Rois, indépendamment de toute convention. Une nation peut bien, par des conventions particulières, circonscrire l'autorité de ses Rois dans un cercle plus étroit; mais tout pacte qui franchiroit les limites que la nature a posées, seroit nul.

J'ai parlé de la puissance des pères sur leurs enfans, des maris sur leurs femmes. Quelques publicistes ont comparé les nations aux familles, ont fait dériver l'autorité royale du pouvoir paternel. Et comme, chez plusieurs peuples de l'antiquité, les peres & les maris avoient une puissance illimitée, le droit de vie & de mort sur leurs femmes & sur leurs enfans; il faut bien se garder de confondre les loix civiles de ces peuples, avec la loi naturelle, & le gouvernement domestique avec celui des nations. Combien de tyrans qui n'ont jamais connu les devoirs des peres, qui ne peuvent pas même avoir pour des sujets qu'ils n'ont jamais vus, la tendresse qu'un père a pour ses enfans, se hâteroient de rapporter à cette origine les droits des souverains, & s'intituleroient, de par la nature, arbitres de la vie & de la mort de leurs sujets?

Le gouvernement des familles, qui étoit l'ouvrage de la nature, a bien dû donner l'idée des associations qui ont formé les nations ; il a bien pu servir de modèle au gouvernement que ces nations ont adopté ; mais M. de Montesquieu observe très-bien que » l'exemple du pouvoir paternel ne prouve rien : » car si le pouvoir du père a du rapport au gou» vernement d'un seul ; après la mort du père, le » pouvoir des frères, ou, après la mort des frères, » celui des cousins-germains, ont du rapport au » gouvernement de plusieurs (*) «.

Le plus parfait de tous les gouvernemens seroit sans doute celui où le monarque auroit les sentimens & rempliroit envers ses sujets les devoirs d'un père envers ses enfans. Le ciel donne rarement de tels Rois à la terre, & c'est parce qu'ils sont rares, qu'il est bon de connoître les bornes de leur puissance & la nature de leurs devoirs. Celui qui permet à un jurisconsulte de déposer ces grandes vérités dans un livre destiné à l'instruction publique, à coup sûr n'aura jamais besoin qu'on les lui rappelle ; mais elles pourront encore être utiles aux races futures ; & je ne connois pas de meilleur moment pour les dire, que celui où l'on peut présenter le modèle à côté du précepte.

César dit (*) que les Gaulois avoient la puissance de vie & de mort sur leurs femmes & sur leurs enfans.

A Rome les femmes étoient sous la puissance de leurs maris ; les filles & les veuves sous la tutelle de leurs parens (**), & les pères avoient sur leurs

(*) Esprit des loix, liv. 1, chap. 3.
(**) Commentaires de la guerre des Gaules, liv. 6.
(***) Cicéron, *pro Murenâ*.

enfans le droit de vie & de mort ; il leur étoit aussi permis de les vendre (*).

C'étoit une bonne loi sans doute, que celle qui mettoit les femmes sous la tutelle perpétuelle de leurs maris ou de leurs parens. Cicéron a très-bien saisi le motif de cette loi : *mulieres omnes ob infirmitatem consilii, majores in tutorum potestate esse voluerunt.* Et quoique M. de Montesquieu dise que cela étoit bon dans une république, & n'étoit point nécessaire dans une monarchie ; comme je crois que par-tout la nature est la même, que dans les monarchies la femme est foible au physique & au moral comme dans les républiques, que par-tout il faut que le sexe foible soit protégé & dirigé par le sexe qui lui est supérieur en force ; j'espère que l'on fera revivre cette ancienne loi, si nous avons jamais un l'Hôpital qui ait le courage de régénérer la France par un bon systême de législation.

Mais parce que la femme est foible & legère, parce que l'enfant a besoin de défenseur, parce que la jeunesse a besoin de conseil & de guide, s'ensuit-il qu'il faille donner au père & au mari le droit de tuer ces êtres foibles ? Ce n'est pas là le vœu de la nature : la force ne donne point le droit d'opprimer, elle ne fait qu'imposer le devoir de protéger. Voilà le devoir des Rois, s'ils veulent être pères.

Un trait d'histoire, que je trouve dans la Génèse, fait naître une grande question ; il faut tâcher de la résoudre.

Joseph explique le fameux songe de Pharaon ; il prévoit que sept années d'abondance vont être

(*) Loi des douze tables, 27.

ſuivies de ſept années de ſtérilité. Pharaon le fait ſon premier miniſtre.

Le nouveau miniſtre fait apporter dans les greniers du Roi la cinquième partie de tous les grains qui ſe recueillent dans l'Egypte pendant les ſept premières années. Le texte ne dit pas s'il en payoit le prix aux cultivateurs; mais les commentaires donnent à entendre qu'il faiſoit cette levée ſans payer; & l'hiſtorien Joſephe va même plus loin; car, s'il faut l'en croire, on ne laiſſoit aux laboureurs que ce qu'il falloit pour vivre & pour ſemer; on emportoit tout le reſte, ſans leur dire pourquoi on s'approprioit leurs denrées.

Les ſept années de ſtérilité arrivent. La famine déſole toute la terre. On vient de toutes parts acheter du bled aux greniers du Roi d'Egypte; & Joſeph en vend à tous venans, Egyptiens & étrangers.

Dès la première année, tout l'argent des Egyptiens étoit dans les coffres du roi. Ils mouroient tous de faim faute d'argent; ils vendent leurs troupeaux au roi pour avoir du pain. Cette reſſource eſt bientôt épuiſée. Ils reviennent à Joſeph, & lui diſent » : Nous n'avons plus ni argent ni troupeaux; » pourquoi mourons-nous de faim en votre pré- » ſence? Achetez nos terres & nous-mêmes; faites- » nous vivre; donnez-nous du bled pour enſe- » mencer les terres : nous ſerons les eſclaves du » Roi; nous, nos terres, nos femmes & nos enfans » appartiendrons au Roi «. Joſeph leur donne du bled à ces conditions. » Maintenant, leur dit-il, » que vos terres & vos perſonnes même appartien- » nent au roi; reprenez vos terres; mais vous n'en » aurez que l'uſufruit : voilà des ſemences, ſemez » & cultivez vos champs; vous donnerez chaque » année la cinquième partie de vos récoltes au » roi; je vous laiſſe le reſte pour enſemencer de » nouveau, & pour nourrir vos familles & vous «,

C'est ainsi que toute l'Egypte devint esclave, qu'il n'y eut plus d'autre propriétaire que le Roi. On ne respecta que les prêtres dans cette révolution politique. L'histoire dit que c'étoit le Roi qui leur avoit donné les terres qu'ils possédoient, qu'ils furent nourris aux dépens du roi pendant la famine; qu'ils conservèrent leurs personnes libres & leurs terres exemptes du champart qui avoit été imposé sur tout le reste de l'Egypte.

Dans tout ce récit Moïse ne juge pas, il n'est qu'historien; il est donc permis aux jurisconsultes & aux publicistes d'avoir une opinion & de dire ce qu'ils pensent sur l'opération de Joseph.

Je n'examine point si un homme peut se vendre pour avoir du pain. Telle étoit, dans plusieurs provinces de la France l'origine de la servitude féodale: Louis XVI l'a supprimée; il a déclaré que la liberté personnelle étoit inaliénable & imprescriptible.

En supposant qu'un tel contrat pût être valable, lorsque celui qui vend sa liberté en reçoit le prix effectif, le contrat des Egyptiens avec leur roi n'auroit-il pas été nul? Que recevoient-ils pour le prix de leurs bestiaux, de leurs terres & de leur liberté? Du bled qui leur appartenoit, du bled qu'ils avoient recueilli sur leurs terres, qui étoit le fruit de leur travail, & que le roi leur avoit enlevé sans en payer le prix.

Et si l'on suppose, ce que Moïse ne dit pas, ce que Joseph & les commentateurs de la genèse semblent contredire, que Pharaon eût acheté, eût payé à ses sujets le bled qu'il leur avoit enlevé, le contrat par lequel les Egyptiens auroient vendu leurs terres & leur liberté pour racheter ce même bled, ne seroit-il pas encore nul? Un titre qui a le monopole pour base, a-t-il jamais pu être légitime, sur-tout quand c'est un souverain qui fait le monopole, quand, pour être seul revendeur, il force ses sujets à lui vendre.

toutes leurs denrées? Puisque l'interprète des songes avoit prédit à Pharaon sept années d'abondance qui seroient suivies de sept années de stérilité, Pharaon devoit établir des magasins publics, y faire déposer tout le superflu des années d'abondance, & faire distribuer dans les années de disette, ce qui seroit nécessaire à la nourriture de chaque famille.

Mais de tout cela il ne pouvoit résulter au profit de Pharaon aucun droit de propriété sur le bled, ni sur les bestiaux, ni sur les terres, ni sur les personnes de ses sujets.

Substituons à l'histoire de Joseph une hypothèse qui soit plus près de notre manière d'être, & qui présente un intérêt plus général.

Je suppose qu'un Roi, soit par ses économies, soit parce que la nation lui aura confié beaucoup plus de revenus qu'il n'en faut pour la dépense publique, ait accumulé assez de richesses pour acheter toutes les terres de son royaume; ce roi pourra-t-il en effet devenir légitime propriétaire de toutes ces terres? S'il le peut par la voie de l'achat, il le pourra de même par la conquête, par les traités; il le pourra sur-tout par toutes les causes de réunion que le droit féodal a établies. Et si l'on admet une fois qu'un Roi puisse être seul propriétaire de toutes les terres de son royaume, il arrivera de deux choses l'une; ou les habitans abandonneront une terre qui ne leur appartient plus, & le Roi dominera sur un vaste désert; ou les habitans consentiront à recevoir du Roi propriétaire, des terres à cultiver, & se soumettront à toutes les conditions qu'il voudra leur imposer. Ce dernier cas est tout près du despotisme & même de l'esclavage civil.

Rappelons-nous qu'un Roi n'est jamais que l'administrateur, le tuteur de la chose publique, le dépositaire des forces de la nation, l'admininistrateur, le tuteur, le dépositaire, & non le propriétaire. Il doit administrer, conserver & perfectionner; il ne peut aliéner ni détruire, encore moins lorsque l'aliénation doit tourner à son profit.

S'il a du superflu dans ses coffres, ce superflu appartient à la nation, & ne peut jamais être employé contre elle.

S'il acquiert comme Roi, c'est pour la nation qu'il acquiert. S'il acquiert comme homme privé, & pour se faire des droits contre la nation, il cesse d'être Roi, & devient ennemi public.

Ce que j'ai dit des acquisitions faites à prix d'argent, je le dis aussi des acquisitions faites par la conquête & par les traités. C'est avec les forces de la nation que le Roi fait les conquêtes; c'est l'idée qu'on a de la puissance d'une nation, ce que l'on espère ou ce que l'on craint d'elle, & non ce que l'on espère & ce que l'on craint du Roi qui la gouverne, qui détermine les autres nations à faire avec elle des traités plus ou moins avantageux. C'est comme représentant de la nation que le Roi traite.

Et s'il est vrai qu'une nation doive quelques conquêtes ou quelques traités avantageux à la bonne administration de son Roi, ou à la haute idée que les nations voisines ont prise de lui, que s'ensuit-il de là? Qu'il a bien administré. Mais parce que mon administrateur a bien rempli sa tâche, aura-t-il pour cela le droit de m'enlever & de s'approprier le fruit de sa bonne administration?

Dans le système féodal, un Roi peut-il être autre chose que le représentant de la nation?

On sait que les loix féodales ont gouverné l'Europe pendant plusieurs siècles, qu'elles gouvernent encore l'Allemagne, que par-tout ailleurs on a démoli plus ou moins cet édifice gothique; mais que dans presque toutes les monarchies les peuples ont été écrasés sous les ruines.

Il y a très-peu de terres en France qui ne soient soumises à la loi des fiefs, & les restes de la liberté allodiale sont à peu près anéantis dans les provinces qui croyoient l'avoir conservée.

Une des plus grandes maximes du droit féodal est que tous les fiefs du royaume relèvent de la couronne médiatement ou immédiatement ; que le Roi, en vertu de sa couronne, est le vrai & le seul seigneur suzerain de tout le royaume.

C'est encore une maxime du droit féodal, que la véritable propriété des terres, le domaine, *directum dominium*, appartient au seigneur dominant ou suzerain. Le domaine utile, qui appartient au vassal ou tenancier, ne lui donne véritablement droit que sur les fruits.

Enfin le droit féodal a établi plusieurs causes de réunion du domaine utile au domaine direct. Tels sont les droits de commise, de confiscation, de bâtardise & de déshérence ; & le droit d'aubaine, qui est encore, dans les mains du souverain, un moyen d'acquérir de nouvelles propriétés, paroît être aussi une émanation du droit féodal.

Est ce au Roi, est-ce à la nation qu'appartiennent toutes ces propriétés ainsi réunies ?

Si elles appartiennent au Roi, les Rois finiront donc par être les seuls propriétaires de toutes les terres de leurs royaumes. Car d'un côté, tous les fiefs, tous les héritages qui relèvent des fiefs, doivent à la longue se réunir à la suzeraineté, venir se perdre dans ce fief universel. De l'autre, la maxime qui s'est établie dans l'Europe, il y a environ cinq cents ans, que le domaine de la couronne est inaliénable, empêche à jamais les propriétés réunies de rentrer dans le commerce. La suzeraineté est un gouffre qui englouTit tout & ne rend jamais rien.

Il seroit même au pouvoir des Rois de hâter cette révolution, en multipliant les occasions d'exercer le droit de commise ou de confiscation, en excitant habilement les vassaux à la félonie ou à la rebellion.

Auroient-ils même besoin d'attendre que cette réunion fût consommée, pour se dire seuls vrais propriétaires de toutes les terres de leurs royaumes? Ne le sont-il pas déjà, si c'est à eux qu'appartient la suzeraineté? La suzeraineté n'est elle pas le signe caractéristique de la propriété? ne suppose-t-elle pas la proprieté primitive?

Si tel est le système féodal, & si c'est aux peuples du Nord que nous le devons, je ne vois pas pourquoi l'Europe leur sauroit gré du présent qu'ils lui ont fait. Mais ne leur attribuons pas un plan de despotisme. Des peuples à demi-sauvages ont pu mal combiner les moyens de vivre libres sous des monarques; on a pu même perdre de vue l'esprit de leurs institutions, ou en abuser; mais ils n'ont certainement pas voulu nous préparer des chaînes. Ce germe de despotisme que je crains de trouver dans toute constitution qui supposeroit le monarque propriétaire de toutes les terres de son royaume, ou qui lui donneroit les moyens de le devenir, n'est pas même dans les principes du gouvernement féodal.

Ce n'est pas au moment de la conquête, ni même sous les descendans de Clovis qu'il faut chercher les vrais principes du droit féodal. Les fiefs ne devinrent héréditaires que sous le règne de Charles le Chauve. Ce n'est qu'à cette époque qu'on peut dire que les loix féodales ont commencé d'exister.

C'est bien plus inutilement encore qu'on en chercheroit l'origine chez les Germains. César & Tacite disent qu'on n'y connoissoit point la propriété des terres. *Nulli domus, aut ager, aut aliqua cura*, dit Tacite; *neque quisquam agri modum certum aut fines proprios habet*, dit César.

C'est cependant aux mœurs des Germains qu'il faut recourir pour fixer les principes du droit public des François après la conquête.

Tacite nous apprend que les Germains faisoient tous les ans entre eux un nouveau partage des terres; & César dit que c'étoient les magistrats & les princes qui présidoient à ce partage; qu'ils distribuoient à chaque tribu, à chaque famille, autant de terrein qu'elles en vouloient, & dans le lieu qui leur plaisoit le plus. *Agri pro numero cultorum ab universis per vices occupantur, quos mox inter se secundùm dignationem partiuntur: facilitatem partiendi camporum spatia præstant. Arva per annos mutant, & superest ager...... Magistratus & principes in annos singulos, gentibus cognationibusque hominum, qui unà coïerunt, quantùm eis, & quo loco visum est, attribuunt agri.*

Les Germains ne connoissoient donc pour les terres que la propriété nationale. La terre n'appartenoit ni au prince, ni au magistrat, ni à aucun individu; elle appartenoit à la nation. C'étoit comme députés de la nation, que les magistrats & les princes faisoient ces distributions annales des terres, & non comme disposant d'une chose qui leur appartînt.

Après la conquête des Gaules, on fit aussi des concessions des terres conquises; concessions qui étoient aussi annales, ou amovibles à volonté. *Antiquissimo tempore*, dit le premier livre des fiefs, *sic erat in dominorum potestate connexum, ut quandò vellent possent auferre rem in feudum à se datam. Posteà verò eo ventum est, ut per annum tantùm firmitatem haberent.* Grégoire de Tours, les formules de Marculfe & les codes des peuples barbares attestent le même usage.

Par qui les concessions étoient-elles faites ? Par le Roi sans doute. Mais étoit-ce comme propriétaire qu'il disposoit, ou comme magistrat de la nation ? Nous venons de voir que chez les Germains la propriété des terres appartenoit à la nation, que c'étoit la nation qui en faisoit chaque année la distribution ; & nous trouvons ce droit de la nation en vigueur sous la seconde race, même après que les fiefs furent devenus héréditaires.

Louis le Bègue distribue quelques fiefs sans le consentement des grands du royaume ; les grands conspirent contre lui : Louis reconnoît sa faute. Peu de temps après, il a à distribuer les fiefs de Bernard, marquis de Gothie. Il assemble les grands & les consulte pour cette distribution (*).

Les auteurs du livre des fiefs ont reconnu ce droit des nations. C'est à la nation, au royaume, qu'ils ont rapporté la propriété de tous les fiefs médiats ou immédiats. Tous ceux qui tiennent ces fiefs y sont regardés indistinctement comme feudataires du royaume ou du Roi, *dux, marchio & comes..... propriè* REGNI *vel Regis capitanei dicuntur..... Alii qui ab istis feuda accipiunt, propriè Regis vel* REGNI *valvasores dicuntur.* Feudataires du royaume, parce que c'est au royaume, à la nation, qu'appartient la propriété, le fief dominant, la suzeraineté ; feudataires du Roi, parce que c'est le Roi qui a la puissance exécutrice, qui exerce les droits de la nation.

En Angleterre & en France, on a toujours dit les barons du royaume, les pairs d'Angleterre, les pairs de France, & non les barons du Roi, les pairs du Roi.

(*) Aimoin, liv. 5, chap. 36 & 37.

Au sacre de nos Rois, les pairs de France représentent tout à la fois la monarchie & la nation. Ils y paroissent, avec l'habit royal & la couronne en tête. Ils soutiennent tous ensemble la couronne du roi ; & ce sont eux qui reçoivent le serment qu'il fait d'être le protecteur de l'église & de ses droits, & de tout son peuple.

Tel a donc été l'esprit de toutes les institutions féodales de l'Europe, que la suzeraineté, la véritable propriété de toutes les terres résidât dans le corps de chaque nation ; que tous les possesseurs des fiefs médiats ou immédiats fussent les feudataires de la nation ; que par conséquent la pleine propriété retournât à la nation dans tous les cas de réunion ; que dans tout cela le Roi n'eût & ne pût avoir aucuns droits distincts & séparés de ceux de la nation dont il est le chef.

En Allemagne, où le gouvernement est presque absolument féodal, où l'on a dû par conséquent mieux conserver l'esprit de la loi des fiefs & ses véritables rapports avec le droit de la nation, tous les fiefs, toutes les principautés, relèvent de l'empire & non de l'empereur. S'ils viennent à vaquer, c'est à l'empire qu'ils sont dévolus. L'empereur en investit un nouveau feudataire ; mais c'est comme chef de la république germanique, & non comme propriétaire qu'il en dispose. Il ne peut s'approprier aucune des successions & héritages qui sont dévolus à l'empire, ni les faire passer à ses héritiers & successeurs sans le consentement du corps germanique. Et c'est à la chancellerie de l'empire que s'expédient les lettres d'investiture (*).

Comment pourroit-on même concevoir un système de droit public qui donneroit à un seul

(*) Voyez la bulle d'or & les capitulations impériales.

homme la propriété universelle de toutes les terre dont une nation s'est emparée.

Par le droit naturel & par le droit des gens, il ne peut y avoir de véritable propriété territoriale, qu'autant que l'on a la possession actuelle ou habituelle du territoire, & qu'on peut se maintenir dans cette possession.

Par le droit civil de chaque nation, un seul homme peut avoir des propriétés plus étendues; il peut être propriétaire de la terre qu'il ne cultive pas, & dont il ne pourroit pas défendre la possession par ses seules forces; parce que sa possession est protégée par toutes les forces réunies de la nation dont il est membre (*).

Il faudroit donc, pour qu'un seul homme pût être propriétaire d'un territoire de vingt cinq mille lieues carrées, par le droit naturel ou par le droit des gens, qu'il s'en fût emparé seul, qu'il pût l'occuper, le cultiver seul, qu'il pût en défendre la possession contre une vingtaine de millions d'hommes qui sont répandus sur ce territoire, & contre toutes les peuplades qui voudroient s'en emparer.

Pour qu'un seul homme pût avoir cette immense propriété territoriale, par le droit civil d'une nation, il faudroit supposer qu'un vingtaine de millions d'hommes libres ont consenti à conquérir, à cultivér & a défendre un territoire de vint-cinq mille lieues carrées pour un seul homme. Je ne crois pas avoir besoin de prouver la nullité d'un tel contrat, jusqu'à ce qu'on ait prouvé qu'il existe.

(*) Pour bien saisir ces principes, on fera bien de lire dans le répertoire l'article *Occupation*. C'est là qu'on a tâché d'indiquer & de développer les véritables rapports de la possession avec la propriété.

S'il

S'il n'est pas vrai que les conquérans des Gaules ont abandonné à un seul homme cette propriété universelle, il faut convenir du moins que, dans les partages dont l'histoire nous a transmis les preuves, ils ont fait à leur chef une part bien avantageuse. Les Rois ont eu de vastes domaines.

Il étoit nécessaire que cela fût ainsi, puisque les Rois n'avoient pas d'autre revenu que celui de leur domaine, pour soutenir l'éclat du trône & fournir à la dépense de leur maison.

Mais par cette raison même, les Rois n'auroient dû avoir que l'usufruit de leur domaine. » Il est aussi nécessaire, dit M. de Montesquieu, » qu'il » y ait un domaine pour faire subsister l'état, » qu'il est nécessaire qu'il y ait dans l'état des » loix civiles qui règlent la disposition des biens. » Si donc on aliène le domaine, l'état sera forcé » de faire un nouveau fonds pour un autre domaine. » Mais cet expédient renverse encore le gouverne- » ment politique, parce que, par la nature de » la chose, à chaque domaine qu'on établira, le » sujet payera toujours plus, & le souverain retirera » toujours moins; en un mot, *le domaine est né-* » *cessaire, & l'aliénation ne l'est pas* (*) «.

Ces derniers mots ne disent pas assez; car puisque, dans la constitution primitive de la monarchie, le domaine des Rois devoit suffire à toutes leurs dépenses, il falloit dire, *le domaine est nécessaire, & il est nécessaire qu'il ne soit pas aliéné.*

Cependant, combien ne trouvons-nous pas d'aliénations des terres domaniales sous les deux premières races?

Le traité d'Andelau suppose ces aliénations tel-

(*) Esprit des loix, liv. 26, chap. 16.

lement irrévocables, qu'il y est dit que la fille de Gontran, la mère, l'épouse & la fille de Childebert pourront disposer valablement & à perpétuité des terres qu'elles tiennent du fisc; & que les terres que les princes ont données aux églises & aux leudes, leur seront conservées à jamais.

On trouve aussi dans un édit de Clotaire second: » Les concessions faites, selon la justice, par les Rois » nos ancêtres & prédécesseurs, doivent être con» firmées en tout «.

Aimoin dit que Louis le Débonnaire n'étant encore que Roi d'Aquitaine, s'étoit réduit à la dernière indigence par les donations qu'il avoit faites de ses domaines aux grands de son royaume (*). Et Nithard observe qu'il fit la même faute lorsqu'il fut parvenu à l'empire (**).

Les Rois étoient-ils donc vrais propriétaires des terres domaniales? C'est ce que semble supposer la faculté d'aliéner. S'ils ont pu aliéner, ils ont pu donner à fief; & alors la suzeraineté de toutes les terres qui auroient été domaniales sous les deux premières races, appartiendroit au Roi & non au royaume. Ce seroit sans doute une grande faute que les Francs auroient faite; mais on ne pourroit pas conclure de là que tel n'étoit pas leur droit public sous les deux premières races.

Ces fréquentes aliénations ont persuadé à nos meilleurs publicistes, que les Rois avoient en effet le droit d'aliéner les terres de leur domaine, qu'ils en étoient par conséquent véritables propriétaires. Telle a été l'opinion de M. de Montesquieu, de l'abbé Mably, du comte du Buat, & de plusieurs autres. Je sais bon gré à M. Moreau d'avoir entrevu que ces aliénations ne pouvoient être valablement faites

(*) Liv. 5, chap. 3.
(**) Liv. 4, à la fin.

que *per justitiam in placito*, dans le conseil du roi (*) ; mais je crois voir quelque chose de plus dans les monumens de notre ancienne histoire.

Si les Rois avoient eu le droit d'aliéner les terres de leur domaine, l'acte d'aliénation eût suffi pour la rendre irrévocable, pour transporter à jamais la propriété de la chose aliénée aux acquéreurs, donataires ou concessionnaires ; on n'auroit pas eu besoin de stipuler dans le traité d'Andelau, que la mère, l'épouse & la fille de Childebert pourroient disposer irrévocablement & pour toujours des terres fiscales qui leur avoient été données.

Si les donations ou concessions que les Rois avoient faites *per justitiam in placito*, dans leur conseil, avoient été valables & irrévocables de leur nature, Clotaire II n'auroit pas eu besoin d'un édit ni d'une assemblée d'évêques pour confirmer les concessions que ses prédécesseurs avoient faites dans cette forme.

On ne fait des traités que sur des choses douteuses ou contestées. Un successeur ne s'avise pas de confirmer ce que son prédécesseur a eu droit de faire, & qu'il a fait avec toutes les solennités requises.

Je ne vois donc dans le traité d'Andelau & dans l'édit de Clotaire II, qu'un double aveu & une double infraction du droit de la nation & du principe d'inaliénabilité des terres domaniales. Mais poussons plus loin les recherches, nous trouverons peut-être des preuves plus directes.

Grégoire de Tours (**) nous apprend que les filles des Rois n'avoient que la jouissance des terres fiscales qui leur avoient été assignées, & qu'on étoit dans

---

(*) Principes de morale, de politique & de droit public, quatrième discours.

(**) Liv. 9, chap. 20.

l'usage de stipuler qu'elles n'en percevroient les revenus qu'autant qu'elles demeureroient en France. La loi des apanages seroit donc plus ancienne qu'on ne l'a cru communément. Mais pour ne pas trop m'écarter de mon sujet, je ne tirerai qu'une seule conséquence de l'usage attesté par Grégoire de Tours; c'est que le droit public du royaume, sous la première race, étoit de ne pas aliéner la propriété des terres domaniales, même en faveur des filles des Rois.

Dagobert veut donner des terres domaniales à plusieurs églises; il ne croit pas pouvoir le faire sans le consentement de la nation; il convoque un plaid général, pour y faire approuver son testament (*); il ne croyoit donc pas être propriétaire des terres domaniales.

Les Lombards, dont on dit que l'origine est la même que celle des Francs, & que l'on dit aussi avoir été les premiers instituteurs des fiefs; les Lombards forment une aristocratie pendant la minorité d'Autharis, fils de leur Roi, pour n'être pas gouvernés par un Roi enfant. Les domaines de la couronne sont livrés aux trente ducs qui avoient été chargés de l'administration de la chose publique. Autharis devient majeur; les Lombards lui déferent la royauté, & les trente ducs lui donnent la moitié de leur patrimoine pour fournir à la dépense de sa maison (**). Chez les Lombards, le domaine du Roi ou de la couronne étoit donc bien véritablement le domaine de la nation; destiné à la dépense publique, la jouissance en appartenoit toujours à ceux qui gouvernoient.

Charles le Chauve défend aux François qui doivent le cens au Roi, de reconnoître l'église ou tout autre seigneur, afin, dit-il, que la *république*

(*) Aimoin, liv. 4, chap. 30.
(**) *Ibid.* liv. 3, chap. 36.

ne perde rien de ce qui lui est dû (*). Charles le Chauve reconnoissoit donc que les domaines appartenoient à la *république*, à la nation.

Veut-on savoir ce que pensoit Charlemagne sur ces aliénations, sur la destination des terres domaniales, sur le droit des Rois & sur celui de la nation ? On vient de voir que Louis le Débonnaire avoit donné tous ses domaines aux grands de son royaume d'Aquitaine. Charlemagne envoie deux commissaires dans l'Aquitaine, & fait restituer au fisc toutes les terres que son fils avoit aliénées (**).

Et si le jugement de Charlemagne pouvoit ne pas suffire, on n'a qu'à consulter les historiens du temps; Nithard, Thégan, Aimoin lui-même. Ils disent tous que les terres domaniales ou fiscales appartenoient à la *république*, étoient destinées au service *public*. On peut voir aussi ce que pensoient les prélats du royaume, assemblés à Meaux & à Paris du temps de Charles le Chauve; ils exhortoient le prince à réunir au domaine les terres qui avoient été aliénées par son père & par son aïeul; ils lui disoient que la majesté du trône tomberoit dans l'avilissement, qu'il ne pourroit pas soutenir sa maison domestique, parce qu'il n'auroit pas de quoi récompenser les services & soulager l'indigence de ses officiers; ils insistoient principalement sur ce que les terres domaniales appartenoient à la *république*, étoient destinées à fournir à la dépense *publique*. *Quod ad rempublicam pertinuit. .... Respublica vestra de suo suffragetur sibi* (***).

C'étoit donc un principe de droit public, bien certain sous les deux premières races, que les terres domaniales appartenoient à la nation & non au

(*) Edit de Pistes, chap. 28.
(**) Aimoin, liv. 5, chap. 3.
(***) Capitulaire de Charles le Chauve, tit. 7, chap. 20.

Roi, que les Rois ne pouvoient pas les aliéner valablement sans le consentement de la nation. De tous les faits que l'histoire nous a transmis, je n'en connois pas un qui soit mieux prouvé (*).

Et de ce principe, je conclus, que l'inféodation des terres domaniales n'a jamais pu établir un fief dominant ou une suzeraineté, qu'au profit de la nation; & que la réunion de ces terres inféodées, si elle s'opère jamais, ne peut accroître que la propriété nationale; en un mot, que le domaine de la couronne, sous quelque rapport qu'on l'envisage, ne peut être que la propriété de la nation, jamais la propriété du Roi.

Si donc il est vrai, comme le dit l'auteur du fleta, qu'il y ait eu en 1275 une assemblée de tous les princes chrétiens de l'Europe ou de leurs ambassadeurs, & qu'ils y soient convenus que dorénavant aucun souverain ne pourroit aliéner le domaine de sa couronne; ce n'est point une maxime nouvelle qu'ils ont introduite dans l'Europe; ils n'ont fait que renouveler un ancien principe, long-temps méconnu peut-être, mais qui étoit aussi ancien que les monarchies fondées sur les débris de l'empire romain, qui même existoit avant ces monarchies; car c'est une vérité de tous les temps & de tous les lieux, que les domaines que chaque nation a assignés à son prince pour fournir à sa dépense, forment le domaine public, la propriété nationale. De là il s'ensuit, non que le domaine de la couronne est absolument inaliénable, mais qu'il ne peut pas être aliéné sans le consentement de la nation.

Il me reste encore une chose à expliquer sur cette matière. Si la maxime de l'inaliénabilité du

(*) Dans l'article *Reine*, j'avois supposé le contraire, d'après nos publicistes : mais quand on croit avoir trouvé la vérité, il faut avoir le courage de se rétracter & de contredire les autres.

domaine eſt auſſi ancienne que la monarchie, comment voyons-nous tant d'aliénations ſous les deux premières races? comment le droit d'aliéner paroît-il même reconnu par la nation?

La foibleſſe des ſouverains, & l'avidité des courtiſans; voilà qui explique tout.

Ce n'eſt pas dans un plaid général, dans une aſſemblée de la nation, qu'eſt fait le traité d'Andelau; c'eſt dans un conſeil composé d'évêques & de ſeigneurs, *epiſcoporum procerumque conſilio* (*).

Ce n'eſt pas dans un plaid général, c'eſt dans un ſynode uniquement composé d'évêques, qu'eſt fait l'édit de Clotaire II.

Dans ces deux aſſemblées, on approuve les aliénations déjà faites; mais on ne reconnoît pas que le Roi ait le droit d'aliéner les terres domaniales; mais la confirmation des conceſſions déjà faites, ce n'eſt pas la nation qui la donne, c'eſt l'ouvrage de quelques évêques & de quelques ſeigneurs qui étoient probablement eux-mêmes les conceſſionnaires.

C'eſt bien la nation qui conſent aux donations que Dagobert veut faire à quelques égliſes; car Aimoin dit que Dagobert *generale indixit placitum, ad quod convenerunt cuncti Franciæ primores.* Mais ce conſentement, demandé par le Roi & donné par la nation, eſt lui-même une preuve que les terres domaniales appartenoient à la nation & non au Roi.

Sous les deſcendans de Clovis, c'eſt le clergé qui approuve les donations faites par les Rois, parce que c'eſt lui qui en profite; l'égliſe avoit envahi preſque toutes les terres du fiſc.

Sous les deſcendans de Charlemagne, c'eſt le

(*) Voyez dans Hincmar, *opuſcul. & epit. tit.* 14, *chap.* 33, la différence qu'il y avoit entre le conſeil & le plaid général.

clergé qui demande la révocation des aliénations; c'est la noblesse qui s'y oppose, parce qu'alors c'étoit la noblesse qui profitoit le plus de la prodigalité des Rois; parce que le clergé etoit encore effrayé de l'exemple qu'avoit donné Charles Martel; il craignoit que si le fisc étoit trop appauvri, on ne voulût le rétablir aux dépens de l'église. Il ne dissimuloit pas même le motif de sa réclamation: *Respublica vestra de suo suffragetur sibi, & ecclesiæ à quibus non expedit habeantur immunes.*

. . . . .

Je crois avoir établi sur des bases immuables les droits & les devoirs des souverains, & les bornes de leur puissance. Je crois avoir prouvé de plus, que les peuples qui ont fondé les monarchies du midi & du couchant de l'Europe, en se soumettant à des Rois, n'ont point aliéné leur liberté ni leurs propriétés. Les Rois les plus absolus n'y sont que les administrateurs de la chose d'autrui.

Toutes ces nations avoient dans l'origine la même constitution, la même forme de gouvernement; c'étoit celle des anciens Germains. Tacite en a fait la description en deux mots: *De minoribus rebus principes consultant, de majoribus omnes; ita tamen ut ea quorum penès plebem arbitrium est, apud principes pertractentur.* Les wittena-gemt d'Angleterre, les plaids généraux, les assemblées du champ de mars & du champ de mai en France, & les *cortés* d'Espagne avoient la même origine.

Chez les unes & les autres, le gouvernement féodal a tout perdu, tout dénaturé. Par-tout un intérêt commun a réuni les peuples & les Rois contre la tyrannie féodale; par-tout ils ont employé les mêmes moyens pour la détruire.

Toutes sont parties du même point; l'une a marché à grands pas, à travers des flots de sang, vers une liberté orageuse; une autre s'est laissé dégrader par le pouvoir arbitraire & par l'abominable despotisme de l'inquisition ; une troisième, plus confiante, ne calcule point ses droits, donne gaîment ce qu'elle a, rit des maux qu'on lui fait, ne prévoit point ceux de l'avenir, est vraiment heureuse, parce qu'elle espère toujours de l'être, aime ses Rois, attend tout de leur amour pour elle, & en obtiendroit tout, si les Rois pouvoient n'être jamais ni trompés ni corrompus.

Et comment pourroit-on désespérer de la félicité publique dans un pays où les Rois les plus absolus, ceux qui ont le plus abusé de leur puissance, ceux qui ont le plus attenté à la liberté publique, ont cependant rendu hommage aux droits de la nation ?

On peut, sans injustice, mettre Louis XI au nombre des tyrans les plus atroces qui aient affligé l'humanité. Ecoutons-le cependant au lit de la mort. Il se repent d'avoir abusé de son pouvoir ; il exhorte son fils à ne pas suivre son exemple, à se gouverner par le conseil des princes du sang, des seigneurs & autres personnes notables ; à ne point changer les officiers après sa mort, *à suivre les loix*, à réduire la levée des impôts *à l'ancien ordre du royaume, qui étoit de n'en point faire sans l'octroi des peuples* (*).

Louis XIV n'étoit ni injuste ni cruel ; mais il étoit jaloux à l'excès de son autorité. Voici cependant l'idée qu'on donne de la royauté dans un écrit publié par ses ordres (**). » Qu'on ne dise point que » le souverain ne soit pas sujet aux loix de son » état, puisque la proposition contraire est une vérité

(*) Mézerai, abrégé chronologique, année 1482.

(**) Traité des droits de la Reine sur divers états de la monarchie d'Espagne, 1667, *in*-12, deuxième partie, page 191.

» du droit des gens, que la flatterie a quelquefois attaquée, & que les bons princes ont toujours » défendue comme une divinité tutélaire de leurs » états «.

Ces aveux, qu'une conscience bourrelée arrache à un Roi mourant, qu'un autre Roi ne fait peut-être que parce qu'il en a besoin pour appuyer ses prétentions contre l'Espagne, sont des titres précieux pour la nation, mais ils ne font rien pour son bonheur. Un mot ne répare pas les désastres d'un règne oppresseur. C'est à Henri IV, c'est à Sully qu'il appartient de dire quels sont les droits des nations & les devoirs des souverains. Nul prince, nul ministre ne les a mieux connus ni plus respectés qu'eux.

» La première loi du souverain, dit Sully, est » de les observer toutes. Il a lui-même deux sou» verains, dieu & la loi. La justice doit présider » sur son trône; la douceur en doit être l'appui » le plus solide. Dieu étant le vrai propriétaire de » tous les royaumes, *& les Rois n'en étant que les* » *administrateurs*, ils doivent tous représenter aux » peuples celui dont ils tiennent la place par ses » qualités & ses perfections : sur-tout ils ne régne» ront comme lui qu'autant qu'ils régneront en pères. » *Dans les etats monarchiques héréditaires, il y a* » *une erreur qu'on peut aussi appeler héréditaire;* » *c'est que le souverain est le maître de la vie & des* » *biens de tous ses sujets, & que moyennant ces* » *quatre mots*, tel est notre plaisir, *il est dispensé* » *de faire connoître les raisons de sa conduite, ou* » *même d'en avoir.* Quand cela seroit, y a-t-il une » imprudence pareille à celle de se faire haïr de » ceux auxquels on est obligé de confier à chaque » instant sa vie ? Et n'est-ce pas tomber dans ce » malheur, que de se faire accorder de force une » chose, en témoignant qu'on en abusera « ?

Ce que Sully enseignoit, Henri l'exécutoit: le prince & le ministre étoient dignes l'un de l'autre. C'est au sujet de l'assemblée des notables à Rouen, que Sully trace le tableau des droits & des engagemens réciproques des peuples & des souverains. Henri fait l'ouverture de cette assemblée.

Il y déclare que, pour éviter tout air de violence & de contrainte, il n'a pas voulu que l'assemblée se fît par députés *nommés par le souverain*, & toujours aveuglément asservis à toutes ses volontés; mais qu'on y admît librement toute sorte de personnes, de quelque état & condition qu'elles pussent être, afin que les gens de savoir & de mérite eussent le moyen d'y proposer sans crainte ce qu'ils croiroient nécessaire pour le bien public.

Qu'il ne prétend encore en ce moment leur prescrire aucunes bornes; qu'il leur enjoint seulement de ne pas abuser de cette permission pour l'abaissement de l'autorité royale, qui est le principal nerf de l'état; de rétablir l'union entre ses membres; de soulager les peuples; de decharger le trésor royal de quantité de dettes auxquelles il se voit sujet sans les avoir contractées; de modérer avec la même justice les pensions excessives, sans faire tort aux nécessaires; enfin d'établir pour l'avenir un fonds suffisant & clair pour l'entretien des gens de guerre.

Il ajoute qu'il n'aura aucune peine à se soumettre à des moyens qu'il n'auroit pas imaginés lui-même, d'abord qu'il sentira qu'ils ont été dictés par un esprit d'équité & de désintéressement; qu'on ne le verra point chercher dans son âge, dans son expérience & dans ses qualités personnelles, un prétexte bien moins frivole que celui dont les princes ont coutume de se servir pour éluder les réglemens; qu'il montrera au contraire par son exemple, qu'ils ne regardent pas moins les Rois pour les faire obſerver, que les ſujets pour s'y ſoumettre.

Mais on perd à ne pas l'entendre lui-même. Il ſemble que ce bon Roi ſoit un être à part: nul autre ne penſe, ne ſent, ne parle & n'agit comme lui.

» Si je faiſois gloire, dit-il, de paſſer pour un » excellent orateur, j'aurois apporté ici plus de » belles paroles que de bonne volonté; mais mon » ambition tend à quelque choſe de plus haut que » de bien parler; j'aſpire au glorieux titre de libé» rateur & de reſtaurateur de la France.... Je ne » vous ai point ici appelés, comme faiſoient mes » prédéceſſeurs, pour vous obliger d'approuver » aveuglément mes volontés. Je vous ai fait aſſem» bler pour recevoir vos conſeils, pour les croire, » pour les ſuivre, en un mot, pour me mettre en » tutelle entre vos mains. C'eſt une envie qui ne » prend guère aux Rois, aux barbes griſes, aux » victorieux comme moi; mais l'amour que je » porte à mes ſujets, & l'extrême déſir que j'ai » de conſerver mon état, me font trouver tout » facile & tout honorable «.

Ce diſcours achevé, Henri ſe lève en diſant qu'il ne veut pas même aſſiſter, ſoit par lui, ſoit par ſon conſeil, à des délibérations que rien ne doit gêner; & il ſort en effet avec ſes conſeillers, ne laiſſant que Sully dans l'aſſemblée, pour y communiquer les états, les mémoires & tous les papiers de l'état dont on pouvoit avoir beſoin (*).

Si jamais le gouvernement françois ſe trouvoit dans quelque criſe violente qui exigeât de grandes reſſources, ſi jamais un génie bienfaiſant vouloit

(*) Mémoires de Sully, année 1596; Péréfixe, deuxième partie de l'hiſtoire d'Henri IV.

entreprendre de faire de grandes réformes, je lui conseillerois de commencer par imiter la noble confiance de Henri, de rendre à la nation le droit de délibérer, de lui exposer les besoins, de lui communiquer les plans, de bien lui persuader qu'on ne veut pas la tromper. C'est ainsi qu'il faut traiter avec la nation françoise, c'est ainsi qu'on obtiendra d'elle des efforts & des sacrifices que jamais la force ne lui arrachera, & dont nulle autre nation n'est capable.

Quelles sont ces loix fondamentales, cet ordre ancien, cette constitution que Louis XI, que Louis XIV, que Sully conviennent que les Rois doivent respecter? Y a-t-il eu en France, au moment de la conquête ou dans les temps postérieurs, quelque convention expresse ou tacite entre le Roi & les sujets? Avons-nous en un mot d'autres loix fondamentales que les loix naturelles, qui sont les mêmes pour toutes les sociétés?

J'ai parlé du droit de délibérer que les Germains avoient avant la conquête; c'est le plus essentiel de tous les droits, c'est celui qui conserve tous les autres.

Depuis la conquête, je vois encore quelques assemblées générales; mais bientôt je ne vois que des assemblées de leudes, de fidèles ou d'anstrustions; & sous les derniers descendans de Clovis, il n'y a plus en France qu'anarchie, brigandages, des Rois sans puissance, des maires du palais despotes, un peuple d'esclaves.

Charlemagne rétablit les droits de la nation, soumet aux assemblées-générales la législation & l'administration de la chose publique. Le plus grand des Rois fonde sa puissance sur la liberté de ses peuples ; le plus rapide des conquérans ne craint point la lenteur des délibérations (*).

Son ouvrage périt, pour ainsi dire, avec lui ; la France est bientôt livrée au gouvernement féodal.

On a cherché les causes de cette prompte révolution ; on a dit que le siècle de Charlemagne n'étoit digne ni de lui, ni du présent qu'il avoit fait à ses peuples, que ses descendans furent foibles, que l'hérédité des fiefs perdit tout.

Je conviens de la supériorité de Charlemagne sur son siècle, de la foiblesse de ses descendans, & du mal irréparable que l'hérédité des fiefs a fait dans l'Europe.

Mais le siècle d'Alfred valoit-il mieux que celui de Charlemagne ? Alfred, digne émule de Charlemagne, fit en Angleterre d'aussi grandes choses que Charlemagne en avoit fait en France. La France n'a jamais passé sous une domination étrangère, & l'Angleterre a été conquise par les Danois & par les Normands. La loi des fiefs a aussi infecté l'Angleterre : des révolutions politiques ont plusieurs fois changé la forme de son gouvernement ; & cependant les sages institutions d'Alfred y sont encore observées.

D'où vient que nous avons perdu tout ce que Charlemagne avoit fait pour nous ? d'où vient que les Anglois ont conservé ce qu'Alfred avoit fait pour eux ? Seroit-ce le caractère national qui auroit influé sur notre sort & sur le leur ; ou le système de Charlemagne auroit-il péri par son propre vice, par l'immensité des états soumis à ce monarque, par le partage que Louis le Débonnaire fit entre

(*) On verra au mot *Souverain* un magnifique tableau de la constitution du royaume de France & de l'Empire sous le règne de Charlemagne.

ſes enfans, par la confuſion & les troubles que dut entraîner dans les états des ſucceſſeurs de Louis, la liberté qu'il avoit donnée à tout homme libre de ſe recommander à celui d'entre eux qu'il voudroit choiſir pour ſeigneur?

La loi des fiefs anéantit le gouvernement politique en France. Il n'y a plus ni Roi ni peuple en France; il n'y a que des ſeigneurs de fief & des ſerfs. Chaque ſeigneur avoit dans ſes terres la juridiction civile, la puiſſance militaire & la puiſſance légiſlative. Le Roi ne pouvoit rien que dans les terres domaniales, & comme ſeigneur féodal.

Il n'étoit point légiſlateur dans les autres ſeigneuries; c'etoient des capitulations qu'il faiſoit avec les ſeigneurs. Il ne pouvoit plus y avoir d'aſſemblée nationale, puiſqu'il n'y avoit plus de nation. Les ſeigneurs, ſeuls propriétaires, compoſoient à eux ſeuls toute la nation; il n'y avoit qu'eux auſſi qui euſſent droit de voter dans ce qu'on appela le parlement féodal.

Nos Rois comprirent enfin qu'ils ne pouvoient recouvrer l'autorité qu'en rendant la liberté aux peuples. De là, l'affranchiſſement des ſerfs, l'établiſſement des communes, & les états généraux.

Il falloit encore anéantir le parlement féodal, ce corps ariſtocratique, dont chaque membre étoit deſpote dans ſes terres, & ſans le concours duquel le Roi ne pouvoit faire aucune loi générale. On ſait comment ce grand ouvrage, préparé par Philippe le Bel, fut achevé par ſes ſucceſſeurs; comment le nom fut conſervé & la choſe fut changée; comment on introduiſit dans le parlement, des clercs & des légiſtes; comment ces clercs & ces légiſtes, hériſſés de formes & de difficultés, dégoûtèrent du parlement, des barons qui ne ſavoient pas lire; comment les Rois en vinrent à ne mettre aucun baron ſur le rôle de ceux qui devoient tenir le parlement, & à ne donner des gages qu'à ceux qui étoient sur le rôle ; comment ils formèrent pendant long-temps le parlement à leur gré, en envoyant tous les ans le rôle de ceux qui devoient faire le service & avoir des gages ; comment ces places, d'abord si mobiles, furent érigées en titres d'office, d'abord à vie, puis héréditaires ; comment enfin ces offices, auxquels le Roi ne nommoit d'abord que sur l'election que le parlement avoit faite de deux ou trois sujets pour remplir la place vacante, devinrent ensuite vénaux.

Pour que l'illusion fût complette, on ne se contenta pas de conserver à ce corps le nom de parlement ; il eut, non le pouvoir, mais l'apparence des fonctions du parlement féodal. Les pairs de France y eurent entrée, & y représentèrent les anciens barons. Les Rois allèrent quelquefois faire des loix dans leur parlement ; mais presque toujours ils les firent seuls, & les envoyèrent au parlement pour être vérifiées & enregistrées.

Ainsi naquit un nouvel ordre de choses. Les vrais représentans de la nation, assemblés sous le nom d'états généraux, n'eurent ni juridiction ni droit de suffrage en matière de législation. On ne leur permit que des doléances, des prières, des propositions sur les établissemens à faire & les abus à réformer.

Le Roi eut seul la puissance législative ; ou du moins il ne parut la partager qu'avec un corps qui n'étoit ni l'assemblée de la nation, ni l'assemblée des propriétaires de fiefs, qui n'etoit composée que d'officiers du Roi.

Observons cependant qu'une des loix les plus importantes de la monarchie, celle qui a régl l'ordre de la succession à la couronne, a été fai par les états-généraux.

Le fils posthume de Louis le Hutin meurt ci

jo

jours après sa naissance ; Jeanne, fille de Louis, dispute la couronne à Philippe le Long. Ce n'est point le parlement qui vide le différend. On convoque une assemblée de prélats, de seigneurs & de *bourgeois*. On fait dans cette assemblée une loi expresse qui exclut les femmes de la couronne. On y déclare *qu'au royaume de France les femmes ne succèdent point* (*).

Ce n'est pas là ce que j'appelle une assemblée d'états généraux ; mais j'y vois au moins une assemblée composée des trois ordres du royaume, décidant la plus importante question qui se fût encore agitée depuis l'établissement de la monarchie, & formant, par le concours des suffrages des prélats, des seigneurs & des *bourgeois*, une loi que nous regardons aujourd'hui comme fondamentale.

Après la mort de Charles le Bel, Edouard III, Roi d'Angleterre, dispute la couronne de France à Philippe de Valois. Edouard étoit plus proche parent de Charles le Bel que Philippe de Valois, mais il n'étoit parent que par sa mère.

» Il y eut, dit Jean de Montreuil, une détermination & jugement des pairs, des barons, » des prélats & autres sages du royaume de France, » *& de tous les habitans dudit royaume de France.* » Finalement, ce sont les propres termes d'un auteur qui écrivoit sous Louis XI. » parties ouïes » en tout ce qu'ils voulurent alléguer d'une part » & d'autre, les princes, prélats, *nobles gens des* » *bonnes villes & autres notables clercs, faisant* » *& représentant les trois états généraux du royaume,* » *assemblés pour ladite matière*, dirent & déclarèrent » que, selon dieu, raison & justice, à leurs avis,

(*) Continuateur de Guillaume de Nangis, spicil. tome 3, page 72.

» le droit dudit Philippe de Valois étoit le plus » apparent pour parvenir à la couronne (*) «.

Si cette loi existe encore, si elle a résisté au fanatisme de la ligue, à l'ambition & aux intrigues de Philippe II, c'est au parlement de Paris que nous en sommes redevables. C'est le fameux arrêt de 1593 qui a maintenu l'ordre de la succession, qui a sauvé la France, & qui lui a donné Henri IV.

Mais les vertueux magistrats qui ont provoqué cet arrêt, n'ont-ils pas un peu passé le but dans les motifs qui paroissent les avoir déterminés ?

Je voudrois dans ce moment n'être que citoyen ; pour n'avoir à leur présenter que l'hommage de la reconnoissance de la nation. Mais je suis aussi jurisconsulte ; la rigueur des principes m'entraîne malgré moi. Ce sont les principes du parlement lui-même ; ce sont les principes conservateurs du droit de la nation ; c'est un bien dont je ne puis pas offrir le sacrifice, parce qu'il n'est pas à moi.

Ce fut M. Duvair qui opina le premier dans cette importante délibération.

Je trouve dans son discours ; que le parlement a *la garde des loix* : cela est vrai, c'est à lui à les faire observer. La loi qui exclut les femmes du trône existoit ; c'étoit par le suffrage de la nation assemblée qu'elle avoit été faite ; c'étoit au parlement à en empêcher l'infraction.

J'y trouve que *la tutelle du royaume* est dans les mains du parlement : cela est vrai, quand la nation n'est pas assemblée, & qu'elle ne peut pas s'assembler. Mais quand elle est assemblée, quand elle peut pourvoir par elle-même à ses besoins, la tutelle du parlement n'est-elle pas inutile ?

(*) Mémoires de l'académie des belles-lettres, tome 20, pages 464 & 469.

J'y trouve que ce n'est pas *à un petit nombre de gens achetés & corrompus* à disposer de la couronne. Cela est vrai. Mais je demande si la nation, légitimement assemblée, peut ou ne peut pas disposer d'une couronne vacante ; si le parlement a le droit d'empêcher qu'elle en dispose : & sur ce point je trouve chez M. Duvair des doutes & des assertions qui ne me satisfont pas. Il doute du droit de la nation ; & il affirme que c'est *par l'autorité du parlement que se fait l'assemblée des états ; que ce qui se résout aux états generaux bien & légitimement assemblés, n'a force ni vigueur qu'après qu'il a été vérifié par le parlement* (*).

C'est peut-être à cette erreur que nous devons l'arrêt qui a sauvé la monarchie ; mais c'est une erreur, & il faut le dire. Je ne concevrai jamais qu'une partie puisse être plus forte que le tout. Ce n'est pas l'idée que les états de Blois nous donnent du pouvoir du parlement. Les cours de parlement, disoient-ils, *sont une sorte des trois états raccourcis au petit pied.* Ce n'est pas l'idée qu'en a le parlement lui-même. On peut voir dans plusieurs remontrances, que les cours souveraines savent qu'elles ne représentent la nation que par nécessité de fait, lorsque la nation n'est pas assemblée & lorsqu'elle n'a pas nommé d'autres représentans (**).

(*) Œuvres de M. Duvair, suasion de l'arrêt donné au parlement pour la manutention de la loi salique.

(**) » Ce peuple avoit autrefois la consolation de pré-
» senter ses doléances aux Rois vos prédécesseurs ; mais depuis
» un siècle & demi *les états* n'ont point été convoqués...
» *Jusqu'à ce jour au moins la réclamation des cours sup-*
» *pléoit à celles des états, quoiqu'imparfaitement ; car,*
» *malgré tout notre zèle, nous ne nous flattons point d'avoir*
» *dédommagé la nation de l'avantage qu'elle avoit d'épancher*
» *son cœur dans celui de son souverain.*

M. Duvair auroit pu fonder son avis sur un motif plus solide, plus conforme aux loix du

---

» Mais aujourd'hui l'unique ressource qu'on avoit laissée au » peuple lui est aussi enlevée.....

» Par qui les intérêts de la nation seront-ils défendus contre » les entreprises de vos ministres ? par qui ses droits vous » seront-ils représentés, quand les cours n'existeront plus ?....

» Le peuple dispersé n'a point d'organe pour se faire entendre.....

» Interrogez donc, sire, la nation elle-même, puisqu'il n'y » a plus qu'elle qui puisse être écoutée de votre majesté.... « *Remontrances de la cour des aides de Paris*, *du* 18 *février* 1771.

» C'est à la nation, sire, à recourir avec respect à la der- » nière ressource que lui offrent les loix, en sollicitant de » votre majesté l'assemblée des états généraux. Plus d'une fois » le désordre y a trouvé son remède, & l'état son soulagement. » Jamais peut-être il ne fut plus intéressant à la nation d'en ob- » tenir la convocation, & aux magistrats de la demander «. *Lettre du parlement de Rouen au Roi*, *du* 8 *février* 1771.

» Puisque les efforts de la magistrature sont impuissans.... » daignez, sire, consulter la nation assemblée «. *Remontrances du parlement de Rouen*, *du* 19 *mars* 1771.

» S'il étoit vrai que le parlement, devenu sédentaire sous » Philippe le Bel, & perpétuel sous Charles VI, n'est pas le » même que l'ancien parlement ambulatoire, convoqué dans » les premières années du règne de Philippe le Bel, sous » Philippe le Hardi, sous Louis IX, sous Louis VIII, sous » Philippe-Auguste, le même que les *placita* convoqués sous » Charlemagne & ses descendans, le même que les anciennes » assemblées des Francs, dont l'histoire nous a transmis des » vestiges avant & après la conquête ; si la distribution de » ce parlement en plusieurs ressorts avoit changé son essence » constitutive ; en un mot, si vos cours de parlement, sire, » n'avoient pas le droit d'examiner & de vérifier les loix nou- » velles qu'il plaisoit à votre majesté de proposer ; ce droit » ne pourroit pas être perdu pour la nation ; il est im- » prescriptible, inaliénable. Attaquer ce principe, c'est trahir » non seulement la nation, mais les Rois mêmes ; c'est ren- » verser la constitution du royaume ; c'est détruire le fonde- » ment de l'autorité du monarque. *Croiroit-on que la vérifi-* » *cation des loix nouvelles dans vos cours de parlement,* » *ne supplée pas ce droit primitif de la nation ? L'ordre*

royaume & aux droits de la nation ; c'eſt que les factieux qui formoient les prétendus états & qui prétendoient diſpoſer de la couronne en faveur de l'infante d'Eſpagne, n'étoient point les députés de la nation ; c'eſt que cette aſſemblée avoit été convoquée par gens qui n'en avoient pas la puiſſance ; c'eſt que ce n'étoit pas une aſſemblée des états généraux. Mais le parlement s'étoit mis dans l'impoſſibilité de déclarer cette aſſemblées illégale ; il l'avoit approuvée, & M. Duvair y étoit lui-même député.

Une ſociété ne peut exiſter ſans revenus publics pour fournir aux frais de protection & de conſervation.

Il y a deux manières de former ce revenu public. On peut aſſigner au domaine national, des terres ou d'autres objets productifs, pour ſubvenir à la dépenſe publique. Si la nation n'a rien gardé pour ſon domaine, ou qu'il ne ſuffiſe pas, il faut prendre une portion des revenus de chacun des invidus qui compoſent la ſociété ; c'eſt ce qu'on appelle impôt.

Un homme qui n'a pas aſſez vécu pour l'inſtruction de ſon ſiècle, a propoſé ſur cette matière un problême qu'il a réduit à cet énoncé.

» Trouver une forme d'impoſition qui, ſans al» térer la liberté des citoyens & celle du com-

---

» *public pourroit-il gagner à la voir exercer encore par la* » *nation? Si votre majeſté daigne la rétablir dans ſes droits,* » *on ne nous verra point réclamer cette portion d'autorité* » *que les Rois vos prédéceſſeurs nous avoient confiée, dès que la* » *nation les exercera elle-même.* Mais juſque-là, &c. .... « *Remontrances du parlement de Bordeaux, du 25 février* 1771.

Voilà les principes des cours ſouveraines ; développés autant que le permettoit la circonſtance dans laquelle ces remontrances furent faites.

» merce, ſans vexation & ſans troubles, aſſure » à l'état des fonds ſuffiſans pour tous les temps » & tous les beſoins, dans laquelle chacun con- » tribue dans la juſte proportion de ſes facultés par- » ticulières, & des avantages dont il bénéficie dans la » ſociété «.

Je n'entreprendrai pas de réſoudre ce problême, parce que je n'ai ni miſſion, ni peut-être les talens néceſſaires pour donner la théorie de l'impôt; mais il eſt bon de répéter ſouvent aux adminiſtrateurs, que toute la ſcience de l'économie politique ſe réduit à la ſolution de ce problême & à l'application des réſultats qu'il donnera.

Les François ne payoient point d'impôts ſous les deux premières races de la monarchie. Les Rois avoient des domaines dont les revenus ſuffiſoient à leur dépenſe. Le cens ou tribut étoit une redevance qui ne ſe levoit que ſur les ſerfs ou ſur certaines terres tributaires; ce n'étoit point une charge publique. Chaque propriétaire ou ſeigneur percevoit le cens ou le tribut ſur ſes ſerfs ou ſur les terres qu'il avoit données à la charge d'un tribut, comme le Roi le percevoit ſur les ſerfs ou ſur les terres tributaires qui appartenoient au domaine public. Tout homme libre contribuoit de ſa perſonne au ſervice militaire, ſe pourvoyoit de vivres, d'armes, de chevaux & d'habits néceſſaires. Ils fourniſſoient de plus des chevaux & des voitures aux envoyés du Roi & aux ambaſſadeurs qui partoient de la cour ou qui voyageoient avec le Roi; ils étoient auſſi obligés de les loger & de les défrayer à leur paſſage. Il ne reſtoit donc nul prétexte à l'impôt (*).

(*) Voyez l'eſprit des loix, liv. 30, chap 12 & ſuivans; les obſervations ſur l'hiſtoire de France de l'abbé Mably, liv. 1, chap. 2, aux preuves, note 2; & le droit public de Bouquet, part. 2, art. 4 & 5; le ſyſtême de l'abbé Dubos ſur l'impôt des deux premières races, y eſt complétement réfuté.

Un ſeul Roi de la première race a voulu établir un impôt d'une cruche de vin par arpent de terre. Les rôles de cette taxe ont été brûlés ; un juge qui avoit perçu l'impôt a été obligé de ſe réfugier dans une égliſe ; & Fredegonde, qu'on n'accuſera pas ſans doute d'avoir pouſſé à l'excès la piété ni l'humanité, attribue la mort de ſes enfans à cette vexation du Roi ſon époux (*).

C'eſt ſous la troiſième race que les François ſont ſoumis à l'impôt. La dixme ſaladine eſt le premier véritable impôt que je connoiſſe ; ce fut Philippe Auguſte qui l'établit. La guerre de la Terre Sainte en fut le prétexte. Saint Louis leva auſſi des impôts ſur ſes ſujets, tantôt pour la défenſe du royaume, tantôt pour la guerre des Albigeois, tantôt pour la Terre Sainte ; & l'exemple ne fut pas perdu pour ſes ſucceſſeurs.

Ont-ils cru avoir le droit d'établir les impôts ſans le conſentement de la nation ?

Lorſque Philippe Auguſte veut établir la dixme ſaladine, il convoque une aſſemblée.

Saint Louis ne reçoit de ſes ſujets que des dons, des contributions volontaires. La décime qu'il impoſa ſur le clergé, ne fut peut-être pas volontaire ; mais le pape l'y avoit autoriſé, & cela ſuffiſoit dans les principes de ſon ſiècle, pour avoir le droit de prendre une portion des revenus de l'égliſe.

Philippe le Bel dont l'avidité & les exactions ont rendu la mémoire à jamais odieuſe, Philippe le Bel croyoit ſi peu avoir le droit d'établir des impôts ſans le conſentement des peuples, que le beſoin d'argent fut le principal motif qui le détermina à convoquer l'aſſemblée des états généraux.

(*) Grégoire de Tours, liv. 5, chap. 29.

Quelquefois il se contenta d'assembler les états provinciaux, & d'y envoyer des commissaires pour obtenir de nouveaux subsides.

Mais dans l'établissement de tous ces impôts, il reconnut que ses sujets les lui accordoient *de pure grâce, sans qu'ils y fussent tenus que de grâce.*

Deux fois cependant il en établit sans le consentement de la nation, en 1302 & en 1314.

Dans l'ordonnance qu'il fit à ce sujet en 1302, il est dit qu'elle est faite *de l'avis & consentement des prélats, des barons & de ses autres conseillers*; mais il ne croit pas que leur consentement suffise pour rendre l'impôt légitime. Il donne une instruction secrète à ses commissaires, leur recommande » d'assembler les plus suffisans des villes, de leur » faire entendre comment cette ordonnance est » courtoise à ceux qui payeront.... de parler au » peuple par douces paroles, afin de les attraire à » son intention.... de lui écrire hâtivement les » noms de ceux qu'ils trouveront contraires «. Est-ce pour punir les mutins qu'il demande à les connoître? Non, c'est *pour qu'il mette conseil de les ramener par bonnes & douces paroles, & si courtoisement que esclandre n'en puisse arriver.*

En 1314, les états généraux lui offrent des secours. Il abuse de cette offre générale; &, sans décret ni délibération des états, il établit l'imposition odieuse & arbitraire de six deniers par livre de toutes les marchandises qui seront vendues dans le royaume.

Cet impôt excite un soulévement général. Des ligues, des confédérations faites dans différentes provinces entre les trois ordres de l'état, avertissent Philippe qu'un Roi n'abuse pas impunément de son pouvoir. Il révoque l'impôt, demande pardon à dieu & absolution au pape d'avoir tant vexé ses sujets, ordonne à son fils de les soulager, & meurt tourmenté de remords (*).

Les historiens (**) parlent d'une loi de Louis le Hutin, par laquelle il déclare que ni lui ni ses successeurs ne pourroient lever aucun subside à l'avenir *sans le consentement des prélats, des nobles & des communes, qui en feroient eux-mêmes la levée.*

Tous les successeurs de Philippe le Bel respectent ce droit de la nation, au moins jusqu'à Charles VII.

Quelques historiens ont accusé ce dernier monarque d'avoir aussi établi des impôts sans le consentement de la nation. D'autres le lavent de ce reproche..

Louis XI ne respecta rien. Il traita ses sujets en esclaves, & disposa de leurs biens comme si c'eût été son patrimoine. Mais on a vu ce qu'il pensoit lui-même des droits de la nation, dans l'exhortation qu'il fit à son fils *de réduire la levée des impôts à l'ancien ordre du royaume, qui étoit de n'en point faire sans l'octroi des peuples.*

Charles VIII aima mieux suivre les conseils que l'exemple de son père. Il n'y eut d'impôts établis sous son règne, que ceux que lui accordèrent les états généraux assemblés à Tours.

Louis XII n'assembla point les états, parce qu'il n'eut pas besoin d'impôts. Il diminua de plus de moitié ceux qui étoient établis, & n'en créa point.

Sous les règnes de François premier & de ses

(*) Pour tout ce qui concerne Philippe le Bel, voyez les ordonnances du louvre, le continuateur de Guillaume de Nangis, Mézerai, abrégé chronologique, & Boulainvilliers, histoire de l'ancien gouvernement de la France.

(**) Nicole Gilles, Mézerai, Boulainvilliers.

malheureux descendans, on ne trouvera qu'une alternative perpétuelle d'aveux & de violations du droit de la nation.

C'est sous le ministère tyrannique de Richelieu qu'on a cessé d'assembler & de consulter la nation pour l'établissement des impôts. Et depuis cette époque, on a paru croire que l'enregistrement dans les cours souveraines remplaçoit suffisamment le consentement des états généraux. Le fait a tellement dénaturé le droit, qu'on a vu un ministre de France, né dans une république, dire à la nation Françoise & au meilleur des Rois, que *c'est le pouvoir d'ordonner des impôts qui constitue essentiellement la grandeur souveraine....* Qu'il ne faut laisser, *aux assemblées provinciales que la répartition de ces impôts & les autres parties d'exécution;* que ces fonctions, qu'il convient de leur laisser, *ne sont que des émanations de la confiance du monarque.... Que c'est dans ces bornes qu'il faut avoir soin de contenir les assemblées provinciales; puisque c'est tout ce qu'il faut au bonheur des peuples* (*).

Si tel est en effet le sort des peuples dans une monarchie, le monarque est donc seul propriétaire; » car le droit d'imposer est le droit d'enlever » une portion du revenu. Si ce droit est indé- » fini & attribué à un seul, celui qui est revêtu » de ce droit a le pouvoir d'enlever tout le re- » venu. Celui qui prend tout le revenu enlève de » fait tout le fonds. Donc le droit indéfini d'im- » poser éteint toute propriété (**) «. Il n'est donc

(*) Compte rendu au Roi par M. Necker, imprimé à l'imprimerie royale en 1781.

(**) Théorie de l'impôt, sixième entretien.

pas vrai qu'un Roi ne soit que l'administrateur de la chose d'autrui.

Voilà les droits des peuples & les devoirs des souverains, tels que j'ai cru les voir dans la nature; droits imprescriptibles, droits inaliénables; devoirs qu'on ne viola jamais impunément. La justice éternelle venge tôt ou tard les nations opprimées.

Louis XI étoit tellement convaincu qu'il avoit mérité la haine de ses sujets, qu'il se croyoit obligé de prendre les plus étranges mesures pour sa propre conservation.

» Il n'entroit guère de gens dedans le Plessis-» du-Parc (qui étoit le lieu où il se tenoit), excepté » gens domestiques & les archiers, dont il avoit » quatre cents, qui, en bon nombre, faisoient » tous les jours le guet & gardoient la porte.

» Il fit faire un treillis de gros barreaux de fer, » & planter dans la muraille des broches de fer » avec plusieurs pointes.... Aussi fit faire quatre » moineaux de fer bien épais, & lieu par où l'on » pouvoit bien tirer à son aise.... Et à la fin mit » quarante arbalêtriers, qui, jour & nuit, étoient » en ces fossés, & avoient commission de tirer à » tout homme qui en approcheroit de nuit, jusqu'à » ce que la porte fût ouverte le matin «.

» Quelques cinq ou six mois devant sa mort, » avoit suspicion de tous les hommes.... Il avoit » crainte aussi de son fils, & le faisoit étroitement » garder. Ne nul homme ne le voyoit, ne parloit » à lui, sinon par son consentement. Il avoit douté » à la fin de sa fille & de son gendre, & vouloit » savoir quels gens entroient au Plessis quant & » eux «.

» A l'heure que sondit gendre & le comte de » Dunois revindrent de remener l'ambassade qui » étoit venue aux noces du Roi son fils.... ledit sei-

» gneur.... fit appeler un de ses capitaines des gar-
» des, & lui commanda aller tâter aux gens des sei-
» gneurs dessusdits, voir s'ils n'avoient point bri-
» gandines sous leurs robes, & qu'il le fît comme en
» se dévisant à eux, sans trop en faire semblant.

» Or regardés.... de quels gens il pouvoit avoir
» sûreté, puisque de son fils, fille & gendre il
» avoit suspicion... & quelle douleur étoit à ce Roi
» d'avoir cette paour & ces passions.

» Voudroit-on dire que ce Roi ne souffrit pas
» aussi bien que les autres, qui ainsi s'enfermoit,
« qui se faisoit garder, qui étoit ainsi en paour de
» ses enfans & de tous ses prochains parens; &
» qui changeoit & muoit de jour en jour ses ser-
» viteurs qu'il avoit nourris, & qui ne tenoient
» bien ne honneur que de lui; tellement qu'en
» nul d'eux ne se osoit fier, & s'enchaînoit ainsi
» de si étranges chaînes & clôture (*)?

Voilà le bonheur de Louis XI; voilà la vie des Rois oppresseurs.

Et si l'on veut savoir comment les François savent aimer un bon Roi, qu'on lise l'histoire de Dominique de Vic.

C'étoit un brave militaire, frère de Méri de Vic, qui fut garde des sceaux sous Louis XIII.

Dominique fut gouverneur d'Amiens, de Calais, & vice-amiral. Il aimoit les talens, les vertus, sa patrie & son Roi.

Il s'informoit, dans tous les lieux où il commandoit, des marchands & des artisans qui jouissoient d'une bonne réputation; il les visitoit comme un ami, il alloit lui-même les prier à dîner.

Un coup de fauconneau emporte le gras de la jambe droite de ce brave homme; il ne peut plus

(*) Mémoires de Commines, liv. 6, chap. 7 & 11.

monter à cheval sans ressentir des douleurs insupportables ; il se retire daus ses terres en Guienne.

Il y vivoit depuis trois ans, lorsqu'il apprit la mort de Henri III, les embarras où étoit Henri IV, & le besoin qu'il avoit de tous ses bons serviteurs.

Il se fit couper la jambe, pour être encore en état de combattre pour son prince, vendit une partie de son bien, alla joindre Henri IV, lui servit de sergent de bataille à la journée d'Ivry, & s'y comporta si vaillamment, que le Roi Henri IV voulut que lui, son frère & leur postérité ajoutassent à leurs armes un petit écusson d'azur chargé d'une fleur de lys d'or.

Peu de temps après l'assassinat de ce bon Roi, Dominique de Vic a le malheur de passer dans la rue de la Féronnerie ; il voit l'endroit où cet horrible attentat a été commis. La douleur le saisit au point qu'il tombe mourant, & il expire le lendemain.

Quel est le malheureux qui voudroit être Roi pour vivre comme Louis XI ? Quel est le Roi qui ne désireroit pas d'être aimé comme Henri IV ? La puissance & la crainte valent-elles pour un Roi l'amour de ses sujets ? L'homme de bien supporte les princes quels qu'ils soient, mais il ne peut aimer que les bons princes ; & il y a long-temps qu'on a dit qu'il n'y a jamais de sûreté pour les Rois, quand leur puissance est excessive. C'est ainsi que la nature saura toujours faire respecter ses loix.

J'aurois encore bien des choses à dire sur les Rois, sur les Rois de France, sur leur majorité, sur leur sacre, sur leur mariage, sur leurs enfans.

Mais j'ai parlé de leur majorité au mot *Régence*,

de leur mariage au mot *Reine*, de leurs enfans au mot *Princes* ; & l'on trouvera tout ce qui concerne leur sacre dans du Tillet & dans le cérémonial de la France.

Je sais encore qu'on pourroit faire plusieurs volumes de tous les objets de détail qu'on peut ramener sous le mot *Roi*, & que je ne traite pas. Le plan du répertoire ne permet pas ces vastes compilations ; & d'ailleurs il est probable qu'on trouvera dans ce répertoire, sous les mots propres à chaque sujet, tout ce qui peut avoir du rapport à la royauté, & qu'on désireroit trouver sous le mot *Roi*.

Peut-être enfin désireroit-on de trouver ici des recherches & des dissertations sur les Rois d'Yvetot, sur les Rois de l'Arquebuse, sur les Rois de la Bazoche, sur les Rois de la Féve, sur les Rois des Merciers, sur les Rois des Ribauts, & sur les Rois des Violons.

Mais j'ai dit, au mot *Princes*, tout ce que j'ai cru qu'il étoit nécessaire de savoir sur les Rois d'Yvetot ; & d'ailleurs ce mot ne reste-t-il pas à traiter ?

Quant aux autres Rois, outre que je suppose qu'on a rendu à chacun d'eux ce qui leur appartenoit, sous les mots *Bazoche*, &c. je crois d'ailleurs que les dissertations qu'on peut faire à leur sujet, seront plus curieuses qu'utiles, & qu'un publiciste ou un jurisconsulte peut ignorer sans inconvénient les loix fondamentales de leur royauté.

J'en dis autant des royautés de différentes confrèries, qu'on vend à cri public & au plus offrant à la porte des églises. J'en connois pourtant quelques-unes qui se vendent très-solennellement en présence du principal officier & du procureur du Roi du bailliage ou de la sénéchaussée.

On m'a parlé d'un Roi de l'*aloyau*, j'ai fait d'inutiles recherches pour savoir ce que c'est.

(*Article de M.* DE POLVEREL, *avocat au parlement*).

ROI DES MERCIERS. C'est le titre que portoit autrefois en France un officier qui étoit considérable, qui veilloit seul sur tout ce qui concernoit le commerce. Quelques-uns en attribuent la création à Charlemagne. On l'appeloit *Roi des merciers*, parce qu'alors il n'y avoit que les merciers qui fissent tout le commerce; les autres corps des marchands, qui en ont été tirés, n'ayant été établis qu'assez tard sous les Rois de la troisième race.

Ce Roi des merciers donnoit les lettres de maîtrise & les brevets d'apprentissage, pour lesquels on lui payoit des droits assez forts; il en tiroit aussi de considérables des visites qui se faisoient de son ordonnance & par ses officiers pour les poids & mesures, & pour l'examen de la bonne ou mauvaise qualité des ouvrages & marchandises. Il y avoit dans les principales villes de provinces, des lieutenans pour y exercer la même juridiction que celle dont il jouissoit dans la capitale.

Les grands abus qui se commettoient dans l'exercice de cette charge, engagèrent François Ier à la supprimer en 1544. Elle fut rétablie l'année suivante. Henri III la supprima de nouveau en 1581, par un édit qui n'eut point d'exécution, à cause des troubles de la ligue. Enfin Henri IV, en 1597, supprima le Roi de Merciers, ses lieutenans & officiers, cassant annullant & révoquant toutes les lettres d'apprentissage ou de maîtrise données par cet officier ou en son nom; défenses à lui d'en expédier à l'avenir, ni d'entreprendre aucune visite, à peine d'être puni, lui & ses officiers, comme fausfaires, & de dix mille écus d'amende. Depuis ce temps là il n'est plus fait mention du Roi des Merciers.

ROI DES VIOLONS. C'est le titre que portoit, avant l'année 1773, le chef de la communauté des maîtres à danser & des joueurs d'instrumens. On l'appeloit aussi *Roi & maître des ménestriers & joueurs d'instrumens.*

Jean-Pierre Guignon est le dernier qui ait été pourvu de cet office. Le Roi s'étant fait rendre compte des pouvoirs & privilèges généralement attribués à cette charge, & sa majesté ayant reconnu que l'exercice de ces privilèges nuisoit au progrès de l'art de la musique, elle a donné au mois de mars 1773 un édit par lequel elle a éteint & supprimé la charge *de Roi & maître des ménestriers & joueurs d'instrumens, tant hauts que bas du royaume*, vacante par la démission volontaire qu'en avoit faite le sieur Guignon.

Un arrêt du conseil du 13 février 1773 (*)

(*) *Voici cet arrêt :*

Le roi étant informé que la communauté des maîtres à danser, connue sous le nom de *Confrérie de saint Julien des ménestriers*, se seroit crue fondée sur des statuts confirmés par édit du mois d'octobre 1658, auxquels elle auroit donné une interprétation trop étendue, & qui ont été abrogés par des loix postérieures, notamment par la déclaration du 2 novembre 1692, & par les lettres-patentes du 25 juin 1700, & sur ce qui a été représenté à sa majesté, que ladite communauté, sans la participation du sieur Guignon, nommé Roi des violons & des ménestriers par brevet du 15 juin 1741, auroit vendu ou concédé des charges de lieutenans généraux & particuliers du Roi des violons dans les provinces à différens particuliers & nommément au sieur Barbotin, qui exerce & fait exercer par des lieutenans particuliers par lui commis, envers les musiciens, même ceux des églises cathédrales & autres, de

don

dont l'exécution a été ordonnée par lettres-patentes du 3 avril suivant, avoir, avant la suppression dont on vient de parler, annullé les concessions des charges de lieutenans généraux & particuliers du Roi des Violons.

---

prétendus droits & des vexations qui troublent le bon ordre; sa majesté auroit jugé à propos de réprimer de tels abus, & en conséquence s'est fait représenter, en son conseil, lesdits statuts & édit de 1658, ladite déclaration du 2 novembre 1692, & les lettres-patentes du 25 juin 1700, desquels sa majesté s'étant fait rendre compte, & bien informée en outre que ledit sieur Guignon n'a jamais, en sa qualité de Roi des violons & des ménestriers, commis aucuns lieutenans généraux ni particuliers dans les provinces & villes du royaume, sa majesté n'auroit pu voir sans étonnement que ladite communauté auroit nommé des lieutenans généraux & particuliers du Roi des violons, & notamment le sieur Barbotin dans différentes provinces, lequel a nommé des lieutenans particuliers qui le représentent; & sa majesté voulant faire connoître ses intentions à cet égard; oui le rapport, & tout considéré; le roi étant en son conseil, a cassé & annullé, casse & annulle la vente & concession faite par la confrérie de saint Julien des ménestriers, de toutes les charges de lieutenans généraux & particuliers du Roi des violons dans toute l'étendue du royaume, & notamment celle du sieur Barbotin, révoquant tous les pouvoirs que lesdits sieurs lieutenans généraux & ledit sieur Barbotin avoient accordés à leurs lieutenans particuliers qui les représentoient, auxquels sa majesté interdit toutes fonctions; fait sa majesté défenses à tous musiciens & autres, de reconnoître lesdits lieutenans généraux & particuliers; ordonne que, tant ladite confrérie de saint Julien des ménestriers, que tous ceux qui la composent, seront tenus de se conformer aux dispositions de l'édit du mois de mars 1767, concernant les arts & métiers, & de se retirer pardevant le bureau établi à cet effet, pour y faire régler leurs prétentions. Et seront sur le présent arrêt, lequel sera imprimé & affiché par-tout où besoin sera, toutes lettres-patentes nécessaires expédiées. Fait au conseil d'état du roi, sa majesté y étant, tenu à Versailles le 13 février 1773.

Signé PHELYPEAUX.

ROLE. Au palais, on donne ce nom à l'état ou liste des causes qui doivent se plaider au parlement.

On appelle *grand Rôle*, celui où l'on inscrit les causes qui se plaident aux grandes audiences; *petit Rôle*, celui où l'on met les causes des petites audiences; *Rôles des provinces*, ceux où l'on met les appels des baillages de chaque province qui se plaident le lundi & le mardi; *Rôle* des jeudis, celui où l'on met les causes des jeudis; *Rôle* d'après la saint Martin, *Rôle* de la chandeleur, de pâques, &c., les Rôles des causes qui se plaident dans ces temps; *Rôle de relevée*, celui des causes qui se plaident l'après-midi; & *Rôle de la tournelle*, celui des causes de la grande audience de la tournelle.

Par la déclaration du roi du 15 mars 1673, concernant les appointemens des appellations (*),

(*) *Cette déclaration est ainsi conçue :*

Louis, &c. Salut. L'expérience ayant fait connoître que le nombre des affaires qui sont portées à l'audience de notre cour de parlement de Paris est si grand, qu'il est impossible de les expédier toutes par la plaidoirie; & la prompte expédition étant une partie essentielle de la justice & qui contribue le plus au soulagement de nos sujets, nous avons cru être obligés d'y pourvoir.

A ces causes & autres considérations à ce nous mouvans, de l'avis de notre conseil, & de notre certaine science, pleine puissance & autorité royale, nous avons dit & déclaré, & par ces présentes, signées de notre main, disons, déclarons, voulons & nous plaît, que, suivant l'usage de notre cour de parlement de Paris, il soit fait des Rôles où seront mises toutes les appellations verbales, tant simples que comme d'abus, requêtes civiles, demandes en exécutions d'arrêts, & autres demandes principales qui ne sont pas de la compétence de la tournelle civile, pour être plaidées les lundi, mardi & jeudi matin, & les mardi & vendredi de relevée de chaque semaine, dans lesquels Rôles des mardi & vendredi de relevée, ne pourront néanmoins être mises les requêtes civiles, régales, appellations comme d'abus, matières bénéficiales, celles qui concernent l'état des

il fut ordonné que, suivant l'usage du parlement de Paris, il seroit fait des Rôles des causes qui

---

personnes, la police, notre domaine, & autres qui n'ont point accoutumé d'y être plaidées. Et après le temps de chaque Rôle fini, les causes qui resteront à plaider, à l'exception toutefois des appellations comme d'abus, régales, requêtes civiles, appellations de simples appointemens en droit, soit qu'il y ait requête à fin d'évocation du principal, ou non, & des causes qui doivent être terminées par expédient, demeureront appointées au conseil & en droit par un réglement général, à moins que par arrêt il soit ordonné qu'elles soient mises dans un autre Rôle, si ce n'est à l'égard des requêtes civiles, que les défendeurs requissent qu'elles fussent appointées; ce qu'ils seront tenus de faire dans le mois; auquel cas elles seront comprises dans l'appointement général, autrement elles seront mises au Rôle suivant, sans qu'il soit fait, pour raison de ce, aucune interpellation ni sommation: & seront les appointemens expédiés au greffe sur les qualités du Rôle, pour ensuite l'instruction en être faite suivant la forme prescrite par notre ordonnance du mois d'avril 1667. Et néanmoins parce qu'il y a présentement dans les Rôles un très-grand nombre de requêtes civiles, voulons que toutes celles qui se trouveront dans les Rôles jusqu'au quatorzième août de la présente année seulement, demeurent appointées, comme le reste des causes, à la charge que les requêtes civiles qui auront été ainsi appointées, seront renvoyées aux chambres où les arrêts contre lesquels elles sont obtenues, auront été rendus, pour y être jugées & terminées.

Les audiences des mardi & vendredi de relevée seront tenues nonobstant qu'il soit veille de fête, sans qu'on puisse ce jour-là travailler de grands commissaires en notre grand'chambre.

Défendons d'intervertir l'ordre des Rôles, soit par placets, à venir, ou autrement en quelque sorte que ce soit, sinon que le vendredi de relevée seulement, le président qui présidera pourra donner des audiences sur placets dans les affaires qu'il jugera requérir célérité, & lorsque les causes n'auront point été mises aux Rôles.

Voulons que les mercredi & samedi de chaque semaine il soit donné des audiences à huis clos en la grand'chambre, pour toutes les affaires provisoires, d'instruction, oppositions à l'exécution des arrêts, défenses, & autres qui se trouveront requérir célérité, lesquelles seront plaidées par les pron'étoient point de la compétence de la tournelle civile, pour être plaidées en la grand'chambre les lundi,

---

cureurs sans aucun ministère d'avocats, si ce n'est qu'il ai été autrement ordonné. Et pour en faciliter l'expédition, se ront par chacune quinzaine faits des Rôles en papier par l premier président en notre cour de parlement, & de lui seu lement signés, lesquels Rôles seront publiés à la barre d notre cour, deux jours au moins avant que d'être plaidés pa le premier huissier, & par lui communiqués en la forme ordi naire, & ensuite mis entre les mains de l'un des huissiers d service; le tout sans autres frais ni droits que ceux que l'o a accoutumé de taxer aux huissiers pour appeler les causes la barre. Et en cas qu'il soit fête le samedi, l'audience ser tenue le vendredi précédent, sans que les causes qui resteron à plaider de ces Rôles puissent être appointées par aucu appointement général, mais seront remises dans les suivans Et après que ces Rôles auront été ainsi publiés, les défauts & congés qui seront donnés contre les défaillans, ne pourron être rabattus dans la huitaine, ni les parties se pourvoir pa opposition ni autrement que par requête civile.

Seront notre ordonnance du mois d'avril 1667 & notre dé claration du 11 août 1669, exécutées. Ce faisant, défendon de prendre aucuns appointemens à mettre, s'ils n'ont été pro noncés à l'audience avec connoissance de cause & après avoi été contradictoirement plaidés, & non par défaut, & seule ment sur les matières dont on plaidera aux audiences à hui clos, à peine de 100 livres d'amende contre le procureur qu l'aura requis, & pareille somme contre le greffier qui l'aur expédié. Enjoignons à nos avocats & procureurs généraux d nous donner avis des contraventions qui y seront faites; & en conséquence faisons défenses de prononcer aucuns appoin temens à mettre aux audiences publiques, si ce n'est inci demment lorsqu'en appointement au conseil ou en droit sur l principal, il y aura demande pour quelque provision.

La réception des appointemens avisés au parquet ou à l'ex pédient, sera poursuivie seulement aux audiences des mercred & samedi. Et pour cet effet, les placets en seront mis dan les mémoires ou Rôles en papier qui seront faits par le pre mier président. Pourront néanmoins les avocats & procureur des parties proposer verbalement aux audiences publiques le appointemens dont ils seront tous demeurés d'accord, & qu'il auront tous signés. Mais, en cas de contestation sur la réception

mardi & jeudi matin, les mardi & vendredi de relevée, à la charge toutefois que les causes qu'on n'avoit

---

les parties seront renvoyées aux audiences des mercredi & samedi.

Défendons aux procureurs de poursuivre aux audiences des mercredi & samedi, aucunes appellations, requêtes civiles, demandes principales, & autres causes qui doivent être plaidées aux audiences publiques, ni pareillement aux audiences publiques aucunes requêtes, instructions, provisions, oppositions, & autres matières qui doivent être plaidées les mercredi & samedi, à la réserve des causes de régale, dont l'instruction sera faite aux audiences publiques, ainsi qu'il est accoutumé.

Pourront néanmoins être données des audiences à huis clos sur placets le vendredi matin, & même les autres matinées, dans les affaires qui requerront célérité, pourvu que ce soit avant l'heure des audiences ordinaires, & sans qu'elles soient empêchées ni retardées.

A l'égard des causes qui seront remises par arrêts pour être plaidées après le 15 août jusqu'à la fin du parlement, voulons qu'il en soit usé en la manière accoutumée, & que les causes dont la plaidoirie se trouvera commencée au jour de l'enregistrement de notre présente déclaration, soient achevées comme elles l'eussent été auparavant.

Seront pareillement faits des Rôles pour la tournelle criminelle, suivant l'usage ordinaire & accoutumé, dans lesquels seront mises toutes sortes de causes; & après les Rôles finis, elles demeureront appointées par un réglement général, à l'exception des appellations comme d'abus & requêtes civiles, qui seront mises dans les Rôles suivans. Voulons que dans les appellations de décrets & de procédures ainsi appointées, lorsque les affaires seront légères & ne mériteront pas d'être instruites, le principal puisse être évoqué en jugeant pour y faire droit définitivement comme à l'audience, après que les informations auront été communiquées à notre procureur général, & l'instruction faite suivant notre ordonnance du mois d'août 1670.

Déclarons que nous n'entendons rien innover à l'établissement de la tournelle civile. Défendons d'appointer les causes de sa compétence à la fin des Rôles. Voulons que celles qui n'auront point été plaidées soient mises dans les Rôles suivans, ainsi qu'il est porté par nos déclarations des 18 avril 1667 &

pas coutume de plaider aux audiences de relevée; ne pourroient être mises sur les Rôles des mardi & vendredi de relevée. Il fut en même temps réglé qu'après le temps de chaque Rôle fini, les causes qui resteroient à plaider demeureroient appointées au conseil & en droit, par un réglement général, à l'exception toutefois des appellations comme d'abus, demandes en régale, requêtes civiles, appellations de simples appointemens en droit, soit qu'il y eût requête à fin d'évocation ou non, & des causes qui doivent être terminées par expédient: mais le grand nombre de requêtes civiles qui étoient alors placées sur les Rôles, & le bien de l'expédition rendirent nécessaire, malgré l'exception portée par la déclaration dont il s'agit, qu'il y fût dérogé par la même loi; en conséquence il fut ordonné que toutes les requêtes civiles qui se trouveroient dans les Rôles jusqu'au 14 août de la même année, demeureroient appointées comme le reste des causes, sous certaines clauses & conditions: cette dérogation aux dispositions de la déclaration du 15 mars 1673, à l'égard des requêtes civiles, a eu lieu depuis en différentes années, & récemment par une déclaration du 28 août 1781, comme nous l'avons observé à l'article REQUÊTE CIVILE: les mêmes motifs ont déterminé le législateur à déroger pareillement à la déclaration du 15 mars 1673, relativement aux appels comme d'abus & demandes en régale. C'est ce qui a été fait sous le règne actuel, tant par les déclarations des 12 mai 1776 & 18 juillet 1780, que par celle du 28 août 1781. Cette dernière contient les dispositions suivantes:

» ARTICLE PREMIER. Voulons & ordonnons que

---

11 août 1669, que nous ordonnons être exécutées selon leur forme & teneur.

Si donnons en mandement, &c.

» toutes causes d'appellations comme d'abus, & » toutes celles de régale, mises sur les Rôles depuis ceux de la saint Jean 1780, jusques & » compris ceux de la présente année, à moins » qu'elles n'aient été retirées desdits Rôles du » consentement de toutes les parties, & qui n'auroient pu être jugées, soient & demeurent appointées : permettons en conséquence aux parties de » demander, & à notre cour de parlement d'ordonner l'evocation des causes, instances & procès » pendans aux siéges inférieurs & autres juridictions » qui se trouveroient connexes auxdites causes appointées en notredite cour, selon la disposition » ci-dessus ; à la charge que lesdites causes, instances & procès ainsi évoqués seront instruits » & jugés en notredite cour par un seul & même » jugement, le tout conjointement avec la cause » d'appellation comme d'abus, ou celle de régale, » qui aura donné lieu à ladite évocation ; dérogeant, pour cette fois seulement, à toutes les loix » à ce contraires.

» 2. Voulons néanmoins & ordonnons que, où » lesdites appellations comme d'abus n'auroient » pour objet que des procédures d'instruction faites » en matière civile pardevant des juges d'église, » il puisse être donné un simple appointement à » mettre dans trois jours ; & sera ledit appointement pris, instruit & jugé en la forme prescrite » par l'article 13 du titre 11 de l'ordonnance de » 1667, & autres réglemens intervenus en matière » d'instruction desdits appointemens.

» 3. N'entendons comprendre dans les précédentes dispositions, les appellations comme d'abus » qui auroient été ou qui seroient interjetées par » notre procureur général en toutes matières, ni » celles qui auroient été interjetées, ou qui pourroient l'être par des parties, de jugemens dont

» les appellations comme d'abus sont de nature à » être plaidées en la chambre de la tournelle criminelle de notre cour de parlement, à l'égard » desquelles il continuera d'en être usé comme par le » passé. Si donnons en mandement, &c. «.

Rôle des amendes. C'est un état contenant les noms & domiciles de ceux qui ont été condamnés, & les sommes auxquelles ils ont été condamnés. Voyez l'article Amende.

Rôles pour la subsistance des pauvres. Par arrêt du 30 décembre 1740, le parlement de Paris a ordonné qu'il seroit fait des Rôles pour la subsistance des pauvres dans toutes les paroisses de son ressort; & le roi ayant jugé que dans un objet qui tendoit à soulager les pauvres, il n'étoit pas convenable que ces Rôles & les procédures nécessaires pour les faire exécuter fussent assujettis à aucun droit, il a été ordonné par un arrêt du conseil du 20 janvier 1741, que les Rôles faits pour la subsistance des pauvres, en exécution de l'arrêt du parlement de Paris, les actes & procédures pour faire exécuter ces Rôles, les procédures faites pour parvenir à la réduction de cotisations, & les jugemens qui interviendroient, soit devant les premiers juges, soit au parlement sur l'appel, seroient faits & rédigés en papier commun & non timbré, & seroient exempts des droits de contrôle, de sceau, & autres de quelque nature qu'ils pussent être.

Rôle des tailles. Voyez Taille.

ROSIÈRE. Ce mot est devenu célèbre dans les fastes de la jurisprudence, depuis que la Rosière de Salency a donné lieu à un procès fameux, plaidé par des avocats distingués, jugé par le parlement de Paris dans une audience solennelle, & à laquelle plusieurs *pairs du royaume* ont assisté.

Avant de rapporter ici le réglement que le parlement a fait à ce sujet, nous devons donner à nos lecteurs une idée de l'institution de la Rosière, des motif sur lesquels portoit la contestation qui s'est élevée entre le seigneur de Salency & ses habitans; nous puiserons ces détails dans les deux mémoires que nous avons faits pour la défense de *la vertu couronnée*,

» A une demi-lieu de Noyon, est un petit » bourg que l'on nomme *Salency*; ses habitans, » différens de nos grossiers villageois, ont conservé » jusqu'à présent la touchante simplicité des campa- » gnes; ce ne sont point des mercenaires, esclaves » d'un riche fermier & avilis par l'indigence; tous » goûtent les douceurs de la propriété; chacun d'eux, » attaché à la portion de terre qui lui appartient, » la cultive en paix. Les mœurs à Lacédémone » n'étoient pas plus pures que ne le sont celles des » Salenciens. L'époux chérit sa compagne, soulage » la vieillesse de son père, & a l'œil toujours ou- » vert sur ses enfans.

» Le cultivateur, heureux de son sort, ne cher- » che point à perdre avec sa raison le souvenir de » ses peines; les garçons aspirent tous au bon- » heur d'épouser la fille vertueuse qui sera cou- » ronnée, & pas un deux ne projette de séduire » les jeunes villageoises, qui ne connoissent que » l'amitié & les jeux de l'innocence.

» Une simple couronne de roses, accordée tous » les ans à la sagesse, a préservé jusqu'à présent » ces heureux habitans, de la corruption presque » universelle.

» Saint Médard, évêque de Noyon & seigneur

» de Salency, qui vivoit du temps de Clovis, voulut que tous les ans on donnât un chapea de roses & une somme de vingt-cinq livres à celle des filles de sa terre qui seroit reconnu par les habitans pour être la plus vertueuse : i détacha de ses domaines plusieurs arpens de terr qui forment aujourd'hui ce que l'on nomme l *fief de la rose*, & en affecta le revenu au payement des vingt-cinq livres & aux frais du couronnement.

» Ce saint prélat eut le bonheur d'entendre la voi publique proclamer *Rosière* l'une de ses sœurs, & de lui donner lui-même le prix glorieux d sa sagesse. On voit encore un tableau placé a dessus de l'autel de la chapelle de saint Médard, où cet évêque est représenté en habits pontificaux, posant la couronne de roses sur la têt de sa sœur, qui est à genoux & coiffée en cheveux.

» Depuis ce temps, la couronne de roses a toujours été la récompense de la plus sage Salencienne ; toutes ont aspiré à l'honneur de la recevoir.

» Outre l'avantage qu'elles retirent d'un témoignage si public de leur vertu, elles ont encor celui de trouver presque toujours un épou dans l'année de leur couronnement ; & que homme ne s'estimeroit pas heureux d'unir s destinée à celle d'un fille qui auroit été reconnu par tous les habitans du lieu où elle a reçu jour, pour être la plus modeste, la plus attac à ses devoirs, la plus respectueuse envers parens, & la plus douce avec ses compagnes ?

» Mais il ne faut pas seulement qu'elle ces excellentes qualités, on exige encore qu famille soit sans reproche ; de sorte que la Ros en obtenant le prix de sa vertu, reçoit [illegible]

» l'honêteté de tous ses parens. C'est toute une famille qui est couronnée sur la tête d'un de ses » jeunes rejetons. Il n'y a peut être pas de noblesse » qui puisse être comparée à celle-là.

» Un mois avant le jour de la cérémonie, les » habitans de Salency doivent s'assembler pour nommer, en présence des officiers de la justice, trois » filles dignes de la rose, & vont ensuite les » présenter au Seigneur, qui choisit celle des trois » qu'il lui plaît de faire couronner. Le dimanche » suivant, le curé annonce à tous ses paroissiens » quelle est la fille qui a été nommée *Rosière*, » le silence de ses jeunes rivales jusqu'au jour » de son couronnement, achève de prouver quelle » en est digne. Il résulte de ce réglement, que » ni le seigneur ni les habitans de Salency ne » sont pas précisément les maîtres de faire tomber le choix sur celle qu'il leur plairoit de faire » couronner. Ce sont deux pouvoirs très-heureusement combinés, qui concourent, sans se nuire, » au but de l'institution : tous les pères de familles sont intéressés à être justes dans la présentation des trois filles, & la faveur du seigneur ne peut récompenser que la sagesse.

» Le jour de Saint-Médard, l'après-midi, la » Rosière, dans les habillemens de l'innocence, » les cheveux flottans en longues boucles, s'avance » au son des instrumens vers le château ; elle est » suivie de douze jeunes filles qui sont vêtues de » blanc comme elle, & menées par douze Saleneiens ; le seigneur la reçoit dans ses appartemens.

» Lorsque les vêpres commencent à sonner, le » seigneur donne la main à la Rosière, & la » conduit à l'église avec son cortége, jusqu'à un » prié-dieu placé au milieu du chœur pour la recevoir. Les jeune filles & les garçons se rangent

» à ses côtés, & entendent l'office. Après les » vêpres, le clergé se rend en procession à la » chapelle de Saint Médard. La Rosière le suit, » menée par le seigneur, & marchant toujours » dans le même ordre : l'officiant, après quelques » prières, fait sur l'autel la bénédiction du cha» peau des roses, qui est garni d'un large ruban » bleu à bouts flottans, & orné d'un anneau d'ar» gent, depuis que Louis XIII daigna, à la prière » de M. de Belloy, seigneur de Salency, faire » donner à la Rosière la couronne en son nom : » ce fut M. le marquis de Gordes, son premier » capitaine des gardes, qui apporta à la sage Sa» lencienne, de la part de sa majesté, un cordon » bleu & une bague d'argent.

» Le curé, ou celui qui officie pour lui, avant de » placer la couronne sur la tête de la jeune fille, » adresse ordinairement un discours à l'assemblée. » Quel sujet plus heureux ! Ce chapeau de roses » qu'il tient, cette jeune fille, dont la vertu va » honorer toute une famille ; la joie du vieillard, » qui mourra content après avoir vu son der» nier rejeton couronné ; ces douze compa» gnes, dont les yeux sont attachés sur la Rosière, » qu'ils regardent en ce jour comme leur reine ; » cette foule d'étrangers qui sont accourus de » loin pour rendre à la sagesse un hommage plus » éclatant ; quelle source d'éloquence !

» Après l'office, la Rosière est conduite sur une » *pièce de terre* où les vassaux lui offrent des » présens champêtres, sans doute pour marquer » que la vertu est la souveraine du monde, & » que tous les hommes devroient vivre sous son » empire ».

» En 1766, M. le Pelletier de Morfontaine, in» tendant de Soissons, s'arrêta, en parcourant sa gé» néralité, à Salency ; le bailli, à la réquisition des

» habitans, le pria de vouloir donner le chapeau de » roses à la fille choisie par le seigneur.

» Cet intendant se fit non seulement un plaisir de » conduire la vertueuse Salencienne à l'autel, il eut » encore la générosité de la doter de quarante écus » de rente, réversibles, après sa mort, en faveur de » toutes les Rosières; qui en jouiront chacune pendant une année «.

Après avoir ainsi remonté à l'origine de la Rosière, & exposé ses priviléges, il falloit présenter les motifs du procès qu'on lui suscitoit; cette réflexion si naturelle nous échappa.

» Par quelle froide insensibilité le seigneur de Salency marque-t-il donc aujourd'hui tant de dédain » pour une institution si respectable? ne devroit-il » pas au contraire en être le protecteur, la conserver dans toute sa pureté? C'est par la fête de la » rose que sa terre est connue de toute la France. » Hélas! quel ravage il a déjà fait dans ce séjour » autrefois si heureux! son humeur processive y a » souflé le trouble: il traîne les paisibles Salenciens » de tribunaux en tribunaux; il les enlève à leurs » travaux rustiques, & les force d'aller solliciter des » juges, eux qui n'ont jamais sollicité que le dieu » des campagnes.

» Le sieur Danré, jaloux du droit que ses habitans ont de nommer dans leurs assemblées les trois » filles dignes de la rose, & de les lui présenter, » a voulu leur enlever le précieux avantage de juger » la vertu, & de concourir à l'honorer. Malheureusement il trouva, en 1773, un syndic assez vil » pour entrer dans ses vûes: cet homme, qui a été » destitué depuis par ordre de l'intendant, refusa de » convoquer l'assemblée des habitans à l'époque où » ils se réunissent pour nommer les trois Salenciennes » qui doivent être présentées. Le sieur Danré, » profitant de leur inaction involontaire, au lieu de

» se renfermer dans les limites de son pouvoir,
» faire sommer ses vassaux de s'assembler &
» lui présenter les trois filles qu'ils auroient choisie
» prit sur lui de nommer *Rosière* la fille d'un
» ses habitans, sans qu'il y ait eu ni assemblée,
» élection, ni présentation «.

Et pour soutenir son injustice, il appela enco la violence & l'épouvante à son secours ; il placer à la porte de la chapelle de Saint-Méda des cavaliers de maréchaussée qui en interdirer l'entrée aux habitans, & les repousserent avec bru talité, comme pour leur enlever jusqu'à la vu du couronnement.... Qu'on se peigne la doule de ces honnêtes Salenciens, jusqu'alors accoutum à suivre, à porter en triomphe leur Rosière chérie en se voyant rejetés indignement de sa présen par des hommes armés, en se sentant repoussé avec mépris par leur seigneur dans la foule de étrangers, qui semblent n'être accourus de si loi que pour être les témoins de leur humiliation.

Les habitans de Salency comprirent que leu privilége alloit s'évanouir, s'ils ne se hâtoient pa de protester contre l'élection de cette Rosière qu'il n'avoient ni nommée, ni présentée, & de fair valoir le droit qu'ils avoient d'entrer dans la chapelle où se fait la cérémonie du couronne ment.

Le seigneur, qui ne s'attendoit pas à cette juste réclamation, différa long-temps de répondre à la sommation que lui firent ses habitans de déclarer s'il *entendoit tirer avantage de l'élection qu'il avoit faite à leur insçu.* Ils obtinrent au bailliage royal de Chauni une sentence par défaut.

Le sieur Danré y forma opposition ; la cause s'engagea, & les avocats des parties développerent leurs moyens en présence du ministère public.

Celui du Seigneur soutint, » que de tout temps

» il avoit le droit de choisir & de nommer, sans » le concours des habitans, celle des filles de son » village qu'il croyoit la plus digne de recevoir » le chapeau de roses ; que ce n'étoit que par » condescendance & depuis 1766, qu'il avoit » consenti qu'en présence de ses officiers ils choisissent trois filles dont ils lui donneroient les » noms.

» Il osa jeter du ridicule sur l'importance que » les Salenciens vouloient donner à la fête de la » rose, & sur la pompe dont ils prétendoient » l'accompagner.

» Il qualifia d'*idées chimériques & romanesques*, » le vertueux enthousiasme de ces honnêtes habi- » tans pour une institution qui a fixé parmi eux » la sagesse que l'on ne rencontre déjà plus dans les » villages, où elle s'étoit réfugiée après avoir » disparu des villes «.

Il prétendit que le procès-verbal (dressé par les officiers de la justice de Salency lorsque l'intendant y conduisit la Rosière) *étoit le seul titre qui fît loi ;* & parce que ce procès-verbal porte, qu'après la bénédiction du chapeau de roses, la fille a genoux reçut des seigneur & dame la couronne, il en conclut, que *c'étoit à lui, & non à l'officiant, à la poser sur la tête de la Rosière.*

L'avocat du roi, qui porta la parole dans cette cause, fit observer qu'on lisoit dans le même procès-verbal, que l'*officiant bénissoit & mettoit le chapeau de roses sur la tête de la jeune fille* qui avoit été choisie par le seigneur, & que par conséquent, si l'intendant avoit, en 1766, effectivement donné le chapeau à la Rosière, on devoit regarder cette espèce de couronnement comme un égard extraordinaire que la reconnoissance avoit cru devoir à sa générosité, enfin comme une exception à la regle, à l'usage ancien, constaté par le tableau où

Saint Médard eſt repréſenté en habits pontificau mettant une couronne de roſes ſur la tête de ſœur.

Le lieutenant général de Chauny, après avoi entendu les moyens des parties, rendit, le 19 mi dernier, ſur les concluſions du miniſtère public une ſentence dont les diſpoſition étoient ſi ſage que le ſeigneur de Salency crut d'abord devoi y acquieſcer : les avocats requirent reſpectivemen *acte de ce que l'un & l'autre adhéroient au régle ment proviſoire* prononcé à l'audience; *ce qui leu fut accordé.*

Cependant, par une inconſéquence incroyable le ſeigneur de Salency oſa interjeter appel de cett ſentence : » Les habitans, diſions nous dans notr premier mémoire, » pourroient lui oppoſer la fi » de non recevoir qui réſulte de l'acquieſcemen » dont il lui a été donné acte de même qu'au » habitans ; mais ils veulent bien le combattr » avec les armes du raiſonnement.

» Profitons de la ſupérioriété de notre cauſe, & » épargnons à nos lecteurs l'ennui d'une défenſ » trop aride. Après avoir fait paſſer devant leur ima » gination les modeſtes Salenciennes couronnées d » fleurs, marchant au ſon des inſtrumens, & ſuivie » de jeunes garçons qui s'empreſſent autour d'elles » ne les attriſtons pas de l'obſcur jargon des plai » deurs. Ah! combien le récit des fêtes villageoiſe » & la vue des campagnes ſont préférables au ſombr » palais de Thémis!

» Mais voilà déjà le ſeigneur de Salency, qui, em » porté par ſon goût proceſſif, y pénètre, y fait en » tendre ſa voix; il repète ce qu'il a dit devant ſo » premier juge, que ce n'eſt que par tolérance & » depuis 1767, que ſes habitans ſe ſont aſſemblé » pour choiſir trois filles, & qu'ils les lui ont pré » ſentées «.

Prenon

Prenons le procès-verbal de 1767, & lisons-lui, d'une manière bien intelligible, le passage suivant, qui va le confondre.

» Sur la réquisition qui nous a été faite par » *Martin Carbonnier*, syndic en exercice de la pa- » roisse de Saint-Médard de Salency, & par les » habitans assemblés, dûment convoqués dimanche » dernier, à la principale porte & entrée de l'église, » issue de la messe paroissiale, au son de la cloche, » *en la manière accoutumée*, de nous trouver à » l'auditoire ordinaire, jour & heure du plaid, à » l'effet par les syndic & habitans de procéder par- » devant nous, *suivant l'usage*, *à la nomination de* » *trois filles natives du lieu* & d'une conduite » irréprochable, pour être présentées à messire » Charles-François Danré, seigneur dudit Salency, » pour être par lui nommée à son choix l'une des » trois, pour recevoir la rose le jour de Saint- » Médard «.

Cet article, demandions-nous, est-il assez clair? prouve-t-il assez évidemment, qu'en 1767 ce fut *en la manière accoutumée & suivant l'usage*, & non pas *selon sa tolérance*, que les habitans lui présenterent trois filles, pour qu'il nommât celle à laquelle il vouloit que la rose fût donnée?

» Qu'importe, disions nous au seigneur de Salency; » le lieu où s'assembleront les habitans, pourvu que » ce lieu soit indiqué par les officiers de justice? » Cependant il se plaint de ce que la sentence ne » porte pas que l'assemblée *se tiendra dans la salle* » *de l'auditoire.*

» Mais faut-il apprendre au seigneur de Salency » qu'il n'y a point dans sa terre d'autre salle d'au- » dience que sa salle même? est-il raisonnable » d'exiger que des habitans s'assemblent chez leur » seigneur pour donner leur avis relativement à une

» préfentation qui doit lui être faite? Ce feroit dé-
» truire la liberté des fuffrages «.

Mais voici une objection bien plus bizarre : felon lui, » la fentence n'a pas dû juger que dans le » cas où lui ou fes officiers prépofés refufe- » roient de nommer la Rofière, les habitans, fur » fon refus, en feroient la nomination.

» Ainfi il ne tient qu'à lui que la fête de la rofe » foit anéantie, que la vertu préfentée foit privée » de fon ornement. Il eft le maître de ne pas don- » ner les vingt-cinq livres qu'il doit tous les ans à » l'une des fages Salenciennes, quoiqu'une portion » de fa terre foit affectée au payement de cette » fomme, devenue fi modique de nos jours....

» Le feigneur de Salency femble craindre que la » cérémonie du couronnement ne foit trop éclatante; » il s'oppofe à tout ce qui peut lui donner de la » célébrité; il ne veut pas que la nomination de la » Rofière *foit annoncée au prône*, que le jour du » couronnement *elle foit accompagnée de violons* » *& de tambours*. . .

» Quel homme que ce Seigneur de Salency! » comme il aime le filence! il faut, pour lui plaire, » que fon Curé ne parle pas, que les violons » ne jouent point, que les tambours ne faffent » pas de bruit «.

» Il prétend . . . . ici la plume tombe de notre » main, nous rougiffons pour le Seigneur.... le » dirons-nous? il prétend que la dépenfe du chapeau » de rofes, du ruban & de l'anneau d'argent, *doit être* » *prife fur les vingt-cinq livres dues par le feigneur.* » M. le Pelletier, lorfqu'en 1766 vous eûtes la » générofité d'ajouter cent vingt livres de rente en » faveur de la Rofière que vous conduisîtes à l'autel » en l'abfence du Seigneur de Salency, auriez-vous » pu croire que ce même feigneur voudroit un jour » retrancher fur les vingt-cinq livres qu'il eft obligé

» de donner à la fille la plus sage de son village, » le prix d'un bouquet de roses & celui d'un ruban » bleu?.... Mais on ne lui demande point de grâce, » qu'il abandonne tous les ans à la Rosière le produit » du *fief de la rose*, & on ne l'inquiétera ni pour » les vingt-cinq livres, ni pour les frais du cou- » ronnement.

» L'art. 10 de la sentence porte, que la Rosière » sera conduite par le seigneur en personne; & en » son absence ou refus, par telle autre personne qu'il » plaira *à ladite Rosière choisir*.

» Le sieur Danté soutient que la Rosière *ne peut* » *être conduite que par celui qu'il nomme à sa place*; » ainsi, dans le cas où, par une suite du mépris » dont il paroît pénétré pour la fête de la rose, il » lui plairoit de donner à la Rosière un de ses laquais » pour écuyer, elle seroit obligée de prendre la main » servile qui lui seroit offerte....

» Le seigneur de Salency, qui trouve qu'un cha- » peau de roses est trop cher pour ne le pas faire » payer à celle qui le reçoit, veut le mettre lui- » même sur la tête de la Rosière; il s'appuie toujours » sur ce que M. le Pelletier a, suivant le procès- » verbal de 1766, posé la couronne sur la tête de » celle qu'il a conduite à l'autel «. Mais qu'y a-t-il de commun entre l'homme généreux qui assure noblement cent vingt livres de rente, qu'il ne doit pas, à une sage Salencienne qu'on lui présente, & le seigneur de Salency qui refuse de donner à celle qu'il a choisie, un anneau d'argent & un ruban bleu, *qu'il lui doit*. Au surplus, on a déjà rapporté le passage du même procès-verbal qui constate que c'est *l'officiant qui bénit & met le chapeau sur la tête de la Rosière*. Tant que le sieur Danté ne sera pas l'officiant, il ne bénira ni ne mettra le chapeau sur la tête de la Rosière.

Nous croyons devoir consacrer ici le vœu par lequel nous terminâmes ce premier mémoire.

» Pour nous, si, après avoir présenté dans tou
» sa sagesse une institution aussi précieuse que celle
» de la fête de la rose, il nous restoit un vœu
» à faire, nous l'adresserions au jeune monarque
» qui vient d'être porté sur le trône, nous le
» conjurerions de jeter ses regards sur les habi-
» tans des campagnes, dont le bonheur doit être
» cher à son cœur; nous lui dirions: Vos augustes
» prédécesseurs ont répandu leurs faveurs dans les
» cités, ils ont protégé les lettres, encouragé les
» beaux arts, récompensé l'industrie; mais ils ont
» oublié que les cultivateurs étoient aussi leurs
» sujets.

» Les spectacles, les jeux, les honneurs ont
» été fixés dans les villes; la peine, l'ennui,
» l'humiliation ont été rejetés dans les villages.

» Daignez, ô jeune prince! espoir de la France,
» daignez étendre vos soins paternels sur cette
» portion d'hommes qui dans la guerre défend
» l'état, & le nourrit pendant la paix «.

L'affaire de la Rosière avoit acquis une si grande célébrité, que le parlement ayant été, en 1774 rappelé de son exil, il ne crut pas pouvoir mieux couronner sa rentrée que par cette cause si digne d'exciter l'intérêt public. Nous saisîmes cette occasion pour rendre hommage à la magistrature. » Cette
» cause, disions nous en commençant notre second
» mémoire, qui est celle de la vertu, va donc
» être jugée par des magistrats dignes de cou-
» ronner la sagesse?

» Modestes Salenciennes, oui, ce sera de leur
» mains que vous recevrez ce chapeau de rose
» auquel l'innocence de vos mœurs attache un si
» grand prix. Quelle doit être votre confiance! I

» France entière sollicite pour vous, d'illustres
» princesses ont été touchées de vos peine : ce
» sentiment ne sera point stérile ; *Louis XIII* ne
» sera pas le seul qui ait honoré la vertu des
» campagnes. Votre seigneur a voulu étouffer l'insti-
» tution la plus pure qui existe sur la terre, &
» il n'a fait que lui donner plus d'éclat.

» On se rappelle, poursuivions nous, ce que
» nous avons dit de ces habitans paisibles qui vi-
» vent heureux & ignorés, attachés à la terre *qu'ils*
» *cultivent de leurs mains*. Il semble que le ciel
» ait voulu conserver dans un coin obscur de la
» France, les mœurs de la plus haute antiquité.
» Jamais ce lieu n'a été souillé par un meurtre, ni
» déshonoré par un vol.

» La noblesse des Salenciens est celle de la rose ;
» ils n'en connoissent point d'autre «.

La famille qui, depuis Saint-Médard, a vu le plus souvent ses rejetons couronnés, est la plus illustre parmi eux.

Si les arts n'étoient pas les esclaves de l'opulence, ce seroit une vue bien touchante que celle d'une chaumière de Salency, ornée d'une suite de tableaux représentant de jeunes Rosières parées d'un cordon bleu, avec tous les attributs de leur couronnement. Ce spectacle vaudroit bien celui d'une galerie qui n'offre à nos regards que les superbes destructeurs du genre humain. Il y a si long-temps que l'on s'enorgueillit de la férocité de ses pères, qu'il seroit bien à souhaiter que l'on commençât à mettre une partie de sa gloire dans la sagesse de sa mère.

Depuis des siècles, les seigneurs de Salency ont vu avec plaisir dans leur terre une institution aussi belle que celle de la fête de la rose ; tous ont cherché à la rendre solennelle, à lui donner cette pompe champêtre qui attire la foule & répand

plus de gloire ſur la Roſière. Il n'a pas tenu a
père du ſieur Danré lui-même, que ſa fille ne reçût
comme la ſœur de Saint-Médard, la couronne de
roſes ; mais elle n'étoit pas née à Salency, & l'empire d'une loi reſpectable la priva d'une récompenſe
qui étoit ſans doute due à l'honnêteté de ſon
cœur.

S'il eût inſiſté, s'il eût étouffé la loi ſous ſon
pouvoir, s'il eût, malgré les juſtes réclamations des
habitans, nommé *Roſière* la demoiſelle de Salency,
s'il l'eût conduite à l'autel à travers le murmure,
s'il eût fait repouſſer ſes vaſſaux mécontens par
des gens armés, le père ſe fût déshonoré, & la
fille auroit à rougir de ce qui fait la gloire des
Salenciennes.

Pourquoi la Roſière eſt-elle fière de la couronne
qu'elle reçoit ? C'eſt parce qu'elle lui eſt donnée
du conſentement de tous les habitans ; c'eſt parce
que tous ſont cenſés avoir dit au ſeigneur en lui
préſentant les trois ſalenciennes qu'ils ont nommées dans leur aſſemblée : » Voilà trois filles dont
» la famille eſt ſans tache ; leur ame eſt également
» chaſte ; elles ſoulagent la vieilleſſe de leur père
» avec le même ſoin, avec la même tendreſſe ;
» elles donnent pareillement à leurs jeunes com-
» pagnes l'exemple de la douceur, de la modeſtie,
» du travail ; nous voudrions avoir trois couronnes
» à donner, elles ſeroient toutes les trois Roſières ;
» mais puiſqu'il n'y en a qu'une qui puiſſe rece-
» voir dans l'année cet honneur, faites-le tomber
» ſur celle des trois qu'il vous plaira d'en illuſtrer :
» à la première préſentation, ſi les deux autres
» continuent de mériter nos ſuffrages, nous met-
» trons encore leurs noms ſous vos yeux, & nous
» eſpérons de votre juſtice, qu'avec le temps
» toutes nos filles recevront le ſigne éclatant de leurs
» vertus «.

Cette récompense si ardemment désirée sera bientôt avilie, méprisée, si le caprice du seigneur en dispose; si la fille de son bailli, de son fermier, l'obtient, de préférence à la simple villageoise qui n'ose approcher du château. Helas! que deviendra le prix de la sagesse, si le seigneur qui succédera un jour au sieur Danré, peut dire à la jeune salencienne qu'il rencontrera moissonnant dans le champ de ses pères : » Il ne tient qu'à toi d'être » Rosière, d'avoir cent quarante-cinq livres cette » année, de voir flotter sur ta tête le ruban bleu » dont tes compagnes sont si vaines, de marcher, » comme elles, précédée de fanfares, suivie de » jeunes garçons qui admireront ta beauté & vou- » dront t'avoir pour femme : aime un peu ton sei- » gneur, & tu seras couronnée «.

Dans cette seconde discussion, nous nous attachâmes à prouver, 1°. que les habitans de Salency, pour le droit qu'ils réclamoient de présenter les trois filles sur l'une desquelles devoit tomber le choix du seigneur, avoient le *titre* & la *possession*.

2°. Que le seigneur de Salency étoit tenu de faire les frais du couronnement; que c'est une charge de sa terre. » Heureuse charge, disions-nous, que » celle de couronner, d'embellir la sagesse! Mal- » heur au propriétaire qui ne bénit pas le prédé- » cesseur qui lui a imposé un si doux devoir «!

Le seigneur de Salency, ajoutions-nous, *ne veut pas* que la Rosière se place à l'église sur un prié-dieu; il soutient qu'elle doit être dans son banc; son imagination ne peut pas s'élever jusqu'à penser que la Rosière soit, le jour de son couronnement, plus grande que lui; que c'est la vertu personnifiée que ses habitans couronnent; qu'elle est, ce jour-là, la souveraine de Salency, puisque tous les vassaux *sont tenus de lui faire des offrandes en plein champ*, afin que le ciel, touché d'un hommage aussi solennellement rendu à la sagesse, fasse descendre l'abondance sur les campagnes où elle est honorée.

Après avoir ainsi consacré notre ministère à la défense de l'institution la plus pure, nous mîmes les privilèges de la Rosière sous la protection des magistrats. » Vénérables sénateurs, leur dîmes-nous » en finissant, qui vous êtes dévoués avec tant de » courage pour la cause publique, à l'exil, à l'humi» liation, & qui jouissez aujourd'hui avec tant » de modestie de la reconnoissance de la nation » & de votre inviolable attachement aux loix; » vous conserverez dans tout son éclat cette cou» ronne de roses à laquelle sont attachées les mœurs » des Salenciens, comme la bravoure & la gran» deur le furent autrefois chez les Romains à une » simple couronne de chêne «.

A l'audience, un avocat (*), aussi célèbre au barreau par ses talens que par son zèle patriotique, partagea la noble tâche que nous nous étions imposée. L'auguste & nombreuse assemblée qui l'écoutoit, fut sur-tout très-touchée de cette apostrophe qui forma la pérotaison de son discours. » Sages habitans de » la paisible terre que vos vertus fécondent depuis » tant de siècles, consolez-vous; vos ames ont été » navrées du combat qu'il falloit livrer; un mo» ment plus favorable est proche. Un tribunal cher » à la nation va prononcer suivant les vœux de la » nation & les vôtres; vos usages vont devenir » vos loix. Heureux le peuple à qui l'on peut don» ner pour règle ses propres mœurs, & ne comman» der que ce qu'il observe! Vos cérémonies plus » connues inspireront plus de respect; à la suite » d'une possession de douze cents ans, votre pre» mier titre sera le premier oracle de la justice » couronnée, & le triomphe de la sagesse sera

(*) Me Target.

» lié désormais dans la mémoire, au triomphe de » la loi. Pourriez vous gémir encore, si, de l'éclat » même des contradictions que vous éprouvez, » comme d'un germe heureux, pouvoient s'élever » & fleurir quelques institutions aussi salutaires que » la vôtre ; si votre exemple, devenu plus célèbre, » réveilloit des imitateurs ; si l'étincelle enfin qui » brille a Salency, tombant sur quelques ames sen- » sibles, les enflammoit d'une sainte émulation pour » la sagesse, & du désir d'en semer l'encourage- » ment? La vertu n'est point jalouse, elle prend » part à toutes les douceurs dont elle jouit elle- » même : voilà le dernier vœu qui soit digne de » vous, & il ne sera pas stérile. Des marches » d'un trône soutenu par les mœurs, les grands » du royaume sont descendus vers nous ; ils se » sont assis, pour vous entendre, parmi les minis- » tres consacrés au service de la loi ; présage heu- » reux qui vient s'unir encore à votre cause ! fa- » vorable augure, & de la concorde publique, » & des honneurs qui, sous un règne pur, vont » s'attacher à la vertu «.

Il est temps de rapporter l'arrêt en forme de ré- glement qui fut rendu dans cette cause d'une espèce unique & toute nouvelle.

» Art. 1. Notredite cour ordonne, relativement à » la cérémonie de la rose, établie dans la paroisse » de Salency, que la communauté des habitans » de Salency s'assemblera chacun an, le premier di- » manche de mai, issue de la messe paroissiale, » devant les officiers dudit Salency, en un lieu » décent & public, dans l'étendue du village de » Salency, hors l'enceinte & l'enclos du château, » qui sera indiqué par lesdits officiers, pour pro- » céder, à la pluralité des voix, à la nomination des » trois filles qui doivent être présentées au seigneur, » à l'effet par lui d'en nommer une des trois pour » Rosière,

» 2. Le lieu de l'assemblée sera indiqué au nom
» desdits officiers, par un sergent de la justice o
» autre huissier ou sergent par eux commis, e
» parlant par lui à haute & intelligible voix, au
» syndic & principaux habitans, issue de la mess
» de paroisse, principale porte d'entrée de l'églis
» dudit lieu.

» 3. Les officiers dresseront à l'assemblé pro
» cès-verbal de la nomination qui sera faite de
» trois filles, & le feront signer de ceux desdits
» habitans qui voudront & pourront le signer, &
» en sera délivré dans le jour expédition par le
» greffier au syndic de la communauté, sans qu'i
» puisse être pris pour la rédaction dudit procès
» verbal, aucunes vacations, frais de voyages ou
» transport de la part desdits officiers.

» 4. L'expédition dudit procès-verbal sera auss
» dans le jour présentée par le syndic, assisté de
» quatre des principaux habitans, des officiers de
» la justice, s'ils jugent à propos de s'y trouver
» audit seigneur de Salency, qui sera tenu de se
» trouver dans son château, ou y faire trouver per
» sonne par lui préposée, & de nommer, ou
» son préposé par lui, dans huitaine du jour de
» la présentation, celle des trois filles qu'il choi-
» sira pour Rosière; & ce par acte signé de lui
» au bas dudit procès-verbal.

» 5. A faute par les officiers de la justice de se
» transporter ès jour indiqué par l'article 1, & de
» se conformer pour l'indication du lieu de l'as-
» semblée, à l'article 2, autorise lesdits habitans,
» par le seul fait de leur absence ou omission de
» ladite indication, à se réunir en corps de com-
» munauté au lieu ordinaire, de tenir les assemblées
» de la commune pour faire leur choix des trois
» filles, ainsi qu'ils jugeront à propos, duquel ils
» feront rédiger procès-verbal par tel notaire qu'ils

avi∫eront, au bas duquel le ∫eigneur de Salency
» ∫era tenu de choi∫ir & ∫igner la nomination qu'il
» fera par lui ou ∫on prépo∫é, de l'une des trois
» filles pour Ro∫ière, de même que ∫i l'a∫∫emblée
» eût été tenue & le procès-verbal rédigé par les
» officiers de ∫a ju∫tice; ∫i mieux n'aiment le∫dits
» habitans, audit cas d'ab∫ence ou omi∫∫ion, ∫e
» retirer pardevers le lieutenant général de Chauny,
» que notredite cour commet à cet effet, & de-
» mander ∫on tran∫port à l'effet de convoquer &
» tenir ladite a∫∫emblée, aux lieu, jour & heure
» qu'il lui plaira leur indiquer, lequel tran∫port,
» au cas qu'il ait lieu, du con∫entement dudit
» lieutenant général, ∫e fera pareillement ∫ans
» frais.

» 6. A faute par le ∫eigneur de Salency de ∫e
» trouver en ∫on château dans huitaine du jour de
» la pré∫entation, ou d'y faire trouver per∫onne
» par lui prépo∫ée, ou à faute de nommer ladite
» Ro∫ière, les officiers de ∫a ju∫tice, & en leur
» ab∫ence la communauté des habitans, nommeront
» la Ro∫ière de l'année.

» 7. Nulle fille ne pourra être élue Ro∫ière, qu'elle
» ne ∫oit native, ain∫i que ∫es père & mère, du
» village de Salency, qu'elle ne ∫oit âgée au moins
» de dix-huit ans, qu'elle n'ait tenu une conduite
» irréprochable, & que ∫a famille ne ∫oit également
» ∫ans reproches.

» 8. L'élection faite de la Ro∫ière, ain∫i qu'il
» vient d'être dit, ∫era annoncée le dimanche ∫ui-
» vant au prône de la paroi∫∫e, & par le ∫yndic
» à la porte de l'égli∫e, en la manière accou-
» tumée.

» 9. Le jour de la fête de Saint Médard, le
» ∫eigneur ∫era tenu de fournir le chapeau de ro∫es,
» & de payer ou de faire payer à la Ro∫ière, avant

» le commencement de la cérémonie, les ving
» cinq livres tournois qu'il lui doit.

» 10. Dans l'après-midi du même jour, ava
» les vêpres, la Rosière, précédée de tambours
» instrumens, si elle juge à propos d'en faire tro
» ver à la cérémonie, suivie dans sa marche
» douze jeunes filles à son choix, vêtue d'habi
» lemens blancs, portant en écharpe un rub
» bleu, ménées par douze jeunes garçons, & e
» cortées d'habitans armés en nombre suffisant po
» empêcher le tumulte & maintenir le bon ordr
» se rendra au château de Salency, où le seigne
» du lieu, ou son préposé seront tenus de la rec
» voir avec son cortége, à l'exception néanmoi
» des tambours, instrumens & hommes armés
» dans un appartement décent du château, pour
» attendre l'heure des vêpres, si mieux n'aime
» seigneur aller la prendre lui-même au domic
» de ses père & mère, ou autres parens.

» 11 Lorsque les vêpres commenceront à son
» à la paroisse, la Rosière, conduite par le seigneu
» ou, suivant ses offres, par telle autre perso
» de son état & condition qu'il aura chargée de
» représenter; & en leur absence, par le juge
» lieu ou autre officier de la justice, s'il juge
» propos de s'y trouver, & à leur refus, par
» syndic de la paroisse; précédée, suivie & esc
» tée comme dans l'article précédent, se ren
» à l'église pour entendre les vêpres sur un pr
» diéu, placé au milieu du chœur pour la rec
» voir, au deux côtés duquel les douze filles
» les douze garçons de son cortége se placeront po
» entendre l'office.

» 12. Après les vêpres & avant les complie
» le clergé se rendra processionnellement à la c
» pelle de Saint Médard, suivi de la Rosière; p

cédée & conduite, suivie & escortée comme dans l'article 10.

» 13. L'entrée de la chapelle sera ouverte & libre » aux syndic & principaux habitans.

» 14. Après le chant des antiennes & prières or- » dinaires, le célébrant, qui se sera rendu avec le » clergé de la paroisse à ladite chapelle, recevra » des mains du seigneur ou de son préposé, le » chapeau de roses, garni d'un large ruban bleu à » bouts flottans sur le derrière d'icelui, & orné » pardevant d'un anneau d'argent, le placera sur » l'autel de ladite chapelle, en fera la bénédic- » tion, & adressera à l'assemblée, si bon lui semble, » un discours relatif à la cérémonie, en tenant à » sa main le chapeau de roses, qu'il placera ensuite » sur la tête de la Rosière, laquelle le recevra à » genoux & au pied de l'autel.

» 15. Le clergé, après avoir entonné les prières » accoutumées, reprendra le chemin de l'église, » & s'y rendra dans le même ordre que celui qu'il » aura tenu pour venir à la chapelle, suivi de la » Rosière, précédée, conduite, suivie & escortée » comme dans l'article 10.

» 16. A la sortie de l'office, la Rosière, précé- » dée, conduite, suivie & escortée comme dans » l'article 10, se rendra sur une pièce de terre si- » tuée à la *Ruelle-Binette*, où lui seront présentés, » par les vassaux de la cérémonie, suivant qu'ils » y sont obligés, chacun en droit soi, une flèche, » un bouquet de fleurs, deux éteufs abattoirs, deux » éteufs blancs, un sifflet de corne dans lequel sera » sifflé trois fois par qui il appartiendra, une table » garnie d'une nappe blanche, six serviettes blan- » ches, six assiettes, une salière pleine de sel, un » lot de vin clairet, mesure de Noyon, en deux » pots d'étain, deux verres, deux couteaux, un » demi lot d'eau fraîche, deux pains blancs d'un

» sou chacun, un demi cent de noix & un fromag
» de trois sous.

» 17. Et finalement la Rosière sera ramenée
» précédée & suivie, conduite & escortée comm
» dans l'article 10; en sa demeure, où, étant arri
» vée elle offrira, si bon lui semble, au seigneu
» ou autre qui l'aura conduite & à son cortége
» une collation telle qu'elle avisera.

» Et en ce qui concerne la demande relative a
» tableau posé en 1772 & étant actuellement su
» l'autel de la chapelle de Saint Médard, ordonn
» que ledit tableau sera ôté, sauf aux habitans
» le faire placer dans tel lieu de la chapelle qu'il
» jugeront à propos, & qu'au lieu & place dudi
» tableau, en sera mis un nouveau aux frais du sei
» gneur, suivant ses offres, représentant Saint Mé
» dard en habits pontificaux, mettant le chapea
» de roses sur la tête de sa sœur, conformémer
» à celui qui y avoit été placé de toute ancien
» neté. Ordonne que les termes injurieux répan
» dus dans les requêtes & écritures des parties, se
» ront & demeureront supprimés. Sur le surplu
» des demandes, fins & conclusions des parties
» les met hors de cour. Ordonne que le préser
» arrêt sera imprimé & affiché par-tout où besoi
» sera, notamment dans les lieux de Salency
» Noyon & Chauny, jusqu'à concurrence de trent
» exemplaires, aux frais de la partie de *Troussea*
» (l'avocat du seigneur), & qu'il sera déposé u
» exemplaire du présent réglement, tant dans l
» coffre de la fabrique de la paroisse de Salency
» qu'au greffe de ladite justice, & à celui du bail
» liage de Chauny, pour y avoir recours au besoir
» Condamne la partie du *Trousseau* en tous le
» dépens des causes principales d'appel & demande:
» Donné en notredite cour de parlement le 2
» décembre, l'an de grâce mil sept cent soixant
» quatorze «.

Depuis le jugement de cette affaire plusieurs seigneurs ont institué dans leurs terres des *Rosières*, à l'exemple de celle de Salency. M. & M^de. Elie de Beaumont, entre autres, n'ont rien épargné pour rendre, dans leur terre de *Canon* en Normandie, cette cérémonie aussi auguste qu'utile à ses habitans. Ils ne se sont pas bornés à couronner un fille sage, ils ont voulu que plusieurs espèces de vertus également précieuses trouvassent dans son institution la récompense qui leur est si rarement accordée. Le bon chef de famille, la bonne mère, le respectable vieillard, partagent alternativement avec la bonne fille, l'honneur du couronnement & la somme de 600 liv. qui y est attachée. Il est à désirer que ces institutions, qui font tant d'honneur à leurs créateurs, & qui peuvent avoir une si heureuse influence sur les mœurs, ne fassent pas naître un jour des procès semblables à celui que nous avons eu à défendre.

(*Cet article est de M. DE LA CROIX, avocat au parlement.*)

ROTAGE, ROAGE ou ROUAGE. Ces termes, qui sont synonimes & qui dérivent du mot *Roue*, désignent toujours un droit relatif à l'usage des voitures de terre, dont l'objet varie dans divers pays. Une ancienne inscription rapportée par Ducange, désigne ainsi un droit que l'on faisoit payer aux voituriers pour le dégât causé par leurs voitures.

Dans plusieurs autres seigneuries, c'étoit un droit de péage ou de passage, dû par chaque voiture indistinctement qui traversoit la seigneurie ; dans d'autres il désignoit un droit sur les vins, ou sur d'autres denrées seulement qu'on transportoit sur des charrettes, soit qu'il se perçût au lieu du départ, ou qu'on le payât au passage d'une seigneurie.

Le compte du domaine du comté de Boulogne,

en 1402, porte : » Recepte des Rouages, c'est » savoir de chars ou charrettes, qui à loïer mesne » denrées, doivent chacun char 4 den. parisis «.

Ragueau dit que c'est un droit seigneurial qui prend sur le vin qui est vendu en gros, & avant q la roue tourne. Il ajoûte, » qu'en quelques lieu » comme en la terre & châtellenie de Heri » Berry, est dû au seigneur terrageur une ger » de chaque espèce de blé de Rouage, outre » droit de Rouage pour & au lieu du charroi » conduite du terrage en la grange du seigneu » que les détenteurs par droit constitué ou pres » sont tenus faire «.

On peut voir d'autres autorités citées dans l glossaires de Ducange, de Ragueau & Laurière. Il est clair que dans chaque seigneurie ce droit les autres semblables se doivent interpréter par l titres & la possession.

Voyez les mots PÉAGE, TONLIEU, TRAVERS, &c

(*Article de M. GARRAN DE COULON, avoc au parlement.*)

ROTE. C'est le nom d'une cour ou juridictio particulière établie à Rome. Elle est composée d douze membres qu'on appelle auditeurs de Ro Ils sont choisis dans les quatre nations d'Italie France, Espagne & Allemagne ; il y en a troi Romains, un Toscan, un Milanois, un Bolonois un Ferrarois, un Vénitien, un François, deu Espagnols & un Allemand ; chaque auditeur quatre clercs ou notaires sous lui ; ils connoisse de toutes les causes ecclésiastiques & civiles, tan de Rome que des provinces de l'état ecclésiastique en cas d'appel, & de tous les procès des états d pape, au dessus de cinq cens écus. Les décisions d la Rote sont exactement recueillies, mais elle n'on n'ont parmi nous qu'une autorité pareille aux déclarations des congrégations des cardinaux.

Le nom de *Rote* a été donné à ce tribunal, soit parce que les juges y servent tour à tour, soit parce que toutes les affaires y roulent successivement, soit, suivant Ducange, parce que le pavé de la chambre étoit autrefois de porphyre & taillé en forme de roue.

Chaque place d'auditeur de Rote produit environ mille écus par an aux titulaires, & c'est le pape qui les paye. Il leur est défendu, sous peine de censures, de recevoir aucune autre rétribution pour leurs jugemens, même par forme de présent.

Les audiences de la Rote se tiennent tous les lundis, hors le temps des vacances, qui commencent la première semaine de juillet, & durent jusqu'au premier d'octobre. La rentrée est annoncée par une nombreuse cavalcade avec laquelle les deux derniers auditeurs de Rote se rendent au palais, suivis de tous les officiers de leur tribunal, & de plusieurs gentilshommes que les cardinaux, ambassadeurs, princes & seigneurs romains, envoient pour leur faire cortége; & l'un des deux prononce une harangue latine sur quelque matière relative aux fonctions du tribunal de la Rote, & en présence des autres auditeurs qui se sont aussi rendus au palais apostolique. C'est encore un des priviléges des auditeurs de Rote, de donner le bonnet de docteur en l'un & l'autre droit aux sujets qu'ils en jugent capables.

ROTURE. Etat de la personne ou de l'héritage qui n'est pas noble.

Ce mot vient de *ruptura*, dont on s'est servi dans la basse latinité pour signifier la culture des terres, à laquelle on n'employoit que les personnes qui n'étoient pas nobles. De là, les biens employés par ces sortes de personnes ont été appelés *Rotures* ou *biens de Roture.*

L'auteur d'un commentaire sur l'ordonnance des eaux & forêts du mois d'août 1669, imprimé en 1772, a prétendu, d'après les dispositions des articles 14 & 28 du titre 30 de cette ordonnance, que les gentilshommes & nobles avoient le droit personnel de chasser sur les terres qu'ils tenoient en Roture; mais la conséquence que cet auteur a tirée de ces dispositions, vient d'être proscrite par un arrêt que les juges en dernier ressort des eaux & forêts de France, au siége général de la table de marbre du palais à Paris, ont rendu le 6 mai 1780 (*). Cet arrêt a jugé formellement

(*) *Voici cet arrêt :*

Les juges ordonnés par le roi pour juger en dernier ressort & sans appel les procès de réformation des eaux & forêts de France, au siége général de la table de mabre du palais à Paris, à tous ceux qui ces présentes lettres verront, salut; savoir font, que entre messire Gilles-Etienne-Jacques de Mainville, écuyer, trésorier de France au bureau des finances de la généralité d'Orléans, appelant de sentence contradictoirement rendue au siége des eaux & forêts du duché d'Orléans, le 3 juillet 1779, sur les conclusions du procureur du roi, & par laquelle lecture faite du rapport de Contant, Garde reçu audit siége, en date du 27 janvier précédent, faisant droit sur ledit rapport, ensemble sur l'intervention de messire Jacques Charpentier de Boisgibault, ci-après nommé, il est fait défenses audit sieur de Mainville de plus à l'avenir chasser sur les terres en Rotures dépendantes de sa maison de la Rousselière, & relevantes à cens de la terre & seigneurie de Boisgibault, sous telles peines qu'il appartiendra; & pour l'avoir fait ainsi qu'il est porté audit rapport, le condamne envers mondit sieur de Boisgibault, pour tous dommages-intérêts, aux dépens d'une part, & messire Jacques Charpentier, chevalier, seigneur de Boisgibault, président en la cour des aides de Paris, intimé d'autre part; & entre ledit sieur de Mainville, demandeur en requêtes des 27 janvier & premier

ue les gentilshommes n'avoient pas le droit personnel de chasser sur les terres qu'ils tenoient en Roture.

---

février 1780, tendantes, la première à ce que l'appellation & la sentence dont étoit appel fussent mises au néant; émendant, ledit sieur de Mainville fût déchargé des condamnations contre lui prononcées par ladite sentence; en conséquence il fût maintenu dans le droit qu'il avoit, en sa qualité d'écuyer, de chasser sur ses terres en Rotures; il fût fait défenses à mondit sieur de Boisgibault de plus à l'avenir l'y troubler, & mondit sieur de Boisgibault fut en outre condamné en tous les dépens, tant des causes principales que d'appel & demande; & la seconde, à ce que ledit sieur de Mainville fut reçu opposant à l'exécution de l'arret par défaut du 22 dudit mois de janvier dernier, signifié le 27, & autres fins d'une part; & mondit sieur de Boisgibault, défendeur d'autre part; & entre mondit sieur de Boisgibault, demandeur en requête du 11 dudit mois de février dernier, employée pour réponses à celle susdite dudit sieur de Mainville, & tendante à ce que, sans s'arrêter ni avoir égard à la demande y portée, dans laquelle il seroit déclaré purement & simplement non recevable, ou dont en tous cas il seroit débouté; faisant droit sur l'appel, l'appellation fût mise au neant, il fût ordonné que la sentence dont étoit appel sortiroit son plein & entier effet, & le sieur de Mainville fût condamné en l'amende ordinaire de douze livres, & en tous les dépens des causes d'appel & demandes, sous la réserve de prendre telles autres conclusions qu'il appartiendroit, d'une part, & ledit sieur de Mainville, défendeur, d'autre part; & entre mondit sieur de Boisgibault, demandeur en requête du 5 du présent mois de mai, tendante à ce qu'en ajoutant & augmentant aux conclusions par lui prises par sa requête du 11 février dernier, qui lui seroient adjugées, il fût en outre ordonné que l'arrêt qui interviendroit fût imprimé, lu, publié & affiché par-tout où besoin seroit, jusqu'à concurrence de trois cents exemplaires, aux frais & dépens dudit sieur de Mainville, qui seroit en outre condamné en tous les dépens des causes d'appel & demandes, d'une part, & ledit sieur de Mainville, défendeur d'autre part, sans que les qualités puissent nuire ni préjudicier, Après que Poirier, avocat de de Mainville, & Treilhard, avocat de Jacques Charpentier de Boisgibault, ont été ouis pendant une audience,

Voyez au surplus les articles CHASSE & NOBLESSE.

ROUAGE. Voyez ROTAGE.

ROUANNE. Instrument de fer dont les commis des aides font usage pour marquer les tonneaux.

Quand ces commis prennent en charge une pièce de vin ou autre boisson sur le portatif, ils sont autorisés à la marquer avec la Rouanne, conformément à l'article 2 du titre 5 de l'ordonnance de Paris, & à l'article 2 du titre 18 de l'ordonnance de Rouen. Dans les visites suivantes, ils déterminent l'endroit où aboutit la vidange des pièces qui on été mises en perce, c'est-à-dire, la partie du tonneau qui se trouve vide; ce qu'ils con

---

ensemble Bourgeois, pour le procureur général du roi de cette cour. Les juges en dernier ressort reçoivent la partie de Poin opposante à l'exécution de l'arrêt par défaut; au principal faisant droit sur l'appel interjeté par la partie de Poitier, la sentence de la maîtrise d'Orléans, du 3 juillet 1779, mettent l'appellation au néant; ordonnent que ce dont est appel sortira son plein & entier effet; condamnent la partie de Poin en l'amende ordinaire de douze livres envers le Roi, & aux dépens des causes d'appel & demandes; permettent à la partie de Treilhard de faire imprimer le présent arrêt jusqu'à concurrence de deux cents exemplaires, & icelui afficher jusqu'à concurrence de dix exemplaires, le tout aux frais de la partie de Poitier; sur le surplus des demandes, fins & conclusions, mettent les parties hors de cour; & faisant droit sur les conclusions du procureur général du roi, ordonnent que le présent arrêt sera lu en la maîtrise d'Orléans, l'audience tenant, & inscrit sur les registres d'icelle. Si donnent lesdits Juges en dernier ressort en mandement au premier huissier de cette cour, ou autre huissier ou sergent royal sur ce requis, mettre le présent arrêt à exécution; de ce faire donnent pouvoir. Donné audit siége, sous le scel d'icelui, le 6 mai 1780. Collationné; signé, le Moine, avec paraphe

noissent par le coup du manche de la Rouanne, qui devient plus sourd vers la ligne où commence le plein. Ils tranchent avec une pointe du même instrument les cercles qu'ils ont marqués sur le fond du tonneau, par différentes lignes qui, suivant leur position, désignent par partie de moitié, quart ou huitième, les progrès de la diminution, & ils en chargent chaque fois leur portatif, jusqu'à ce que la pièce soit entièrement finie.

Il faut, suivant l'article premier du titre 7 de l'ordonnance de 1687, que l'empreinte des Rouannes & des cachets dont les commis se servent pour leurs exercices, soit déposée par les directeurs au greffe des élections.

Et l'article 17 du titre commun de l'ordonnance de 1681, veut que toutes les marques & démarques que les commis font sur les vaisseaux & futailles, se fassent sans frais.

ROUE. C'est le nom d'un supplice qu'on fait souffrir aux assassins, aux voleurs de grand chemin, &c.

Il s'exécute sur un échafaud dressé en place publique, où, après avoir attaché le condamné à deux morceaux de bois disposés en sautoir, en forme de croix de Saint André, l'exécuteur de la haute justice lui décharge plusieurs coups de barre de fer sur les bras, les cuisses, les jambes & la poitrine; après quoi il le met sur une petite roue de carrosse, soutenue par un poteau. Le criminel a les mains & les jambes derrière le dos, & la face tournée vers le ciel pour y expirer dans cet état.

Anciennement, & encore dans quelques pays, le criminel étoit attaché tout d'un coup sur une grande roue de charrette, où on lui rompoit les membres.

Quelquefois, pour adoucir la peine, les cours

par un *retentum* qu'elles font mettre au bas de l'arrêt, ordonnent que le condamné sera étrangl dans le temps de l'exécution. »

On ne condamne pas les femmes à la Rou par des raisons de décence & d'honnêteté pu blique.

ROULAGE. Voyez CHEMIN, MESSAGERI VOITURE, &c.

ROUTE. Voie, chemin qui conduit en quelq lieu.

Le 28 septembre 1777, le roi a rendu pour conservation des Routes de chasse dans les forê de S. Germain, Fontainebleau, Compiegne, autres appartenantes à sa majesté, une ordonnan qui contient les dispositions suivantes:

» ARTICLE I. Fait sa majesté, conformémе » aux ordonnances des 6 mars 1733 & 1 décemb » 1742, très-expresses inhibitions & défenses » tous voituriers, quels qu'ils puissent être, » passer avec leurs voitures & chevaux dans l » Routes de traverse établies pour les plaisirs » la chasse dans les forêts de Saint-Germai » Marly, Fontainebleau, Compiegne, & autr » forêts appartenantes à sa majesté, à peine de c » livres d'amende pour chaque contravention, l » quelle amende sera payable sans déport.

» 2. Fait pareillement sa majesté défenses » tous propriétaires de bois situés dans l'étend » de ses capitaineries, bois & forêts, ainsi qu'a » adjudicataires des coupes de leursdits bois, » à ceux qui se sont rendus ou se rendront adj » dicataires des coupes de bois appartenans à » majesté dans lesdites capitaineries & forêts, » passer dans lesdites Routes avec leurs chevaux » harnois & voitures servant à enlever les bo

» provenans de leurs exploitations ; à peine de » pareille amende de dix livres par chaque con- » travention ; de laquelle amende les propriétaires » & adjudicataires seront tenus en leur propre » & privé nom, au lieu & place de leurs voituriers, » en cas d'insolvabilité de ces derniers.

» 3. Veut & ordonne sa majesté que lesdits » propriétaires, adjudicataires & leurs voituriers » soient tenus de suivre les grands chemins, & » que, pour y aborder du lieu où ils feront leurs » exploitations, ils prennent les chemins de vi- » danges qui se trouveront dans lesdits bois, & qui » leur seront à cet effet désignés par écrit par le garde » du canton.

» 4. L'entretien des Routes de chasse percées dans » les forêts susdites, ressortissant du directeur & or- » donnateur général des bâtimens de sa majesté, elle » entend que dans les cas où, pour aborder du lieu » de l'exploitation aux grands chemins, il ne se » trouveroit point de chemins de vidange qui fus- » sent praticables, & que la vidange ne pût se » faire sans emprunter les Routes de chasse, les- » dits propriétaires ou adjudicataires se retireront » pardevant ledit directeur & ordonnateur général » de ses bâtimens, ou l'officier desdits bâtimens, » commis par lui pour l'inspection & la garde des- » dites Routes, à l'effet d'obtenir la désignation » par écrit de celles par lesquelles la vidange pourra » être faite : seront tenus lesdits propriétaires ou » adjudicataires de faire la vidange par les Routes » qui leur auront été désignées, dans le délai qui » leur sera fixé, & de se soumettre par écrit à » bien & solidement rétablir lesdites routes à leurs » frais & dépens, sans aucun retard, après la » vidange.

» 5. Veut & ordonne sa majesté que la dési- » gnation desdites Routes, & la permission d'y

» passer, soient accordées sans frais par lesdits offi-
» ciers des bâtimens ; faisant défenses auxdits pro-
» priétaires & adjudicataires de passer par aucun
» autre Route, à peine de dix livres d'amende pour
» chaque contravention, de laquelle amende les-
» dits propriétaires & adjudicataires seront responsa-
» bles en leur propre & privé nom, au cas d'insolva-
» bilité de la part de leurs voituriers.

» 6. Et à défaut par lesdits propriétaires ou ad-
» judicataires, de réparer les Routes incontinent
» après la vidange, enjoint sa majesté aux officiers
» de ses bâtimens, après en avoir rendu compte
» au directeur général, après une simple somma-
» tion, d'y faire mettre les ouvriers par l'entre-
» preneur des Routes de la forêt, pour les faire
» rétablir. Ordonne sa majesté que sur les mémoi-
» res détaillés qui seront fournis par ledit entre-
» preneur & réglés par lesdits officiers, & sur
» la réquisition qui en sera faite par eux au siége
» de la capitainerie ou de la maîtrise, il soit
» par les officiers desdits siéges, délivré exécutoire
» de remboursement au profit dudit entrepre-
» neur, & qu'au payement d'icelui les proprié-
» taires & adjudicataires soient contraints par les voies
» de droit.

» 7. Ordonne en outre sa majesté que l'article
» 21 du titre des chasses de l'ordonnance de 1669
» sera exécuté suivant sa forme & teneur ; fait en
» conséquence sa majesté défense à tous ceux qui
» ont des parcs, jardins, vergers & autres héri-
» tages clos de murs dans l'étendue de ses capi-
» taineries, de faire en leurs murailles aucuns
» trous, coulisses ni autres passages qui puissent
» donner entrée au gibier : enjoint sa majesté à
» ceux qui en ont, de les faire boucher dans le délai
» de quinzaine, à compter du jour de la publi-
» cation de la présente ordonnance, sinon autorise

» ses procureurs des capitaineries & maîtrises, » de les faire boucher après ledit délai, aux frais » & dépens des propriétaires desdits parcs, jar» dins, vergers & autres héritages clos de murs, » & il en sera délivré contre eux exécutoire de rem» boursement.

» 8. Enjoint pareillement sa majesté auxdits pro» priétaires, de faire mailler à la hauteur de quatre » pieds les portes ou autres ouvertures grillées » de fer qu'ils peuvent ou pourroient avoir sur » la campagne, & ce dans le même délai de » quinzaine, sinon autorise sesdits procureurs à les » faire mailler aux frais & dépens desdits proprié» taires, & il en sera délivré contre eux, comme » ci-dessus, exécutoire de remboursement.

» 9. Ordonne sa majesté au directeur & ordon» nateur général de ses bâtimens, ainsi qu'aux offi» ciers de ses capitaineries ou maîtrises de ses eaux & » fôrêts, chacun en droit soi, de tenir la main » à l'exécution de la présente ordonnance qui sera » lue, publiée & affichée par-tout où besoin sera, » & que sa majesté entend être exécutée nonobs» tant tous arrêts ou réglemens qui y seroient con» traires, & auxquels elle a expressément dérogé & » déroge «.

Voyez au surplus les articles CHEMIN, CHASSE & VOIRIE.

RUE. Chemin pratiqué dans une ville, un bourg, &c. entre les maisons.

Différentes loix ont défendu d'ouvrir ou percer de nouvelles Rues dans la ville & les fauxbourgs de Paris, sous peine de trois mille livres d'amende, de démolition des ouvrages commencés, & de confiscation des terreins & matériaux, à moins que le roi n'ait accordé à cet égard des lettres-patentes qui dérogent à la prohibition (*).

(*) *Le bureau des finances de la généralité de Paris a rendu sur cette matière, le 22 juin 1779, une ordonnance qui est ainsi conçue :*

Sur ce qui a été remontré par le procureur du roi, que les loix les plus formelles, & sur-tout les déclarations du 30 juillet 1672, 18 juillet 1724 & 16 mai 1765, défendent expressément d'ouvrir ni percer de nouvelles Rues dans la ville & fauxbourgs de Paris, à peine de trois mille livres d'amende, de démolition des constructions encommencées, & de confiscation des terreins & matériaux au domaine de sa majesté : que l'exécution de ces loix est spécialement confiée au bureau des finances, & qu'on ne peut s'y soustraire qu'autant que le législateur jugé à propos d'y déroger par des lettres-patentes, qui, aux termes des ordonnances, de l'édit du mois de mars 1693, & de la déclaration du 15 mai de la même année, doivent être adressées & registrées audit bureau ; » faute de quoi (porte cette déclaration) nous les avons » déclarées nulles & de nul effet, & faisons défenses à nos » cours & autres juges d'y avoir aucun égard, & aux impé- » trans de s'en servir «.

Que cependant, au mépris de loix aussi précises, il arrive que les propriétaires de jardins & marais, soit dans Paris soit dans les fauxbourgs, commencent à élever des bâtimens & forment des Rues nouvelles dans l'intérieur de leurs clôtures, avant d'avoir obtenu des lettres-patentes nécessaires pour les y autoriser, & sans que ces lettres aient été registrées, & les plans projetés déposés au greffe du bureau des finances ; de manière qu'il arrive même que ces Rues se trouvent formées & quelquefois pavées lors des descentes qui sont faites sur les lieux par les officiers du bureau des finances & du bureau de la ville, pour donner les alignemens, déterminer le nivellement & régler les pentes du pavé.

Et comme ces contraventions ne peuvent provenir que de l'oubli des règles ou de l'ignorance des loix de la matière, il paroît nécessaire d'en rappeler les dispositions, afin d'ôter aux contrevenans jusqu'au prétexte frivole de s'excuser sur le fondement de l'ignorance de la loi.

A ces causes, requéroit le procureur du roi qu'il y fût pourvu.

Comme la beauté des villes consiste singuliérement dans l'alignement des Rues, les ordonnances & notamment la déclaration du roi du 16 juin 1693, ont fait défense non seulement de bâtir une maison neuve, mais encore de reconstruire & réparer les murs des maisons qui bordent les Rues dans les villes & les bourgs, & même dans les villages, avant que la place & l'alignement en aient été marqués par les officiers de police.

Divers réglemens ont été rendus pour prévenir & empêcher l'embarras dans les Rues. Il y a sur cette matière une ordonnance du roi du 22 mars 1720, qui est ainsi conçue :

» Sa majesté étant informée que par plusieurs

Le bureau, faisant droit sur ledit réquisitoire : ouï le rapport de M^e. Gissey, trésorier de France en ce bureau, a ordonné & ordonne que les déclarations des 30 juillet 1672, 18 juillet 1724, & autres concernant les limites de la ville de Paris, seront exécutées selon leur forme & teneur. En conséquence, fait défenses expresses à tous propriétaires & acquéreurs de terreins non bâtis, en la ville & fauxbourgs de Paris, & à tous maçons, charpentiers & entrepreneurs de bâtimens, d'y faire ou faire faire aucunes constructions tendantes à former de nouvelles Rues ou à supprimer les anciennes, à les changer ou transférer, sans au préalable y être autorisés par des lettres-patentes du roi dûment enregistrées au bureau, conformément aux édits & déclaration des mois de mars & 15 mai 1693, à peine de trois mille d'amende, démolition des ouvrages & confiscation des terreins & matériaux au profit de sa majesté, conformément aux articles V, VI & IX de la déclaration du 16 mai 1765 ; comme aussi fait défenses à l'entrepreneur du pavé de Paris, de commencer aucun établissement ou translation de pavé dans lesdites nouvelles Rues, qu'au préalable il ne lui soit apparu de l'enregistrement desdites lettres-patentes en ce bureau, & des ordres du sieur commissaire du conseil en cette partie, sous telles peines qu'il appartiendra : & sera la présente ordonnance imprimée & affichée par-tout où besoin sera, afin que personne n'en prétende cause d'ignorance. Fait au bureau des finances, &c.

» ordonnances & réglemens des rois ses prédéce
» seurs, & notamment ceux des 30 janvier 135
» novembre 1539, décembre 1607, 19 novemb
» 1666, il est défendu à tous propriétaires d
» maisons de cette ville de Paris, & à tous arch
» tectes, jurés ès œuvres de maçonnerie, maîtr
» maçons & tous autres entrepreneurs de bâ
» mens, appareilleurs, tailleurs de pierre, co
» vreurs, charpentiers, & toutes personnes trava
» lant à toutes sortes de bâtimens, d'embarrass
» la voie publique de leurs matériaux ou décom
» bremens, enjoignant même aux sculpteurs d
» travailler dans leurs boutiques ou dans leu
» cours, & leur défendant de jeter leurs recoupes
» ou de laisser leurs marbres & pierres dans le
» Rues; que tous ces réglemens ont eu pour obj
» l'embellissement, la décoration & la police d
» la ville de Paris, le nettoiement, la sûreté
» la commodité de ses Rues; que d'ailleurs le
» accroissemens considérables de cette ville
» du nombre de ses habitans, le grand concou
» des habitans des provinces & des étrangers qu
» le séjour de la cour, les affaires & le com
» merce y attirent continuellement, l'augmentatio
» des carrosses & voitures publiques à proportion
» le grand nombre de bâtimens qui s'y entrepren
» nent tous les jours, soit pour réparer les an
» ciennes maisons ou en bâtir de nouvelles, render
» ces sages établissemens bien plus nécessaires aujou
» d'hui qu'ils ne l'étoient il y a quatre siècles
» & dans les temps où ces anciens réglemens ont ét
» faits; que cependant les bourgeois ni les ouvrier
» qu'ils emploient n'en observent plus aucuns
» qu'au contraire ils augmentent tellement leu
» entreprises par de nouvelles contraventions, que
» la plus grande partie des Rues, même celle
» qui sont les plus fréquentées, sont remplies nor

» seulement de décombres, recoupes & autres » fragmens de matériaux ou immondices des atte- » liers, mais encore de pierres qu'ils font conti- » nuellement venir des carrières & décharger dans » les Rues en bien plus grand nombre qu'ils n'en » peuvent façonner ou employer pendant plusieurs » jours, quelquefois même pendant plusieurs se- » maines; ce qui rend la voie publique de ces » Rues presque impraticable, d'où il est arrivé » plusieurs accidens; qu'enfin les dépenses extraor- » dinaires que le roi vient d'ordonner sur ses pro- » pres fonds, & les nouveaux entrepreneurs du » nettoiement, qu'il lui a plu d'établir à très-grands » frais, deviendroient presque inutiles, s'il n'étoit » pourvu à ces différens abus par une nouvelle » ordonnance, sans laquelle lesdits entrepreneurs ne » peuvent entretenir lesdits traités ni faire l'enlé- » vement des ordures & des immondices qui s'accu- » mulent autour des pierres, & par les recoupes » & décombres des bâtimens, à quoi étant né- » cessaire de pourvoir & de remédier aux incon- » véniens qui pourroient arriver, tant par rapport » aux bâtimens déjà commencés que par rapport » à ceux que l'on pourroit entreprendre dans la » suite, sa majesté, de l'avis de M. le duc d'Or- » léans, régent, a ordonné & ordonne:

» Art. 1. Que dans huit jours, à compter de » celui de la publication de la présente ordon- » nance, il sera fait une visite & dressé un état, » soit par les commissaires du châtelet qui seront » choisis, préposés ou distribués par le sieur lieu- » tenant général de police, soit par telles autres » personnes qu'il aura nommées & commises à cet » effet, du nombre, de la situation des maisons » & autres édifices commencés à bâtir ou à ré- » parer dans chaque Rue, dans lequel état seront » distingués ceux desdits bâtimens qui sont plus

» ou moins avancés, ou moins urgens, & seront
» lesdits états remis incessamment au sieur lieutenant
» général de police, pour y être pourvu ainsi qu'il
» appartiendra.

» 2. Que s'il y a un amas de pierres ou d'au-
» tres matériaux assemblés pour y être mis en
» œuvres, le commissaire obligera le propriétaire
» & l'entrepreneur ou conducteur du bâtiment de
» les faire entrer dans la cour ou l'emplacement
» de la maison, autant qu'ils en pourront contenir;
» en sorte que les pierres y soient taillées & les
» bois de charpente préparés sans embarrasser la
» voie publique; & sur le refus qui pourroit être
» fait par les propriétaires ou entrepreneurs d'y
» satisfaire, le commissaire en informera le sieur
» lieutenant général de police, lequel à l'instant
» tiendra la main à ce que les matériaux qui em-
» barassent la voie publique soient enlevés par
» des tombereaux extraordinaires que sa majesté
» veut bien payer & entretenir à cet effet pour
» l'utilité & la commodité des habitans de sa
» bonne ville de Paris; & seront lesdits matériaux
» conduits dans un attelier public, ou dans tel autre
» qui sera choisi & indiqué par le lieutenant général
» de police.

» 3. Et en cas que dans quelques-uns desdits
» bâtimens il n'y ait point de cour ni d'emplace-
» ment suffisant pour contenir autant de matériaux
» que les ouvriers en peuvent employer pendant
» trois jours, veut sa majesté que les pierres &
» pièces de bois qui ne pourront y avoir place,
» soient rangées de suite en dehors, l'une après
» l'autre, contre le mur de la maison, en sorte qu'il
» reste un espace de trois toises entiérement libre,
» afin que deux carrosses puissent commodément
» y passer de front, & que les matériaux qui se
» trouvent hors de ces limites soient enlevés de

l'ordre du sieur lieutenant général de police, ainsi qu'il est porté par l'article précédent.

» 4. Si la Rue n'est pas assez large pour laisser » à la voie publique cette étendue, les commis- » saires ou autres personnes qui serons préposées » par le lieutenant général de police, verront si » dans les places & Rues circonvoisines, il n'y en » a pas d'assez spacieuses pour y décharger autant » de matériaux que les entrepreneurs & ouvriers » en pourront employer pendant trois jours, les » y ranger & façonnner sans incommoder notable- » ment le public, à quoi le bourgeois ou maître » maçon se soumettront par écrit; & en cas de » contravention, il y sera pourvu par sa majesté, » sur l'avis du sieur lieutenant général de police, » qui, avant de le donner, se transportera sur les » lieux.

» 5. Et à l'égard des édifices qui ne sont en- » core commencés, veut & entend sa majesté, que » du jour de la publication de la présente ordon- » nance jusqu'à la fin de 1720, tous bourgeois » & habitans de la ville & fauxbourgs de Paris, » avant d'entreprendre aucuns bâtimens, ou de » faire rétablir ou réparer des bâtimens déjà élevés, » seront tenus de faire leur déclaration au sieur » lieutenant général de police, & de lui indiquer » les Rues où ils entendent faire travailler, en- » semble de lui représenter le plan qu'ils se pro- » posent de faire exécuter; & après que le sieur » lieutenant général de police se sera transporté » sur les lieux, ou aura envoyé tel commissaire » ou autre personne qu'il jugera à propos pour en » examiner la disposition, la nécessité ou l'inutilité » desdites constructions, l'incommodité qu'en pourra » souffrir le public par la concurrence d'autres bâti- » mens voisins ou autrement, il en sera rendu » compte à sa majesté, qui accordera ou refusera

» les permiſſions néceſſaires, ſuivant l'exigence d
» cas, dans laquelle permiſſion ſeront déſignés
» lieux où l'on pourra placer. ſucceſſivement l
» matériaux qui devront être employés, & ce
» qui ſe trouveront excéder les limites marqué
» ſeront enlevés & confiſqués, comme il eſt ci-deſſ
» preſcrit.

» 6. Défend auſſi ſa majeſté, tant aux bou
» geois qu'aux entrepreneurs ou conducteurs d
» bâtimens; ſavoir, auxdits bourgeois, ſous pei
» de déſobeiſſance, & auxdits entrepreneurs
» conducteurs d'ouvrage, ſous peine d'interdicti
» & de priſon, de faire venir des pierres d
» carrières, ou du bois de charpente des chantier
» en plus grande quantité qu'il ne s'en pou
» employer par les ouvriers pendant trois jou
» de travail, & de les faire décharger ailleurs q
» ſur les places ou dans les endroits des Rues q
» leur auront été marqués, pour ne pas embarraſſ
» la voie publique.

» 7. Enjoint ſa majeſté aux propriétaires
» maiſons, architectes, jurés ès œuvres de maço
» nerie, maîtres maçons, & tous autres entrep
» neurs ou conducteurs de bâtimens, appareilleur
» tailleurs de pierres, couvreurs, charpentier
» & toutes autres perſonnes qui travaillent ou s'en
» ployent à la conſtruction de toutes ſortes
» bâtimens, de faire emporter les vidanges, terre
» gravois, vieux plâtrats, recoupures & taillu
» de pierres de taille, ardoiſes & tuilots prove na
» de couvertures, & tous décombremens généra
» ment quelconques, en l'une des déch rges q
» leur ſeront ordonnées au commencement
» chaque mois par les commiſſaires de chac
» quartier hors ou dans ladite ville & fauxbourg
» vingt-quatre heures après qu'ils les auront f
» mettre ſur le pavé, & ce dans des tomberea

» bi

» bien clos d'ais ; & faute par eux d'y satisfaire » dans ledit temps & icelui passé, veut sa majesté » que les entrepreneurs des tombereaux extraordi- » naires, à l'entretien desquels il lui a plu de » pourvoir, fassent l'enlévement desdites immon- » dices aux frais & dépens des propriétaires ou » principaux ouvriers, qui en seront solidairement » tenus, lesquels entrepreneurs, conducteurs, ou » principaux ouvriers seront en outre conduits en » prison, s'il est ainsi ordonné.

» 8. Veut au surplus sa majesté que les ordon- » nances, arrêts & réglemens qui concernent le » nettoiement de la ville de Paris, l'enlévement » des immondices, le rangement des matériaux, » la liberté de la voie publique, l'ordre qui doit » s'observer dans les atteliers, & tous autres ré- » glemens qui ont été faits touchant cette partie » de la police, soient exécutés de point en point, » & qu'en conséquence les commissaires du châ- » telet fassent de fréquentes visites pour vérifier » les contraventions, dont ils feront leurs rapports » au lieutenant général de police, sur lesquels il » sera par lui statué en la manière ordinaire, sauf » l'appel au parlement.

» 9. Enjoint sa majesté audit sieur lieutenant gé- » néral de police de Paris de tenir la main à l'exé- » cution de la présente ordonnance, laquelle sa » majesté veut être publiée & affichée aux portes, » barrières, places & carrefours de la ville & faux- » bourgs de Paris, & par tout ailleurs où besoin sera, » à ce que personne n'en prétende cause d'igno- » rance ».

L'exécution des réglemens concernant la liberté, la sûreté, la propreté & la commodité des Rues de Paris, a été ordonnée par une ordonnance de police rendue le 6 novembre 1778 sur les conclusions du

procureur du roi ; elles contient les dispositio
suivantes.

» Art. 1. Tous bourgeois & habitans de ce
» ville seront tenus de balayer ou faire bala
» exactement chaque jour le devant de leurs m
» sons & lieux en dépendans, aux heures in
» quées par les précédentes ordonnances & rég
» mens, & d'exécuter ou faire exécuter exactem
» tout ce qui leur est prescrit par iceux, sous
» peines y portées.

» 2. Leur enjoignons particulièrement dans
» temps de neiges & de gelée, de relever
» neiges, sans pouvoir les porter de leurs cours da
» les Rues avant le dégel, & généralement
» satisfaire à tout ce qui sera ordonné concern
» le nettoiement des Rues par des extraits & o
» nances de police, indicatives du genre d'o
» vrage que la variété du temps pourra exige
» lesquels extraits seront affichés par-tout où b
» soin sera, afin que personne n'en puisse prétend
» cause d'ignorance.

» 3. En ce qui concerne l'enlévement d
» boues & immondices, enjoignons aux entrep
» neurs du nettoiement, leurs charretiers, retrou
» seurs, de se conformer, chacun à leur égar
» aux dispositions des réglemens qui les conce
» nent, notamment aux retrousseurs de se ser
» toujours de balais pour relever les boues & in
» mondices qui, ne pouvant être relevées au co
» des bornes, sont mises en tas sur les bords d
» ruisseaux de quelques Rues & places publiqu
» Défendons aux charretiers de charger dans le
» tombéraux les gravats & ordures qui ne doive
» être enlevés que par les gravatiers, & de rec
» voir aucun salaire des habitans de cette vill
» à peine, contre lesdits charretiers & retrousseur
» d'être emprisonnés.

» 4. Enjoignons pareillement aux habitans de la » campagne qui viennent enlever des fumiers dans » Paris, de faire ce service dans les premières » heures de la journée, de balayer exactement les » places où ils auront enlevé lesdits fumiers, après » que les voitures seront chargées, & de les con» tenir soigneusement par des bannes & clayons, » afin que dans le transport ils ne puissent se ré» pandre sur le pavé. Pourront lesdits habitans, » comme par le passé, venir prendre des boues » dans les Rues de Paris, à l'effet de fumer & » engraisser leurs terres, mais à la charge d'exé» cuter les ordonnances & réglemens de police » donnés à cet sujet.

» 5. Leur enjoignons de prévenir le commis» saire ou inspecteur du quartier, lorsqu'ils vou» dront venir chercher des boues & immondices: » il leur sera indiqué, à cet effet, de les prendre » dans les Rues & fauxbourgs les plus voisins de » leur demeure, & qui leur seront les plus com» modes; mais ils seront tenus d'enlever indistinc» ment tous les tas de boues, & de les charger dans » des voitures exactement closes, afin que de cette » facilité, dont il leur sera libre de faire usage comme » par le passé, il ne puisse en résulter aucune mal» propreté; le tout à peine de cent livres d'amende » pour chaque contravention.

» 6. En ce qui concerne les atteliers des maçons » & entrepreneurs de bâtimens, renouvelons les » défenses faites de faire porter dans les Rues & » places de cette ville une plus grande quantité de » matériaux que ce qu'ils pourroient employer dans » le cours de trois jours ou d'une semaine au plus; » ainsi que les injonctions de faire balayer les atte» liers & relever les recoupes tous les jours & » avant la fin du travail des ouvriers; comme aussi » de les faire enlever trois fois au moins par cha-

» que semaine, le tout à peine de cinq cents livres
» d'amende.

» 7. Afin de faire cesser la malpropreté & les
» embarras causés par la trop grande quantité de
» pierres qui gênent la voie publique, voulons qu'aucuns
» matériaux ne puissent être placés que dans
» les endroits qui seront indiqués par les commissaires
» de chaque quartier; à l'effet de quoi
» les maçons & entrepreneurs s'assureront préalablement
» de la permission du commissaire. Leur
» défendons d'en faire apporter une plus grande
» quantité que celle portée en la permission par
» écrit qu'ils seront tenus de prendre à cet effet
» du commissaire, & de représenter aux inspecteurs
» de police à toutes réquisitions. Ne pourront
» les voituriers & charretiers décharger aucunes
» pierres ni moellons, qu'aux places permises par
» les commissaires, & qui leur seront indiquées
» par les entrepreneurs, leurs commis ou chefs
» d'atteliers; & en cas de contravention, les pierres,
» moellons & matériaux seront confisqués, &
» chacun des contrevenans, pour chaque contravention,
» condamné en cinq cents livres d'amende.

» 8. Mandons au commissaire au châtelet, &
» enjoignons aux inspecteurs & officiers de police,
» du guet, de la garde, & à tous autres qu'il appartiendra,
» de tenir la main à lexécution de la
» présente ordonnance qui sera imprimée, lue,
» publiée & affichée dans cette ville & fauxbourgs,
» dans les villages de la banlieue, & par-tout où
» besoin sera «.

Par une autre ordonnance du 31 juillet 1779, il a été fait défense d'étaler des marchandises ou denrées dans les rues de Paris (*)

(*) *Cette ordonnance contient les dispositions suivantes :*
ART. 1. Faisons très-expresses inhibitions & défenses à tous

Enfin, par une autre ordonnance de police du 8 novembre 1780, il a été pourvu aux moyens d'entretenir la propreté dans les Rues de Paris (*).

---

marchands & artisans, à peine de cent livres d'amende, d'étaler & vendre aucunes marchandises sur les remparts, dans les Rues & places publiques de cette ville, si ce n'est dans le cas porté en l'article 34 de l'édit du mois d'août 1776, & après avoir rempli les formalités prescrites par ledit édit.

2. Défendons pareillement aux fruitiers, regrattiers, jardiniers & habitans de la campagne, à peine de vingt livres d'amende, même de prison en cas de récidive, d'établir aucunes boutiques ni étalages dans les Rues, places & sur les remparts; leur enjoignons de se retirer dans les halles & marchés de cette ville pour y faire leur commerce, si mieux n'aiment débiter leurs fruits, légumes & herbages en parcourant les Rues sans s'arrêter en place fixe.

3. Défendons à tous propriétaires ou principaux locataires de maisons, de laisser étaler au devant d'icelles aucuns marchands, colporteurs, fruitiers, regrattiers, jardiniers & habitans de la campagne, ni de recevoir d'eux aucune rétribution pour les y tolérer, le tout à peine de deux cents livres d'amende.

4. Ne pourront les propriétaires, fermiers & placiers des marchés de cette ville & fauxbourgs, recevoir aucuns droits de qui que ce soit, autres que de ceux qui seront dans l'intérieur des marchés; leur défendons de souffrir aucuns étalages dans les environs, ni d'exiger, même de recevoir aucuns droits de ceux qui pourroient former lesdits étalages, quand même ils leur seroient offerts volontairement, le tout à peine de cinq cents livres d'amende, & d'être poursuivis extraordinairement suivant l'exigence des cas.

Mandons aux commissaires au châtelet, enjoignons aux huissiers & autres officiers de police, de tenir la main à l'exécution de notre présente ordonnance, qui sera imprimée, lue, publiée & affichée par-tout où besoin sera.

(*) *Voici cette ordonnance :*

Sur ce qui nous a été remontré par le procureur du roi, que le service du nettoiement de cette ville & fauxbourgs est une des parties les plus ingrates de l'administration de la police; que malgré les précautions & moyens de plus d'un genre qu'on a tenté d'employer, notamment depuis plusieurs années,

Voyez d'ailleurs les articles CHEMIN, POLICE, VOIERIE, &c.

---

nous n'avons pu parvenir à procurer aux habitans de la capitale cette propreté toujours égale dans les Rues & fauxbourgs, non moins nécessaire à la salubrité de l'air qu'à la commodité des citoyens; que s'il est des causes nuisibles à cet avantage désirable, contre lesquelles tous efforts humains ne peuvent rien, telle que l'influence du temps & des saisons, il en est d'autres auxquelles il est plus ou moins facile d'apporter remède; que cette ville ayant pris depuis huit ou dix ans un accroissement considérable, il est devenu nécessaire d'augmenter de près d'un sixieme le nombre des tombereaux; mais qu'en même temps les voieries anciennes s'étant trouvées dans l'enceinte de la ville, il a été, comme il est encore aujourd'hui indispensable de les éloigner; ce qui retarde le service, par l'impossibilité où sont les charretiers & ouvriers, pendant les courtes journées de l'hiver, de charger à plus de quatre reprises depuis huit heures jusqu'à quatre heures du soir le même tombereau qui doit enlever les boues dans la ville & les reporter à une voierie souvent distante de plus d'une lieue; que les causes de la malpropreté des Rues viennent encore du plus grand nombre des voitures de toutes espèces, de la multitude des bâtimens, des atteliers de pierres, des gravois, & enfin des immondices qui sont la suite de la population & du commerce d'une grande ville; qu'on ne peut encore s'empêcher de trouver une des causes de la malpropreté des Rues dans la confection, réparation & entretien du pavé, qui malgré les soins assidus de l'administration qui en est chargée n'a pu encore remédier aux fardeaux trop pesans des voitures qui amènent les pierres, d'où il résulte continuellement des enfoncemens contraires & dangereux à la voie publique; mais encore qu'il ne puisse être pourvu aisément à tous ces inconvéniens qui ne dépendent pas de la police, il est une cause première & principale sur laquelle notre attention & vigilance doivent se porter chaque jour, c'est le balayage, objet qui fait partie des obligations de tous les propriétaires & locataires que si tous les habitans étoient également attentifs ou disposés à faire ou faire faire ce service dont ils sont tous tenus indistinctement, le mal ne seroit pas aussi grand qu'il paroît être au moins dans les momens où les intempéries de la saison n'y forment pas un obstacle insurmontable; qu'il regarde donc comme un devoir de son ministère, non seulement d

SACRE. C'est une cérémonie religieuse qui se pratique à l'égard de quelques souverains, sur-tout des catholiques, & qui répond à celle que dans

---

rappeler les dispositions des arrêts, réglemens & ordonnances tant de fois renouvelés à ce sujet, mais de prendre toutes les mesures possibles pour les faire exécuter; qu'il lui paroît de toute nécessité d'employer la voie des avertissemens, des contraintes, de faire connoître que nul n'est exempt de faire faire ce service; qu'il seroit contraire à toute justice que les serviteurs & domestiques appartenant à des personnes de considération pussent impunément manquer à leurs obligations, tandis que ceux qui, dans un état moins heureux, obligés de faire ce service par eux-mêmes, se trouvent exposés aux peines des réglemens; que toutes ces considérations lui ont paru trop puissantes pour ne pas faire la matière d'une ordonnance de police qui devra contenir à ce sujet les dispositions les plus étendues. A ces causes, nous, faisant droit sur le réquisitoire du procureur du roi, ordonnons que les édits, arrêts & réglemens concernant le nettoiement, & notamment l'arrêt du parlement du 30 avril 1663, l'édit de décembre 1666, & les ordonnances de police des 3 février 1734, 25 avril 1744, 28 novembre 1750, 20 février 1759, 2 décembre 1775 & 6 novembre 1778, seront exécutés selon leur forme & teneur; en conséquence:

ART. 1. Tous les bourgeois & habitans de la ville & fauxbourgs de Paris, de quelque état & condition qu'ils soient, seront tenus de faire balayer réguliérement au devant de leurs maisons, cours, jardins & autres emplacemens dépendans des lieux qu'ils occupent, jusqu'au ruisseau, même la moitié des chaussées, tous les matins à sept heures en été, & avant huit heures en hiver, & de relever les ordures & immondices à côté des murs de leurs maisons, & d'en faire des tas, afin que l'entrepreneur du nettoiement puisse les enlever; leur défendons de sortir les ordures provenant de leurs maisons & de les déposer sur la Rue après le passage des voitures de l'enlévement. Leur enjoignons, conformément à l'article 18 de l'arrêt de réglement du 30 avril 1663, de faire jeter après le balayage deux sceaux d'eau au moins sur le pavé & ruisseau étant au devant de leurs maisons, afin d'entretenir libre l'écoulement des ruisseaux.

2. Seront pareillement tenus lesdits habitans, dans les temps de neige & de gelée, de relever les neiges, de rompre & casser les glaces qui seront au devant de leurs maisons & dans

d'autres pays on appelle couronnement ou inaugu-
ration.

Cette cérémonie en elle-même est très ancienne.
On voit dans les livres saints, dès l'établissement

---

le ruisseau, de les mettre par tas le long des murs de leurs maisons, sans pouvoir porter celles de leurs cours dans les Rues avant le dégel, & généralement de satisfaire à tout ce qui sera ordonné concernant le nettoiement des Rues par des extraits des ordonnances de police, indicatifs du genre d'ouvrage que la variété du temps pourra exiger, lesquels extraits seront affichés par-tout où besoin sera, afin que personne n'en puisse prétendre cause d'ignorance, le tout à peine de cinquante livres d'amende pour chaque contravention au présent article & au précédent, & de plus grande, si le cas y échet; pourront même, dans le cas de contravention, les suisses, portiers & autres domestiques, être emprisonnés, conformément à la disposition de l'article 18 dudit arrêt du parlement du 30 avril 1663.

3. Défendons pareillement à tous particuliers, de quelque état & condition qu'ils soient, de jeter ni souffrir qu'il soit jeté dans les Rues aucunes ordures de jardin, feuilles, immondices, cendres de lessive, ardoises, tuiles, tuileaux, raclures de cheminées, gravois, ni d'y mettre ou faire mettre aucuns fumiers, ni autres ordures de quelque espèce qu'elles puissent être, à peine de vingt livres d'amende pour chaque contravention, & de plus grande en cas de récidive.

4. Enjoignons aux entrepreneurs du nettoiement de fournir exactement le nombre de tombereaux suffisans, en bon état, ayant des numéros, à l'effet de faire régulièrement tous les jours l'enlèvement des immondices dans toutes les Rues de cette ville & fauxbourgs, lequel commencera à sept heures & demie en été, & à huit heures & demie en hiver; d'avoir pour le service de chaque tombereau un charretier & un retrousseur, auxquels il fournira les pelles & balais nécessaires: enjoignons aux retrousseurs de se servir toujours de balais pour relever les boues & immondices de chaque tas; défendons aux charretiers de charger dans leurs tombereaux les gravois & ordures qui ne doivent être enlevés que par les gravatiers, & de recevoir aucun salaire des habitans de cette ville, à peine contre lesdits charretiers & retrousseurs d'être emprisonnés.

5. Enjoignons pareillement aux habitans de la campagne qui viennent enlever des fumiers dans Paris, de faire ce service dans les premières heures de la journée; de balayer exactement

de la monarchie des Hébreux, que les rois étoient sacrés. Saül & David le furent par Samuel, & les rois de Juda conserverent cette pratique d'être consacrés ou par des prophètes ou par le grand prêtre. Il paroît aussi par l'écriture, que la cérémonie de

---

les places où étoient les fumiers qu'ils auront enlevés ; après que les voitures seront chargées, & de les contenir soigneusement par des bannes & clayons, afin que dans les transports ils ne puissent se répandre sur le pavé. Pourront lesdits habitans, comme par le passé, venir prendre des boues dans les Rues de Paris, à l'effet de fumer leurs terres, à la charge d'exécuter les ordonnances & réglemens de police donnés à ce sujet.

6. En ce qui concerne les atteliers des maçons & entrepreneurs de bâtimens, renouvelons les défenses faites de faire porter dans les Rues & places de cette ville une plus grande quantité de matériaux que ce qu'ils pourront employer dans le cours de trois jours ou d'une semaine au plus ; ainsi que les injonctions de faire balayer les atteliers & relever les recoupes tous les jours & avant la fin du travail des ouvriers, comme aussi de les faire enlever trois fois au moins par semaine, le tout à peine de cinq cents livres d'amende.

7. Seront tenus ceux qui auront chez eux des gravois, poteries, bouteilles cassées, verres à vitres, morceaux de glaces ou vieilles ferrailles, de les rassembler dans des paniers ou autres ustensiles, pour les porter dans la Rue, & de les mettre dans un tas séparé de celui des boues, sans pouvoir les mêler avec lesdites boues, ni les jeter par les fenêtres ; le tout à peine de cent livres d'amende pour la première fois, & de plus grande en cas de récidive.

8. Faisons défenses à tous particuliers de quelque état & condition qu'ils soient, de jeter par les fenêtres dans les Rues, tant de jour que de nuit, aucunes eaux, urines, matières fécales & autres ordures de quelque nature qu'elles puissent être, à peine de trois cents livres d'amende, dont les maîtres seront responsables pour leurs domestiques, & les marchands & artisans pour leurs apprentis & compagnons.

9. Mandons aux commissaires au châtelet, & enjoignons aux inspecteurs de police, huissiers & autres officiers, de tenir la main à l'exécution de l'arrêt du parlement du 30 avril 1663, & de notre présente ordonnance, qui sera exécutée nonobstant oppositions ou appellations quelconques, imprimée, lue, publiée & affichée par-tout où besoin sera, à ce que personne n'en ignore.

cette conſécration s'étoit conſervée dans le royau
d'Iſraël malgré le ſchiſme, puiſque Jehu fut ſacré p
un des enfans, c'eſt-à-dire, des diſciples des prophèt

Sous la loi nouvelle, les princes chrétiens o
imité cet exemple, pour marquer ſans doute p
cette cérémonie que leur puiſſance vient de die
même. Nous ne parlerons ici que du Sacre du r
de France.

Le lieu deſtiné pour ce Sacre eſt l'égliſe cathédr
de Rheims. On remarque néanmoins que les rois d
la ſeconde race n'y ont point été ſacrés, ſi ce n'é
Louis le Begue roi & empereur; mais ceux de l
troiſième race ont préféré ce lieu à tout autre, &
Louis VII, dit le Jeune, qui y fut ſacré par l
pape Innocent II, fit une loi pour cette cérémo
nie lors du couronnement de Philippe Auguſte ſo
fils, en 1179. Henri IV fut ſacré à Chartres, parce qu'
n'étoit pas maître de Rheims, qui tenoit pour
ligue. La ſainte ampoule, dont l'huile ſert au Sac
des rois, eſt gardée dans l'égliſe de l'abbaye de Sai
Remi, & les ornemens dans le tréſor de Saint D
nis. Le jour de cette cérémonie, le roi entre da
l'égliſe de Reims, revêtu d'une camiſole de ſa
rouge, garnie d'or, ouverte au dos & ſur l
manches, avec une robe de toile d'argent & u
chapeau de velours noir, garni d'un cordon d
diamans, d'une plume blanche & d'une aigret
noire. Il eſt précédé du connétable, tenant l'ép
nue à la main, accompagné des princes du ſang
des pairs de France, du chancelier, du grand ma
tre, du grand chambellan, des chevaliers & d
pluſieurs princes & ſeigneurs. Le roi s'étant m
devant l'autel dans ſa chaire, le prieur de Sai
Remi, monté ſur un cheval blanc, ſous un da
de toile d'argent porté par les chevaliers de la ſain
ampoule, apporte cette ſainte ampoule au bru
des tambours & des trompettes; & l'archevêq

ayant été la recevoir à la porte de l'église, la pose sur le grand autel, où l'on met aussi les ornemens préparés pour le Sacre, qui sont la grande couronne de Charlemagne, l'épée, le sceptre & la main de justice, les éperons & le livre de la cérémonie. Ensuite l'archevêque de Rheims sacre le roi, en lui faisant des onctions en forme de croix sur les épaules & aux deux bras par les ouvertures pratiquées pour cet effet à la camisole dont nous avons parlé. L'évêque de Laon tient la sainte ampoule; l'évêque de Langres, le sceptre; l'évêque de Beauvais, le manteau royal; l'évêque de Châlons, l'anneau; l'évêque de Noyon, le ceinturon ou baudrier. Entre les pairs laïques, le duc de Bourgogne porte la couronne royale & ceint l'épée au roi; le duc de Guienne porte la première bannière carrée; le duc de Normandie, la seconde; le comte de Toulouse, les éperons; le comte de Champagne, la bannière royale ou l'étendard de guerre; & le comte de Flandres, l'épée royale. Ces pairs ont alors sur la tête un cercle d'or en forme de couronne : lorsque ces dernières pairies étoient occupées par les grands vassaux de la couronne, ils assistoient en personne au Sacre, & y faisoient leurs fonctions; mais depuis que de ces six pairies cinq ont été réunies à la couronne, & que celle de Flandres est en partie en main étrangère, le roi choisit six princes ou seigneurs pour représenter ces pairs, & un autre pour tenir la place du connétable, depuis que cette charge a été supprimée. C'est ainsi qu'on l'a pratiqué au Sacre de Louis XIV, de Louis XV & du roi régnant. Au reste, le Sacre du roi ne lui confère aucun nouveau droit; il est monarque par sa naissance & par droit de succession, & le but de cette pieuse cérémonie n'est sans doute que d'apprendre aux peuples, par un spectacle frappant, que la personne du roi est sacrée, & qu'il n'est pas permis d'attenter à sa vi, parce que, comme l'ecriture dit de Saül, il est l'o, *du seigneur.*

SACREMENT. C'est en général le signe d'u chose sacrée.

L'église a déclaré expressément qu'il y avoit se Sacremens, qui sont, le baptême, la confirmatio l'eucharistie, la pénitence, l'extrême-onction, l'ord & le mariage. Il est vrai que dans l'écriture ni a dans les ouvrages des pères, on ne trouve pas nombre déterminé de sept, mais il n'y a aucun c sept Sacremens dont il n'y soit fait mention. l'église a enseigné, par un article exprès de sa do trine, qu'il y en avoit sept, ce n'a été qu'à l'o casion de certaines hérésies qui se sont élevées, qui n'admettoient qu'un certain nombre de Sac mens. Le concile de Trente enseigne que tous l Sacremens ne sont point égaux en dignité, & vo l'ordre selon lequel il les range. L'eucharistie au premier rang, ensuite le baptême, puis la co firmation, la pénitence, l'extrême-onction, l'ord & le mariage.

L'article 34 de l'édit du mois d'avril 1695 ainsi conçu.

» La connoissance des causes concernant les S » cremens, les vœux de religion, l'office divi » la discipline ecclésiastique, & autres pureme » spirituelles, appartiendra aux juges d'église. E » joignons à nos officiers, & même à nos cou » de parlemens, de leur en laisser & même » leur en renvoyer la connoissance, sans prend » aucune juridiction ni connoissance des affaires » cette nature, si ce n'est qu'il y eût appel comn » d'abus interjeté en nosdites cours de quelqu » jugemens, ordonnances ou procédures faites s » ce sujet, ou qu'il s'agît d'une succession, ou a

» tres effets civils, à l'occaſion deſquels on traiteroit de l'état des perſonnes décédées, ou de celui de leurs enfans «.

Il faut conclure des diſpoſitions de cette loi, que la connoiſſance des cauſes concernant les Sacremens, les vœux de religion, l'office divin & la diſcipline eccléſiaſtique, appartient aux juges d'égliſe, quand, à l'occaſion de ces matières, il n'eſt queſtion que de cauſe purement ſpirituelle; mais s'il eſt queſtion de quelque objet temporel ou mixte, le magiſtrat civil doit néceſſairement en connoître, comme étant aux droits du ſouverain; ou s'il n'eſt même queſtion que de l'exécution des ſaints canons, il doit également en connoître au nom du roi, en ſa qualité de protecteur de l'égliſe.

Il ſuit de là, qu'il appartient à l'égliſe de fixer ce qui eſt de l'eſſence & de la validité du Sacrement, de régler non ſeulement le culte intérieur, mais encore le culte extérieur & les cérémonies de la religion, de donner les prières dont les fidèles doivent ſe ſervir, de leur enſeigner tout ce qui appartient à la foi & à la morale; mais cela n'empêche pas que, même dans ces ſortes de matières, le prince n'ait, comme protecteur, le droit d'inſpection ſur ce qui ſe fait dans l'égliſe, pour faire exécuter ſes décrets, prêter ſon bras à ſes miniſtres pour l'exécution de ſes ordonnances, ou même pour en empêcher l'exécution, lorſqu'ils abuſent de leur autorité & ne ſe conforment pas aux règles de l'égliſe. Ainſi, dans tous ces cas, il y a lieu à l'appel comme d'abus, non ſeulement des jugemens & ordonnances, mais encore des actes faits par les eccléſiaſtiques.

Quoique les Sacremens ſoient d'inſtitution divine, l'égliſe & les évêques y ont ajouté pluſieurs réglemens de diſcipline. Ce qui eſt d'inſtitution divine fait partie de la foi de l'égliſe; mais le ſouverain, avant d'accepter la diſcipline qui eſt d'inſtitution humaine, a

droit de l'examiner, & par conséquent de l'ado[pter]
ou de la rejeter.

C'est conformément à ces principes, que les [ca]nons & les réglemens que l'église juge à propos [de] faire en matière de discipline, ne peuvent être e[xé]cutés qu'avec le concours & le consentement [du] souverain; & que lorsqu'il a adopté ces régleme[ns] ils deviennent des loix d'état qu'il lui appartient [de] faire observer. Tel est le fondement principal [du] droit en vertu duquel les officiers du souver[ain] peuvent connoître des refus de Sacremens, enj[oin]dre aux ecclésiastiques de les administrer, & pu[nir] les contrevenans.

Cette compétence du souverain & de ses o[ffi]ciers, relativement à l'administration des Sacreme[ns] a été reconnue dans tous les temps, comme le ju[sti]fient nos livres de jurisprudence, & singulièreme[nt] ceux où l'on a recueilli les preuves des libertés [de] l'église gallicane.

On peut contrevenir de plusieurs manières a[ux] loix de l'état dans l'administration des Sacreme[ns] ainsi le prêtre qui révèle la confession d'un pé[ni]tent, commet une contravention très-répréhensib[le].

Il en est de même du confesseur qui abuse [du] Sacrement de pénitence pour séduire sa pénitente.

C'est aussi une contravention punissable dans [le] prêtre, lorsqu'il fait injure à celui qui emploie son m[i]nistère, comme quand, en administrant la commu[nion], il reproche à celui qui se présente, sa mauvai[se] conduite.

Enfin, le refus public des Sacremens, sur-to[ut] aux moribonds, est une injure atroce & un attent[at] au bon ordre, qui ne doivent pas rester impuni[s] à moins que la cause du refus ne soit légitime. E[n] effet, l'excommunication étant la peine la plus con[sidérable] que le juge d'église puisse prononcer elle suppose que celui à qui on refuse les Sacre[mens], sur-tout à la mort, est coupable d'un crim[e] d'autant plus grave, que l'église est ordinairement plus indulgente pour les mourans.

Il est clair qu'un refus de ce genre, lorsqu'il est injuste, ne peut être envisagé que comme un délit du nombre de ceux qu'on qualifie de privilégiés. C'est même ce qui résulte de l'article 1 d'un édit du mois de novembre 1549, qui porte, que *le scandale public & tout autre crime emportant offense publique, forment un délit privilégié dont la connoissance appartient au juge laïque.* C'est pour cela que le ministère public peut se plaindre d'un refus de Sacremens, comme d'un trouble fait à la société. Cela est fondé sur ce que les pasteurs sont dans l'obligation indispensable d'administrer les Sacremens à ceux qui ne s'en sont pas rendus indignes.

Il suit de là, que quand un prêtre prétend devoir refuser les Sacremens à une personne, il doit exprimer les causes de son refus, s'il en est requis; afin qu'on puisse juger si elles sont suffisantes.

Pour rendre légitime un refus de Sacremens fait publiquement, il faut le concours de deux conditions; l'une, que le crime qui a occasionné le refus soit public & manifeste; & l'autre, qu'il soit notoire que la personne refusée est auteur de ce crime.

Si l'une de ces conditions manque, le refus des Sacremens doit être regardé comme un trouble inféré à la possession où est tout fidèle de les recevoir. C'est aussi une prévarication de la part du pasteur, en ce qu'il ne remplit pas un devoir que les loix lui imposent. C'est encore une diffamation de la personne à qui l'on fait éprouver le refus; enfin, c'est un trouble de l'ordre public; tous objets soumis à la juridiction de la puissance temporelle.

On ne reconnoît point en France d'excommunication notoire; & l'on y tient pour maxime, qu'on ne peut refuser les Sacremens ni la sépulture qu'aux excommuniés dénoncés. Ainsi quoiqu'une perso ait encouru l'excommunication *ipso facto*, on peut néanmoins pas la traiter en excommunié av qu'il ait été rendu contre elle une sentence d' communication. C'est conformément à cette ju prudence qui est constante parmi nous, que M. J de Fleury, avocat général, soutint dans une ca jugée à la cour des aides par arrêt du 18 jan 1701, rapporté au journal des audiences, que l famie encourue par le seul fait, quoique notoire publique, n'étoit plus autorisée dans nos mœur & qu'il falloit un jugement qui déclarât infam

Mais il ne faut pas étendre cette règle à l'év dence de fait, comme l'a très-bien observé l Joly de Fleury, premier avocat général au pa lement, dans le réquisitoire qu'il a fait contre ouvrage intitulé *réflexions sur la notoriété de dr & de fait*, que le parlement a fait lacérer & brûl par arrêt du 17 juin 1755.

» Que celui, dit cet orateur, qui se préser » pour communier manifeste aux yeux du publi » & au moment même de l'administration, so » indignité; soit par des faits, soit par des actio » criminelles ou indécentes, soit par des discou » scandaleux, ce n'est ni une notoriété de dro » proprement dite, ni une simple notoriété d » fait, c'est une évidence de son indignité q » saisit le public, parce qu'elle frappe actuelle » ment ses yeux. L'évidence de fait accompag » le fidèle; elle est présente avec lui; il porte » pour ainsi dire, la preuve & la publicité de so » crime écrite sur son front, au lieu que la notoriét » de fait ne consiste que dans la renommée de » ouï-dire, des bruits populaires, en un mot » dans un genre de preuves toujours séparé d » la personne du coupable, & qui ne peut jamai » être présent aux yeux du ministre. Ainsi l'évi

» dence

» dence de fait est toute différente de la noto-
» riété de fait ; elle est même supérieure à la
» notoriété de droit, laquelle, quoique fondée
» sur un jugement, ne sauroit avoir que le degré
» de certitude qui est attaché au jugement des
» hommes. Si elle suffit, & pour persuader le
» public, & pour faire subir des peines tempo-
» relles, & pour autoriser par conséquent des
» refus publics, c'est parce que la loi n'a pas
» d'autre moyen humain pour faire distinguer l'in-
» nocent du coupable : mais celui qui commet un
» péché grief en présence du public & au mo-
» ment de l'administration, fournit lui-même une
» preuve exempte de toute incertitude, qui, plus
» forte que celles qu'on peut rassembler en obser-
» vant les formes de la loi, n'a pas besoin d'em-
» prunter son secours. Le refus n'est plus une diffa-
» mation publique, ce n'est plus un scandale alors
» de refuser, ce seroit un scandale aux yeux du pu-
» blic que d'administrer.

» C'est en vain que l'on voudroit donner à
» cette évidence le nom de notoriété de fait, sous
» prétexte que le fait étant évident, ne peut être
» ignoré de tous ceux qui en sont les témoins.
» Quelle différence entre cette évidence & celle
» qu'on connoît dans l'usage sous le nom de no-
» toriété de fait ! Cette dernière ne peut jamais
» porter avec elle la conviction de la vérité, l'autre
» porte toujours nécessairement cette conviction.

» Quelle preuve plus solide peut-on exiger alors
» de l'indignité ? quel motif plus puissant pour
» autoriser les refus ? Ne peut-on pas opposer à
» celui qui se présente & qui manifeste son in-
» dignité, qu'il désavoue la demande qu'il fait
» des Sacremens, en annonçant, avouant même
» publiquement son crime & se faisant une espèce

» de triomphe public, d'un scandale qu'on ne peut
» imputer qu'à lui-même.

» La notoriété de fait qu'on voudroit établir
» contre tous les principes, ne peut s'appliquer
» par sa nature même qu'à des faits antérieurs
» au temps de l'administration : & sur quel fondement
» prétendroit-on appuyer la foi qu'on voudroit
» accorder à une pareille notoriété ?

» Peut-on se dissimuler la diversité des jugemens
» que l'on porte dans le monde sur les mêmes
» choses, quoiqu'elles soient offertes à l'esprit sous
» les mêmes couleurs, avec les mêmes circonstances,
» les mêmes genres de preuves ? Ne voit-
» on pas à quel point on est en danger de se
» tromper, & à combien plus forte raison ne se
» tromperoit-on pas encore, si, en matière de
» faits, on consentoit à porter son jugement sur
» des bruits vagues & indéterminés, ou sur des
» vraisemblances, quand même elles se trouveroient
» réunies en nombre sur le même sujet ? Il n'y a
» que la vue claire de la vérité prouvée légitimement,
» qui puisse nous assurer que nous ne
» nous trompons pas, parce qu'au défaut de l'évidence
» actuelle du fait, elle lui substitue une
» évidence de droit, qui est la seule règle qui
» puisse mettre les hommes à portée de juger solidement.

» C'est sur ces principes qu'on a toujours rejeté
» en France la simple notoriété de fait, pour n'admettre
» que la seule notoriété de droit, sans
» laquelle le refus public des Sacremens seroit une
» diffamation publique & un scandale contre
» lesquels les juges royaux se sont élevés dans tous
» les temps ».

Il faut donc, pour autoriser un refus de Sacremens, 1°. que la cause qui sert de fondement à ce refus soit un crime réel & qui ait été reconnu tel par le juge compétent; 2°. qu'il soit démontré que la personne à laquelle le refus est fait, est auteur de ce crime; ce qui suppose une instruction judiciaire par laquelle il y a preuve acquise contre l'accusé.

Il suit de là, qu'une action ne peut être regardée comme un crime notoire & qui ait été jugé tel, lorsque dans un grand nombre d'églises particulières les Sacremens sont administrés publiquement à ceux qui sont connus pour avoir fait cette action.

Pareillement, un pasteur ne peut juger qu'une personne a commis un crime, pour raison duquel elle doit être privée des Sacremens, à moins qu'il n'en ait une preuve juridique; & il ne peut acquérir cette preuve par lui-même; car ce seroit de sa part une entreprise repréhensible, s'il vouloit acquérir une telle preuve par un interrogatoire fait en public: celui qu'il interrogeroit ainsi ne seroit point obligé de répondre, & son silence ne pourroit être regardé comme un aveu du crime qui lui seroit imputé.

Les juges séculiers étant obligés, par le devoir de leurs charges, de punir les refus injustes de Sacremens, il faut en conclure qu'ils doivent connoître des causes de ces refus, pour décider si elles sont légitimes ou non. En effet, c'est à la puissance temporelle qu'appartient le soin de maintenir la discipline de l'église, lorsque cette discipline est devenue loi de l'état, & de juger de tout ce qui intéresse la tranquillité publique.

C'est conformément à ce principe que, par arrêt du 5 septembre 1680, le parlement de Paris défendit aux notaires de passer des actes par lesquels des parties voudroient se prendre pour mari & pour femme, rendit responsables envers les juges séculiers, les curés, lorsqu'ils refuseroient de conférer le Sacrement de mariage, & ordon que les ecclésiastiques qui feroient de pareils ref seroient tenus, quand ils en seroient requis, de do ner des actes par écrit contenant les causes de le refus.

On conçoit d'après cela, que c'est sans aucu sorte de fondement que quelques-uns ont préten que les ecclésiastiques n'étoient comptables qu dieu seul, ou du moins à leurs supérieurs eccl siastiques, de leur conduite dans l'administrati des Sacremens. S'il en étoit ainsi, les personn qui auroient éprouvé des refus injustes n'auroie aucun moyen pour obtenir la réparation de l'inju qui leur auroit été faite.

Il ne faut d'ailleurs pas croire que quand puissance temporelle prend connoissance des ref de cette nature, elle entreprenne sur la puissan spirituelle, comme quelques personnes ont osé dire : le magistrat ne recherche pas quelles étoie les dispositions du particulier qui a éprouvé refus ; cet objet n'est pas de sa compétence ; examine seulement si ce particulier étoit un péche notoire & connu pour tel dans le temps du refu & par conséquent si le refus a été légitime ou injust pour l'approuver ou le punir.

Ce seroit en vain qu'on objecteroit qu'il n'a partient qu'aux ministres de l'église de juger si l règles générales établies par l'église s'appliquent telle personne ou à tel cas, ou si elles ne s appliquent pas : il ne faut pas confondre la loi av l'application de la loi. Le droit d'établir des lo n'appartient qu'à ceux qui en ont reçu le pouvoir ; ma il ne faut que du bon sens, pour juger si la l doit s'appliquer ou non à tel ou tel cas particuli Ainsi, quoique les juges d'église soient seuls com pétens pour juger si une doctrine est orthodo ou hérétique, aussi-tôt qu'ils ont porté leur dé sion à cet égard, c'est aux juges séculiers qu'appartient la punition de celui qui est coupable d'hérésie. C'est une disposition de l'article 11 du titre 1 de l'ordonnance criminelle du mois d'août 1670.

Au surplus, ce qu'on vient d'établir n'est pas un droit nouveau : dans tous les temps, les juges séculiers ont connu des refus de Sacremens. Vedel sur Catelan rapporte un arrêt du 21 juillet 1646, par lequel le parlement de Toulouse condamna un curé, pour avoir refusé publiquement la communion une femme.

Par un autre arrêt du 25 juin 1681, le conseil provincial d'Artois condamna le sieur Jacques Blanghen, curé de Ricamet, à être admonesté, pour avoir causé du scandale en refusant la communion à Martin Plot, son paroissien.

Par un autre arrêt du 8 mai 1712, le parlement de Provence déclara sur un appel comme d'abus, qu'il n'y avoit abus dans une procédure extraordinaire, instruite par le lieutenant criminel d'Arles, pour un refus public de Sacremens fait à la dame Dugard de Tarascon, en conséquence duquel le curé & le vicaire qui avoient concerté ce refus, avoient été condamnés par sentence du 17 février 1710, à faire une réparation publique à l'audience, à trois livres d'amende envers le roi, six livres envers la partie, & à tous les dépens : depuis, sur l'appel simple & *à minimâ*, interjeté de cette sentence, tant par la partie civile que par le procureur général, il intervint un second arrêt qui défendit l'entrée des villes d'Aix & de Tarascon au curé & au vicaire, & les condamna à faire une réparation publique à l'audience du juge de Tarascon, à trente livres d'amende envers le roi, à soixante livres envers la partie, & à tous les dépens.

Par arrêt de réglement rendu le 18 avril 1751 le parlement de Paris, toutes les chambres assemblées, a fait défense aux ecclésiastiques de faire aucun acte tendant au schisme, notamment de refuser les Sacremens, sous prétexte du défaut de représentation d'un billet de confession, ou de déclaration du nom du confesseur & d'acceptation de la bulle *unigenitus*; leur a enjoint de se conformer dans l'administration extérieure des Sacremens, aux canons & réglemens autorisés dans le royaume; & leur a pareillement fait défense de se servir dans leurs sermons, à l'occasion de la bulle *unigenitus*, des termes de novateurs, hérétiques, schismatiques, jansénistes, sémipélagiens, ou autre nom de parti, à peine contre les contrevenans d'être poursuivis comme perturbateurs du repos public, & punis suivant la rigueur des ordonnances.

Par un autre arrêt de réglement du 4 septembre de la même année, rendu pareillement toutes les chambres assemblées, la même cour, en recevant le procureur général du roi appelant comme d'abus des statuts synodaux du diocèse de Sens, recueillis & imprimés à Sens en 1746, ensemble du mandement de l'archevêque de Sens du 25 mars de la même année, qui prescrivoient l'usage des billets de confession pascale, & faisant droit sur ses conclusions, a fait défense à tout ecclésiastique de faire aucun refus public de communion, soit à la sainte table, soit à la mort, sous prétexte de ces statuts synodaux, mandemens ou autres dispositions insérées dans les statuts des diocèses du ressort de la cour, au sujet des billets de confession.

Par deux autres arrêts des 24 janvier & 21 mars 1752, le parlement de Bretagne a fait très expresses inhibitions & défenses aux ecclésiastiques des diocèses de Nantes & de Vannes, de rien innover dans l'administration extérieure des Sacremens, de faire aucun acte tendant au schisme, & d'étendre les peines ecclésiastiques fixées par les loix de l'église qui sont reçues dans le royaume ; & leur a enjoint, en administrant les Sacremens aux mourans, de se conformer aux dispositions des canons & des rituels autorisés.

Le parlement de Normandie a rendu un arrêt semblable le 20 juin 1753, pour tous les ecclésiastiques du ressort de cette cour, & a ordonné qu'il seroit exécuté, à peine contre les contrevenans d'être poursuivis comme *perturbateurs du repos public, & punis suivant la rigueur des ordonnances.*

Par un autre arrêt rendu au parlement de Provence le 21 mai de la même année 1753, la cour, en renouvelant en tant que de besoin son arrêt du 8 mai 1711, rendu au sujet d'un refus de communion pascale, a fait inhibitions & défenses à tous ecclésiastiques de la province, de rien innover dans la forme de l'administration des Sacremens, au delà de la discipline des canons reçus dans le Royaume, & contre les maximes & libertés de l'église gallicane ; leur a défendu en conséquence de faire aucun refus public des Sacremens, sous prétexte de défaut de représentation du témoignage par écrit du confesseur.

Il a été arrêté par le même arrêt, que le procureur général du roi seroit très expressément chargé de veiller, dans le ressort, à ce qu'aucun ecclésiastique n'imposât aux fidèles des servitudes contraires à l'esprit des saints décrets, maxime & libertés de l'église gallicane ; & à lui enjoint de faire toutes les poursuites requises contre ceux qui refuseroient publiquement les Sacremens, sous prétexte de défaut de présentation du témoignage par écrit du confesseur.

Par un autre arrêt du même parlement du 2. octobre de la même année 1753 rendu, les chambres assemblées, la cour, en renouvelant l'arr précédent, a fait itératives inhibitions & défenses tous les ecclésiastiques du ressort, de faire aucu acte tendant au schisme, & d'introduire des form les de profession de foi arbitraires, & leur a enjoint s se conformer, en administrant les malades, aux lo de l'église & de l'état.

Par d'autres arrêts des 11 janvier & 12 ma 1754, le parlement de Toulouse a ordonné la sup pression, 1°. de l'édition entière des statuts sy nodaux du diocèse de Comminges, dans lesquels partie 3, chapitre 4, n. 9, on avoit fait le régle ment qui suit: » Si le malade ne s'est pas confes » au curé ou vicaire, défendons de lui administr » le viatique, jusqu'à ce qu'il ait remis au cur » ou vicaire un certificat de confession; « 2°. d'u mandement de l'évêque de Beziers, du 10 jan vier 1747, contenant, entre autres dispositions celle-ci: *Quoties persona ægrota alteri quàm paroch peccata sua confessa fuerit, strictè præcipimus paro his omnibus, vel eorum secundariis, ne ad sacri via tici administrationem procedant, nisi priùs ægrotan obtulerit authenticum confessionis factæ testimonium scriptum, & ipsius confessorii nomine signatum.*

Par un autre arrêt du 4 mai de la même année 1754, le parlement de Provence a fait in hibitions & défenses à l'archevêque d'Aix, d'auto riser directement ni indirectement les curés, vicai res, ou autres ecclésiastiques du diocèse, à aucun acte tendant au schisme, à peine de saisie de son temporel, & d'être procédé contre lui comme in fracteur des loix du royaume. Il a aussi été fait dé fenses aux curés, vicaires & autres ecclésiastiques, de contrevenir aux arrêts & réglemens de la cour intervenus à ce sujet, sous les peines de droit, sans qu'elles puissent être remises, sous prétexte d'avis ou d'ordres particuliers du supérieur à ce con traires.

Par un autre arrêt du même parlement, rendu en vacations le 12 août 1756, au sujet d'un refus de communion fait à la sainte table; la chambre, pour faute commise par Hyacinthe Génin, curé de la paroisse de Montfuron, diocèse d'Aix, l'a condamné en vingt livres d'amende envers le roi.... lui a fait inhibition & défense de récidiver, sous plus grande peine; & .... faisant droit à la réquisition du procureur général, appelant comme d'abus de la lettre circulaire, en date du 16 mars 1748, jointe à la procédure; & écrite, au nom de l'archevêque d'Aix, aux curés du diocèse, pour les engager à refuser la communion pascale à ceux qui ne seroient point munis d'un billet de confession, a donné acte audit procureur général de son appel, au moyen de ce l'a tenu pour bien relevé, lui a permis d'intimer sur ledit appel qui bon lui sembleroit, ordonné que sur icelui il seroit poursuivi après la saint Remi, ainsi qu'il appartiendroit. Il a été en outre ordonné que l'arrêt du 8 mai 1711, & l'arrêt du 21 mai 1753 seroient exécutés selon leur forme & teneur; & au moyen de ce, fait très-expresses inhibitions & défenses au curé de Montfuron & à tous ceux du diocèse, d'imposer à leurs paroissiens des servitudes contraires à l'esprit des saints décrets, & notamment d'interroger les fidèles à la sainte table, de refuser la communion sur le motif du défaut de représentation d'un billet de confession, & de tenir état & registre de ceux qui se présentoient pour la communion pascale; leur a enjoint de se conformer, dans l'administration publique des Sacremens, à la discipline générale & aux canons reçus & autorisés dans l'état, sans pouvoir s'excuser de la contravention, sous prétexte d'ordres arbitraires de leurs supérieurs, ou de coutumes locales, abusives & tendantes à gêner la liberté des consciences.

L'arrêt d'enregistrement de la déclaration du du 2 septembre 1654, intervenu au parlement Paris le 5 du même mois, contient de parei dispositions, & fait défense de faire aucune in vation dans l'administration extérieure & publi des Sacremens.

Le parlement de Rennes, en enregistrant la mê déclaration du 17 octobre 1754, a fait très-expre inhibitions & défenses à tous ecclésiastiques du r sort, de quelque qualité & condition qu'ils fusse de rien innover dans l'administration extérieure Sacremens, de faire aucun acte tendant au schis & d'étendre les peines fixées par les loix de l'ég reçues dans le royaume; leur a enjoint, en ad nistrant les fidèles, de se conformer aux dispositi des canons reçus & rituels autorisés; leur a f pareillement inhibitions & défenses de rien ten ni entreprendre ou innover, qui pût être contr au silence absolu ordonné par ladite déclaratio sous les peines portées en icelle.

Le parlement de Provence, en enregistrant même déclaration le 9 novembre suivant, a fait p reillement très-expresses inhibitions & défense tous ecclésiastiques du ressort, de rien innover da l'administration extérieure des Sacremens, de fa aucuns actes tendant au schisme, & d'introdu des formules arbitraires de profession de foi, tout sous les peines de droit; ordonné pareilleme que ceux qui seroient convaincus d'avoir, en d mandant les Sacremens, provoqué les ministres l'église contre le silence prescrit, seroient poursui & punis suivant l'exigence des cas.

L'arrêt d'enregistrement du parlement de Roue du 23 janvier 1755, a ordonné que ceux qui pr fiteroient de l'abolition accordée par la déclarati dont il s'agissoit, de quelque qualité & conditi qu'ils fussent, seroient, en cas de récidive &

contravention à la même déclaration, déchus du bénéfice d'icelle, & punis comme rebelles suivant la rigueur des ordonnances : en conséquence a fait inhibitions & défenses à tous les ecclésiastiques du ressort indistinctement, de rien innover dans l'administration extérieure des Sacremens, de faire aucun acte tendant au schisme, d'introduire des formules arbitraires de profession de foi, & généralement à tous sujets du ressort de contrevenir au silence respectif & absolu, prescrit par la déclaration, le tout sous les peines de droit.

Quant à la question de savoir si, dans le cas où le curé, les vicaires ou autres prêtres ordinaires d'une paroisse refusent d'administrer les derniers Sacremens à un malade qui les demande publiquement, le Juge laïque peut commettre un autre prêtre pour faire cesser le scandale que ce refus occasionne, & l'obliger de remplir à cet égard les fonctions de son ministère ; la déclaration du roi du 10 juin 1756 a réprouvé ces sortes de commissions, & a réglé par l'article 3 la conduite qu'on doit tenir à l'égard des refus de Sacremens ; cet article est ainsi conçu.

» L'article 34 de l'édit du mois d'avril 1695, » sera exécuté selon sa forme & teneur ; & en conséquence toutes causes & actions civiles concernant l'administration & le refus des Sacremens, » seront portées devant les juges d'église, exclusivement à tous juges & tribunaux séculiers, auxquels » nous enjoignons de leur en faire le renvoi, » sauf & sans préjudice de l'appel comme d'abus ; » & à l'égard des plaintes & poursuites criminelles » en cette matière, elles seront portées devant nos » juges ayant la connoissance des cas royaux, & » par appel en nos cours, ainsi que devant les juges » d'église, chacun en ce qui les concerne & est » de leur compétence ; savoir, pardevant nos juges

» pour raison du cas privilégié, & pardevant
» juges d'église pour le délit commun ; le
» conformément aux ordonnances, sans néanm
» que nos cours & nos juges puissent ordonn
» en quelque manière & sous quelque expres
» que ce soit, que les Sacremens seront admi
» trés, sauf à nosdites cours & juges à prono
» telle peine qu'il appartiendra contre ceux
» se seroient rendus coupables lors de l'admi
» tration & du refus des Sacremens «.

La grand'chambre du parlement de Paris a
fait des remontrances à ce sujet le 19 janvier 17
M. le chancelier lui dit dans la réponse qu'il
fit au nom du roi le 23 du même mois, qu
sa majesté n'avoit pas voulu que ses cours & ju
pussent ordonner que les Sacremens seroient ad
nistrés, elle s'étoit proposé en cela de se c
former à l'exemple des rois ses prédécesseurs, q
par leurs ordonnances, & en dernier lieu par l'é
de 1695, avoient réservé à la juridiction ecclé
tique la connoissance des matières spirituelles,
notamment l'administrations des Sacremens ; que
majesté avoit jugé qu'en laissant à ses cours & ju
la punition de ceux qui se rendroient coupables
un refus injuste des Sacremens, & en conserv
dans toute son étendue la voie de l'appel com
d'abus contre tous les actes émanés de la pu
sance ecclésiastique, les officiers dépositaires
son autorité seroient en état de pourvoir suffisa
ment au maintien du repos public, & de répri
ceux qui entreprendroient de le troubler.

Par arrêt du 15 juillet 1768, le parlement
Paris a condamné le sieur Girard, doyen de Lo
Montargis, pour un refus injuste de Sacremens
être banni à perpétuité du royaume, avec con
cation de biens ; & le sieur Métier, vicaire
Nemours, a été banni pour neuf ans du ress

de la cour, & condamné à cinquante livres d'amende envers le roi.

SACRILÉGE. Action impie par laquelle on profane les choses sacrées.

Dans l'ancien droit romain, on appeloit Sacrilége, le vol ou larcin des choses sacrées. C'est ce que prouve la loi 4, ff. *ad legem Juliam peculatus & de Sacrilegiis.*

Mais les empereur Gratien & Valentinien ont donné beaucoup plus d'étendue au terme de *Sacrilége*, & ils ont compris sous ce nom tout crime commis contre la loi de dieu, soit par ignorance, soit par mépris. *Voyez la loi* 1, *cod. de crimine Sacrilegii.*

Suivant le droit canon, il y a trois manières de commettre le Sacrilége. Ce crime a lieu, 1°. quand on vole une chose sacrée dans un lieu sacré; 2°. quand on vole une chose sacrée dans un lieu qui n'est pas sacré; 3°. quand on vole dans un lieu sacré une chose profane, telle qu'un tronc, des chandeliers, des cierges, &c.

Plusieurs jurisconsultes ont adopté cette manière d'envisager le Sacrilége.

Dans nos mœurs, il y a Sacrilége toutes les fois qu'il y a profanation des choses saintes ou consacrées à dieu, soit qu'il y ait en même temps vol, ou qu'il n'y en ait pas.

On entend par choses saintes ou consacrées à dieu, 1°. les lieux saints, tels que les églises, les monastères, les cimetières, &c.; 2°. les sacremens, les cérémonies de l'église, les vases sacrés, & tout ce qui sert au culte divin; 3°. les personnes ecclésiastiques ou religieuses.

Il suit de là, que les vols, les impuretés, & les autres crimes ou délits commis dans une église ou autre lieu saint, sont des Sacriléges. Il en est de même de l'action de brûler ou détruire les temples, les images, les autels, &c.

C'est pareillement un Sacrilége que d'employer les choses sacrées à des usages communs ou profanes, au mépris de la religion.

On regarde aussi comme une sorte de Sacrilége les irrévérences commises dans les églises, sur-tout pendant la célébration du service divin.

Le crime de Sacrilége a encore lieu quand on fabrique ou qu'on falsifie des lettres de prêtrise, & qu'en conséquence on célèbre la messe sans avoir le caractère requis à ce sujet.

Les prêtres & les autres ecclésiastiques qui abusent de leurs fonctions pour séduire une pénitente, sont aussi regardés comme coupables de Sacrilège.

Tout attentat commis contre la personne sacrée du roi est un Sacrilége.

On regarde encore comme tels, les excès commis contre des personnes consacrées à dieu, comme les prêtres, les religieuses, &c. ; & le crime est plus considérable quand l'ecclésiastique est élevé en dignité, comme un évêque, ou que l'attentat a été commis contre un prêtre qui étoit dans ses fonctions sacerdotales.

On met aussi au rang des Sacriléges, le rapt d'une religieuse & les habitudes charnelles qu'on a avec elle.

Les loix romaines condamnent au fer, au feu, aux bêtes farouches, selon les circonstances, ceux qui commettent des Sacriléges.

Parmi nous, la peine du Sacrilége dépend des circonstances du crime, du lieu, du temps & de la qualité de l'accusé.

Un édit du mois de juillet 1682 veut que le Sacrilége joint à la superstition & à l'impiété, soit puni de mort.

Lorsque le Sacrilége est au premier chef, comme

[qu]and on abuse des saintes hosties, ou qu'on les [fo]ule aux pieds, on condamne les coupables à l'a[m]ende honorable, à avoir le poing coupé, & à [êt]re brûlés vifs.

On prononce la même peine contre la profa[na]tion des vases sacrés & des fonts baptismaux.

Automne, dans sa conférence du droit françois [av]ec le droit romain, rapporte un arrêt du mois [d'a]oût 1503, par lequel un jeune homme fut con[d]amné à avoir le poing coupé & à être brûlé vif, [p]our avoir, dans l'église de la Sainte-Chapelle de [P]aris, arraché des mains d'un prêtre l'hostie qu'il [v]enoit de consacrer en célébrant la messe.

Imbert, en *ses institutions forenses*, rapporte un [a]utre arrêt du 10 décembre 1586, qui prononça [la] même peine contre un nommé Dufour, qui avoit [p]areillement arraché des mains d'un cordelier l'hostie [q]u'il avoit consacrée en disant la messe.

On trouve dans la bibliothèque canonique un [a]utre arrêt du 7 septembre 1660, par lequel le [p]arlement de Bordeaux condamna au dernier sup[p]lice plusieurs protestans de la ville d'Aymet, pour [s']être rendus coupable de plusieurs profanations, [e]n dérision de la messe & des cérémonies de l'église.

On punit souvent de mort ceux qui brisent les images de dieu, de la vierge ou des saints, en [d]érision de la religion.

Papon rapporte, dans son recueil, livre 1, titre 2, n°. 2, un arrêt par lequel le parlement de Bordeaux condamna le nommé Defus à avoir le poing coupé & la tête tranchée, pour insulte faite à la divinité, en portant plusieurs coups d'épée contre un crucifix.

Par un autre arrêt du 21 janvier 1435, que rapporte aussi Papon, le même parlement condamna au fouet un ivrogne qui d'un coup d'épée avoit emporté la tête d'un christ. Son ivresse emp qu'on ne le condamnât à mort.

Par un autre arrêt du 22 décembre 1548, parlement de Paris condamna le nommé Roch à être pendu & ensuite brûlé, pour avoir mis pièces un crucifix & quelques images de saints l'église de saint Jullian de Pommiers, en Fore

On punit de mort, & quelquefois des gal perpétuelles, ou du bannissement perpétuel, s les circonstances, ceux qui célèbrent la messe être prêtres.

Les mêmes peines se prononcent contre les pr qui abusent de leurs fonctions pour séduire l pénitentes.

Quant au vol d'une chose sacrée, fait dans église, on le punit ordinairement de mort, tout quand il y a effraction, & l'on prononc peine du feu quand il y a profanation.

Imbert rapporte un arrêt du 18 octobre 15 par lequel le nommé Charles de Saint Vin fut condamné à être pendu, pour avoir volé ciboire dans l'église de Saint Etienne d'Auxer

Par un autre arrêt du 4 mai 1714, le pa ment de Paris condamna un prêtre à faire amen honorable, & à être ensuite brûlé, pour avoir des calices & des ciboires.

Par un autre arrêt du 10 janvier 1781, la mê cour a condamné Anastase Morel à faire amen honorable au devant de la principale porte de l'ég cathédrale d'Amiens, ayant écriteau devant & d rière, portant ces mots (*Voleur de vases sa avec effraction & profanation*), ensuite à être co duit par l'exécuteur de la haute-justice sur place du grand marché de la même ville, p y avoir le poing coupé & ensuite y être brûlé vif.

Suiv

Suivant l'article premier de la déclaration du 4 mai 1724, ceux qui se trouvent convaincus de vols & de larcins faits dans les églises, *ensemble leurs complices & suppôts*, doivent être condamnés, savoir, les hommes aux galères à temps ou à perpétuité, & les femmes à être flétries d'une marque en forme de la lettre *V*, & renfermées à temps ou pour leur vie dans une maison de force, le tout sans préjudice de la mort, suivant l'exigence des cas.

Les vols d'église, quoique simples, faits par des soldats & autres gens de guerre, doivent être punis de mort, suivant une déclaration du roi, du 27 janvier 1651; la même peine est prononcée par l'ordonnance du premier juillet 1727, concernant les délits militaires.

Les attentats commis contre les prêtres & autres personnes sacrées, doivent être punis d'une peine proportionnée à l'injure & à la qualité de l'offensé. La punition doit, par exemple, être plus considérable, si l'on a maltraité un évêque, que si l'offense a été faite à un simple prêtre.

Le Sacrilége avec effraction est un cas royal; & si l'effraction est extérieure, il est cas prévôtal. C'est ce qui résulte, tant de l'article 11 du titre premier de l'ordonnance criminelle du mois d'août 1670, que de l'article 5 de la déclaration du 5 février 1731.

SAGE-FEMME. C'est celle dont le métier est d'accoucher les femmes.

Il est probable que dans les premiers temps les femmes s'accouchoient elles-mêmes: semblables aux femmes des sauvages, elles n'attendoient point que le secours d'une main étrangère vînt leur faciliter cette opération naturelle; mais comme les accouchemens ne sont pas toujours heureux, il se sera trouvé des circonstances où l'on aura été obligé d'aider celles qu'un travail trop long & trop p nible mettoient en danger de périr avec leur fr Il y a bien de l'apparence que les femmes aur été les seules dans ce commencement, qui se ser mêlées de cette fonction. Les mères ont dû ren ce service à leurs filles.

Les réflexions qu'on fit depuis sur les div accidens auxquels on reconnut que les femmes travail se trouvoient exposées, firent sentir la n cessité de réduire en méthode une pratique d les conséquences étoient si importantes : aussi v on dès les temps les plus reculés l'art d'accouc faire une profession dont les femmes étoient seu en possession. Il étoit naturel qu'on les choisît p férablement aux hommes; elles avoient l'expérie qui étoit alors le seul guide qn'on pouvoit s vre. Il paroît même par les écrits des ancien que les Sages-femmes Egyptiennes faisoient us de quelque machine propre à faciliter l'enfanteme c'étoit, autant qu'on le peut conjecturer, une esp de chaise sur laquelle on faisoit mettre les fem au moment du travail.

L'art de la Sage-femme est une branche de celui la chirurgie.

Les maîtresses Sages-femmes composent à P une communauté, & leurs statuts sont insérés d ceux des maîtres chirurgiens.

Aucune aspirante en l'art des accouchemens peut être admise à l'examen pour la maîtrise, elle n'est de bonnes vie & mœurs, de la religi catholique, apostolique & romaine, fille de m tresse de Paris, ou, si elle n'a fait apprentissag savoir, de trois années chez l'une des maîtres Sage-femmes de Paris, ou de trois mois à l'h tel-dieu.

Les brevets d'apprentissage, qui se font pour t ans chez les maîtresses de Paris, doivent être e regiſtrés au greffe du premier chirurgien du roi, dans la quinzaine de leur paſſation, à peine de nullité. A l'égard des apprenties de l'hôtel dieu, elles ſe préſentent à la maîtriſe ſur un ſimple certificat des adminiſtrateurs, qui doit être atteſté par la maîtreſſe & principale Sage-femme de l'hôtel-dieu.

Les aſpirantes, filles ou femmes, doivent préſenter leur requête au premier chirurgien du roi, ou à ſon lieutenant, ſignée d'elles & de l'une des quatre jurées; les unes & les autres doivent avoir au moins vingt ans pour aſpirer à la maîtriſe.

La requête eſt repondue par le premier chirurgien du roi, ou ſon lieutenant, d'un ſoit communiqué au prévôt en charge, pour y donner ſon conſentement; après quoi l'aſpirante doit être préſentée à Saint-Côme, au jour & à l'heure que le premier chirurgien ou ſon lieutenant lui ont donnés pour ſon examen, & faire avertir par le clerc de la communauté ceux qui doivent y être préſens.

L'examen de chaque aſpirante ſe fait par le premier chirurgien du roi, ou ſon lieutenant, & par les quatre prévôts en charge, les quatre chirurgiens, & les quatre jurées Sages-femmes du châtelet, en préſence du doyen de la faculté de médecine, des deux médecins du châtelet, du doyen de la communauté, & de huit maîtres.

Aucune Sage-femme ne peut exercer ſon art, ni être pourvue de l'une des charges de jurées en titre d'office du châtelet de Paris, ſi elle n'a été reçue à Saint-Côme en la forme qui vient d'être détaillée.

Les Sages-femmes ſont d'ailleurs obligées, avant de pouvoir exercer leurs fonctions, de prêter ſerment en la forme ordinaire devant le lieutenant criminel du châtelet. Cette preſtation de ſerment doit être précédée d'une information de leurs vie, mœurs & religion, faite à la requête [illegible] procureur du roi. C'est ce qui résulte d'un ar[illegible] du parlement du 12 décembre 1726.

Par sentence du 3 août 1779, le lieutenant c[illegible]minel du châtelet a ordonné l'exécution, tant [illegible] cet arrêt que de plusieurs autres réglemens, [illegible] en conséquence il a été fait défense à toutes femm[illegible] & filles de s'immiscer dans la fonction de Sag[illegible] femmes, dans la ville, les fauxbourgs & la ba[illegible]lieue de Paris, sans avoir été examinées à Sai[illegible] Côme, &c. (*)

(*) *Voici cette sentence, ainsi que le réquisitoire sur quel elle est intervenue.*

Vu le réquisitoire à nous présenté par le procureur du ro[illegible] expositif, que par arrêts du parlement des 12 décembre 17[illegible] & 3 septembre 1728, il avoit été ordonné que lorsque l[illegible] Sages-femmes auroient obtenu du premier chirurgien du ro[illegible] des let res de capacité à maîtrise, elles prêteroient serment par[illegible]vant nous; & par plusieurs sentences rendues sur ledit réquisito[illegible] dudit procureur du roi, notamment par celles des 7 ma[illegible] 5 avril & 12 mai 1742, & 22 septembre 1745, il avoit été f[illegible] défenses à toutes femmes & filles de s'immiscer dans la fon[illegible]tion de matrône & Sage-femme, en cette ville, fauxbour[illegible] & banlieue de Paris, de prendre enseigne, sans avoir [illegible] examinées ès écoles de saint Côme par les chirurgiens à [illegible] commis, avoir prêté serment pardevant nous en la mani[illegible] accoutumée, information préalablement faite, à la requ[illegible] dudit procureur du roi, de leurs vie & mœurs, religion [illegible]tholique, apostolique & romaine, à peine de trois cents liv[illegible] d'amende pour la première fois. Comme ledit procureur [illegible] roi étoit informé qu'au préjudice de la disposition précise d[illegible] dits arrêts & sentences, la plupart des femmes & filles qu[illegible] depuis plusieurs années, s'étoient ingérées dans l'exercice [illegible] la profession de Sages-femmes, & annoncées dans le publ[illegible] maîtresses dudit art, en faisant pendre des enseignes aux m[illegible]sons qu'elles occupoient dans la ville & fauxbourgs de Par[illegible] n'avoient point préalablement subi les examens ordinaires [illegible] écoles de saint Côme, & ne s'étoient point présentées po[illegible] prêter le serment pardevant nous, en tel cas requis; ce q[illegible] étoit un abus contraire au bien de la justice, à l'ordre p[illegible]

Une déclaration du roi, du mois de septembre 1664 & des arrêts du parlement des 19 août 1666, 29

blic & à la sureté des familles ; & qu'il étoit du devoir & du ministère dudit procureur du roi, d'en arrêter le cours, en prévenant tout ce qui pourroit y donner lieu, & de veiller & tenir la main à l'exécution desdits arrêts, sentences & réglemens. A ces causes, requéroit le procureur du roi, que les arrêts du parlement des 12 décembre 1726 & 3 novembre 1728, & les sentences des 7 mars, 5 avril, 12 mai 1742 & 22 septembre 1745, fussent exécutés selon leur forme & teneur ; en conséquence, que défenses seroient faites à toutes femmes & filles de s'immiscer dans la fonction de matrône & Sage-femme, en cette ville, fauxbourgs & banlieue de Paris ; de prendre enseigne, sans avoir été examinées ès écoles de saint Côme par les chirurgiens à ce commis, avoir prêté le serment pardevant nous en la manière ordinaire & accoutumée, information préalablement faite, à la requête dudit procureur du roi, de leurs vie & mœurs, religion catholique, apostolique & romaine, à peine de trois cents livres d'amende pour la première fois ; & qu'il fût ordonné que celles qui en avoient fait la fonction jusqu'à présent, sans avoir été ainsi examinées & reçues, seroient assignées pardevant nous, à la requête dudit procureur du roi, pour se voir condamner en telle amende qu'il appartiendroit, & qu'il fût enjoint à tous les commissaires du châtelet de se transporter, chacun dans leur quartier, ès lieux où il y auroit des enseignes de Sages-femmes attachées, pour se faire représenter, par celles qui les auroient fait attacher, leurs sentences de réception au châtelet ; & faute de les représenter, qu'elles seroient assignées pardevant nous, pour répondre sur leur rapport, dont ils dresseroient leurs procès-verbaux, & en donneroient avis au procureur du roi, pour, sur ses conclusions, être ordonné ce que de raison ; & que la sentence qui interviendroit sur sondit réquisitoire, seroit, à la diligence du procureur du roi, imprimée, lue, publiée & affichée dans tous les lieux & carrefours accoutumés de la ville, fauxbourgs & banlieue de Paris, & par-tout où besoin seroit.

Nous, faisant droit sur le réquisitoire du procureur du roi, disons que les arrêts du parlement des 12 décembre 1726 & 3 novembre 1728, & les sentences des 7 mars, 5 avril, 12 mai 1742, & 22 septembre 1745, seront exécutés selon leur forme & teneur : en conséquence, faisons défenses à toutes femmes & filles de s'immiscer dans la fonction de matrône &

mars & 5 mai 1732, ont défendu *à la communauté des chirurgiens de Paris & aux démonstrateurs anatomiques, de faire aucune dissection* [...] *corps des femmes, sans y avoir appelé les Sages-femmes par des billets de convocation, à peine, &c.*

Par arrêt du 19 avril 1755, le parlement [...] Paris a ordonné qu'à l'avenir les femmes & [...] filles ne pourroient être agrégées dans l'état d'h[...]niaires, ni de dentistes, ni dans aucune au[...] partie de la chirurgie, que dans celle qui conce[...] les accouchemens.

Les femmes qui veulent être Sages-femmes d[...] une ville de province où il y a communauté, [...]tenues de faire deux années d'apprentissage a[...]

Sage-femme, en cette ville, fauxbourgs & banlieue de Pa[...] & de prendre enseigne, sans avoir été examinées ès éc[...] de saint Côme par les chirurgiens à ce commis, avoir pr[...] serment pardevant nous en la manière ordinaire & accou[...]mée, information préalablement faite à la requête du proc[...]reur du roi, de leurs vie, mœurs & religion catholique, ap[...]tolique & romaine, à peine de trois cents livres d'amend[...] pour la première fois. Ordonnons que celles qui en ont [...] la fonction jusqu'à présent, sans avoir été ainsi examinées [...] reçues, seront assignées pardevant nous à la requête du pr[...]cureur du roi, pour se voir condamner en telle amende q[...] appartiendra.

Mandons à tous les commissaires du châtelet de se tra[...]porter, chacun dans leur quartier, ès lieux où il y aura [...] enseignes de Sages-femmes attachées, pour se faire représen[...] par celles qui les auront fait attacher, leur sentence de réce[...]tion au châtelet; & faute de les représenter, qu'elles sero[...] assignées pardevant nous, pour répondre, sur leur rapport, do[...] ils dresseront leurs procès-verbaux, & en donneront avis [...] procureur du roi, pour, sur ses conclusions, être ordonné [...] que de raison.

Disons en outre, que notre présente sentence sera, à la d[...]ligence du dit procureur du roi, imprimée, lue, publiée & af[...]chée dans tous les lieux & carrefours accoutumés de la vill[...] fauxbourgs & banlieue de Paris, & par-tout où besoin sera[...]

une maîtresse Sage-femme de la ville, ou de servir deux années à l'hôtel-dieu de la même ville, dans le cas où il y a moyen d'y occuper des apprenties.

Les Sages-femmes des bourgs & villages doivent se faire recevoir par la communauté établie dans le chef lieu de la justice où elles veulent se fixer. C'est ce qui résulte d'une déclaration du 3 septembre 1736.

Les Sages-femmes qui rapportent un certificat de pauvreté donné par leur curé, doivent être reçues gratuitement.

SAINT CYR (DAMES RELIGIEUSES DE). Ce sont des religieuses qui vivent sous la règle de saint-Augustin, & qui font une profession particulière de travailler à l'éducation des demoiselles dont les parens nobles sont morts au service de l'état, ou qui s'y sont épuisés par des dépenses nécessaires.

Madame de Maintenon, touchée de la triste situation où se trouvoit une grande partie de la noblesse du royaume sur la fin du siècle dernier, conçut le projet de l'établissement des religieuses dont il s'agit. Elle commença par assembler plusieurs demoiselles à Ruel, à deux lieues de Paris, & à les faire élever à ses dépens sous la conduite d'une religieuse urseline, nommée madame Brinon : ce commencement eut un si heureux succès, que Louis XIV voulut coopérer à cette bonne œuvre. Ce prince paya d'abord la pension de cent demoiselles, & donna en 1684 le château de Noisi pour les loger.

Pour rendre l'établissement conçu par madame de Maintenon solide, le roi donna des lettres-patentes au mois de juin 1686, enregistrées au parlement & à la chambre des comptes, portant fondation d'une communauté de religieuses à Saint Cyr, à l'effet de quoi il leur céda la maison & les bâtimens qu'il y avoit fait faire, ainsi que le mobilier qui s'y trouvoit; il leur donna en même temps la terre & la seigneurie de ce nom, & leur promit en outre cinquante mille livres de rente en fonds de terre, & par provision le payement de cette rente en deux termes égaux, à prendre sur le domaine de la généralité de Paris : mais comme ce revenu n'étoit pas suffisant, sa majesté unit à cette communauté la mause abbatiale de Saint-Denis en France, voulant que ce qu'il se trouveroit de reste chaque année, après les dépenses de la maison acquittées, servît à marier quelqu'une des demoiselles de cette maison.

On a cherché depuis à augmenter à cette fin les revenus de la maison, par le moyen qu'on va rapporter. Le roi avoit droit de nommer dans les abbayes & prieurés de filles de fondation royale, une demoiselle à chaque mutation d'abbesse ou de prieure pour y être élevée gratuitement : Louis XV, par une déclaration du mois de mai 1772, avoit donné l'option aux abbesses & aux prieures, ou de recevoir la demoiselle, ou de payer pour elle annuellement à la maison de Saint Cyr une redevance en argent proportionnée aux revenus de leur monastère; mais comme il survenoit souvent des difficultés entre les demoiselles qui obtenoient un brevet de sa majesté & les maisons auxquelles ces demoiselles étoient adressées; Louis XVI a jugé à propos de pourvoir à ces difficultés par un édit du mois d'août 1776 en obligeant purement & simplement les monastères dont il s'agit, sans leur laisser l'option portée par la déclaration du mois de mai 1772, à payer à la maison de Saint Cyr une redevance dans la proportion reglée par cet édit, dont voici les dispositions :

» Les abbayes, prieurés & autres maisons ou » monastères de filles, à notre nomination ou

» disposition, ou de fondation royale, & soit que » la supériorité y soit en titre perpétuel de béné- » fice, ou triennal & à temps, payeront annuelle- » ment à notre maison royale de Saint Louis, à » Saint Cyr, en remplacement de la sujétion à » l'exercice ancien de notre droit de nommer » une demoiselle ou autre personne du même sexe, » & à compter du premier janvier de la présente » année, la redevance annuelle & à perpétuité; » savoir, ceux desdits monastères qui ont huit mille » livres de revenu & au dessus, soixante-quinze » livres; ceux qui en ont vingt, cent cinquante » livres; ceux qui en ont trente, deux cents » livres, sauf, à l'égard des abbayes & monastères » susdits qui auroient moins de huit mille livres » de revenu, à composer avec notredite maison » de Saint Cyr, & en proportion dudit revenu, sur » la redevance susdite, laquelle néanmoins ne » pourra être au dessous de trente, ni au dessus » de quarante huit livres, & sans que nos fermiers » ou leurs préposés puissent exiger de notre sus- » dite maison de Saint Cyr, à raison du droit & » de la perception desdites redevances, aucun droit » d'amortissement, centième denier, nouvel acquêt, » insinuation, quittance, ou autres quelconques, » ce que nous leur interdisons, & dont nous avons, » en tant que de besoin, déchargé & déchargeons » notredite maison de Saint Cyr.

» Voulons, *ajoute l'édit*, que les contestations, » si aucune s'élevoit, tant sur le montant ou » payement de la redevance annuelle susdite, » que sur l'application & effet de notredit droit, » circonstances & dépendances, soient portées di- » rectement en la grand'chambre de notre cour » de parlement à Paris, à laquelle seule il appar- » tient de connoître de tout ce qui regarde notre » droit de régale «.

La maison de Saint Cyr, qu'on appelle enc de *Saint Louis*, comme on vient de le voir l'édit ci-dessus, est composée de trente-six dai professes, de deux cent cinquante demoiselles d' traction noble, & de vingt-quatre sœurs conver Cependant le nombre des dames & des sœurs p être augmenté suivant que l'exigent les travaux la communauté; mais le nombre de toutes ensem ne peut pas excéder celui de quatre-vingts; elles so soumises à l'autorité & à la juridiction de l'évêq de Chartres, dans le diocèse duquel leur mais est située. Lorsqu'une demoiselle du nombre d élèves veut se faire religieuse, elle est préférée une fille étrangère.

Pour la conservation des biens de la maison, y a un conseil réglé, composé d'un conseiller d'é que le roi nomme, d'un ancien avocat au parl ment de Paris, & d'un intendant de la maiso lesquels sont au choix de la supérieure & des dam de son conseil (*).

L'évêque de Chartres, quand il se trouve s les lieux, peut assister aux délibérations de ce co seil, qui a une inspection générale sur l'admini tration du temporel de la maison. Les fonctio de l'intendant sont de rendre compte de toutes l affaires concernant cette maison, & de l'exécu tion des résolutions qui y ont été prises. Les dam ne peuvent passer aucun acte important, à pei de nullité, sans l'avis par écrit du conseil.

Lors de l'établissement de Saint Cyr, les dam ne faisoient que des vœux simples, & leur habi quoique modeste, étoit assez semblable à celui d

(*) Ce conseil est composé de l'assistante, de la maîtr des novices, de la maîtresse générale des classes, & de la dé positaire.

personnes du monde; elles ne le changerent qu'après qu'elles furent admises à faire des vœux solennels, en vertu du bref qu'Innocent XII leur accorda à cet effet le 30 septembre 1692. Les dames sont aujourd'hui habillées d'une serge noire, avec un scapulaire, un bandeau, une guimpe ronde, un petit voile de toile blanche, & un autre grand voile d'étamine noire; elles portent sur la poitrine une croix d'or massif, semée de fleurs-de-lys, sur laquelle est gravée d'un côté l'image du Christ, & de l'autre côté celle de Saint Louis; la croix de la supérieure a les ornemens en relief. L'habillement des sœurs converses est en brun, mais d'ailleurs à peu près comme celui des dames; leur croix est d'argent.

Avant la profession, on fait deux ans de noviciat, & après la profession, on demeure encore quatre ans sous la maîtresse des novices, sans voix active ni passive. Les constitutions défendent aux dames de consentir jamais à être tirées de leur maison pour être faites abbesses ou prieures dans d'autres monastères, afin de n'être point exposées à la tentation de se décharger du vœu qu'elles ont fait de travailler à l'éducation des demoiselles; il leur est, par la même raison, défendu de sortir jamais de leur maison, sous prétexte d'aller poursuivre des affaires, ou de prendre les eaux ou d'autres remèdes extraordinaires. Elles observent une exacte pauvreté; tout est commun entre elles.

La supérieure est élue tous les trois ans; elle peut être continuée pour trois autres années, & ensuite, après un an au moins d'intervalle, la même dame peut encore être nommée supérieure; mais il faut, pour parvenir à cette place, avoir au moins 30 ans accomplis, cinq ans de profession, & plus de la moitié des suffrages.

Lors de l'établissement de ces religieuses, il

fut convenu que leur église seroit desservie par d
prêtres de la congrégation de la mission, & que
général de cette congrégation seroit supérieur d
légué de l'évêque de Chartres, pendant tout
temps que le roi & ce prélat le trouveroient bo
Les dames ont le pouvoir de faire porter à leu
gardes de bois & de chasse, &. à leurs serviteu
& domestiques, les livrées du roi.

Education des demoiselles à Saint Cyr.

Suivant l'article 4 des lettres-patentes du mo
de juin 1686, aucune demoiselle ne pouvoit êt
pourvue d'une place à Saint Cyr lorsqu'elle n'avo
pas sept ans accomplis, ou qu'elle en avoit plus d
douze accomplis : mais le roi a considéré que
le premier terme étoit à tous égards utilement fixé,
il en étoit autrement du second. En effet, il es
difficile qu'à un âge où le caractère est déjà, sino
formé, au moins sensiblement développé, on puiss
facilement assujettir à l'uniformité d'une règle exacte
à la soumission qu'elle exige, & sur-tout à l'ins
truction faite pour le plus bas âge, des demoiselles
de douze ans accomplis : en conséquence, sa majesté
a donné, le 8 septembre 1781, une déclaration
enregistrée au parlement le 8 janvier 1782, par
laquelle il est ordonné qu'à l'avenir il ne pourra
plus être présenté pour remplir une place à Saint
Cyr, aucune demoiselle ayant l'âge de dix ans accomplis ; & il a été dérogé, à cet égard seulement, à l'article 4 des lettres-patentes du mois de juin 1686.

On ne reçoit d'ailleurs à Saint Cyr aucune demoiselle qu'elle ne soit d'une bonne constitution. Celles qu'on y admet sont toutes vêtues d'une manière uniforme, & l'on rend aux parens tout ce qu'elles ont apporté d'habillemens en y entrant. On leur fournit le linge & tous les vêtemens nécessaires pendant qu'elles restent dans la maison, sans qu'il en coute rien aux parens : elles couchent chacune séparément. On les fait lever à six heures & coucher à neuf; l'ordre de leur journée est diversifié de manière qu'elles la passent utilement & sans ennui : on leur permet, dans les momens de récréation, des jeux innocens convenables à leur âge, ou la promenade dans les jardins, qui sont très-spacieux.

On leur donne une éducation chrétienne, simple & raisonnable; on veut qu'elles parlent & qu'elles écrivent d'une manière honnête & naturelle; qu'elles soient franches, sans mystère & sans dissimulation. On les instruit du devoir des femmes qui sont obligées de vivre dans le monde, & de tous les états où elles pourront se trouver : elles sont toutes traitées également, on n'en néglige aucune. S'il y a des distinctions, elles ne sont que pour celles qui marquent le plus d'ardeur à remplir leurs exercices, sans aucun égard pour les agrémens naturels, pour le plus ou le moins de naissance ni pour les protections.

Elles sont partagées en quatre classes : les demoiselles de la première, au nombre de cinquante-six, portent le ruban bleu; celles de la seconde, au nombre de soixante-deux, portent le ruban jaune : ces deux classes sont dites les *grandes classes*. Les demoiselles de la troisième portent le ruban vert; celles de la quatrième, le ruban rouge; ces deux classes sont dites les *petites*, de cinquante-six demoiselles chacune.

On donne un ruban noir pour marque de distinction, à celles des deux grandes classes dont on est le plus content. Le nombre en est ordinairement de vingt. Elles aident dans les charges de la maison, & vont seules, ce qui est absolument défendu aux autres; elles sont comme un corps séparé sous la conduite de la maîtresse générale. Une d'entre el est appelée *chef*, & une autre *sous-chef* : elles sont toutes les deux distinguées par une croix d'arg qu'elles portent sur la poitrine, attachée à un rub couleur de feu. Ces deux demoiselles veillent sur conduite des autres, rendent compte à la maîtr générale, des fautes qu'elles remarquent, & l'aid dans quelques-unes de ses fonctions.

Les maîtresses, qui sont des religieuses, partagent pour assister tour à tour aux exercices la communauté. Celles qui demeurent à la class ne quittent point les demoiselles ; elles mang à leur réfectoire, & sont auprès d'elles la nuit d le même dortoir. Toutes les classes sont partag par familles de huit ou de dix chacune, & l'on cinq, six ou sept bandes dans chaque classe : bandes demeurent séparées par-tout, si ce n'est chœur, où chaque demoiselle prend le rang de taille, ce qui fait un coup-d'œil agréable. On l montre à faire tous les ouvrages ordinaires & util qu'on diversifie, afin qu'elles sachent un de tout ; & même, pour les rendre intelligen & laborieuses, on les envoie quelquefois dans charges aider aux officières.

Les demoiselles qui sont reçues dans cette m son, peuvent y rester jusqu'à l'âge de vingt a mais trois mois avant l'expiration de ce terme, supérieure est obligée d'avertir les parens de ve reprendre la demoiselle ; on pourroit même leur faire reprendre plus tôt, si l'on avoit des r sons pour cela ; & faute par les parens de la ve chercher, la supérieure est autorisée à la l renvoyer.

Lorsqu'on renvoie la demoiselle au temps marq elle emporte un vêtement neuf qu'on lui donn avec un peu de linge & quelques autres nipp On y joint une somme pour aider à la doter d monde. Celles qu'on renvoie avant le temps pour cause d'infirmité, reçoivent le même traitement, mais avec cette différence qu'elles ne reçoivent leur dot qu'à vingt ans, si elles se trouvent encore vivantes, & que jusque-là on se contente de leur en payer le revenu. Celles qui sont envoyées pour mauvaise conduite n'ont aucune part à cette faveur.

Lorsqu'il vient à vaquer une place à Saint Cyr, la supérieure en avertit le roi; & sa majesté en dispose en faveur de celle des demoiselles qu'il juge à propos, sur l'indication qu'on lui en fait.

Pour obtenir cette place, les parens ou amis d'une demoiselle de la qualité requise présentent un placet au roi, contenant le nom de la demoiselle, ceux de son père & de sa mère. On dit quel est son âge, le lieu de sa naissance, quels sont les emplois que possède ou qu'a eus le père dans les armées, &c. Ceux qui présentent le placet pour la demoiselle, se nomment en indiquant leur qualité & leur demeure (*).

(*) *Formule d'un placet pour l'obtention d'une place à Saint Cyr.*

AU ROI.

SIRE,

Pierre-François Taquenet, écuyer, ancien officier d'infanterie, demeurant au château du Cros, paroisse de S. Laurens, province de la Haute-Marche, diocèse de Limoges & généralité de Moulins.

Représente très-respectueusement à votre majesté qu'il a une nièce nommée Agathe-Geneviève Taquenet, âgée de sept ans & huit mois, fille de défunt Augustin-Isidore Taquenet, gentilhomme d'extraction, & de défunte Marie-Anne de Villemont; que cette jeune fille, née au château de ..... paroisse de ..... province de ..... diocèse de ..... & généralité de ..... où son père & sa mère faisoient leur résidence, se

Quand on ne peut pas présenter soi-même placet au roi, on peut le remetre à l'intend de la généralité, qui le fait passer au consei d'état, directeur du temporel de la maison Saint Cyr, & ce conseiller en fait son rapport roi.

Si sa majesté ordonne que la demoiselle admise, ceux qui ont présenté le placet ne tard pas à en être informés, & la supérieure de maison donne les ordres nécessaires pour fa travailler à l'examen des preuves de noblesse le généalogiste qu'elle & les autres dames nom ment à cet effet, & auquel il faut envoyer pièces justificatives d'extraction. On doit prend

---

trouve actuellement abandonnée aux soins d'une ancienne d mestique, incapable de lui donner une éducation convenabl à sa naissance, sans que les biens que son père & sa mère ont laissés soient suffisans pour lui procurer cette mê éducation.

Si le suppliant, de son côté, ne se trouvoit chargé d'une nom breuse famille, il sacrifieroit volontiers une partie de son p de fortune pour venir au secours de cette jeune personne; mai instruit que la maison de Saint Cyr, fondée par la libérali de vos aïeux, est un asile pour les demoiselles de qualité con les malheurs & l'indigence, il prend aujourd'hui la liber d'implorer vos bontés pour accorder à la jeune personne do il s'agit une place dans cette maison.

Son père a passé les neuf premières années de sa jeune au service de votre majesté, dans le régiment de ..... e qualité de ..... mais les infirmités dont il étoit mena n'ont pas tardé à se déclarer; il a été obligé de quitter le service en l'année 1773, pour se retirer dans son château, où il est mort le 25 octobre 1776, accablé de souffrances, dont la plus cruelle encore pour lui a été de perdre une épouse qui ne respiroit que pour son soulagement.

A ces causes, sire, il plaise à votre majesté de prendre en considération l'exposé de la présente requête; le supplian renouvellera ses vœux pour la prospérité du règne de votre majesté.

gard

garde de ne point perdre de temps ; car la preuve de noblesse doit être faite, & la demoiselle être en état d'entrer avant l'expiration de trois mois, à compter du jour que le roi a accordé la grâce demandée ; autrement il faudroit une prorogation de faveur.

Les pièces nécessaires pour la preuve de noblesse, sont les contrats de mariage du père, de l'aïeul, du bisaïeul & autres ascendans en ligne directe masculine, de manière que la noblesse soit établie depuis cent quarante ans au moins ; & afin que la filiation & les qualifications ne soient point suspectes, on doit joindre à chaque contrat de mariage deux autres actes où soient insérées les mêmes qualités que celles qui ont été prises par les contrats de mariage. Ces autres actes peuvent être des testamens, des tutelles, des gardes-nobles, des partages, des transactions, des jugemens, &c. Il faut rapporter aussi des extraits des rôles des tailles de la paroisse où le père, la mère & les aïeux de la demoiselle ont fait leur résidence depuis trente ans, afin qu'il soit justifié qu'ils ont toujours été employés au chapitre des exempts, comme nobles ; mais le rapport de ces extraits ne seroit pas nécessaire, si cette résidence de trente ans avoit toujours été dans des lieux non taillables.

A ces pièces il faut encore joindre l'extrait de naissance de la demoiselle, expédié par le greffier du siége royal d'où dépend la paroisse, ou par le curé de cette même paroisse. Il faut enfin de l'évêque diocésain ou du vicaire général, avec mention de l'absence du prélat, un certificat par lequel il soit attesté que la demoiselle est pauvre, & que son père & sa mère n'ont pas des biens suffisans pour l'élever suivant sa condition.

Quand la demoiselle a eu une sœur germaine

reçue à Saint Cyr, il ne faut plus que l'extr baptistaire & le certificat de pauvreté; mais il fa avoir l'attention d'insérer cette particularité da le placet qu'on présente au roi, en nommant demoiselle déjà reçue : s'il y en a eu plusieurs reçues, on doit le dire de même (*).

Si la sœur n'étoit que consanguine, c'est-à-di du côté du père seulement, il faut de plus le co trat du second mariage du père, & marquer au le nom & le nombre des sœurs qu'elle a eues qu'elle a encore dans la maison de Saint Cyr.

Si la demoiselle a eu une tante ou une cousi germaine admise, avec le contrat de mariage père, il faut l'acte de partage fait entre lui & s frère, des biens des auteurs communs, ou quelq autre acte capable de prouver la filiation, & un e trait des rôles depuis trente ans, comme nous veno de l'observer.

Les titres & les pièces servant à établir la n blesse, doivent être rapportés en bonne form c'est-à-dire, les actes passés devant notaires par e pédition de ceux qui en ont la minute; car l copies collationnées ne sont pas regardées comr suffisantes. Ces actes, ainsi que les extraits & ce tificats, doivent être légalisés; faute de quoi l' n'y a aucun égard. Cependant on ne fait poi légaliser ceux qui émanent des évêques ou leurs vicaires généraux; il suffit qu'ils soient muni pour leur authenticité, du sceau de la juridiction prélat. Ce sont les dames de Saint Cyr qui paye

(*) C'est pour cela que lorsqu'une demoiselle sort de Sa Cyr, on rend à ses parens le brevet du roi donné pour l entrée, & que la maîtresse générale a soin de retirer du g néalogiste les preuves de noblesse. Les certificats signés de supérieure, de la maîtresse générale & de la secrétaire, a l'apposition du sceau de la maison, est un moyen de suppl à la perte des titres.

les frais de l'examen des titres, du certificat & du procès-verbal contenant l'arbre généalogique.

Apres cet examen, la demoiselle est présentée, par ordre de la supérieure, à la femme prépolée pour voir si elle est saine, & s'il n'y a point en sa personne de défaut, de difformité, d'infirmité, & de maladie habituelle qui l'empêche d'être reçue. Si, après l'examen & le rapport fait au roi par le conseiller d'état, directeur de la maison, il ne se trouve aucun empêchement, sa majesté ordonne que le brevet de don d'une place sera expédié pour la demoiselle, qui entre alors à Saint Cyr pour y être élevée jusqu'à l'âge de vingt ans accomplis.

Le roi voulant étendre les effets de l'établissement de la maison de Saint Cyr aux habitans de l'île de Corse, a ordonné par une déclaration du 13 avril 1777, enregistrée au parlement de Paris le 20 juin suivant, que les jeunes demoiselles Corses, issues de parens desquels il y auroit preuve de cent quarante ans de noblesse, & particuliérement celles dont les parens seroient morts au service de sa majesté, ou qui y seroient encore, fussent admises, comme les autres demoiselles du royaume, aux places établies dans la maison de Saint Cyr, en représentant les arrêts en bonne forme de la reconnoissance de leur noblesse, & les preuves de leur descendance de ceux qui auront obtenu ces arrêts; & à cet effet, le roi les a dispensées de faire la preuve de noblesse dans la forme accoutumée pour l'admission ordinaire dans cette maison; mais pour l'âge, pour les traitemens & pour le reste, c'est la même chose qu'à l'égard des autres demoiselles.

Voyez l'histoire des ordres religieux, où il est parlé de la maison de Saint Cyr d'après des memoires communiqués.

(*Article de M.* DAREAU, *avocat au parlement.*)

SAINTEUR, SAINTIER. Termes fréquem employés dans les anciennes chartres, & dont servent encore les articles 2, 4, 5, 13 & 25 chapitre 125 de la coutume de Hainaut. Que signifient-ils en général ? quel sens ont-ils dans la coutume de Hainaut en particulier ? C'est ce que l'o se propose d'examiner ici.

On appeloit autrefois *Sainteurs* ou *saintiers*, latin *Sanctuarii*, les personnes qui se rendoient v lontairement serfs de l'église.

La cérémonie par laquelle elles se dévouoient cette condition, consistoit, dit Ménage (*), à passer la corde des cloches autour du cou, & offrir quelques deniers sur l'autel, pour marque leur redevance.

Ces sortes de serfs étoient en quelques endroits as jettis à des prestations annuelles envers les églises au quelles ils s'étoient consacrés : c'est ce qu'on voit da le registre de la chambre des comptes de Paris, a née 1391, fol. 272, rect. *Item*, porte-t-il, *à auc serfs ou gens qui doivent à jour nommé cire, l' plus, l'autre moins, que l'on appelle Saintiers.* même chose résulte d'une chartre de l'an 141 dont M. de Laurière fait mention dans le supp ment de Ducange, au mot *Sanctuarius. Item, u taille le jour de la fête saint Denis sur les ho mes & femmes de corps & gens saintieux de la vi de Baunes près Château-Thierry.*

Il paroît que dans la suite on a également don le nom de *Sainteurs* aux serfs de quelques seigneu laïques. C'est ce qui semble résulter du régistre d fiefs de Champagne, cité par Ducange au m *Sanctuarius*. On voit à la page 82 de ce recuei que le comte de Champagne pouvoit poursuivre l

(*) Dictionnaire étymologique, *verb.* Saintiers.

Sainteurs jusqu'à un certain endroit : *Odo de Pomiaco dixit quòd comes Campaniæ potest sequi homines sanctuarios usque ad Beurowe.* La page 106 fait mention de l'hommage rendu par une femme pour des Sainteurs, qui par-là semblent avoir fait partie d'un fief qui lui appartenoit. *Maria de ori fecit homagium ligium : feodum est apud ori in castellariâ Sparnaci, & apud Jaccinz de hominibus sanctuarius in castellariâ Serannæ.*

Il y a néanmoins tout lieu de croire que les serfs dont il est parlé dans ces deux passages-là, n'appartenoient pas en propriété à des seigneurs laïques, mais à des églises, à des abbayes, ou à d'autres corps ecclésiastiques soumis à des patrons. On sait que les seigneurs les plus puissans s'étoient autrefois rendus, sous le titre d'avoués, *avocats*, protecteurs de tous les établissemens pieux, & qu'en cette qualité ils jouissoient de certains droits ou redevances plus ou moins considérables, suivant la différence des lieux &. des temps (*). Comme ils étoient gardiens du temporel des églises, ils avoient naturellement une certaine supériorité sur les serfs qui en faisoient partie, & cette supériorité, dégénérant en vexation par l'effet trop ordinaire de la tyrannie qui opprimoit alors la plus grande partie de la nation, ils se sont accoutumés peu à peu à regarder ces victimes malheureuses d'une dévotion mal entendue, sinon comme leurs propres serfs, du moins comme des hommes dont ils avoient droit d'exiger des redevances à certains temps réglés. En sorte que les Sainteurs des églises tenues en avouerie, dépendoient tout à la fois & de leurs églises à titre de servitude, & de leurs avoués à titre de protection.

(*) Voyez Ducange, au mot *advocati*, & Van-Espen, *jus eccles. univers. part. 2, tit. 25, cap. 1.*

Le mot *Sainteur* n'a pas, dans les chartres g nérales du Hainaut, la même signification que da les autres monumens de nos anciens usages. Voi ce qu'en dit M. de Laurière dans son glossaire d droit françois : » Comme toutes les servitudes n'é » toient pas semblables, mais différentes, suiva » les différens lieux & les différentes convention » ainsi qu'il est dit dans l'article 3 de la coutum » de Troies, tous ceux qui étoient Sainteurs c » saintiers des églises, n'étoient pas serfs, mai » mortables & mortaillables ni hommes de corp » c'est ce que nous apprenons du chapitre 83 (» la coutume du Hainaut (*il veut parler des a* » *ciennes chartres générales*), où il se voit qu'i » n'étoient sujets qu'au droit de meilleur cattel » leur décès, soit parce qu'étant libres ils s'étoie » soumis à cette charge, ou parce qu'étant serf » ils avoient été affranchis à cette condition «.

Raparlier avoit sans doute ce passage sous l yeux, lorsqu'il écrivoit dans ses observations sur chapitre 125 des chartres générales, » que les Sai » teurs n'étoient pas esclaves ni hommes de corp » mais qu'ils étoient sujets au droit de meille » cattel à leur décès, soit qu'étant libres, ils s'étoie » soumis à cette charge, soit qu'étant esclave » ils s'étoient fait affranchir à cette condition «.

Je remarque trois défauts dans la définiti que ces deux écrivains nous donnent du mot *Sai teurs*, par rapport au Hainaut. Premiérement, e n'explique pas dans toute son étendue la signific tion que les chartres générales attribuent à ce mo 2°. il est faux que tous les Sainteurs du Haina soient sujets au droit de meilleur cattel; 3°. il également faux que cette charge ait été imposée quelques-uns d'entre ceux qui y sont soumi comme une des conditions de leur affranchisseme

Je dis d'abord que de Laurière & Raparlier n'e

pliquent que très-imparfaitement le sens dans lequel le mot *Sainteur* est employé par les chartres générales. En effet, leur définition apporte-t-elle le moindre éclaircissement à ces termes de l'article 2 du chapitre 125; *la redevance du meilleur cattel.... peut proceder de.... condition à quoi les personnes se sont assujetties au profit des églises & SAINTEURS ou d'aucuns seigneurs vassaux AYANT LE DROIT DESDITS SAINTEURS en village & place dudit pays?* Nous facilite-t-elle l'intelligence de cet endroit de l'article 13, où il est dit qu'une personne *d'origine franche, AYANT SAINTEUR,* peut, par *fait spécial, être asservie au droit de meilleur cattel VERS SON SAINTEUR?* Enfin, répand-elle le moindre jour sur ce passage de l'article 25, *& n'est qu'un même droit franc-origine, Sainteur & chefvage?* Cela prouve que cette matière est remplie de difficultés & de nuages. Essayons cependant d'applanir les unes & de dissiper les autres.

C'est trop restreindre le sens du mot *Sainteur*, que de le borner à un seul objet : il me paroît que les rédacteurs des chartres générales l'ont entendu en quatre sens différens.

Premiérement, *Sainteur*, dans l'article 2 du chapitre 125, ne peut signifier autre chose qu'un bien, un fief, une seigneurie appartenant à une église, à une abbaye, ou à une communauté religieuse.

C'est ce qui résulte clairement de ces mots, *au profit des églises & Sainteurs, ou d'aucuns seigneurs vassaux ayant le droit desdits Sainteurs.* Il est évident que *Sainteur* ne désigne dans ce passage, ni une personne ni un attribut propre à une personne, mais une chose existante par elle-même & faisant partie du patrimoine des établissemens pieux de quelques seigneurs laïques. Cette interprétation n'a rien d'extraordinaire, puisque le glossaire de Ducange & le supplément de M. de Laurière nous offrent le mot *sanctuarium*, dont *Sainteur* est la contredit le synonyme, dans l'article cité, comm exprimant un bien appartenant à l'église.

Cela posé, que signifient ces termes du mêm article, *ou d'aucuns seigneurs vassaux ayant le dr desdits Sainteurs*? Qu'est-ce que le droit dont est question dans ce texte, & comment peut il r sider dans un laïc? Ceci doit s'interpréter p ce que je viens de dire sur les serfs d'église o *saintiers*, que d'anciens actes semblent supposer ap partenir à des seigneurs particuliers: j'ai fait vo que ces actes doivent être entendus comme attri buant aux seigneurs des saintiers dont ils parlent non un droit de servitude proprement dit, m un droit d'avouérie ou de patronage. Je crois, p la même raison, qu'il faut entendre par *seigneur va sal ayant le droit des Sainteurs*, non une person qui auroit acquis un bien d'église avec tous l droits qui y étoient attachés (car ce bien, en pa sant par des mains laïques, auroit cessé d'être *Sain teur*, *sanctuarium*), mais un seigneur à qui de titres valables ou une possession constante assure la qualité de patron ou d'avoué d'une église ou d'u monastère; car ces qualités donnent des droits à ceux à qui elles appartiennent; & ces droits étan assignés sur des Sainteurs ou biens ecclésiastiques, c'est à juste titre qu'un avoué & un patron son regardés comme *seigneurs ayant le droit desdits Sain teurs*. Cette explication me paroît d'autant plus juste que le droit d'avouerie est énoncé dans la rubrique (*) sous laquelle est placé l'article qui contient ces ter mes; & que l'on ne trouve pas un mot dans tou

(*) Cette rubrique est ainsi conçue: *Des meilleurs cattels, douzains, sixains, cens, advoueries, francq origine & Sainteurs.*

le reste du chapitre, qui soit relatif à ce droit ; de sorte que si l'on n'y rapportoit pas les termes en question, on seroit réduit à dire que les rédacteurs ont omis de parler dans ce chapitre de tous les objets que la rubrique annonce y être traités.

En second lieu, le mot *Sainteurs* est employé dans les chartres générales pour désigner, soit l'église à laquelle sont attachées les personnes sujettes au droit dont on parlera ci-après, soit le seigneur qui a sur une telle église le droit d'avouerie ou de patronage. C'est ce que font voir ces expressions de l'article 13 du chapitre 125, *personne étant d'origine franche, sans avoir Sainteurs, &c. le même s'observera au regard de celui étant d'origine franche, ayant Sainteurs, si par fait spécial il ne s'est asservi au droit de meilleur cattel vers son Sainteur.*

Troisiémement, on appelle *Sainteurs* les personnes qui dépendent, soit d'une église, soit d'un monastère, soit des patrons ou avoués de ces endroits. C'est dans ce sens que ce terme est employé par l'article 4 du chapitre 125. » Le seigneur du lieu » de la résidence d'une personne de Sainteur, non » de franc-origine, sujette à meilleur cattel, sera » préféré au *seigneur du Sainteur* «. Cette signification est encore plus saillante dans les chartres de l'an 1534. Voici ce que porte l'article 51 du chapitre 83 : *Item, que le meilleur cattel deu par Sainteur, se liève après le meilleur cattel deu au seigneur du lieu de la résidence d'icelle personne.* On voit clairement que *Sainteur* a, dans ce texte, un sens actif & passif, c'est-à-dire, qu'il désigne tout à la fois & la personne qui doit le meilleur cattel, & la personne à qui ce droit est dû.

Mais quelle est la condition proprement dite des *Sainteurs* ; en entendant par ce mot des personnes dépendantes d'une église ou du seigneur qui en est le patron ou l'avoué ? Je vois avec de Laurière &

Raparlier, qu'ils ne sont ni serfs ni homme corps; la preuve en résulte de ce que les textes supposent que quelques-uns d'entre eux sont si au droit de meilleur cattel, ce qui exclut a lument toute idée de servitude; car, suivant l'ar 12 du chapitre 124, *au regard des serfs, le n leur cattel ne sera dû, parce que le tout appartie son seigneur.*

Mais il ne faut pas croire que tous les Saint soient chargés, à leur mort, du droit de meill cattel envers les églises ou patrons dont ils dép dent. Le contraire est prouvé sans réplique par l ticle 13 du chapitre 125. » Personne étant d'orig » franche, porte ce texte, sans avoir Sainteurs, » exempte de payer meilleur cattel à sa mort » le même s'observera au regard de celui ét » d'origine franche, ayant Sainteur, si par fait sp » cial il ne s'est asservi au droit de meilleur ca » vers son Sainteur «.

De la combinaison de ce texte avec l'article du même chapitre, on pourroit peut-être concl que les Sainteurs *francs d'origine*, c'est-à-dir dont la naissance n'est souillée d'aucune tache servitude ni même d'affranchissement, diffèrent d Sainteurs qui ne sont pas *de franc-origine*, c'est dire, qui sont nés de serfs ou d'affranchis, en que les premiers ne doivent le meilleur cattel à leu églises ou patrons, que lorsqu'ils s'y sont assujett expressément, au lieu que les autres sont censés être obligés par cela seul qu'ils sont Sainteurs.

Mais cette redevance à laquelle sont soumis le Sainteurs *non de franc origine* envers leurs églis ou patrons, provient-elle, comme le prétendent d Laurière & Raparlier, de ce qu'ils ont été affran chis à cette condition? Je ne le crois pas, & j'i pour garans de mon opinion les articles 4, 5 & du chapitre cité. L'article 4 porte, comme on l'a

», que le seigneur d'une terre où le droit de meilleur cattel est local, peut lever ce droit dans la succession des Sainteurs *non de franc-origine* qui y sont domiciliés. L'article 5 accorde la même préférence au seigneur du lieu du decès. Or, si la redevance dont les Sainteurs sont chargés envers l'église ou le patron dont ils dépendent, devoit son origine au contrat fait hors de leur affranchissement; l'église ou le patron seroit préféré au seigneur du domicile & même à celui du lieu du décès: c'est ce qui résulte de l'article 6: » Le meilleur cattel que doit » la personne pour rachat de servage, en quel lieu » qu'elle aille de vie à trépas, soit que nous ou nos » vassaux y ayons ledit droit, compétera & appar- » tiendra au seigneur dudit serf racheté de servage, » & l'autre ensuivant à nous ou nosdits vassaux «.

D'après toutes ces observations, il nous sera facile de prendre un parti certain sur la question de savoir quelle est au juste la condition des Sainteurs du Hainaut. On a vu que parmi eux les uns sont sujets au meilleur cattel, & les autres exempts de ce droit; que les uns sont *nés* de parens serfs ou affranchis, & les autres de familles dont la liberté n'a jamais souffert la moindre atteinte. Ainsi je crois qu'on peut définir les Sainteurs, considérés en général, *des personnes libres ou affranchies, qui, par dévotion ou dans la vûe de se faire des protecteurs, se sont soumises volontairement à des églises ou à des patrons dont elles ne dépendoient pas auparavant;* à peu près comme, dans l'ancienne Rome, chaque plébéien se mettoit sous la protection d'un patricien qui étoit obligé de soutenir les droits de son client toutes les fois que celui-ci réclamoit son secours.

Quatriémement enfin, le mot *Sainteur* désigne dans les chartres générales, le droit ou la prestation à laquelle sont soumises les personnes dont on vient de parler. C'est le sens que lui attribue l'article 25

du chapitre 125, dans ce passage, » & n'est q
» même droit *franc-origine*, *Sainteur & chefvag*
Reste à savoir ce que c'est que les droits *de fra*
origine & de *chefvage*; & pourquoi ce texte les id
tifie avec le droit de *Sainteur*.

Franc origine & *origine franche* doivent sans c
tredit être regardés comme deux synonymes;
Ducange explique le premier de ces mots de
même manière que tout le monde explique le
cond. *Franc-origine*, dit cet auteur, *id. est*, *orig*
francus, *liber*, *in consuetudine Hannoniæ*, *cap.* 8

On a vu effectivement que l'article 5 du chap
78 des anciennes chartres, semblable en tous poi
à l'article 4 du chapitre 125 des nouvelles, tra
du droit de meilleur cattel dont est chargé un Sa
teur, *sans la personne être de franque-origine.*

Mais c'est précisément de ce que *franque-origi*
signifie la même chose qu'*origine franche*, que vie
la difficulté de déterminer en quoi consiste le dr
connu sous la première dénomination; car il
paroît pas aisé de concevoir comment la liber
qu'un homme a héritée de ses parens, & dont p
conséquent il a joui dès le premier instant de sa na
sance, peut être une raison de l'assujettir à quelq
prestation ou redevance.

Le coutumier général de Richebourg renferm
cette note sur la rubrique du chapitre 125 des cha
tres du Hainaut : » *Franque-origine*, cela s'enten
» d'une personne qui, par sa naissance, n'est pas sou
» mise au droit de meilleur cattel, mais qui y de
» vient cependant obligée relativement à sa résiden
» & domicile «.

Cette interprétation acquiert une certaine proba
bilité, lorsqu'on la rapproche de l'article 25 du cha
pitre cité : » Origine franche, au lieu où le meil
» leur cattel se lève par condition de la personne
» affranchit dudit droit; mais point ès villes & vil

lages où ledit droit se lève par condition & sujétion du lieu ou de l'héritage sujet audit droit franque-origine, Sainteur & chefvage «. C'est, comme on le voit dans un même article, que les législateurs du Hainaut parlent du droit de *franque-origine*, & statuent que l'origine franche n'exempte pas du meilleur cattel local ou réel ; il paroît d'après cela, que l'on peut regarder la disposition principale de cet article comme le développement du mot *franque-origine*. Conséquemmet cette expression ne désigne ni une servitude ni une redevance ; elle caractérise seulement la condition d'une personne que sa naissance affranchit à la vérité du droit de meilleur cattel personnel, mais que la maison qu'elle habite ou l'endroit dans lequel elle est domiciliée, assujettissent au droit de meilleur cattel local ou réel.

Le mot *chefvage chevage* ou *quevage*, comme porte le procès-verbal de la coutume de Péronne, a plusieurs significations différentes les unes des autres. Spelman, en son glossaire, les comprend toutes sous cette définition générale, *chevagium est quod domino tanquàm capiti penditur.* Ainsi l'on entend par *chevage* une redevance quelconque que l'on paye au seigneur en reconnoissance de sa supériorité. Brodeau sur la coutume de Paris, tit. 2, n. 16, observe qu'autrefois on donnoit *au chef-cens* le nom de *chevage.* Il n'y a rien, dit-il, de plus fréquent dans tous les cartulaires. Le même auteur ajoute, que l'on appelle encore *chevage*, un droit de douze deniers parisis que le roi lève chaque année dans le bailliage de Vermandois sur tous les chefs de famille bâtards ou aubains. De Laurière dans le supplément de Ducange, au mot *Capitagium*, fait mention d'une chartre de Marguerite, comtesse de Flandres & de Hainaut, de l'année 1261, dans laquelle *chevage* ſignifie un droit de deux marcs de Flandres certains ſeigneurs prélevoient dans la ſucceſſion leurs tenanciers. Le même auteur prouve enſi par pluſieurs exemples, que *chevage* eſt auſſi ſy nyme avec *redevance annuelle.*

Il paroît, au premier abord, aſſez difficile d'ad ter l'une de ces ſignifications au paſſage de l'arti 25 du chapitre 125 des chartres générales, où il dit, *que franque-origine, Sainteur & chevage* ne ſ *qu'un même droit;* car ſi *chevage* eſt ſynonyme a *origine franche*, comme ce texte ſemble l'annonce on ne peut pas dire qu'il déſigne un droit conſi à reconnoître la ſupériorité d'un ſeigneur.

Mais ce tour de phraſe, *& n'eſt qu'un même dr franque origine, Sainteur & chevage*, doit-il néce ſairement être entendu comme aſſimilant ces tr choſes en tous points, & ne peut-on pas l'inte préter de maniére que *franque-origine, Sainteur cheſvage*, ſans être ſynonymes, produiſent un mêm effet par rapport à ce dont il eſt queſtion dans c article, c'eſt-à-dire, au droit de meilleur cattel? J crois qu'il eſt d'autant plus néceſſaire de chercher cet interprétation, que, faute de la trouver, le paſſag que nous examinons ſeroit non ſeulement inintelli ble, mais encore tout-à-fait déplacé dans l'artic dont il fait partie; car quelle connexité y auroit il entre cette phraſe, *l'origine franche exempte pa tout du meilleur cattel, ſi ce n'eſt dans les endroit où cette redevance eſt locale ou réelle*; & celle-ci *l'origine franche, le Sainteur & le chevage ne ſon qu'un même droit?* Il eſt donc indiſpenſable d'en tendre l'identité que ce paſſage met entre ces troi choſes, d'une identité d'effets, & non d'une iden tité d'eſſence; je m'explique.

Il eſt vrai que l'origine franche proprement dite, la condition de Sainteur & le chevage ſont troi choses très-différentes en elles-mêmes ; mais elles accordent entre elles, en ce que le chevage, pris pour un cens personnel, & l'état de certains Sainteurs, produisent un effet semblable à celui que l'article cité attribue expressément à l'origine franche, c'est-à-dire, qu'ils exemptent du meilleur cattel par-tout où ce droit n'est ni local ni réel

En effet, prenons le mot *chevage* dans sa signification générale de redevance établie pour reconnoître la supériorité d'un autre ; appliquons-le à un cens imposé par un seigneur sur la personne de son serf pour prix de son affranchissement, ou sur la personne de son affranchi pour prix de son exemption de meilleur cattel ; il est constant que dans l'un ou l'autre de ces deux cas, il exempte celui qui en est chargé, de payer à sa mort, non pas à la vérité le meilleur cattel local ou réel, mais le meilleur cattel personnel. C'est ce qui résulte de l'article 24 du chapitre 125. » Pour défaut de douzains, » sixains & autres redevances, ne se pourra demander droit de morte-main «. Ce texte annonce bien clairement que celui qui est sujet à un chevage de douzains ou douze deniers, de sizains ou six deniers, ou de toute autre somme, ne doit pas à sa mort le droit de morte-main ou meilleur cattel.

Ce que je dis du chevage, par rapport à l'exemption du meilleur cattel, il faut également le dire de la condition des Sainteurs (j'entends de ceux qui sont d'origine franche) ; car, suivant l'article 13 du chapitre cité, » celui étant d'origine franche, ayant » Sainteurs, est exempt de payer meilleur cattel à » sa mort, quelque part qu'il aille de vie à trépas, » ne soit que par fait spécial au lieu de sa résidence » au trépas, ladite franchise n'affranchisse point, » ou qu'il possédât aucuns héritages sujets audit droit » de meilleur cattel.... ou que par fait spécial il se

» soit asservi au droit de meilleur cattel vers
» Sainteur ».

Voyez les articles AVOUÉ, CATTEL, CHEVA[illegible] MAIN-MORTE, &c.

(*Article de M. MERLIN, avocat au parlem. de Flandres & secrétaire du roi.*)

SAISIE. C'est en général un exploit fait par huissier ou sergent, par lequel il arrête & m[illegible] sous la main du roi & de la justice, des bi[illegible] ou effets auxquels le saisissant prétend avoir droit; [illegible] qu'il fait arrêter pour sûreté de ses droits & prétentio[illegible].

On ne peut procéder par voie de Saisie sur [illegible] biens de quelqu'un, qu'en vertu d'une obligat[illegible] ou condamnation, ou pour cause de délit, qua[illegible] délit, chose privilégiée, ou qui soit équivalent.

Pour saisir, il faut être créancier, soit de son che[illegible] soit du chef de celui dont on est héritier.

On distingue plusieurs sortes de Saisies, dont [illegible] unes sont relatives aux meubles, & les autres a[illegible] immeubles.

Nous allons parler successivement des unes & d[illegible] autres.

SAISIE-ANNOTATION. Nous avons parlé de cet[illegible] sorte de Saisie à l'article ANNOTATION.

SAISIE-ARRÊT. La Saisie-arrêt est celle que le créa[illegible] cier fait sur son débiteur entre les mains d'un tie[illegible] qui doit quelque chose à ce même débiteur, pour qu[illegible] ce tiers ait à ne se point dessaisir de ce qu'il a e[illegible] ses mains, au préjudice du saisissant.

Il n'est pas nécessaire que le créancier ait un tit[illegible] exécutoire pour procéder par voie de Saisie-arrêt[illegible] cela peut se faire en vertu d'une ordonnance qu[illegible] e juge accorde au bas d'une requête présentée pour cet effet (*).

Si le créancier est porteur d'un titre exécutoire, il peut faire saisir & arrêter en vertu de ce titre (**).

Lorsque la Saisie arrêt est faite, & que le créancier veut en poursuivre l'effet, il doit la faire dé-

---

(*) *Formule de cette requête.*

A monsieur....

Supplie humblement..... qu'il vous plaise permettre au suppliant de faire assigner.... dans le délai de l'ordonnance, pour se voir condamner à lui payer la somme de.... contenue dans son billet, en date du.... dûment contrôlé, qu'il sera tenu de reconnoître; sinon tenu pour reconnu, aux intérêts de ladite somme & aux dépens. Et cependant, pour sureté de ladite somme, permettre au suppliant de saisir & arrêter sur ledit.... entre les mains de ses débiteurs, tout ce qu'il trouvera lui être dû & lui appartenu, & vous ferez bien.

On répond cette requête d'une ordonnance de permis d'assigner, & de saisir & arrêter.

(*) *Formule d'une Saisie-arrêt.*

L'an... &c. en vertu d'un contrat obligatoire.... &, à la requête de.... je.... huissier.... soussigné, certifie avoir saisi & arrêté de par le roi & justice, sur le sieur.... ès mains du....: demeurant à..... en parlant à.... toutes les sommes de deniers, loyers, rentes, & autres choses généralement quelconques, qu'il doit ou devra ci-après audit sieur.... en quelque sorte & manière que ce soit; lui faisant défense de s'en dessaisir, payer ni vider ses mains, jusqu'à ce que par justice en ait été autrement ordonné, à peine de payer deux fois, & de tous dépens, dommages & intérêts; & pour affirmer sur la présente Saisie, exhiber ses baux & quittances, & voir ordonner la délivrance des deniers saisis, j'ai audit.... donné assignation a comparoir à la.... pardevant.... pour répondre comme de raison, afin de dépens, & signifié que M^e.... procureur, occupera; & j'ai audit...: parlant comme dessus, laissé copie tant de.... que du présent exploit.

noncer au débiteur (*), & l'assigner pour la v[oir] déclarer valable, & en conséquence ordonner [la] délivrance des deniers entre les mains du saisissan[t].

On procède ensuite sur cette demande en la m[a]nière ordinaire, tant contre la partie saisie que con[tre] le tiers saisi.

Quand il se trouve plusieurs saisissans sur un mê[me] débiteur, ils doivent faire régler à qui d'entre e[ux] les deniers doivent être distribués, ou s'ils doiv[ent] les toucher concurremment & au marc la livre. L[es] procédures qui doivent être faites pour parvenir [à] ce réglement entre les saisissans, sont ce qu'[on] appelle communément *instance de préférence & [de] contribution.*

En général toutes les créances & les effets mobili[ers] qui sont entre les mains d'un tiers, peuvent être sai[sis] & arrêtés.

(*) *Formule d'un exploit de dénonciation.*

L'an, &c. en vertu de.... & à la requête de.... je.... huissier.... soussigné, certifie avoir signifié, dénoncé & bai[llé] copie à.... demeurant à.... en parlant à.... de la Sai[sie] & arrêt sur lui faite en vertu de ladite requête & ordo[n]nance ès mains du sieur.... par exploit du.... à ce que [du] contenu en icelui il n'ignore, & pour se voir condamner [à] payer audit sieur.... la somme de.... contenue en son bil[let] du.... dûment contrôlé, qu'il sera tenu de venir reconnoîtr[e] sinon tenu pour reconnu, ensemble les intérêts suivant l'o[r]donnance, & aux dépens; & pour en faciliter le payemen[t] voir dire que ladite Saisie sera déclarée bonne & valable; [en] conséquence, que les deniers que ledit sieur.... tiers-saisi, [a] reconnu ou reconnoîtra devoir, seront donnés & délivrés [au] demandeur, en déduction de son dû en principal, intérêts [&] frais, à ce faire ledit sieur.... contraint, quoi faisant d[é]chargé; j'ai audit sieur.... parlant comme dessus, don[né] assignation à comparoir à huitaine pardevant.... & pour [en] outre répondre & procéder comme de raison, & signifié q[ue] M[e].... procureur, occupera; & j'ai audit.... parla[nt] comme dessus, laissé copie tant dudit billet, requête, ordo[n]nance & Saisie, que du présent.

Quant aux créances, on ne peut saisir que celles qui sont dues actuellement au débiteur, & non celles dont il n'a pas conservé la propriété. Ainsi vous saisiriez mal à propos la somme que votre débiteur auroit transportée, si toutefois le transport avoit été signifié au débiteur de la somme.

Observez néanmoins que si le transport avoit été fait depuis la faillite du cédant, ou dans les dix jours précédens, la signification qui en seroit faite n'empêcheroit pas que les créanciers du cédant ne pussent saisir valablement la créance.

Les choses que nous disons à l'article SAISIE-EXÉCUTION, ne pouvoir être saisies & exécutées, ne peuvent pareillement être l'objet d'une Saisie-arrêt.

Un tiers saisi doit déclarer s'il est débiteur & à quel titre : s'il a payé en tout ou en partie, ou d'avance, il doit le justifier & affirmer que ce qu'il déclare est vrai.

Ces sortes d'affirmations se font au greffe par les tiers saisis, & l'on admet le saisissant à prouver le contraire de l'affirmation.

Quand un tiers saisi refuse de faire une affirmation de cette espèce, il est présumé débiteur, & en conséquence on doit le condamner à payer les causes de la Saisie.

Il faut excepter de cette règle les payeurs des rentes & les autres comptables des deniers publics; il n'est pas d'usage de les faire affirmer.

Lorsqu'on fait saisir & arrêter des arrérages de rentes dues par le roi, ou même les gages des officiers, il faut faire viser les Saisies-arrêts par les payeurs, c'est-à-dire, les faire inscrire sur leurs registres à l'immatricule du débiteur, & il doit être fait mention de ce *visa* sur l'original de la Saisie, sinon les payeurs ne sont point obligés d'avoir égard aux Saisies où ces formalités n'ont pas été observées.

On doit pareillement faire viser aux bureaux consignations & des commissaires aux Saisies-réel les originaux des Saisies & des oppositions faites e les mains des receveurs des consignations & des c missaires aux Saisies-réelles.

Cette formalité doit aussi avoir lieu, relativem aux Saisies des arrérages & des capitaux des re dues par le clergé. Des lettres-patentes du r données le 24 mai 1760, & enregistrées au p lement le 28 juin suivant, portent, que le rece général *ne pourra être contraint d'affirmer en person en conséquence des assignations qui lui auront été d nées, les sommes qu'il devra en sadite qualit receveur général, mais seulement de faire sa déc ration par le ministère d'un procureur, sans qu puisse l'assujettir à représenter en original les acq des sommes par lui payées.*

Les Saisies, oppositions ou empêchemens à délivrance des sommes employées dans les états roi, qu'on expédie pour la distribution des den des fermes, remboursement des avances des fermie & tous autres remboursemens, charges & dépen concernant la régie des fermes, devoient de mê être visés & paraphés par le receveur général d fermes, à peine de nullité des exploits non vis c'est ce qui résultoit de divers réglemens, & n tamment des lettres-patentes du mois d'avril 169 & des arrêts du conseil des 9 janvier 1717, juillet 1744 & 6 décembre 1757; mais ces d positions, que l'ordre de la comptabilité & l'inté du service du roi avoient dictées, présentoient l'i convénient pour les sujets qui ne demeuroient p à Paris & qui avoient des répétitions à faire con l'adjudicataire des fermes & ses cautions, d'être qu quefois obligés de se rendre eux-mêmes dans la ca tale; ce qui les exposoit à des frais que sa maje a voulu leur épargner par la suite; pour cet ef elle a donné, le 19 Janvier 1778, des lettres-patentes que la cour des aides a enregistrées le 28 août de la même année, & qui contiennent les dispositions suivantes :

Art. 1. » Tous huissiers, sergens & autres porteurs d'arrêts, sentences, jugemens exécutoires ou contraintes, pour affaires nées dans le ressort de notre cour des aides de Paris, ne pourront les mettre à exécution contre l'adjudicataire des fermes ou ses cautions, qu'après avoir préalablement remis lesdites pièces, soit à Paris entre les mains du receveur général des fermes, soit dans la province en celles du directeur dans le département duquel lesdites affaires ont eu lieu, & ce au choix desdits porteurs d'actes.

» 2. Le receveur général des fermes à Paris, & le directeur dans la province, seront tenus de donner leur récépissé desdites pièces, & de les rendre & restituer avec *visa* & paraphe ; savoir, le receveur général des fermes, à l'expiration de la huitaine du jour de la remise, les fêtes & dimanches non compris, & le directeur dans la province, après le délai d'un mois, à compter du jour de ladite remise, à peine par lesdits dépositaires d'y être contraints par toutes voies, & même par corps.

» 3. Les pièces ayant été ainsi communiquées & rendues immédiatement après la révolution desdits délais, lesdits receveur général & directeur dans la province pourront être contraints personnellement, chacun en droit soi, par toutes voies dues & raisonnables, autres que la contrainte par corps, si ce n'est dans le cas exprimé par l'article 2 du titre 34 de l'ordonnance civile de 1667, à payer les sommes portées auxdits titres, jugemens exécutoires.

» 4. Déclarons nulles & de nul effet toutes Saisies

» des deniers de recette, oppositions, significati
» & empêchemens entre les mains des receve
» généraux & particuliers de nosdites fermes, &
» celles des redevables des droits d'icelles, lesque
» nous voulons être regardées comme nulles & n
» avenues, dont nous faisons main-levée par
» présentes. Faisons très-expresses inhibitions & d
» fenses, sous peine d'interdiction, de 3000 liv
» d'amende, & de tous dépens, dommages-intérê
» à tous huissiers & sergens de faire aucun desd
» exploits, Saisies, oppositions ou empêchem
» contraires aux présentes; dérogeons au surp
» à tous édits, ordonnances, déclarations, arr
» & réglemens à ce contraires. Si vous ma
» dons, &c. «

Les Saisies-arrêts des rentes payables à Paris, dû par les états de Languedoc, doivent être faites bureau que ces états ont à Paris; & au mom où les Saisies, oppositions ou autres empêchem se signifient, les commis du trésorier des mêm états doivent faire mention sur les originaux, qu' en ont reçu copie, sinon les huissiers peuvent e dresser procès-verbal.

Mais si les rentes dues par ces états ne sont p stipulées payables à Paris, elles ne peuvent êt saisies qu'au bureau du trésorier à Montpellier : cel est ainsi établi par des lettres-patentes du 2 sep tembre 1685 & un arrêt du conseil du 5 novem bre 1718.

Les oppositions au remboursement des mêm rentes doivent pareillement être formées aux bu reaux où elles se payent; mais l'arrêt du cons qu'on vient de citer, a réglé que ces opposition n'auroient d'effet que pendant un an.

Il est défendu d'assigner le trésorier de la bours de Languedoc, ainsi que les receveurs ou collec teurs des tailles, pour prêter affirmation sur le aisies faites entre leurs mains. Les motifs de cette défense, ainsi que les moyens de suppléer à cette affirmation, sont détaillés dans l'article 28 d'une déclaration du 20 janvier 1736, servant de réglement sur la juridiction du parlement de Toulouse, & sur celle de la cour des comptes, aides & finances de Montpellier, & autres tribunaux & siéges du Languedoc (*).

Des lettres-patentes du 3 juin 1756, enregistrées au parlement le 22 juillet suivant, ont ordonné » que tous les arrêts, sentences, jugemens exé- » cutoires, contraintes, exploits de Saisie, opposi- » tions, transports ou empêchemens à la délivrance » & payement, tant des arrérages des rentes cons- » tituées par les secrétaires du roi du grand collége, » que des sommes principales desdites rentes, se-

(*) *L'article cité est ainsi conçu :*

Pour empêcher que lesdits trésoriers, receveurs ou collecteurs ne soient distraits de leurs fonctions & exposés à des frais inutiles, défendons à toutes parties de les appeler pour affirmer sur les Saisies faites entre leurs mains, ou pour assister au jugement des instances entre les parties assignées sur lesdits deniers & leurs créanciers. Voulons, pour y suppléer, que les greffiers des états, ceux des diocèses ou des communautés soient tenus, à la première réquisition desdits créanciers, de leur délivrer des extraits ou certificats de ce qui peut être dû aux parties assignées sur lesdits deniers, & ce sans droits ni frais : au moyen de quoi lesdites instances seront jugées, & la délivrance des deniers ordonnée entre lesdites parties assignées & leurs créanciers, par les juges qui se trouveront saisis de la contestation ; & lesdits collecteurs, receveurs ou trésoriers seront tenus de payer ce qu'ils auront déclaré être dû, & ce en vertu des jugemens qui seront intervenus ; quoi faisant, ils en demeureront bien & valablement quittes & déchargés envers les communautés, les diocèses & la province, & lesdites communautés, lesdits diocèses & ladite province envers leurs créanciers, le tout conformément à l'arrêt du conseil du 2 septembre 1685, & aux lettres-patentes expédiées sur icelui.

» roient visés & paraphés par celui desdits secrétair[es]
» du roi qui seroit chargé de la régie desdi[tes]
» rentes «. La même loi a fait défense à tous hu[is]siers de mettre à exécution aucun arrêt, jugemen[t], contrainte, &c., & de faire aucune *Saisie, op[position], transport, signification ou empêchement, pour raison desdites rentes, qu'après avoir remis l[es] arrêts, &c. au préposé à la régie desdites rentes, à peine d'interdiction, de trois mille livres d'a[mende], &c.*

Le caissier de la comédie françoise ne doit poi[nt] être assigné pour affirmer ce qu'il doit à chaque co[mé]dien en particulier. Telle est la jurisprudence d[u] châtelet de Paris : elle est fondée sur ce qu'un usag[e] contraire obligeroit pour chaque représentation à un[e] affirmation nouvelle, & sur ce qu'on ne fait d'ail[leurs] que vers pâques le calcul des profits revenant à chaque part.

Un tiers saisi doit faire sa déclaration, & l'affirme[r] véritable dans la juridiction où il est assigné, san[s] pouvoir demander son renvoi devant ses juges na[turels]. La raison en est, qu'il n'a aucun intérêt à l[a] demande, & qu'on ne peut l'envisager que comme un témoin tenu de déposer devant le tribunal où l'affaire est pendante. Mais il en seroit différemment s'il survenoit une contestation sur l'affirmation ; il faudroit alors renvoyer les parties devant les juges du domicile du tiers saisi, s'il le requéroit. C'est ce qui résulte d'un arrêt rendu au conseil le 11 août 1744, dont l'espèce est ainsi rapportée dans la collection de jurisprudence.

» Guillaume Doré, fourbisseur suivant la cour,
» ayant fait saisir sur le sieur Echeveria, entre les
» mains du sieur Lhermite, domicilié à Nantes, ce
» que celui-ci pouvoit devoir à celui-là, fit assigner
» le même Lhermite devant le prévôt de l'hôtel,
» pour affirmer ce qu'il devoit.

» Au lieu de comparoître, Lhermite se pourvut au parlement de Bretagne, au moyen du privilége qu'ont les Bretons de n'être point obligés de plaider hors de leur province, & il obtint arrêt qui cassa l'assignation qui lui avoit été donnée devant le prévôt de l'hôtel.

» Doré obtint de son côté un arrêt du grand conseil, qui, sur le fondement de la jurisprudence que tout juge compétent pour connoître des contestations pendantes entre le saisissant & la partie saisie, peut aussi recevoir l'affirmation du tiers saisi, cassa l'arrêt du parlement de Bretagne. Il se forma de là un conflit de juridiction sur lequel l'arrêt du conseil, que nous avons cité, renvoya les parties à la prévôté de l'hôtel, pour y procéder sur l'assignation donnée au sieur Lhermite, à l'effet d'y prêter son affirmation, sauf, en cas de contestation sur cette affirmation, à procéder devant les juges du domicile du sieur Lhermite «.

Quand un tiers saisi ne peut pas se transporter au greffe de la juridiction où la demande en validité de Saisie est portée, il peut donner sa procuration à un tiers, pour affirmer à sa place (*).

(*) *Formule de cette procuration :*

Pardevant, &c. fut présent le sieur Guillaume .... lequel a fait & constitué pour son procureur général & spécial la personne de .... à qui il donne pouvoir de, pour lui & en son nom, comparoître au greffe civil du châtelet de Paris, & là, dire & affirmer comme ledit sieur constituant l'a présentement fait ès mains des notaires soussignés, sur la Saisie-arrêt faite en ses mains, par exploit de .... en date du .... sur les communauté & succession du sieur Pierre Thomas, à la requête du sieur Paul Carlier, qu'au jour de ladite Saisie, comme encore à présent, il ne doit auxdites succession & communauté que la somme de 500 livres, restant de celle de 1600 livres, qu'il lui devoit aux termes d'un billet par lui souscrit

SAISIE (BANALITÉ). Lorſque la banalité eſt é
blie, le ſeigneur doit néceſſairement avoir des moy
pour s'en faire ſaiſir. Il doit exiſter des peines co
tre ceux qui contreviennent à cette banalité ; eff
tivement il y en a, & les coutumes à cet égard
partagent en trois claſſes.

Les unes autoriſent le ſeigneur à ſaiſir & con
quer les chevaux, charrettes, harnois, grains, f
rines, pains & vendanges. Les autres, moins ſévèr
ne prononcent la confiſcation que des farines, pa
& vendanges. La troiſième claſſe eſt compoſée d
coutumes muettes.

Nul doute que les coutumes des deux premiè
res claſſes doivent être exécutées chacune dans l
reſſort. Mais quelle régle faut-il ſuivre dans l
coutumes muettes ; autoriſera-t-on le ſeigneur à co
fiſquer farines, chevaux & charrettes ; ou bien
pourra-t-il ſaiſir que les farines, pains & ve
danges ?

D'après la règle qui veut que l'on réfère, aut
qu'il eſt poſſible, les loix pénales, c'eſt ſans doute p

---

le . . . . au profit dudit Pierre Thomas, lequel a reçu ſur l
ſomme celle de 1400 livres, ſuivant ſa quittance du . . .
laquelle ſomme de 500 livres il offre de vider ſes main
celles de qui par juſtice il ſera ordonné, avec les parties
ſies ſur icelle, ſes frais de Saiſie prélevés. Promettant
vouer, &c.

Acte d'affirmation en conſéquence de cette procuration.

Aujourd'hui eſt comparu au greffe Me C . . . . procu
en cette cour, lequel, en vertu de la procuration à lui do
par le ſieur Guillaume . . . . paſſée devant . . . . l'origina
laquelle dûment contrôlé & légaliſé, a été joint au préſ
après qu'il a été certifié véritable de Me C . . . . & de lui ſign
paraphé, a juré & affirmé ſur la Saiſie-arrêt faite ès m
dudit ſieur Guillaume . . . . ſur le ſieur Pierre Thomas,
requête du ſieur Paul Carlier, par exploit de . . . . en
du . . . . qu'au jour de ladite Saiſie, &c. (*comme dans la
curation ci-deſſus.*)

les coutumes de la seconde classe qu'il faut suppléer au silence de celles qui ont négligé de s'exprimer sur ce point. Vaslin, dans son commentaire sur la coutume de la Rochelle, le dit positivement : *Il convient de se borner à la confiscation du bled & de la farine.*

C'est également la décision de Denisart, *verbo Banalité.* » Je crois, dit-il, que ces coutumes, qui » affranchissent de la confiscation les bêtes & har-» nois, doivent former le droit commun, & qu'on » ne peut pas confisquer ces choses dans les cou-» tumes muettes, parce que les loix pénales ne » se suppléent point, & que, loin de les étendre, » il faut bien plutôt les restreindre «.

Il faut que le banier soit pris en contravention, pour être punissable. Mais cela n'est vrai que pour ce qui regarde la confiscation, & ce seroit assurément trop favoriser les tenanciers, que de les exempter aussi de l'amende, sous prétexte qu'ils ne seroient pas pris en flagrant délit. Ils sont donc dans le cas d'être recherchés, tant pour l'amende encourue que pour le payement des droits dont le seigneur a été frustré, pour s'être soustraits à la banalité. Mais aussi cette action du seigneur contre eux ne doit pas être perpétuelle, & c'est beaucoup qu'elle puisse durer un an. Cependant s'il s'agissoit d'un abonnement pour l'exemption de la banalité, le seigneur en ce cas seroit fondé à en demander vingt-neuf années, comme d'une redevance ordinaire.

Lalande sur l'art. 100 de la coutume d'Orléans, cite à ce sujet une sentence du 4 septembre 1670. Guyot, page 442, paroît irrésolu sur la question, & cela mal à propos, puisque, quoique le champart & les corvées n'arréragent point, il est établi que lorsque ces devoirs sont commués dans une redevance annuelle en argent ou espèce fixe, on en peut demander vingt-neuf années.

Quoique la basse-justice ne donne aucun dr
sur les chemins, cependant le bas-justicier, lorsq
a banalité, peut faire saisir les contrevenans sur l
chemins publics, pourvu que ce soit dans l'étend
de son fief. C'est la décision de Pallu sur l'arti
8 de la coutume de Tours; voici ses termes : »
» quoique le bas-justicier n'ait la connoissance d
» grands chemins, qui est à dire des délits qui
» commettent en iceux, ou même desdits chemin
» ce néanmoins il y peut faire prendre & saisir
» farine, pour ce que telle Saisie ne dépend po
» d'aucune action particulière qui se fasse au ch
» min, mais de ce que que ladite farine
» pas été moulue dans le moulin banal. D'aille
» ledit chemin faisant partie de la lieue, la Sai
» n'y doit être interdite, & de fait elle a été co
» firmée par sentence de ce siége, comme Me Gati
» Gault le remarque. Mais elle ne peut être pr
» hors le fief, & non plus quand elle est desc
» due en la maison du sujet dans le fief, &
» ce cas se doit le seigneur pourvoir par actio
» pour avoir condamnation de l'amende de sept s
» six deniers, & de 60 sous 1 denier, si c'est
» moyen justicier, avec son droit de moult
» & frais de la poursuite «.

Pallu décide, comme l'on voit, que le seign
n'a pas le droit de saisir dans les maisons de
baniers; c'est pareillement l'avis de Vaslin &
Guyot.

» Comme toute confiscation, dit Vaslin, p
» suppose une Saisie justificative de la contraventio
» il s'ensuit qu'elle ne peut avoir lieu, si l'on n
» surpris en contravention, & par conséquent q
» l'on ne peut entrer dans les maisons pour y f
» perquisitions des farines ou pâtes, & qu'il n'
» de confiscation que de ce qui se trouve deh
» en allant & venant «.

Guyot s'exprime à peu près dans les mêmes termes : » L'on ne peut entrer dans les maisons pour » y faire perquisitions des farines ou pâtes. C'est le » sentiment de Caron sur l'article 14 de Péronne. » Je suis de cet avis : l'on ne peut confisquer que » les farines ou pâtes trouvées, portées ou rap» portées des moulins ou fours non banaux. *Guyot, » traité des fiefs, tom.* 1, *pag.* 441 «.

Pour saisir les contrevenans à la banalité, le seigneur est-il obligé de recourir au ministère d'un huissier ou sergent, ou bien la Saisie faite par l'un de ses domestiques ou autres préposés de sa part seroit-elle valable ?

Si le seigneur ne peut saisir que par le ministère d'un huissier, la difficulté de s'en procurer multipliera les fraudes. Mais s'il lui est libre de faire saisir par ses domestiques ou autres par lui préposés, ces hommes, absolument dans sa dépendance, ne commettront-ils pas eux-mêmes des fraudes ? Voilà les inconvéniens de chacune de ces deux alternatives.

La coutume de Tours adopte la première. Elle porte, article 8 : *Et s'il ne vient moudre, le seigneur, par son sergent ou commis, peut prendre la farine, &c.* Nous lisons de même dans le traité du droit de justice de Bacquet, *chapitre* 29, *n.* 6 : *Si aucun des sujets est trouvé allant moudre, cuire ou pressurer ailleurs qu'au four, moulin ou pressoir du seigneur, les officiers ou commis dudit seigneur peuvent saisir, &c.* Mais Dupineau, sur l'article 14 de la coutume d'Anjou, dit positivement : *cette Saise se fait par le sergent du seigneur.*

De ces deux opinions nous croyons que la dernière mérite la préférence. Tout ce qui n'est pas du ministère de la justice ou de ses officiers, est réputé voie de fait, & la loi défend les voies de fait sans aucune exception. D'ailleurs une Saisie exige un procès-verbal qui constate le délit. Et pour fai un procès-verbal, il faut avoir serment en justic il faut un caractère public. Enfin l'opinion contrai met le banier à la merci du seigneur, inconvénie bien plus considérable que la multiplication d fraudes.

Si le seigneur manque de sergens pour saisi il a la voie de l'action ; mais quelle ressource rest roit-il à des malheureux paysans vexés par les d mestiques du seigneur ?

Dumoulin pensoit que le seigneur pouvoit fai saisir féodalement les fiefs de sa mouvance p ses domestiques ou autres préposés de sa part. Ma les auteurs & les tribunaux se sont réunis po rejeter cette opinion, parce qu'une pareille Sai seroit une voie de fait : ici même motif de décid *eadem ratio, idem jus.*

Si le seigneur ne peut pas saisir par ses préposé à plus forte raison le meûnier ou ses gens so ils dans l'impuissance de le faire. On pourroit di pour le seigneur, qu'il y est autorisé par une sorte puissance exécutrice que les loix féodales lui do nent dans l'étendue de son fief & de sa justic C'étoit le motif de Dumoulin, pour décider qu pouvoit saisir féodalement par le ministère de domestiques. Mais ce motif ne peut s'appliqu aux meûniers, étrangers à la seigneurie & simpl fermiers du moulin.

(*Article de M. H*** avocat au parlement.*)

SAISIE-BRANDON. La Saisie brandon est l'acte par l quel un créancier fait mettre sous la main de la ju tice les fruits pendans par les racines appartenant à so débiteur (*). Cette Saisie est appelée *brandon*, parc

(*) *Formule d'une Saisie-brandon avec établissement d commissaire.*

L'an mil sept cent . . . . le . . . . jour de . . . . a . . . . midi

que, pour faire connoître au public que ces fruits sont sous la main de la justice, on met sur l'héritage où ils

---

en vertu d'une obligation passée pardevant .... notaire, &.... signée & scellée, étant en forme exécutoire, *ou* d'une sentence rendue par M. le prévôt *ou* bailli de,... signée & scellée, *ou* d'arrêt du parlemeet de .... en date du .... signé & scellé, & à la requête de .... demeurant à .... qui élit son domicile en la maison de .... sise à .... en continuant les diligences & commandemens ci-devant faits le .... portant refus, faute de payement avoir été & être fait audit .... par .... demeurant à .... de la somme de .... en quoi il est obligé par ladite obligation, *ou* condamné par ladite sentence, *ou* par ledit arrêt, pour les causes y portées, sans préjudice des intérêts de ladite somme, autres dus, droits, actions, frais & mises d'exécution & dépens, je .... huissier à .... demeurant à .... soussigné, certifie m'être transporté sur les héritages ci-après déclarés :

Premiérement, sur une pièce de terre labourable, sise au terroir de .... contenant .... ensemencée de ...., tenant d'une part à .... d'autre à .... par haut à .... & par bas à ....

Item, sur une autre pièce de terre plantée en vignes *ou* en arbres fruitiers, sise audit .... territoire de .... contenant .... tenant d'un côté à .... d'autre côté à .... d'un bout à .... & d'autre bout à .... où étant, j'ai les fruits de présent pendans par les racines sur les héritages ci-dessus déclarés, appartenant audit saisi, arrêté, brandonné & mis sous la main du roi & justice, & au régime & gouvernement d'iceux, commis & établi commissaire de par sa majesté, la personne de .... demeurant à .... en parlant à sa personne, qui s'est exprès transporté avec moi sur lesdits lieux, a pris & accepté le fait & charge de ladite commission, & promis en rendre un bon & fidèle compte quand & à qui par justice il sera ordonné, à la charge de ses frais de garde sur la Saisie ; & lui ai, parlant comme dessus, laissé copie du présent, & en présence & assisté de .... & de .... demeurant à .... témoins avec moi menés exprès, soussignés avec ledit commissaire.

Il faut que le commissaire établi signe l'acceptation de sa commission, s'il sait signer, sinon l'huissier doit se retirer devant le premier notaire ou tabellion, pour que ce commissaire s'y charge des fruits & choses saisies ; & si celui que l'on établit commissaire ne veut pas accepter la commission, il lui

sont, des signes appelés *brandons* ; ces signes diffè[rent]
selon les lieux. A Paris, ce sont des pieux fiché[s en]
terre qu'on entoure d'un bouchon de paille.

Les foins, les grains & toutes les espèces de fr[uits]
sur pied sont susceptibles de cette Saisie.

Quant au temps où la Saisie-brandon peut a[voir]
lieu, il n'est déterminé par aucune loi générale[; il]
faut se conformer, à cet égard, aux disposi[tions]
des différentes coutumes ou à l'usage, dans le[s lieux]
où la coutume est restée muettte. A Paris, on [ne]
peut pas faire saisir les foins avant le 15 mai, [les]
grains avant la saint Jean, & les vignes avan[t la]
Magdeleine.

Quand la Saisie-brandon est faite, on la déno[nce]
au débiteur (*), avec assignation pour voir décla[rer]

---

faut donner assignation & le faire condamner à l'accepter. [Dans] ce cas, l'exploit se fait ainsi :

Au régime & gouvernement d'iceux commis & établi co[m]missaire de par sa majesté, la personne de .... demeu[rant] à .... auquel j'ai enjoint de se transporter avec moi sur le[s] lieux, & d'accepter le fait & charge de ladite commissi[on] & rendre bon compte & reliquat, quand & à qui par just[ice] il sera ordonné, à la charge de ses frais & salaires su[r la] chose saisie ; lequel, parlant à sa personne, a été de ce fa[it] & d'accepter ladite commission refusant, pourquoi & pour voir ainsi dire & ordonner, & y être condamné, je lui [ai] donné assignation à comparoir d'hui en .... jours, pardev[ant] M. le prévôt ou bailli de .... ou son lieutenant, en son a[u]ditoire, audit lieu ; & pour en outre répondre & procéd[er] comme de raison, requérant dépens, & signifié que M^e^.... procureur, occupera pour ledit demandeur ; & lui ai, parla[nt] comme dessus, laissé copie du présent, en présence & assisté de.... demeurant à .... & de .... demeurant à .... témoins av[ec] moi soussignés.

(*) *Formule d'un exploit de dénonciation de Saisi[e-] brandon.*

L'an mil sept cent .... le .... jour de .... à la requê[te] de .... demeurant à .... qui a élu son domicile en la mai[son]

ce:

cette Saisie valable, & ordonner que les choses saisies seront vendues sur pied.

Il y a des provinces où il n'est pas d'usage d'assigner le debiteur pour consentir à la main-levée ou la vente des fruits saisis : on lui signifie seulement la Saisie, attendu que, dans ces provinces, c'est à la diligence du commissaire établi que doivent se faire toutes les poursuites.

Aucune loi générale n'a prescrit comment on devoit poursuivre la vente des fruits saisis sur pied : au châtelet de Paris, on poursuit ces ventes de deux manières ; la première, sur une enchère mise au greffe, contenant les causes de la vente ; elle se publie quatre fois, de huitaine en huitaine, si le temps est suffisant, sinon on ne fait que le nombre de publications que le temps permet, & on adjuge lorsqu'il peut y avoir du préjudice à attendre.

---

de.... sise à .... la Saisie-arrêt & établissement de commissaire ci-dessus, a été par moi, huissier susdit & soussigné, signifiée, dénoncée, & d'icelle laissé copie audit..... demeurant a .... en son domicile, parlant à .... à ce qu'il n'en ignore, & lui ai fait défenses de par sa majesté, de troubler ni empêcher ledit .... au fait de sa commission, sur les peines portées par les ordonnances, & pour voir déclarer ladite Saisie bonne & valable, dire & ordonner que lesdits fruits & choses saisis seront vendus & adjugés sur le pied, à la diligence dudit commissaire établi, & les deniers en provenant baillés & délivrés audit demandeur, sur & tant moins & jusqu'à concurrence de son dû, en principal, intérêts, frais, dépens & mises d'exécution, j'ai audit .... parlant comme dessus, donné assignation à comparoir le .... jour de .... prochain, pardevant M. le prévôt *ou* bailli de .... *ou* son lieutenant, en son auditoire audit lieu, heure d'audience ; & pour en outre répondre & procéder comme de raison, requérant dépens ; & signifié que Me .... procureur, occupera pour ledit demandeur, & lui ai laissé, parlant comme dessus, copie, tant de ladite Saisie que du présent.

Cette enchère est précédée d'une affiche que l'
appose à la porte du saisi, à celle de l'église de
paroisse où sont les fruits, & à celle de la juridict
où ils doivent se vendre ; elle annonce le jour
l'enchère sera mise au greffe & publiée.

Les causes de cette enchère sont, 1° de pa
tous les frais de Saisie, garde & vente de frui
dans la huitaine de l'adjudication ; 2° de consig
aussi le prix dans huitaine, sans pouvoir comm
cer la récolte auparavant. *On peut cependant don
un délai pour payer après la récolte, afin de fa
liter la vente, mais à la charge de donner cauti
du prix dans huitaine, sans pouvoir récolter au
ravant*; 3°. que faute par l'adjudicataire de sa
faire aux clauses ci-dessus, après une simple so
mation de le faire, il pourra être levé par le pour
vant, aux frais de l'adjudicataire, une grosse
forme exécutoire, de la sentence de l'adjudicati
quand même elle auroit été levée par ce derni
le tout sans qu'il soit besoin de le faire ordonn
& sans que cela puisse empêcher la vente à la fo
enchère.

La seconde manière de poursuivre la vente, co
siste à faire publier la Saisie avec l'enchère, le
manche à l'issue de la messe paroissiale du lieu
sont les fruits (*). Cette forme est préférable à

(*) *Formule d'un procès-verbal de publication & vente
fruits saisis sur pied.*

L'an .... le dimanche .... en vertu d'une sentence ren
au châtelet de Paris, le .... étant en forme exécutoire, & à
requête du sieur Paul Lasti, &c. en continuant les exploits
commandement, Saisie brandon & dénonciation d'icelle, dûm
contrôlés en date des .... le tout portant refus de payer,
faute de payement, avoir été & être actuellement fait audit si
Paul Lasti par le sieur Pierre Sauvage, de la somme de
livres qu'il a été condamné par ladite sentence de lui pay
& pour les causes y portées, je me suis transporté exprès
devant des grande porte & principale entrée de l'église paro

précédente, en ce qu'elle est moins dispendieuse, & que d'ailleurs il n'y a guère que les gens du

---

ale de .... distant de .... ma demeure de .... lieues, où étant, issue de la grand'messe de paroisse, cejourd'hui dite, chantée & célébrée en ladite église, les paroissiens & autres en sortant en grand nombre, avertis par le son de la cloche, en la manière accoutumée, j'ai, à haute & intelligible voix & au public, dit, déclaré, publié & fait lecture distinctement & de mots après autres, de la Saisie-brandon dont la teneur ensuit. (*On copie ici le procès-verbal de Saisie.*)

Laquelle lecture ainsi faite, j'ai dit & déclaré à tous qu'il appartenoit, que les fruits désignés audit procès-verbal de Saisie seroient vendus au plus offrant & dernier enchérisseur, aux charges, causes & conditions suivantes, qui sont, 1°. de payer tous les frais de Saisie, garde & vente des fruits, dans huitaine de l'adjudication; 2°. de consigner le prix dans huitaine, sans pouvoir commmencer la récolte auparavant; 3°. que, faute par l'adjudicataire de satisfaire à ces causes après une simple sommation de le faire, il pourra être levé par le poursuivant, aux frais dudit adjudicataire, une grosse du procès verbal d'adjudication, quand même il en auroit été levé une; en vertu de laquelle grosse ledit adjudicataire pourra être contraint par corps à l'accomplissement desdites clauses; le tout sans qu'il soit besoin de la faire ordonner, & sans que cela puisse empêcher la vente à la folle enchère.

S'il se présente des enchérisseurs, on en fait mention, & ils signent leur enchère; ensuite on remet à la huitaine. Lorsqu'on est près d'adjuger, l'huissier l'annonce en publiant, & adjuge au dernier enchérisseur; il fait du tout mention en cette forme :

Faisant laquelle publication, lesdits fruits ont été enchéris par .... à la somme de .... par le sieur .... à celle de .... & attendu qu'il ne s'est trouvé aucun autre enchérisseur, j'ai audit sieur .... adjugé lesdits fruits, moyennant ladite somme de .... & en outre aux charges sus-énoncées, & a ledit sieur .... signé avec moi le présent.

L'huissier garde la minute du procès-verbal, parce qu'il contient obligation de la part de l'adjudicataire, à qui il en délivre seulement la grosse, pour que celui-ci puisse justifier de son droit au commissaire établi à la garde des fruits, qui doit, sur la signification de ce procès-verbal ou de la sentence d'adjudication, lui remettre les fruits, en lui payant par l'adjudicataire ses frais de garde, comme il en est tenu.

lieu où sont les fruits qui puissent les porter à véritable valeur, attendu qu'ils ont plus de fac que les autres pour en faire la récolte.

Cette publication se fait de dimanche en dim che jusqu'à quatre fois, à moins que la saison de la récolte ne soit prochaine, auquel cas on peu faire que deux ou même une seule publication

Lorsque les fruits saisis ne sont pas portés à valeur, ou qu'il ne se trouve point d'enchérisseur créancier peut demander la permission d'assigne débiteur au premier jour, pour voir dire qu'il autorisé à faire faire la récolte, engranger les gr les vendre en gerbes ou faire battre, &c.; & c cas de défaut de la part du débiteur, la sent sera exécutée sans attendre la huitaine de l'op tion, attendu que le cas requiert célérité.

SAISIE CENSUELLE. Si le censitaire n'est pas e à payer le cens, le seigneur, pour s'en procure payement, n'est pas obligé de se pourvoir par ac ordinaire; la loi lui donne une voie bien plus s ple, bien plus avantageuse pour lui; elle lui per de saisir : cette Saisie se nomme Saisie censue Nous allons présenter sous neuf divisions ce qui c cerne cette matière; 1°. de la Saisie censuelle général; 2°. des cas où elle peut être employ 3°. quelles personnes peuvent en user; 4°. qu en est la forme; 5°. Quels sont les objets peuvent y être compris; 6°. quels en sont effets; 7°. de la main-levée de cette Saisie; 8°. d cas particulier; 9°. d'une espèce de Saisie parti lière pour la ville & banlieue de Paris.

§. I. De *la Saisie censuelle en général.*

Les coutumes appellent cette Saisie, *arrêt brandon* : la première de ces deux expressions sez connue ; la seconde l'est beaucoup moins, il faut donc en dire quelque chose.

Les Grecs étoient déjà fort avancés dans les sciences, dans les arts, & même dans le grand art de la législation, qu'ils ne connoissoient pas encore l'hypothèque telle qu'elle est reçue parmi nous. Ils avoient bien admis cette espèce de communication de la propriété entre le débiteur & le créancier, mais ils ne la faisoient pas dériver de la simple convention. Celui qui vouloit l'acquérir étoit obligé de planter sur l'héritage de son débiteur une pièce surmontée d'un bouquet d'herbe ou de quelque autre signe apparent, & l'hypothèque étoit attachée à cette formalité. Tel est l'empire des sens & la foiblesse de l'esprit humain ; il faut aux hommes des siècles de combinaisons pour séparer les idées des objets matériels. Cet usage passa des Grecs aux Romains. Il paroît que dans les commencemens les créanciers de Rome, comme ceux d'Athènes, marquèrent d'un signe apparent les héritages qui leur étoient hypothéqués : les inconvéniens de cet usage se firent enfin sentir ; il tenoit encore trop du simple gage, mais c'étoit toujours un premier pas : l'on en fit un second, & l'on admit l'hypothèque d'après la simple convention ; alors l'on défendit aux particuliers d'apposer de leur autorité privée, des signes de cette espèce aux héritages de leurs débiteurs. Il y en a un titre au code *ut nemini liceat, sine judicis autoritate, signa rebus imponere.* Cet usage ne fut cependant pas, comme l'on voit, entiérement aboli ; il subsista, mais sous l'autorité publique, & il n'eut plus lieu que lorsque les biens du débiteur étoient ce que l'on appeloit *pignora judicialia*, c'est-à-dire, saisis par justice ; alors il étoit permis *vela suspendere & titulos imponere non quidem privatos sed vela regia & titulos imperatoris, neque & idem privatâ autoritate, sed i perio magistratûs.* L. 1, C. *ut nemini privatus.*

Ce sont ces dernières formalités, prescrites les Grecs, perfectionnées par les Romains, que n pratiquons aujourd'hui. Ce qu'il y a de remarq ble, c'est que nous ne sommes parvenus à adopter qu'après avoir précisément suivi la ro qu'avoient tenue ces peuples avant d'y parven l'enfance des sociétés est comme celle des in vidus; il y a bien de la différence entre un hom & un homme, il y en très-peu entre deux fans. Les anciens peuples de la Germanie avoi imaginé, comme les Grecs, de marquer d'un si apparent les héritages sur lesquels ils prétendoi des droits; ce signe s'appeloit *wifa* ou *gui* On trouve cette expression souvent employée d les codes des nations barbares. *Si quis suâ au ritate terram alienam sine publico jussu guissav dicendo quòd sua debeat esse, & posteà non potu probare quòd sua sit, &c. Lex longol. lib.* 1, 17, §. 8.

Il paroît que dans la suite ce signe (*wifa*) nomma *brandon*; cette dernière expression vient *brand*, vieux mot saxon qui veut dire torch fallor. C'est de là que dérive cette manière de pa de la coutume de Bretagne, *esbrandi*. Brando suivant Ducange, signifie dans les auteurs de la ba latinité, *veulum seu brandeum quod prædiis obs natis apponitur :* c'est en effet dans ce sens qu' le trouve employé dans les anciens titres. Un arr de l'an 1275, rapporté dans les registres *olim* porte : *Decanus Nivernensis condemnatus fuit a emendandum dicto comiti quòd debrandonaverit do mum suam in justiciâ comitis sitam, quam com brandonaverat.* On lit dans un autre de 1291, *ne licebit ei sigillare ostea clericorum vel eorum terra brandonare.*

Ainsi l'usage a été en France comme en Italie & en Grèce, d'apposer des marques ou signes particuliers, aux héritages sur lesquels on avoit des prétentions. Cet usage a fait place chez les Romains à une police plus éclairée. Sous les empereurs, on ne pouvoit mettre à l'héritage de son débiteur *que vela regia & titulos imperatoris*. Parmi nous, il reste encore des traces de l'ancienne pratique des Grecs & des Lombards : le seigneur saisissant le fonds censuel, peut y apposer des marques particulières, peut les brandonner comme il le juge à propos.

C'est ce qui a fait donner à cette Saisie la dénomination de Saisie-brandon.

Tous ceux qui font saisir les héritages de leurs débiteurs, sont obligés d'y mettre ce qui s'appelle panonceaux royaux. Pourquoi, seul en France, le seigneur censuel a-t-il la prérogative de brandonner les héritages comme il lui plaît ? La raison en est facile à saisir ; la coutume donne au seigneur direct une puissance exécutrice, une sorte de juridiction sur l'héritage censuel, & de cette juridiction dérive le droit d'imprimer un caractère public aux brandons qu'il juge à propos d'apposer sur le fonds chargé de cens. D'ailleurs, la Saisie opère une espèce de réunion intermédiaire du domaine utile au domaine direct, & le brandon apposé par le seigneur est en quelque manière une prise de possession de l'héritage.

L'on sait qu'autrefois telle étoit la forme des prises de possession.

» Quoi qu'il en soit, le brandon, dit Brodeau, » qui est le signe & la marque élevée sur un » bâton piqué & fiché en terre, comme d'un » bouchon de paille, d'une torche d'herbes ou de » rameaux d'arbre, ou d'un morceau de linge » ou de drap, selon l'usage de la province, qui

» dénote que les fruits pendans par les racines [illegible]
» l'héritage chargé & redevable du cens, [illegible]
» saisis, empêchés & arrêtés à la requête du [illegible]
» gneur censier pour les arrérages dudit cens, a[illegible]
» que personne n'achète le fonds ni les fruits [illegible]
» son préjudice, & que le propriétaire ne pu[illegible]
» ignorer la saisie & arrêt du seigneur; *sur*
» *coutume de Paris, art. 74, n. 35* «.

Il y a, comme l'on voit, trois espèces de Saisie usitées dans la matière féodale. Celle faute [illegible] foi, celle faute de dénombrement, celle faute [illegible] payement de cens. Les deux dernières ont beau[illegible] coup d'identité; la première a bien plus d'étendu[illegible] elle rend le seigneur propriétaire des fruits penda[illegible] sa durée, c'est une espèce de réunion. La Sai[illegible] censuelle, au contraire, ne fait que suspendre [illegible] jouissance du vassal. La raison de cette differen[illegible] est sensible. Il est juste que la peine soit propo[illegible] tionnée à la faute; & l'offense est bien plus gra[illegible] de manquer de porter la foi, que de négliger de pay[illegible] le cens.

§ II. *Des cas où la Saisie censuelle peut être employée.*

Cette Saisie n'a lieu que dans un seul cas, lor[illegible] que le seigneur n'est point payé du cens. C'e[illegible] ce qui résulte de la disposition de la plupart de[illegible] coutumes : presque toutes, semblables à cel[illegible] de Paris, sont conçues en ces termes : *Le sei[illegible] gneur peut procéder par voie d'arrêt ou brandon* . . . *pour les arrérages de cens qui lui sont dus*. Ce[illegible] derniers mots restreignent formellement la Saisi[illegible] au seul cas où il est dû des arrérages de cens. Ain[illegible] le seigneur ne peut pas user de cette voie pou[illegible] se faire exhiber le contrat de vente d'un héritag[illegible] censuel. Elle lui est également interdite à l'égar[illegible] es rentes foncières, quand bien même il en auroit fait une clause expresse du bail à rente, à moins cependant que cette rente ne soit identique avec le cens, & ne forme qu'une seule & même prestation avec lui. Cette décision est appuyée sur le principe qui est l'une des bases de cette matière, *potestas incipiendi ab executione publici juris est, nec est in commercio privatorum nec singulis, hoc est privatis concedendum.* Dumoulin, qui traite cette question avec sa profondeur ordinaire, paroît pencher beaucoup en faveur du propriétaire de la rente foncière; mais il décide qu'il ne doit pas partager la faculté de saisir avec le seigneur censier. *Periculosam puto novitatem hanc inducere.*

On peut opposer à cette décision le texte de la coutume de Paris & de beaucoup d'autres qui portent: *Le seigneur peut saisir les fruits pendans en l'héritage à lui redevable d'aucun cens ou fonds de terre.* Dumoulin répond encore à cette difficulté: *fundus terræ hîc pro censu accipitur & alternativè stat pro expositivâ* (m.', §. 52, gl. 1): même décision à l'égard des lods & ventes. Si cependant le seigneur fait saisir tant pour ce dernier objet que pour les arrérages du cens, la Saisie ne sera pas nulle, mais le payement du cens en opéreroit la main-levée, & même le vassal pourroit impunément l'enfreindre, si elle n'avoit pour objet que les lods & ventes, pourvu toutefois qu'elle eût été faite de l'autorité privée du seigneur, & non par ordonnance de justice. Dans ce dernier cas, le censitaire seroit obligé de se pourvoir par les voies de droit.

Il y a néanmoins plusieurs coutumes, telles que Blois, Chaumont, Auvergne, Nivernois, qui donnent au seigneur la faculté de saisir, même pour les lods & ventes & tous les autres droits seigneuriaux. Mais ces coutumes doivent être renfermées dans leur ressort, comme contraires au droit comm[un] du royaume.

La disposition de ces coutumes nous condui[t à] une question assez intéressante. Le seigneur a re[çu] le cens, peut-il encore saisir pour les lods [&] ventes ?

Il est constant qu'après l'investiture le seign[eur] du fief ne peut plus saisir féodalement; d'où il par[oît] résulter par analogie, que la même faculté doit ê[tre] interdite au seigneur censier après la réception [du] cens. Mais il faut tenir le contraire, parce que [la] réception du cens n'est rien moins qu'une investitu[re;] tout est réel dans cette prestation, & le seigne[ur] la reçoit sans être censé connoître la main qui la l[ui] donne.

Simplex receptio censûs cùm debeatur à quocu[m]que possessore, justo vel injusto, habili vel inhabili, non inducit investituram nec approbationem perso[næ] & novæ acquisitionis (m. §. 52, gl. 1, n. 150). Du moulin ajoute : *Amplio etiam, si census sit ab illi receptus post exhibitas litteras acquisitionis.*

Le seigneur peut-il saisir pour les lods dus à raiso[n] des mutations précédentes ? Voyez l'article Sai[sie] féodale.

§. III. *Des personnes qui peuvent saisir.*

La douarière, le gardien, en un mot, tous les usufruitiers peuvent saisir censuellement comme ils peuvent saisir féodalement. Mais pour que la Saisie féodale faite par l'usufruitier soit valable, il faut, aux termes de l'article 2 de la coutume de Paris, *qu'en l'exploit qui sera fait, le nom du propriétaire du fief soit mis & apposé, sommation préalablement faite audit propriétaire..... de faire saisir.* L'usufruitier qui fait saisir censuellement est-il assujetti à la même formalité ? Guyot répond à cette question,

Les auteurs, dit-il, tiennent que l'usufruitier peut saisir censuellement comme le propriétaire..... Je tiens ce parti, continue Guyot, parce que dans notre cas il n'est nullement question d'acte seigneurial *in se*, mais de simples payemens des arrérages de la censive reconnue au profit du seigneur, & qu'en ce cas, ce n'est pas là exercer le droit du seigneur, mais un acte de simple créancier d'arrérages, comme effectivement il l'est au moyen de l'usufruit «.

§. IV. *De la forme de la Saisie censuelle.*

Leges & constitutiones de formis executionum jurisdictionalium non habent locum in his patrimonialibus actibus in quibus sufficiunt ea quæ in denunciationibus aut protestationibus extrajudicialibus (m. §. 52, gl. 1, n. 73). Ce principe domine toute cette matière; il dérive de cette puissance exécutrice, de cette autorité publique que la loi donne aux seigneurs sur leurs vassaux & censitaires. Il en résulte, que les commandemens, toutes les formalités qui doivent précéder les Saisies ordinaires, sont inutiles dans celles-ci; en sorte que le seigneur peut saisir l'héritage censuel sans interpellation préalable.

La Saisie est bonne & valable toutes les fois qu'il est dû au seigneur des arrérages de cens; il n'est pas même nécessaire qu'elle en exprime la quotité. L'on exige cependant, & avec raison, qu'il désigne très-clairement l'héritage sur lequel tombe la Saisie, parce qu'il est très-intéressant que le vassal ne puisse s'y méprendre. Mais si on dispense le seigneur d'un commandement préalable, on exige de lui très-rigoureusement une notification postérieure. Il faut bien que le censitaire connoisse l'état de son héritage, il faut qu'il ait connoissance de la Saisie, pour pouvoir la respecter. S'il ne la connoît pas par la négligence du seigneur, il peut l'enfreindre impunément.

Cette notification doit être faite à personne ou domicile; & si le censitaire est absent, ou si l'héritage est abandonné, il faut notifier la Saisie aux voisins, ou la faire proclamer aux lieux accoutumés à faire cri public. Mais si le propriétaire étoit mineur, destitué de tuteur, dans ce cas, c'est à ses parens que la notification doit être faite.

Le seigneur peut-il saisir de son autorité privée? Dans la rigueur des principes il le peut; mais l'usage contraire a prévalu. Il doit aujourd'hui s'adresser à son juge; s'il n'en a pas, à celui dans le district duquel il se trouve, en prendre commission à l'effet de saisir, & la faire mettre à exécution par le ministère d'un huissier.

Si le censitaire se pourvoit contre la Saisie, soit à raison du défaut de commission, soit pour quelque autre vice, le seigneur peut-il, pendant le cours de l'instance, ou même sur l'appel, saisir de nouveau? Oui, il le peut, malgré la règle qui dit que l'on ne peut rien innover sur l'appel.

Par cette nouvelle Saisie, il ne fait aucun préjudice au vassal. *Juris communis executio nullam habet injuriam:* & quant à l'innovation, *non dicitur innovare qui jure communi utitur.*

On vient de dire que, suivant l'usage actuel, le seigneur doit prendre commission du juge à l'effet de saisir; cette commission doit-elle être particulière pour tel héritage & tel censitaire?

Autrefois les commissions particulières étoient inconnues; il suffisoit au seigneur d'avoir une commission générale pour tous les héritages mouvans de sa seigneurie; cet usage changea vers l'an 1525. M. Liset, alors avocat général, fit proscrire les commissions générales, & une jurisprudence nouvelle s'établit à cet égard. Nous retrouvons cette jurisprudence dans les auteurs qui ont écrit depuis. Se copiant les uns les autres, ils nous ont transmis comme une regle de droit, que le seigneur ne peut saisir qu'en vertu d'une commission particulière. Il faut convenir qu'il est bien difficile d'appercevoir le motif de ce changement : est-ce l'intérêt du censitaire ? mais il lui importe au contraire de ménager les frais de la Saisie, puisqu'il doit les supporter. A-t-on craint qu'une commission générale ne donnât lieu à quelque méprise ? mais la généralité de la commission est assez individualisée par l'exploit de Saisie, qui, comme on l'a dit, doit contenir un tableau fidèle de la situation & des aboutissans de l'héritage saisi. Dumoulin, parlant de ces commissions générales sur la coutume de Tours, dit que c'est une erreur provenant *de la cupidité d'augmenter les griefs.*

Ce motif seroit effectivement vraisemblable, si ce changement de jurisprudence avoit été l'ouvrage des traitans ; mais il est celui des magistrats.

Ces commissions sont-elles annales ? Si le seigneur, après en avoir obtenu une générale ou particulière, touché, par les remontrances d'un censitaire, néglige d'en faire usage, obligé enfin d'en venir à une Saisie, peut-il, après l'année révolue, se servir de cette même commission, ou bien est-il obligé d'en prendre une autre ? Dumoulin tient la négative, même dans les coutumes qui défendent au seigneur de saisir sans l'autorité du juge.

In istis actibus & executionibus domanialibus magis simplicitas, veritas, & bona fides, quàm scrupulosa formularum subtilitas attenditur..... Si, anno lapso, novâ commissione opus esset, major & novus esset sumptus qui in damnum vassali & censitoris recideret. (m. §. 52, gl. 1, n. 92.). Sur les formalités de la Saisie, voyez le traité des fiefs de Dumoulin, analysé titre 7.

§. V. *Des objets qui tombent dans la Saisie censuelle.*

Cette Saisie ne peut frapper que sur l'hérit[age] chargé de cens; elle ne peut s'étendre aux au[tres] biens du vassal, encore moins à sa personne; [ ] *rei, non persona personæ subjicitur.*

Il résulte des termes de la coutume de Paris [&] de beaucoup d'autres, que le seigneur ne peut [sai]sir que les fruits de l'héritage censuel. Cepend[ant] s'il avoit saisi le fonds & les fruits, cette circo[ns]tance ne vicieroit pas la Saisie. Les coutumes ne p[ar]lent que des fruits, parce qu'en effet la Saisie [n'a] que les fruits pour objet; mais le fonds en est [la] véritable cause, & même les fruits ne sont saisi[s]sables que parce qu'ils sont attachés au sol. Ce[tte] décision est de Dumoulin; mais Guyot tient l'op[i]nion contraire, d'après un arrêt du 11 août 17[ ] Voici les termes de cet auteur & l'espèce de l'arrê[t]

» Dans le général des coutumes, dit Guyot, » le seigneur censier, pour être payé des arrérag[es] » de son cens, ne peut user de main-mise, ma[is] » seulement brandonner & saisir les fruits jusqu'[à] » ce qu'il soit payé, & il ne fait pas les frui[ts] » siens.

» Cette question vient d'être jugée récemme[nt] » en la grand'chambre en la coutume de Senlis, » en interprétation des articles 100, 101, 102, » 123, 248 & 249, qui présentent de l'obscurité.

L'article 100 dit que, pour contraindre à exhiber, le seigneur haut-justicier peut saisir les héritages. Les 101 & 102 parlent aussi des héritages; l'article 123, parlant du bas-justicier, dit: *Item, faire arrêter & mettre brandon par faute de cens non payés, commettre commissaires à icelles terres arrêtées.* Les articles 248 & 249, pour payement des lods &

rentes, permettent de posséder par arrêt de leur justice (sans distinction de haut ou bas-justicier), les heritages; en sorte qu'on pourroit dire que le seigneur féodal, en même temps haut-justicier, pourroit faire saisir les héritages, faute de cens.

Le 13 décembre 1738, commandement fait à la requête de M. Coste de Champeron, président en la cour des aides, à Antoine le Vasseur & consorts, habitans de Pontoise, de passer déclaration, payer vingt-neuf années de censives & les lods & ventes qui pourroient être dus, à cette fin exhiber leurs titres.

Sur le refus, saisie censuelle, sans qu'il soit parlé des fruits; c'étoient des maisons sises à Pontoise, établissement de commissaires; il falloit une simple Saisie-arrêt ès mains des locataires; ou, si elle n'étoit pas louée, faire une Saisie-gagerie.

Assignation au bailliage de Pontoise, pour voir déclarer la Saisie censuelle bonne & valable.

A l'audience, M. le président de Champeron fait déclarer qu'il entend soutenir la Saisie censuelle, comme Saisie des fonds.

13 février 1739. Sentence contradictoire, par laquelle, après la déclaration faite par le procureur de M. de Champeron, qu'il entendoit soutenir la Saisie censuelle, comme Saisie faite sur les fonds, on déclare *ladite Saisie nulle, & on en fait main-levee avec dépens, sauf à Mr de Champeron à se pourvoir par Saisie de fruits, ou par action, suivant l'ordonnance.*

Appel par M. le président de Champeron, M. Gillet, son avocat, M. Regnare, avocat de le Vasseur & consorts.

Arrêt le 11 août 1739, qui met l'appellation au néant avec amende & dépens.

» Cet arrêt, continue Guyot, juge bien disertement la question; la cause fut plaidée bien net-

» tement, & la question bien solidement ag
» par les défenseurs des parties. Cet arrêt juge
» le seigneur n'a pas droit d'user de main-mis
» censive, qu'il ne peut que saisir & arrêter
» loyers ou les fruits pendans par les racines.
» arrêt rejette le sentiment de Dumoulin sur
» ticle *hodie* 74, de Paris, gl. 1, n. 41, &
» Brodeau, n. 26 «.

Les carrières, les mines, les garennes, les lombiers suivent la même loi que les étangs, sont, comme eux, sujets à la Saisie, lorsqu'ils situés sur un fonds censuel. Ainsi un seigneur p empêcher l'extraction des mines & des pierr jusqu'à ce qu'il soit servi des arrérages du cens

Le seigneur, disent les coutumes, peut sa *les fruits pendans en l'héritage à lui redevable d'au cens.*

Ces expressions donnent lieu à la question de sav si le seigneur peut saisir les fruits coupés, m étant encore sur l'héritage censuel. Oui, il le pe & le censitaire ne peut les enlever, pourvu q la Saisie lui ait été dûment notifiée. Cette décis paroît, au premier coup-d'œil, contraire à la l mais, en l'examinant de près, on voit qu'elle parfaitement dans l'esprit des coutumes. En eff pourquoi ces mots, *les fruits pendans sur l'hérita* Parce que la Saisie des fruits est la voie la plus cile & la plus prompte.

Si les coutumes en avoient connu qui pût facili davantage le payement du cens, elles l'auroient c tainement employé. Ces expressions sont donc *designationem*, plutôt que *ad limitationem*. Dailleu de quoi s'agit-il ici? D'un acte juridictionnel d dérive de la qualité de propriétaire primitif; a bien différent des exécutions ordinaires, qui mér toute la faveur & qui doit avoir toute l'extensi qu'on peut raisonnablement lui accorder. Enfi

pourquo

pourquoi, sur quel fondement le censitaire s'éleveroit-il contre cette Saisie? Il y gagne, si le seigneur eût devancé la coupe, comme il le pouvoit; il l'auroit fait faire par des ouvriers & sous l'inspection de commissaires dont le salaire auroit été à la charge du vassal, & qui certainement auroient exploité avec plus de frais & bien moins de soins & d'économie.

L'on ne se dissimule pas que cette décision est susceptible de difficultés, & en voici une, entre autres, faite pour en imposer. Le seigneur saisissant le fief mouvant de lui, faute de foi & hommage, ne prend que les fruits pendans par les racines; ceux qui sont coupés appartiennent incontestablement au vassal, & certainement les droits du seigneur féodal sur son fief sont plus anciens, plus étendus que ceux du seigneur censuel sur l'héritage chargé de cens.

Il y a une réponse bien simple à cette difficulté? Le seigneur saisissant faute de foi, fait les fruits siens; tout ce qui tombe dans la Saisie lui appartient irrévocablement: au contraire le censitaire ne perd rien, la Saisie ne fait que suspendre sa jouissance, & tout lui est remis lorsqu'il acquitte les arrérages du cens. Ainsi la Saisie féodale étant une peine très-grave, il étoit de l'équité de la resserrer dans les bornes les plus étroites. Il est de la justice de donner une certaine extension à la Saisie censuelle, qui n'est au contraire qu'une espèce d'interpellation, qu'un moyen très-doux d'exiger un payement très-légitime.

Il faut cependant bien prendre garde de faire de cette prérogative un instrument de vexation; en sorte que si le seigneur attendoit, pour saisir, l'instant où le censitaire va pour lever les fruits & peut-être pour les livrer à des acquéreurs, une pareille Saisie annonçant un dessein prémédité de nuir devroit être déclarée nulle & tortionnaire.

Cette question conduit à une autre.

Si les fruits sont non seulement coupés, ma engrangés, le seigneur peut-il les saisir?

Il le peut, si la grange est sur un fonds étan dans sa censive; autrement il ne peut se pourvoir qu par action ordinaire, *aut fructus illi sunt supe eodem fundo censuali in quo situm est horreum, & tunc valet impedimentum, secùs si horreum non s super eâdem terrâ censuali.*

Ces décisions relatives aux fruits coupés & en grangés, sont de Dumoulin, *mais on ne les sui plus*, disent les annotateurs de Duplessis; Guyo pense de même que les fruits, une fois séparés d sol, sont à l'abri de la Saisie censuelle, quand mêm ils seroient dans une grange de la censive du sei gneur, quand même ils seroient encore sur le so qui les a produits.

Quand bien même l'héritage & les fruits seroien déjà dans les liens d'une Saisie ordinaire, le sei gneur pourroit néanmoins saisir; *& omnibus potio erit manus dominica.*

Le seigneur peut-il saisir, si l'héritage censue appartient à un mineur dépourvu de tuteur? Un mi neur, dans le cas où l'on suppose celui-ci, est l'en fant de la république; il est sous la protection d tous les citoyens, & spécialement sous celle de so seigneur. Néanmoins il faut tenir que le seigneu peut saisir. Tout est réel dans cette matière; l seigneur ne voit que l'héritage, peu lui importen l'âge, l'état, la qualité du propriétaire. Une raiso plus décisive; c'est que cette Saisie ne dépouille pa le mineur, elle ne fait que suspendre sa jouissance & qu'au moyen de la notification que le seigneu est obligé de faire aux parens du mineur, ceux-c euvent parer à tous les inconvéniens, en payant le cens, qui est pour l'ordinaire un objet très-modique.

§. VI. *Des effets de la Saisie.*

On l'a déjà dit plusieurs fois, tout l'effet de cette Saisie est de suspendre la jouissance du censitaire; elle ne lui enlève ni la propriété ni même la possession des fruits saisis, & il demeure à cet égard dans les mêmes termes qu'auparavant, à la jouissance près.

Le seigneur doit veiller à la conservation des fruits, ou établir des commissaires à cet effet, & définitivement rendre compte au vassal lorsqu'il obtiendra main-levée. Ces comptes, l'établissement des commissaires, leurs obligations à l'égard de la partie saisie, plusieurs autres questions relatives à cet objet sont décidées dans le traité des fiefs de Dumoulin, *analysé* titre 6.

§. VII. *De la main-levée de la Saisie censuelle.*

Le payement des arrérages du cens, des frais de la Saisie & des lods & ventes, dans les lieux où la coutume permet de saisir pour cet objet, opèrent incontestablement la main-levée de la Saisie. Cette main-levée est définitive; nulle difficulté à cet égard: mais il y a des cas où le vassal peut demander main-levée provisoire, & c'est ce qui exige quelques développemens.

Le censitaire doit obtenir main-levée provisoire de la Saisie, 1°. lorsqu'il dénie son seigneur; 2°. lorsqu'il soutient avoir payé le cens; 3°. lorsqu'il prétend avoir eu de justes causes d'ignorer qu'il fût débiteur d'un cens; 4°. lorsque deux seigneurs se prétendent propriétaires du cens.

1°. Lorsqu'un vassal dénie son seigneur, cette

dénégation opère à l'instant main-levée provisoi de la Saisie féodale : même décision, fondée sur même motif, en faveur du censitaire. La faculté saisir dérive de la puissance exécutrice attachée la qualité de seigneur : lorsque cette qualité en litige, sa vertu doit demeurer en suspens. *I velut securis ad radicem*; & cette main-levée si absolue, que le prétendu seigneur ne peut mên exiger ni caution ni consignation des arrérages cens.

2°. Lorsque le censitaire prétend s'être libé envers le seigneur, il est juste de lui accorder pe dant la durée de ce temps main-levée provisoi de la Saisie. Dumoulin ajoute qu'il doit consign les dernières annéees des arrérages qui lui sont de mandés. *Talis est antiqua praxis & observantia aqu non est recedendum* (m. §. 52, gl. 1, n. 160). I coutume de Sens en a une disposition, §. 22 & 241.

3°. L'acquéreur & l'héritier d'un héritage censu étant censé ignorer ce qui s'est passé sous leu auteurs, peuvent demander & doivent obtenir mai levée provisoire de la Saisie. Il seroit injuste de le punir d'une ignorance involontaire. Même mot de décider dans le cas où un censitaire auroit fa un voyage de long cours & auroit laissé l'adminis tration de ses biens entre les mains d'un fond de pouvoir. Il faudroit lui accorder main-levée pro visoire pendant le temps nécessaire pour prend connoissance de la gestion de son procureur. Les un & les autres doivent, comme dans le cas précéden consigner une année de cens. Cette consignation quoi qu'en dise Dumoulin, n'est cependant pas sar difficulté. Voyez l'article 75 de la coutume d Paris.

4°. S'il s'élève un combat de fief entre deux sei gneurs, chacun d'eux faisant saisir l'héritage censuel comme étant dans sa mouvance, le censitaire obtiendra main-levée en consignant en justice ce qu'il doit d'arrérages. Cette main-levée ne sera que provisoire. Si le censitaire désire qu'elle soit définitive, il peut, ainsi que le vassal, se faire investir par main souveraine.

§. VIII. *D'un cas particulier.*

Il existe quelques fiefs concédés non seulement sous la prestation de l'hommage & des droits ordinaires, mais encore à la charge d'une rente foncière annuelle perpétuelle. Par quelle voie le seigneur peut-il exiger le payement de cette rente? D'abord il est certain qu'il ne peut user de la Saisie féodale, parce que cette Saisie est restreinte à deux cas bien expressément désignés par les coutumes, le défaut d'hommage & celui de dénombrement.

A-t-il au moins la Saisie censuelle sur l'héritage grevé de cette rente? Non, la coutume n'a introduit ces deux espèces de Saisies que pour les droits seigneuriaux ordinaires, que pour ceux qu'elle reconnoît elle-même, & celui dont il s'agit est un droit extraordinaire, dérivant non de la coutume, mais d'une simple convention; le seigneur n'a donc, pour en exiger le payement, qu'une action ordinaire. Cette décision est fondée sur ce principe fondamental en cette matière, *jura feudalia extraordinaria, id est, quæ præter consuetudinem ac contra feudorum naturam speciali & privatâ pactione introducta sunt, non censentur inter jura dominicalia, saltem quantùm ad favores & remedia introducta à consuetudinibus locorum.* (m. §. 52, gl. 2, n. 13).

Cette décision auroit lieu, quand même l'acte d'investiture contiendroit une rétention expresse du droit de saisir, parce que cette prérogative, participant à la puissance exécutrice, ne peut appartenir qu'à ceux à qui la loi en a fait une concessio expresse.

§. IX. *D'une espèce de Saisie particulière pour l ville & banlieue de Paris.*

Cette Saisie se nomme *gagerie*, elle n'a lie que sur les meubles; comme les autres espèces d Saisie, elle met l'objet saisi sous la main de justice. Son caractère spécifique est d'avoir lie sans déplacement : c'est un droit particulier à ville & banlieue de Paris; il est établi sur l'artic 86 de la coutume; cet article est conçu en c termes : » Il est loisible au seigneur censier en » ville & banlieue de Paris, à défaut de pay » ment des droits de cens dont sont chargés l » héritages tenus en sa censive, de procéder p » voie de simple gagerie sur les biens étant » maisons pour trois années d'arrérages dudit ce » & au dessous, & est entendu simple gagerie » quand il n'y a transport de meubles «.

Cette Saisie est bien différente de celle dont no avons parlé jusqu'ici. La Saisie censuelle émane d la propriété primitive, de la puissance exécutrice d seigneur. La Saisie-gagerie n'émane que de la con cession de la loi : le seigneur partage avec le ce sitaire le domaine chargé de cens; il n'a rien a contraire dans la propriété des meubles que coutume lui permet de saisir. Enfin, le seigneur une hypothèque foncière & primordiale sur l'hé tage chargé de cens, & les meubles ne sont p même susceptibles de l'hypothèque ordinaire.

Ces différences si essentielles entre ces deux Sa sies, doivent en apporter dans la manière de l mettre à exécution; il y en a effectivement. E général, le seigneur qui saisit l'héritage censuel n'est point astreint à toutes les formalités des Sa ſies; il peut même, dans la rigueur des principes, ſaiſir de ſon autorité privée : le ſeigneur au contraire, qui fait gager les meubles du cenſitaire, n'agiſſant qu'en vertu de la loi ſeule, doit remplir exactement les formes de la loi. Cependant Dumoulin décide qu'il n'eſt pas abſolument néceſſaire que la quotité du cens dû ſoit ſpécifiée dans l'acte, qu'il ſuffit d'en inſtruire le vaſſal lorſqu'il offre le payement. *Non tamen eſt neceſſe quantitatem cenſûs exprimere, niſi cenſuarius, hoc petat ſatiſfacere offerens, quia hic textus non requirit, & per ſe ſatis ſolet eſſe nota* (m. §. 63, n. 11).

De la néceſſité où eſt le ſeigneur de ſe conformer dans ce cas à toutes les formalités des Saiſies ordinaires, il réſulte auſſi que la partie ſaiſie refuſant de payer, il ne peut procéder à la vente des meubles gagés, qu'après avoir obtenu un jugement & de la même manière que dans les Saiſies-exécutions.

Quoique la coutume donne au ſeigneur permiſſion indéfinie de ſaiſir les meubles du cenſitaire, cependant il ne doit pas envelopper dans la Saiſie les chevaux, les effets précieux, en un mot, tout le mobilier. Il faut qu'il ſe contente d'objets qui faſſent à peu près l'équivalent de ce qui lui eſt dû. L'équité dicte cette reſtriction; c'eſt un gage que la loi met entre les mains du créancier. Il doit y avoir une proportion entre la dette & le gage, & le ſeigneur doit plus que tout autre à ſon cenſitaire, de la bienfaiſance, de la juſtice & de l'humanité.

Cette prérogative n'enlève pas au ſeigneur l'exercice du droit commun : quoiqu'il ait fait gager les meubles de ſon cenſitaire pour les trois dernières années; il peut néanmoins uſer ſur les héritages de la Saiſie-cenſuelle ordinaire; il peut de même, nonobſtant la Saiſie-gagerie, ſe pourvoir par action pour obtenir le payement de vingt-neuf années d'arrérages.

Bien entendu que cette gagerie ne peut avoir lieu que sur les meubles garnissant les maisons chargées de cens; la main-levée provisoire en doit être donnée en consignant les trois dernières années. Ce privilège est, comme on l'a déjà dit, spécial & local pour la ville & banlieue de Paris; il est fondé sur deux motifs assez raisonnables : 1°. l'amende n'y a pas lieu pour cens non payé; & cette gagerie est une sorte d'indemnité accordée au seigneur; 2°. parce que tous les héritages censuels sont chargés de maisons qui ne produisent point de fruits, sur-tout lorsqu'elles sont habitées par les propriétaires. Voyez l'article SAISIE FÉODALE.

(*Article de M. H***, avocat au parlement*).

SAISIE-EXÉCUTION. La Saisie-exécution est une Saisie de meubles meublans & autres effets mobiliers, qu'on se propose de faire enlever & de faire vendre, pour, sur le prix en provenant, être le saisissant payé de ce qui lui est dû.

Le titre 33 de l'ordonnance du mois d'avril 1667, a réglé les formalités relatives aux Saisies & exécutions, & a distingué les choses saisissables, d'avec celles qui ne le sont pas.

L'article premier de ce titre a ordonné que tout exploit de Saisie & exécution de meubles ou choses mobilières, contiendroit l'élection de domicile du saisissant, dans la ville où la Saisie & exécution seroit faite, & que, si elle ne se faisoit ni dans une ville, ni dans un bourg ou village, le domicile seroit élu dans le village ou la ville la plus prochaine.

L'objet de ces dispositions a été de mettre le débiteur à portée d'arrêter l'effet & les suites de la

isie, soit par les oppositions ou significations re-
tives aux circonstances, soit en faisant à son créan-
ers des offres légitimes ; l'élection de domicile
onne d'ailleurs à la partie saisie & aux opposans,
droit d'assigner le saisissant pardevant le juge du
omicile élu pour faire décider les contestations
ui peuvent survenir au sujet de la Saisie.

Suivant l'article 2, les Saisies & exécutions ne
oivent être faites que pour chose certaine & liquide,
n deniers ou en espèces, c'est-à-dire, que la dette
oit être d'une somme d'argent fixe & déterminée,
u bien d'une espèce telle que du vin, du
led, de l'avoine, &c. dont la quantité soit spé-
ifiée.

Il faut aussi que la dette soit exigible ; car si
lle n'étoit pas encore échue, il n'y auroit pas lieu
' la Saisie & exécution.

Il faut encore pour la validité d'une Saisie & exécution, qu'elle soit faite en vertu d'un titre exécutoire, c'est-à-dire, en vertu d'un contrat ou d'une
obligation en forme authentique, ou en vertu
d'un jugement dont il n'y a point d'appel, ou
qui peut être exécuté par provision, nonobstant
l'appel.

Quoiqu'on puisse procéder par la voie de Saisie
& exécution pour une dette liquide en espèces,
comme on vient de le dire, on ne peut néanmoins
faire vendre les effets saisis, avant que l'appré-
ciation des espèces dues n'ait été faite dans la forme
prescrite pour les liquidations de fruits.

La Saisie-exécution doit être précédée d'un commandement de payer (*) ; c'est ce qui résulte de l'article 74 de l'ordonnance de 1539.

(*) *Formule de ce commandement.*

L'an mil sept cent .... le .... jour de .... en vertu d'une
sentence rendue par M. le prévôt du bailli de .... le ....

Quelques-uns ont prétendu qu'il falloit, p[our] qu'une Saisie fût valable, que le commande[ment] l'eût précédée au moins de vingt-quatre heu[res;] mais cette opinion n'est fondée sur aucune au[to]rité; il suffit que le commandement soit fait [dans] le procès-verbal de Saisie, autrement le débi[teur] pourroit détourner ses meubles. Il faut néanm[oins] convenir que, nonobstant cette bonne raison, il [y a] des juridictions où l'on exige que le comman[de]ment ait été fait au moins la veille de la Saisie-exécution.

Observez d'ailleurs que quand il s'agit de la [per]ception des droits du roi, il doit y avoir huit jo[urs] francs entre le commandement & l'exécution. C['est] une disposition de la déclaration du roi du 17 [fé]vrier 1688, portant réglement pour la procéd[ure] des élections, greniers à sel, &c.

Au reste, il n'est pas nécessaire que la Saisie-exécution suive de près le commandement; lo[rs]qu'il a été fait, on procède à la Saisie quand [on] le juge à propos.

Remarquez que si le débiteur formoit opp[o]sition à ce commandement, cela n'empêcheroit [...]

---

signée, scellée & signifiée, *ou* d'un arrêt du parlement de... en date du .... signé, scellé & signifié, & à la requête de... demeurant à .... où il élit son domicile, je .... huis[sier] à .... demeurant à .... soussigné, certifie avoir fait com[man]dement à .... en son domicile, parlant à .... de pré[sen]tement payer audit .... ou à moi, huissier, pour lui port[eur] des pièces, la somme de .... à quoi il a été condamné p[ar] ladite sentence *ou* par ledit arrêt, pour les causes y portées, sans préjudice des intérêts de ladite somme, autres dus, droits, actions, frais & dépens; lequel, parlant comme dessus, [a] été de payer ladite somme refusant, pour lequel refus je l[ui] ai déclaré qu'il y sera contraint par toutes voies dues & raisonnables; & lui ai laissé, parlant comme dessus, co[pie] du présent.

l'on ne pût procéder par provision à la Saisie & écution ; c'est ce qui résulte de l'article 41 de ordonnance du mois d'août 1536, & plusieurs utumes, telles que celles d'Orléans, Berry & uvergne, ont des dispositions semblables.

Toutes les formalités prescrites pour les ajournemens doivent, suivant l'article 3 du titre cité l'ordonnance de 1667, être observées dans les xploits de Saisie & exécution, & sous les mêmes ines. Ces formalités consistent principalement à ire mention dans l'exploit, du jour, du mois & l'année ; à y exprimer les nom, surnom & ualité de la partie, & son domicile ; le nom de huissier, la juridiction où il a été immatriculé, son domicile ; les nom, surnom & qualité e celui à qui la signification a été faite, & la ersonne à qui l'exploit a été laissé (*). *Voyez l'article* AJOURNEMENT.

(*) *Formule d'un exploit de Saisie & exécution.*

L'an mil sept cent quatre-vingt-un, le .... en vertu .... & à la requête de .... demeurant à .... où il élit on domicile, je .... huissier .... soussigné, certifie avoir it itératif commandement de par le roi notre sire & justice, u sieur .... demeurant à .... de présentement bailler & payer udit .... ou à moi, huissier, porteur de pièces pour lui, la omme de .... pour les causes de .... sans préjudice des intérêts, frais & mises d'exécution ; lequel sieur .... a été de ayer refusant ; pour lequel refus, je lui ai déclaré que j'allois présentement procéder à la Saisie & exécution de ses effets ; l'effet de quoi, & pour y parvenir, j'ai sommé & interpellé eux des plus proches voisins dudit sieur .... d'y venir être résens ; ce qu'ils ont refusé de faire, même de dire leurs noms & signer leur refus, de ce interpellés suivant l'ordonnance ; nonobstant quoi étant rentré en ladite maison, j'ai, n leur absence & en présence de mes témoins ci-après nommés, saisi & mis sous la main du roi & justice les meubles qui ensuivent : Premièrement *on fait ici la description détaillée de chacun des meubles & effets qui se trouvent en évi-*

L'article 4 veut qu'avant d'entrer dans une m pour y saisir des meubles ou effets mobil l'huissier ou sergent appelle deux voisins au mo pour y être présens ; il doit leur faire signer exploit où procès-verbal, s'ils savent ou ve signer, sinon il doit être fait mention de leur r ainsi que du temps de l'exploit, si c'est avan après midi, & le faire pareillement signer pa records ; s'il n'y a point de voisins, l'huissier

---

dence, à l'exception de ceux réservés au saisi par l'or nance) qui sont tous les meubles & effets trouvés en évi dans lesdits lieux, pour la garde desquels j'ai sommé & terpellé ledit sieur .... de me donner bon & solvable ga pour s'en charger, lequel m'a présenté la personne de demeurant ..... où il élit son domicile ; lequel, pour ce sent en personne, s'est de tout ce que dessus volontair chargé & rendu gardien, a promis le tout représenter fois & quantes que requis en sera, comme dépositaire de de justice, & a tenu le tout pour être en sa garde & pos sion, sans rien déplacer. (*Si le gardien demande à être des effets, au lieu de ce qui précède, on met ce qui s* Lesquels meubles & choses saisis j'ai laissé en garde à demeurant à .... en parlant à sa personne, qui a accept dite charge & m'a requis de faire transporter en sa ma lesdites choses saisies & de le mettre en possession d'icelles que j'ai fait, & lui ai délivré lesdits meubles & effets, il s'est chargé comme dépositaire, aux effets de représ le tout à qui sera par justice ordonné. (*Et si la significa de vente se fait par le même exploit, on ajoute :*) La v desquels meubles & effets je leur ai signifié à huitaine (*autre délai plus éloigné*), en la manière accoutumée ; & leur à chacun d'eux séparément, laissé copie, parlant comme sus, du présent. (*Si la partie saisie ne donne point de gard il faut mettre*) lequel étant refusant de donner bon & val gardien, j'ai mis & établi en la maison dudit .... par for de garnison, le nommé ..... l'un de mes records ci-ap nommé, pour y demeurer à la garde des effets saisis, jusq la vente d'iceux, aux frais dudit .... en présence .... ass de .... demeurant à ...., & de ...., demeurant à .... moins, qui ont, avec moi & ledit .... gardien, signé ta aux copies laissées qu'au présent original.

nu de le déclarer par l'exploit, & de le faire papher par le plus prochain juge immédiatement rès l'exécution.

Quand les portes de la maison sont fermées, & s'il n'y a personne pour les ouvrir, ou que ceux qui y sont refusent d'en faire l'ouverture, l'huissier sergent doit en dresser un procès-verbal pour re présenté au juge du lieu (*) : en conséquence, celui-ci permet au bas du procès-verbal, de faire ouvrir les portes par le premier serrurier ou maréchal sur ce requis, en présence de deux témoins u records ; ces témoins doivent signer l'exploit ou procès verbal de Saisie avec les records (**). Telles ont les dispositions de l'article 5.

(*) L'édit du mois de mars *1668* veut que quand il s'agit le droits d'aides, tailles, gabelles, &c. l'huissier, au lieu de s'adresser au juge ordinaire de l'endroit pour faire ordonner l'ouverture des portes, doit se pourvoir devant un officier de l'élection, grenier à sel, ou autre siége qui doit connoître de la matière.

(**) *Formule d'un procès-verbal de refus d'ouverture de portes.*

L'an mil sept cent .... le .... jour de .... à .... midi, en vertu de .... en date du .... signé & scellé, & à la requête de .... demeurant à .... où il élit son domicile, en continuant les poursuites & diligences ci-devant faites, portant refus de payer, je .... huissier à .... demeurant à .... soussigné, certifie m'être transporté, avec mes assistans ci-après nommés, en la maison & domicile de .... demeurant à .... pour lui faire itératif commandement de par le roi & justice, de payer audit .... ou à moi, huissier, pour lui porteur de pièces, la somme de .... en quoi il est condamné ou obligé par .... pour les causes y portées, sans préjudice des intérêts de ladite somme, autres dus, droits, actions, frais & mises d'exécution ; & à refus de payement, procéder à la Saisie-exécution sur les biens, meubles & effets dudit .... & ayant trouvé la porte de ladite maison & domicile par lui occupés, fermée, j'ai frappé à icelle à plusieurs & diverses

Dans les endroits où il y a des commissaires, comme à Paris, le juge, au lieu de deux témoins, nomme ordinairement un commissaire pour être présent à l'ouverture des portes.

Si le juge refusoit la permission de faire ouvrir les portes, ce seroit un déni de justice pour lequel on pourroit le prendre à partie. C'est ce que prouve

---

fois pendant long-temps, sans que personne se soit mis en devoir de m'en faire ouverture ni me répondre, sinon un particulier voisin, qui m'a dit que ledit .... étoit sorti de grand matin, & qu'il rentroit très-tard ; sommé ledit voisin de dire son nom & signer sa réponse, a refusé, laquelle réponse j'ai prise pour refus de payement & d'ouverture desdites portes, pourquoi j'ai déclaré que ledit .... se pourvoira ainsi qu'il avisera, pour avoir la permission d'en faire faire ouverture en la manière accoutumée, dont & de quoi j'ai fait & dressé le présent procès-verbal, pour servir & valoir ce que de raison, duquel j'ai laissé copie audit .... en parlant par attache à la porte de ladite maison, en présence de .... & de .... demeurant à .... mes assistans, avec moi soussignés.

Au bas de ce procès-verbal le juge doit mettre son ordonnance en ces termes :

» Permis de faire faire ouverture des portes par un serrurier, » en présence de deux voisins *ou* du commissaire du quartier ».

(*) *Dans ce cas de refus du juge, on lui fait une sommation ainsi conçue :*

L'an mil sept cent .... le .... jour de .... à .... midi, à la requête de .... demeurant à .... où il élit son domicile, & encore pour vingt-quatre heures seulement, en la maison du sieur curé de .... sans attribution de jurisdiction, pour satisfaire à l'ordonnance, je .... huissier à .... demeurant à .... soussigné, certifie avoir sommé & interpellé M le prévôt *ou* bailli de .... *ou* M. .... lieutenant de la prévôté *ou* bailliage, procureur fiscal, *ou* plus ancien praticien, demeurant à .... en son domicile audit lieu, où je me suis exprès transporté, distance de .... en parlant à .... de présentement délivrer son ordonnance au bas du procès-verbal, tendant à Saisie-exécution des meubles de .... fait le .... par moi .... huissier susdit & soussigné, à la requête dudit .... à l'effet de faire faire ouverture des portes dudit .... partie

n arrêt rendu au conseil, le 6 août 1668, contre le prévôt & le lieutenant général de Gisors.

Les exploits ou procès-verbaux de Saisies & exécutions doivent, suivant l'article 6, contenir par le menu & en détail, tous les meubles saisis & exécutés. Cette règle a été établie principalement afin que le gardien ne pût rien détourner des choses saisies, & que d'un autre côté on ne pût pas lui répéter des choses dont il ne se seroit pas chargé.

Si, en procédant à la Saisie, l'huissier trouve des armoires ou des coffres ouverts, ou qu'on veuille les ouvrir volontairement, il doit exécuter & décrire les effets qui s'y trouvent; mais si la partie saisie refuse d'en faire l'ouverture, l'huissier ne peut les faire ouvrir qu'avec la permission du juge; c'est pourquoi il doit faire assigner cette partie à comparoître à l'hôtel du juge, pour y dire les causes de son refus, sinon voir ordonner que les coffres & armoires seront ouverts en présence de deux témoins ou d'un commissaire. Ces sortes d'assignations se donnent d'une heure à l'autre.

Pour rendre la Saisie & exécution contradictoire avec le débiteur saisi, & lui faire connoître un

---

condamnée, par un serrurier ou maréchal, en présence de deux habitans du lieu, en la manière accoutumée, pour être par moi passé outre à ladite Saisie-exécution des meubles & effets dudit .... l'original duquel procès-verbal de refus d'ouverture de portes, je lui ai à cet effet exhibé & représenté, lequel sieur .... parlant comme dessus, a été de ce faire refusant, pour lequel refus, je lui ai déclaré que ledit .... se pourvoira par les voies de droit & ainsi qu'il appartiendra, protestant de le rendre garant & responsable en son propre & privé nom, de toutes pertes, dépens, dommages & intérêts, à ce qu'il n'en ignore; & lui ai laissé, parlant comme dessus, copie du présent.

acte qui le concerne si essentiellement, l'hui[ssier]
est tenu de lui donner sur le champ copie d[u]
procès-verbal, & cette copie doit être revêtue [des]
mêmes signatures que l'original.

Il faut en même temps que le nom & le [do]micile de celui en la garde duquel les choses [sai]sies ont été laissées, soient signifiés au saisi par le m[ême] procès-verbal; c'est ce qui résulte des articles 7 &[8].

L'article 9 défend aux gardiens de se servir [des] choses saisies pour leur usage particulier, ainsi [que] de les donner à louage; & en cas de contrav[en]tion, la même loi veut qu'ils soient privés [des] frais de garde & de nourriture, & condamnés [aux] dommages & intérêts des parties.

Si les bestiaux saisis produisent d'eux-mêmes qu[el]que profit ou revenu, le gardien doit en te[nir] compte à la partie saisie ou aux créanciers saisiss[ans]. Telles sont les dispositions de l'article 10.

Les articles 11, 12 & 13, règlent ce qui co[n]cerne la vente des effets saisis, c'est-à-dire, les f[or]malités qui doivent la précéder, celles qui doiv[ent] l'accompagner, & le temps dans lequel elle peut [se] faire.

La vente doit être précédée par une significati[on] faite à la personne ou au domicile de la pa[rtie] saisie avec toutes les formalités des ajourneme[ns]. Cette signification doit indiquer le jour, le lieu [&] l'heure même auxquels la vente doit avoir lie[u], afin que la partie saisie puisse, si bon lui semb[le], y faire trouver des enchérisseurs. L'ordonnance en restreignant ainsi les formalités qui doivent pr[é]céder à la vente, a dérogé à divers usages abusi[fs] qui étoient observés auparavant dans plusieurs siége[s]. En Auvergne, par exemple, & en Bourbonnois on ne pouvoit valablement procéder à la ven[te] des effets saisis, sans aller deux fois devant [le] juge

juge; une première fois pour lui demander permission de vendre & obtenir de lui sentence à cet effet; & une autre fois pour obtenir une seconde sentence confirmative de la vente, quand elle étoit faite.

Quant à la manière de procéder à la vente, elle ne peut être régulièrement faite qu'au marché public & aux heures où se tient le marché, afin que le lieu & le concours du peuple qu'il attire, puissent procurer un plus grand nombre d'acheteurs, & conséquemment faire vendre les choses saisies, le plus utilement qu'il est possible pour les créanciers & pour le saisi.

Enfin, il étoit juste de mettre un intervalle entre la Saisie & la vente, soit pour que le débiteur saisi fût à portée d'empêcher la vente de ses effets, ou par le payement des causes de la Saisie, ou par toute autre voie de droit; soit pour donner le temps à ceux qui auroient quelque privilége ou quelque droit de propriété sur les choses saisies, d'exercer leur revendication. L'ordonnance a fixé cet intervalle à huitaine pour les cas ordinaires.

Mais il y a certains meubles qui, par eux-mêmes, sont d'un tel prix ou d'une telle nature, qu'on ne pourroit les laisser vendre à la première exposition, sans craindre qu'ils ne fussent au dessous de leur valeur. De ce nombre sont les bagues & joyaux (*).

(*) L'ordonnance avoit ajouté aux bagues & joyaux, la *vaisselle d'argent*; mais la déclaration du roi du 14 décembre 1689, a changé cette disposition: ainsi quand il se trouve de la vaisselle d'argent parmi les effets saisis, on doit la porter à la monnoie la plus prochaine; on somme la partie saisie de s'y trouver à une telle heure, pour voir peser cette vaisselle, & en compter le prix; l'huissier tire un certificat du préposé de la monnoie, qui constate le poids

L'huissier peut être lui-même d'autant plus facileme surpris, qu'il ignore le prix de ces sortes de chose dont la valeur n'est ordinairement connue que d gens qui font profession de les vendre. Ainsi, comm on couroit risque qu'il ne se trouvât point à u première exposition de gens propres à acquérir c sortes d'effets précieux, l'ordonnance exige qu'ils puissent être vendus qu'après trois expositions consé tives, faites à trois différens jours. Néanmoins, comm cès précautions, qui ont un motif légitime, occ sionnent une augmentation de frais indispensabl on ne doit en faire usage que lorsque l'objet mérite la peine; le législateur veut pour cela q soit au moins de valeur de trois cents livres.

Si le gardien ne représentoit pas les effets sai pour être vendus au jour indiqué, il faudroit q l'huissier lui fît un commandement pour l'obli à les représenter; & dans le cas où il ne sa feroit pas à ce commandement, l'huissier lui do neroit assignation pour s'y voir condamner par corp comme dépositaire de biens de justice, ainsi qu'a dépens, dommages & intérêts envers le saisissant les opposans.

Au reste, le gardien n'est pas obligé de rep senter les effets saisis dans le marché où doit faire la vente; il suffit qu'il les représente da le lieu où ils étoient lors de l'exécution; c'est l'huissier à les faire transporter dans la pl publique.

Quand il y a des oppositions à la vente d effets saisis, on ne peut pas les vendre que juge ne l'ait ordonné. Ainsi le saisissant doit fa

de la vaisselle & le prix qui en a été payé; il en dresse proc verbal, & garde le certificat qu'il annexe à la minute du proc verbal de vente.

assigner les opposans pour obtenir main-levée de leurs oppositions.

Quand l'opposition a été formée par la partie saisie, le juge doit ordonner qu'il sera passé outre, à moins que cette partie ne fasse voir la nullité de la saisie, ou qu'elle n'est débitrice ni du saisissant ni des autres opposans.

Si l'opposition provient de quelqu'un qui se prétend créancier de la partie saisie, & que cette opposition soit fondée, le juge doit ordonner qu'il sera passé outre à la vente, à la charge de l'opposition : mais si l'opposition n'est pas fondée, le juge doit en débouter celui qui l'a formée, & le condamner aux dépens & même à des dommages & intérêts, tant envers la partie saisie qu'envers les créanciers.

Lorsque l'opposition est formée par un créancier qui se prétend privilégié, le juge doit pareillement ordonner qu'il sera passé outre à la vente des effets, à la charge de l'opposition, & qu'il sera sursis à la délivrance des deniers jusqu'à ce qu'il ait été statué sur le prétendu privilége avec les autres créanciers.

Enfin, lorsque parmi les effets saisis il s'en trouve qu'un tiers réclame comme lui appartenans, le juge doit statuer sur cette revendication avant qu'on puisse passer outre à la vente.

Quand une Saisie est déclarée nulle pour quelque défaut de formalité, toutes les oppositions formées à cette Saisie deviennent aussi nulles, attendu qu'étant accessoires à la Saisie principale, elles ne peuvent subsister sans elle. Une Saisie est nulle dans la forme, lorsqu'elle est faite sans titre exécutoire, ou que les formalités prescrites par l'ordonnance n'y ont point été observées.

Mais si une saisie vient à être déclarée nulle

sur le fondement que la partie saisie ne doit ri au saisissant, soit parce que l'obligation se trou acquittée, ou qu'elle est prescrite, une nullité cette espèce n'empêche pas que les oppositions subsistent, quand d'ailleurs la saisie a été faite av toutes les formalités nécessaires.

L'huissier qui procède par voie de Saisie exécution, doit laisser aux personnes saisies u vache, trois brebis ou deux chèvres, pour aide soutenir leur vie, à moins que la créance qui don lieu à la Saisie, ne provienne de la vente d mêmes bestiaux ou d'un prêt d'argent pour l acheter : il doit d'ailleurs être laissé aux part saisies un lit & les habits dont elles sont vêt & couvertes. Telles sont les dispositions de l'a ticle 14.

Il faut observer que dans le lit, que cet artic de l'ordonnance réserve à la partie saisie, on comprend pas les rideaux, housses, bonnes grâce ciels de lit, tringles, &c., mais seulement bois de lit, la couverture, les draps, le traversi le matelas, le lit de plume, la paillasse, &c. T est l'usage du châtelet de Paris.

Suivant l'article 15, les meubles destinés service divin, ou qui servent à l'usage nécessai des personnes constituées dans les ordres sacrés prêtrise, diaconat ou sous-diaconat, ne peuvent êt saisis, de quelque valeur qu'ils soient : il faut d'ai leurs laisser à ces personnes leurs livres jusqu'à co currence de la somme de cent cinquante livres (*)

(*) La défense de saisir les livres des ecclésiastiques devr être étendue à tous les livres des gens de lettres, & sing lièrement des juges, des avocats, &c. Cette jurisprudé est établie en Lorraine par l'article 15 du titre 17 de l'o donnance du duc Léopold, du mois de novembre 1707.

L'ordonnance a introduit une autre exception par 'article 16. Elle a défendu de saisir les chevaux, œufs & autres bêtes servant au labourage, ainsi ue les charrues, charrettes & instrumens destinés la culture des terres, vignes & prés, à peine de nullité, de tous dépens, dommages & intérêts, & de cinquante livres d'amende contre le créancier & le sergent solidairement. Mais cette disposition ne s'étend ni aux sommes dues au vendeur ou à celui qui a prêté l'argent pour l'achat des mêmes bestiaux & instrumens, ni à ce qui peut être dû pour les fermages des terres où sont ces bestiaux.

Les distributions quotidiennes des chanoines ou prébendiers, le casuel des cures & les autres menues rétributions des bénéficiers ne peuvent pas non plus être saisis, parce que ces choses tiennent lieu d'alimens à ceux qui les reçoivent, & que d'ailleurs il est nécessaire que le service divin ne soit point suspendu. Mais les autres revenus des ecclésiastiques, les fruits & pensions de leurs bénéfices peuvent être saisis comme tout autre bien. Voyez là-dessus les arrêts de la Rocheflavin & de Maynard, & le traité des offices de Loyseau.

On observe, à l'égard des évêques & des prélats dont les biens ont été saisis, de leur laisser le tiers de leur revenu. C'est ce que remarque M. Duperrai.

On a agité la question de savoir si la portion congrue d'un curé pouvoit être saisie par son créancier; & par arrêt rendu sur cette question au parlement de Paris le 24 mai 1703, il a été ordonné que, déduction faite de toutes charges sur la portion congrue, le créancier toucheroit le tiers du restant de cette portion jusqu'à l'entier remboursement de ce qui lui étoit dû, tant en principal qu'intérêts & dépens.

L'article 195 de l'ordonnance de 1629 a défend de saisir *les chevaux & armes des gentilshomme gendarmes, chevau-légers & capitaines des régimens entretenus, servant à leurs personnes, jusqu'à deux chevaux, si ce n'est à la requête de ceux qui les ont vendus.*

Une déclaration du roi du mois de janvier 1660 touchant la connétablie, a défendu aux officiers de la connétablie d'avoir aucun égard aux Saisies faites sur les soldes, gages & appointemens des gens de guerre, à moins qu'elles n'aient été faites en vertu de l'ordonnance du lieutenant général de cette juridiction, & ensuite autorisées & confirmées par le secrétaire d'état ayant le département de la guerre.

Et une ordonnance du 20 août 1663, ainsi qu'un arrêt du conseil du 19 décembre 1671, ont défendu aux trésoriers d'avoir égard aux Saisies faites sur les gages & appointemens des gens de guerre & des maréchaussées, sinon en vertu d'un ordre du roi contresigné par le secrétaire d'état au département de la guerre, ou pour armes & bagages, ensuite d'une reconnoissance qu'ils en auroient faite.

Les gages des officiers de la maison du roi ne peuvent pareillement être saisis, si ce n'est pour raison de la capitation. C'est particuliérement ce qui résulte d'un arrêt du conseil du 21 juillet 1696.

Suivant une déclaration du 14 octobre 1711 on ne peut pas non plus saisir les pensions ou distributions des princes, cardinaux, prélats & commandeurs de l'ordre du saint esprit, ni les gages, pensions ou distributions des officiers du même ordre, à moins que ce ne soit en vertu d'une permission du roi.

Comme les épices, vacations & autres émolumens journaliers des juges & autres officiers pu blics sont le prix de leur travail, & qu'il est de l'intérêt public que la justice soit rendue, la jurisprudence a établi que ces sortes de distributions quotidiennes ne pourroient être saisies. C'est ce qu'attestent Loyseau, la Rocheflavin & Catelan : mais il n'en est pas de même des gages de ces officiers, ils peuvent être saisis.

Par arrêt du conseil du 9 décembre 1690, il a été ordonné que les journées & vacations des grands maîtres & autres officiers des eaux & forêts ne pourroient être saisies, sinon pour amendes & autres condamnations prononcées contre ces officiers pour le fait de leurs charges, mais que les gages & chauffages des mêmes officiers pourroient être saisis.

Les honoraires qu'on paye aux auteurs pour les ouvrages qu'ils donnent au public, ne doivent point être saisis. Un arrêt du conseil du 21 mars 1749, a donné main-levée de la Saisie faite sur le sieur Crébillon entre les mains des comédiens françois, pour le produit d'une tragédie de cet auteur.

Les gages & appointemens des personnes attachées aux spectacles établis à la suite de la cour, ne peuvent être saisis que jusqu'à concurrence du tiers, suivant une déclaration du roi que nous rapportons à l'article SPECTACLE.

Il est défendu par l'article 14 du titre commun de l'ordonnance des fermes du mois de juillet 1681, de saisir les gages des commis & autres qui sont employés par les fermiers des droits du roi, & par leurs procureurs ou sous-fermiers, sauf aux créanciers à se pourvoir sur les autres biens de leurs débiteurs.

Et l'article 15 défend à ceux qui ont obtenu des condamnations contre les fermiers ou sous-fermiers des droits du roi, ou qui sont leurs créanciers par obligation ou autrement, de saisir ou arrêter des droits entre les mains de ceux qui les doivent, à peine contre les saisissans d'être condamnés aux dommages & intérêts des fermiers ou sous-fermiers.

Par arrêt du 16 mars 1675, le parlement de Toulouse a décidé que les émolumens & rétributions journalières des professeurs des universités ne pourroient être saisis; mais qu'on pouvoit saisir leurs gages.

Cette jurisprudence est pareillement établie relativement aux honoraires des professeurs de l'université de Paris: &, par arrêt du 7 mars 178[illegible], le parlement de cette ville a ordonné que, conformément à ce qui se pratiquoit à l'égard des professeurs, les honoraires des principaux, professeurs, sous principaux & maîtres attachés aux colléges situés dans son ressort, ne pourroient être saisis, à moins que ce ne fût pour le payement des livres, instrumens ou autres objets qui leur sont nécessaires pour remplir les fonctions dont ils sont chargés, relativement à l'éducation de la jeunesse confiée à leurs soins.

Des lettres-patentes du 12 juillet 1634, enregistrées au parlement de Toulouse le 24 janvier suivant, ont défendu de saisir les farines, pain, volailles, gibier, & autres menues denrées servant à la nourriture des familles. La faveur des alimens a donné lieu à ce réglement, qui est conforme à la loi 7, ff. *de pignor. & hypothec.*

Une déclaration du roi du 19 août 1704, enregistrée au parlement le 29 du même mois, fait défense de saisir les métiers, outils, ustenciles & instrumens servant aux manufactures (*).

(*) *Voici cette déclaration*:

Louis, &c. salut. Les grands avantages que causent à notre royaume les diverses manufactures de toutes sortes

Les marchandises destinées pour l'approvisionnement de Paris, ne peuvent être arrêtées sur les

---

étoffes, qui s'y sont établies depuis le commencement de notre règne, nous auroient portés, pour favoriser de plus en plus ceux de nos sujets qui en soutiennent les établissemens, & ceux qui y travaillent, à ordonner par les réglemens généraux qui furent arrêtés à notre conseil au mois d'août 1669, concernant les manufactures de draperie, qu'il ne pourra être procédé par *Saisie*, exécution, ni vente forcée en justice, des moulins, métiers, outils & ustensiles servant à quelque manufacture que ce soit, pour quelque dette, cause & occasion que ce puisse être, si ce n'est pour les loyers des maisons que les ouvriers & façonniers occuperont, pas même pour les deniers des tailles & impôt de sel; & qu'aucuns huissiers & sergens ne pourront faire lesdites Saisies ni ventes, à peine d'interdiction de leurs charges, cent cinquante livres d'amende, & de tous dépens, dommages & intérêts : mais comme la disposition desdits réglemens généraux ne semble regarder que les manufactures d'étoffes de laine, pour lesquelles ils ont été faits, & qu'il est aussi très-important que les ouvriers qui travaillent à d'autres manufactures aient la même assurance & jouissent de la même tranquillité, pour être plus en état de s'appliquer uniquement à perfectionner & augmenter leurs fabriques.

A ces causes, & autres à ce nous mouvans, de l'avis de notre conseil, & de notre certaine science, pleine puissance & autorité royale, nous disons par ces présentes signées de notre main, voulons & nous plaît, qu'il ne puisse à l'avenir être procédé par Saisie, exécution, ni vente forcée en justice, des moulins, métiers, outils & ustensiles servant pour la préparation, moulinage & filage de la soie, de la laine, du coton, du chanvre, du lin, & des autres matières propres pour la fabrication de toutes sortes d'étoffes de soie, de laine, de poil, ou melées d'or, d'argent, avec de la soie, de la laine, ou quelques autres matières que ce soit; comme aussi qu'il ne puisse être procédé par *Saisie*, exécution, ni vente forcée en justice, des métiers, instrumens, outils & ustensiles servant à la fabrication desdites étoffes d'or, de soie, de laine ou de poil, ou mêlées de quelque matière que ce soit, de futaines, bazins & bombazins, & des toiles tant de chanvre que de lin de toutes sortes, & à l'apprêt & teinture de toutes lesdites marchandises, pour quelque dette, cause & occasion

lieux ni en chemin, sous quelque prétexte que [ce]
soit, même de Saisie faite pour prix de ces m[...]

---

que ce puisse être, si ce n'est pour les loyers des maisons
les maîtres, ouvriers & façonniers occuperont, ou [p]
le prix desdits moulins, métiers, outils, ustensiles & inst[ru]
mens qui se trouveroient encore dus à ceux qui les au[ront]
faits ou fournis.

Voulons & entendons que lesdits moulins, métiers, [in]
strumens, outils & ustensiles ne puissent être saisis pour
deniers à nous dus, pour quelque cause que ce soit, ni m[ême]
pour la taille & impôt du sel; défendons a tous huissier[s]
sergens de faire lesdites Saisies & ventes, à peine d'in[ter]
diction de leurs charges, cent cinquante livres d'amende,
de tous dépens, dommages & intérêts envers les par[ties]
saisies.

Voulons en cas de faillite par lesdits ouvriers & façonnie[rs]
qu'ils soient tenus de déclarer devant les juge-consuls
marchands du lieu de leur demeure, où de la ville la p[lus]
proche où il y en a d'établis, ou pardevant un notaire
lieu de leur demeure, s'ils entendent continuer leurs ma[nu]
factures, s'ils veulent garder le tout ou partie de leurs mo[u]
lins, métiers, outils, ustensiles ou instrumens servan[t à]
leur profession. En conséquence de quoi, lesdits moul[ins]
métiers, outils, ustensiles & instrumens, ou la partie d'ic[eux]
que les faillis auront demandée, leur seront laissés par com[pte]
& par nombre, pour, après après l'estimation faite, le p[rix]
en être payé aux creanciers, indépendamment de tous au[tres]
accords ou contrats d'atermoyement; savoir, un tiers à [la]
fin de la deuxième année, à compter du jour de l'estim[a]
tion, le second tiers à la fin de la troisième année, & [le]
troisième à la fin de la quatrième année; & à faute de pa[ye]
ment par les faillis dans lesdits termes, les créanciers po[ur]
ront faire vendre, par vente forcée en justice, lesdits mo[u]
lins, métiers, outils, ustensiles & instrumens, lesquels p[en]
dant les quatre années ci-dessus marquées pour le payem[ent]
du prix desdits métiers, moulins, outils, instrumens [&]
ustensiles, suivant l'estimation qui en aura été faite, [ne]
pourront être engagés, déplacés ni vendus sans le co[n]
sentement desdits créanciers, à peine de punition corpor[elle]
contre les vendeurs, de restitution de ce qui aura été ven[du]
& de cent livres d'amende contre les acheteurs, à quoi
seront condamnés & contraints par toutes sortes de voi[es]

handises ou de la voiture : nonobstant les Saisies, es sortes de marchandises doivent, sous la garde les gardiens établis par les mêmes Saisies, être onduites à Paris, pour y être vendues & débitées ur les ports, & les deniers de la vente être remis n justice à qui il appartient : c'est pourquoi les aisissans sont tenus d'avancer les frais de garde, auf à les répeter, sinon les Saisies doivent être déclarées nulles. Cette jurisprudence est fondée sur 'article 10 du chapitre 2 de l'ordonnance du mois de décembre 1672.

L'article 20 de la déclaration du roi du 24 avril 1703, donnée pour le rétablissement du commerce de la rivière de Loire, a établi des dispositions semblables, relativement aux marchandises embarquées sur cette rivière (*).

Par une déclaration du 6 février 1732, enre-

---

même par corps. Entendons néanmoins qu'au cas que les faillis veuillent se réduire à leur travail personnel & journalier, il leur soit remis, sans rien payer, le nombre de leurs moulins, métiers, outils, ustensiles & instrumens nécessaires pour leur occupation personnelle, le tout sans déroger au réglement particulier porté par les statuts des marchands, maîtres, ouvriers en soie de la ville de Lyon, & aux arrêts rendus en conséquence. Si donnons en mandement, &c.

(*) Les marchandises chargées dans les bateaux, *porte cet article*, ne pourront être arrêtées dans le port du chargement, ni dans la route, sous quelque prétexte que ce soit, même pour Saisies faites d'icelles, soit par les propriétaires ou créanciers particuliers du marchand, soit aussi pour salaire & prix de la voiture ; & nonobstant les Saisies, lesdites marchandises seront incessamment voiturées aux lieux de leur destination, à la garde des gardiens établis à icelle, pour être vendues & débitées sur les ports, & les deniers de la vente remis en justice, à la conservation de qui il appartiendra, à l'effet de quoi les saisissans seront tenus d'avancer les frais de garde, sauf à les répéter, & faute de ce lesdites Saisies seront déclarées nulles.

giſtrée au parlement de Toulouſe le 8 mars ſ vant, le roi a défendu *à tous créanciers, mê aux collecteurs des tailles & autres impoſitions d la province de Languedoc, de ſaiſir & faire ſa les feuilles des mûriers, & à tous huiſſiers ou ſ gens de faire pour raiſon de ce aucun exploit, peine, à l'égard des créanciers, de nullité de Saiſie; & de tous dépens, dommages & intérê & à l'égard des collecteurs, de payer, à la déch des contribuables, la cote de leurs impoſitions, auſſi de tous dépens, dommages & intérêts; & co les huiſſiers & ſergens, d'interdiction, cinq c livres d'amende, &c., ſauf auxdits créancier ſaiſir, s'ils le jugent à propos, le prix deſd feuilles entre les mains de ceux qui les au achetées, ſi le prix n'en a pas été payé comptant.*

Il y a des rentes viagères aſſignées ſur l'hôtel ville de Paris qui ne ſont pas ſaiſiſſables, mê pour les propres affaires du roi. C'eſt ce qui réſ de l'article 7 d'un édit du mois de novembre 17 mais il en eſt autrement des rentes perpétuelles, en général de toutes celles qui n'ont pas été décla inſaiſiſſables par les édits de création.

Suivant l'article 51 du titre 12 de l'ordonna du mois d'août 1670, les deniers adjugés p proviſion en matière criminelle, ne peuvent être ſ en aucun cas (*).

Il faut pareillement regarder comme inſaiſiſſal

(*) *Cet article eſt ainſi conçu :*

Les deniers adjugés pour proviſion ne pourront être ſaiſis p frais de juſtice, ou quelque autre cauſe ou prétexte qu ſoit, ni conſignés au greffe ou ailleurs, à peine de nu des conſignations, d'interdiction contre les greffiers & l commis qui les auront reçues, & pourront, nonobſtant Saiſies & prétendues conſignations, les parties condam être contraintes au payement.

es choſes qui ont été données ou léguées à la harge qu'elles ne pourroient être ſaiſies. La raiſon n eſt; qu'un donateur peut appoſer à ſa libéralité telle ondition qu'il juge à propos.

Obſervez néanmoins que ces ſortes de dons deiennent ſaiſiſſables, relativement aux dettes conractées pour nourriture, logemens & vêtemens écessaires. Cette déciſion eſt fondée ſur ce qu'on réſume que le donateur ayant voulu le plus grand vantage du donataire, a entendu que celui-ci pourvoit engager les objets donnés, pour ſe procurer des limens & les autres choſes néceſſaires à la vie.

Il y a certaines règles de bienſéance dont on ne doit pas s'écarter en procédant par voie de Saiſie contre les perſonnes d'un rang diſtingué. Chenu, dans ſes notes ſur le recueil des arrêts de Papon, rapporte un arrêt du 9 juillet 1571, par lequel une Saiſie a été déclarée injurieuſe à l'égard d'un homme de qualité qu'un ſergent avoit fait deſcendre publiquement de ſon cheval dans la rue.

Bruneau, dans ſon traité des criées, dit auſſi avoir vu juger que le carroſſe où étoit un duc & pair, & les chevaux qui le conduiſoient, ne pouvoient être exécutés; que main-levée en fut donnée avec dépens, & que les huiſſiers furent réprimandés pour avoir fait cette exécution.

Par l'article 32 de l'édit du mois de février 1689, il a été défendu à tout huiſſier & ſergent d'exécuter les receveurs des conſignations en leurs perſonnes & en leurs chevaux ou carroſſes, ſinon en vertu d'un jugement rendu ſur un procès-verbal de refus de payer.

L'article 19 de l'édit du mois de juillet 1689, contient une diſpoſition ſemblable à l'égard des commiſſaires aux Saiſies réelles.

Les appels que l'adjudicataire général des fermes peut interjeter des ordonnances ou jugemens des intendans de province, portant main-levée de Saisi en matière de prohibé, doivent avoir un eff suspensif, nonobstant les dispositions de l'article du titre 8 de la première partie du réglement conseil du 28 juin 1738. C'est ce qui résulte d'i arrêt rendu au conseil d'état du roi le 24 ma 1781 (*).

(*) *Voici cet arrêt :*

Sur ce qui a été représenté au roi, étant en son cons qu'il s'élève sans cesse des difficultés relativement à l'exéc tion des ordonnances ou jugemens rendus par les sieurs intend & commissaires départis dans les différentes provinces & géné lités du royaume, en conséquence de l'attribution qui le est accordée par l'arrêt du 13 mars 1772; que les huissi chargés des poursuites ont souvent prétendu que, confo mément à l'article 2 du titre 8 de la première partie réglement du 28 juin 1738, les exécutions des ordonnances main-levée devoient avoir lieu provisoirement & nonobsta les appels qui avoient été interjetés; sa majesté a recon que les dispositions de ce réglement ne s'appliquoient po aux jugemens portant main-levée de Saisies de marchandi grevées de prohibition, à l'égard desquelles l'appel est droit suspensif, soit par le principe général que les eff prohibés ne doivent point entrer dans le commerce, soit raison de ce que l'état des marchandises étant suspect, il a nécessité sur l'appel de les soumettre aux vérifications ordo nées par la déclaration du 7 avril 1764: sa majesté consid rant aussi que dans ces cas les mains-levées provisoires, q anéantiroient l'effet des appels, ou pourroient compromett les intérêts de ses sujets, en les exposant à des condamna tions proportionnées à la valeur des marchandises dont l'éta n'auroit pas été constaté; & voulant sur ce faire connoît ses intentions: oui le rapport du sieur Moreau de Beaumon conseiller d'état ordinaire, & au conseil royal des finances le roi étant en son conseil, interprétant, en tant que de besoin, l'article 2 du titre 8 de la première partie du régle ment du conseil du 28 juin 1738, déclare l'appel suspensif quant aux jugemens & ordonnances des sieurs intendans & commissaires départis, portant main-levée de mousselines, toiles de coton blanches, toiles peintes, toiles de fil teint, étoffes de laine & de soie, ou composées en partie desdites

Les articles 17 & 18 du titre cité de l'ordonnance de 1667, ont réglé de quelle manière il devoit être procédé à la vente des effets saisis. La première des obligations de l'huissier est de faire monter le plus qu'il est possible le prix de la vente, en profitant de la chaleur des enchères, & de n'adjuger la chose qu'au plus offrant & dernier enchérisseur, & en payant par cet enchérisseur le prix de son adjudication sur le champ; car si l'huissier jugeoit à propos de lui faire crédit, il seroit personnellement responsable du prix de l'adjudication envers les créanciers, tant saisissans qu'opposans, & la partie saisie. Comme il pourroit arriver que l'huissier, par des manœuvres frauduleuses, se rendît lui même adjudicataire à vil prix des choses saisies, sous des noms empruntés, l'ordonnance l'oblige à indiquer dans son procès-verbal le nom & le domicile de l'adjudicataire, afin que les parties intéressées soient en état de découvrir la fraude,

---

mières, & autres; velours, étoffes de coton, bonneterie de laine & de soie, & de tous autres objets de prohibition saisis, soit pour défaut de plomb, bulletins & marques de fabrique, pour fausseté ou réapposition de ces caractères, soit pour défaut d'acquit à caution lors du transport dans les quatre lieues, & pour entrepôt dans la même distance des quatre lieues. Fait sa majesté très-expresses inhibitions & défenses à tous huissiers & sergens de procéder à l'exécution provisoire desdits jugemens au préjudice de l'appel, à peine d'interdiction, d'amende de trois mille livres, & de demeurer en leur propre & privé nom garans & responsables du prix des marchandises dont la main-levée se seroit opérée en contravention au présent arrêt : ordonne en conséquence sa majesté que la Saisie desdites marchandises tiendra jusqu'après la vérification qui en sera faite & le jugement; à la charge par l'adjudicataire de demeurer responsable des dommages & intérêts qu'il y auroit lieu de prononcer en faveur des parties saisies. Fait, &c.

s'il y en a, & de déférer à la juſtice l'officier pr
varicateur.

Il eſt d'ailleurs défendu à l'huiſſier, ſous pei
de concuſſion, de rien recevoir de l'adjudicatair
directement ni indirectement, au delà du prix
l'adjudication.

Quand l'adjudicataire ne paye pas ſur le cham
les choſes qui lui ont été adjugées, la vente n'e
pas moins parfaite, & ces choſes peuvent être r
vendues ſur le champ à ſa folle enchère : en co
ſéquence, il peut être condamné par corps à paye
l'excédent, comme il auroit pu être condamné
payer la totalité du prix des effets adjugés, ſi on n
les avoit pas remis à l'enchère.

L'article 19 veut que toutes les diſpoſitions d
l'ordonnance que nous avons rapportées, ſoient ob
ſervées par les huiſſiers, à peine de nullité des exploi
de Saiſie & des procès-verbaux de vente, d
dommages & intérêts envers le ſaiſiſſant & le ſaiſ
d'interdiction, & de cent livres d'amende, applicab
moitié au roi, & l'autre moitié à la partie ſaiſie
ſans que la peine puiſſe être remiſe ou modérée.

Les huiſſiers n'étant que dépoſitaires momentané
du prix de la vente des choſes ſaiſies, l'article 2
veut qu'ils remettent ce prix, immédiatement apr
cette vente, à ceux qui ont droit de le percevoi
à moins qu'il n'y ait des obſtacles légitimes.

Ainſi, lorſqu'il ne ſe trouve que le créancier ſaiſi
ſant, & qu'il n'eſt point ſurvenu d'oppoſition, l'hui
ſier doit payer ſur ce prix ce qui eſt dû au ſaiſiſ
ſant pour raiſon des cauſes de la Saiſie, & remettr
l'excédent, s'il y en a, entre les mains de la parti
ſaiſie; ſi au contraire il y a des oppoſitions à la dé
livrance des deniers, & qu'elles donnent lieu à un
inſtance de préférence ou de contribution, le pri
de la vente doit être porté par l'huiſſier au burea
d

de la recette des consignations de la juridiction où les oppositions doivent être jugées.

Après l'instance de préférence terminée, on procède à la sentence de distribution qui établit le rang dans lequel le saisissant & tous les autres créanciers qui ont formé leur opposition doivent être payés sur les deniers provenans des effets vendus.

L'huissier a le droit de retenir, sur le prix de la vente, ses frais & salaires; mais pour qu'il ne fût pas le maître de les exiger à son gré, l'article 21 a voulu qu'après la vente l'huissier portât la minute de son procès-verbal au juge, afin qu'il taxât sans frais les salaires dus à l'huissier, tant pour la Saisie que pour la vente. Les huissiers sont tenus, suivant la même loi, de faire mention de cette taxe dans toutes les grosses de leurs procès-verbaux, à peine d'interdiction & de cent livres d'amende envers le roi.

Saisie féodale. La Saisie féodale, qui nous paroît aujourd'hui si dure, si ruineuse pour les vassaux, n'est cependant qu'un adoucissement, qu'une dérogation aux anciennes loix féodales : dans l'origine & même dans des temps assez modernes, le seigneur confisquoit irrévocablement dans les cas où il se contente aujourd'hui de saisir. Nous voyons par les établissemens de saint Louis (chapitre 65), qu'alors si le vassal ne présentoit pas les devoirs après les sommations de droit : *li sire li peut bien regarder par jugement qu'il a le fief perdu, & ainsi remaint le fié au seigneur.* Nous avons quelques coutumes où ces anciennes loix vivent encore ; on les nomme coutumes de dangers.

Il paroît que ce fut peu de temps après les établissemens de saint Louis, que la Saisie féodale prit la place de la commise, pour devoirs non faits & non payés ; en effet, nous voyons la Saisie féodale en usage dans ce cas dès le quatorzième siècl Jean Gally (quest. 162) rapporte un arrêt l'an 1388, qui peut être regardé comme l'époque ce changement si favorable aux vassaux.

Ainsi les Saisies féodales, loin d'être, de la p du seigneur, des actions rigoureuses, dérivant de puissance exécutrice attachée au domaine direct, représentant des réunions effectives qui n'étoie elles-mêmes qu'une condition expresse de l'inf dation, ne doivent pas être jugées avec cette rigu qu'on cherche trop souvent à provoquer par d déclamations dont il est facile d'appercevoir le p de solidité. Il ne faut jamais perdre de vue q la Saisie tient lieu de la commise, & que le dr de saisir est, comme étoit autrefois celui de confisqu une clause essentielle de l'inféodation.

Malgré les atteintes portées en différens tem aux droits des seigneurs, la Saisie n'a pas lai de conserver son premier caractère; c'est toujo un droit domanial, seigneurial & féodal; c'e comme dit Brodeau sur la coutume de Paris, ticle 1, n. 5, *un vrai coup de maître, par leq le seigneur usant de son droit de seigneurie directe, m en sa main & en sa puissance le fief pour en jo & faire les fruits siens.*

Sommaire.

§. I. Quelles sont les personnes qui peuvent sai féodalement?

§. II. Des causes pour lesquelles on peut saisi

§. III. Dans quel temps le seigneur peut-il saisir

§. IV. Formalités nécessaires pour la validité d Saisies féodales.

§. V. Des fiefs en l'air.

§. VI. Quels sont les objets que le seigneur pe saisir féodalement?

[§.] I. *Quelles sont les personnes qui peuvent saisir féodalement?*

Le seigneur féodal, c'est-à-dire le propriétaire [d]u fief dominant, est le seul auquel la coutume donne [le] droit de saisir féodalement. Cependant il ne jouit [pa]s seul de cette prérogative.

Idem de usufructuario, procuratore, tutore, [m]arito, de doariâ & simplici possessore. D'Argentré [su]r l'article 230 de Bretagne, gl. 1.

» Dumoulin prétend que l'usufruitier ne peut saisir qu'au nom du propriétaire; mais l'opinion de ce grand personnage pour la prohibition de saisir en son nom & à sa requête, comme trop rude & trop sévère, & combattant à plomb & de droit fil l'équité naturelle, a été non absolument rejetée, mais modifiée par les tempéramens que les sages & prudens réformateurs de la coutume ont apportés à cet article. Brodeau, art. 2, n. 5 «.

C'est par l'article 2 que les droits de l'usufruitier [on]t été réglés; cet article est un de ceux que les [r]éformateurs ont ajouté à la coutume de Paris; [vo]ici comme il s'exprime: » L'usufruitier d'un fief peut, à sa requête, périls & fortune, faire saisir le fief, ou fiefs, ou arrière-fiefs ouverts, mouvans & dépendans du fief dont il jouit par usufruit, à faute de droits & devoirs non faits & non payés, pourvu qu'en l'exploit qui sera fait, le nom du propriétaire du fief soit

» mis & apposé, sommation toutefois préalable-
» ment faite audit propriétaire, à sa personne ou
» au lieu du fief dominant, de faire saisir; & ne
» peut ledit propriétaire bailler main-levée, sinon
» en payant les droits audit usufruitier «.

Cet article doit être étendu aux coutumes qui n'ont point de disposition contraire. *Guyot, de la Saisie féodale, section* 1.

La Saisie ne peut, comme on le verra dans la section suivante, être faite que pour défaut d'hommes, droits & devoirs non faits & non payés, & l'admission du vassal en foi, la réception de son hommage, couvrant le fief, le mettent à l'abri de la Saisie, à moins que le seigneur, lors de la réception, ne se soit réservé la faculté de saisir si les droits n'étoient payés dans un tel temps; l'investiture n'est alors que conditionnelle : tel est le sentiment de tous les auteurs.

Quels seront en cette occasion les droits de l'usufruitier ? On suppose que le vassal s'est empressé de s'acquitter de ses devoirs envers son seigneur, & qu'il lui a rendu son hommage, mais qu'il n'a pas eu autant d'ardeur à payer les droits, & que l'usufruitier a fait saisir le fief pour les droits non faits & non payés. Quel jugement porter de sa saisie ?

L'usufruitier invoque les termes de la coutume. Si le propriétaire ne peut, dit-il, bailler main-levée de la Saisie sans me faire payer les droits, peut-il me les enlever par une admission en foi dont tout le préjudice retombe sur moi ? est il en son pouvoir de me priver d'un droit que la loi m'autorise à exercer ?

Le vassal propose des moyens qui paroissent bien puissans. En recevant sa foi & hommage, le seigneur l'a investi du fief, le fief n'est donc plus ouvert; l'usufruitier ne peut avoir plus de droits q[ue] le seigneur lui-même : or, le propriétaire avoit perdu le droit de saisir & n'avoit plus qu'une simple action. Pourquoi le vassal seroit il exposé à une voie plus rigoureuse, dans le cas où le fief dominant est grevé d'usufruit ?

Aussi cette Saisie paroît-elle souffrir de grandes difficultés ; le fief étant couvert, le seigneur n'avoit plus qu'une simple action contre son vassal ; les plaintes de l'usufruitier sont rejetées par l'article même qu'il invoque : la loi, en ordonnant le payement des droits à l'usufruitier, lui a donné tout ce qu'il avoit un juste intérêt de demander ; elle lui a accordé tout ce qui lui étoit dû ; mais elle n'a point enlevé au seigneur le droit de prévenir la Saisie ou d'en donner main-levée à sa volonté ; c'eût été attaquer l'essence de ses droits.

L'usfruitier aura ici le même droit que dans le cas où la main-levée de la Saisie seroit donnée par le seigneur ; il a une action contre le seigneur propriétaire pour être payé des droits, & le seigneur exercera la sienne contre le vassal, ainsi qu'il jugera à propos ; mais celui-ci jouira tranquillement de son fief, & ne sera point troublé par la crainte de perdre la jouissance ou de se voir enlever une récolte abondante.

Malgré la régle *vassallus vassalli mei non est meus vassallus*, le suzerain peut saisir les fiefs de ses arrière-vassaux : mais pour lui attribuer cette prérogative, il faut le concours de deux circonstances ; 1°. *qu'il tienne le fief de son vassal saisi faute d'homme* ; 2°. que les arrière-fiefs s'ouvrent pendant la durée de cette Saisie : voilà le seul cas où un seigneur peut saisir un fief qui ne relève pas immédiatement de lui.

» La douairière peut bien, en cette qualité, » comme toute autre usufruitière, saisir le fief du

» vassal, en faire baux de justice, & faire tou
» poursuite pour être payée des quints & requints,
» & autres droits à elle dus à cause des muta-
» tions arrivées pendant la durée de son usufruit;
» mais pourtant il semble qu'elle ne peut pas
» recevoir les hommages des vassaux, ni leur re-
» nouveler les investitures; cette opinion est plus
» probable que celle de Dumoulin, d'autant que
» ce sont des actes attachés à la seule personne des
» seigneurs féodaux, & non à l'usufruitier, & est
» estimée la douairière n'avoir autre charge du sei-
» gneur, sinon pour ce qui regarde son usufruit
» & non pour la propriété, sinon pour empêcher
» que son droit soit diminué «, *le Grand sur la coutume de Troies, article 86, gl. 8.* Cet auteur a puisé son opinion dans Faber, *inst. de hæred. instit.* §. 1, & dans Guipape, *quest.* 477; Fererius *sur cette question*, est de l'avis de Dumoulin.

A l'égard du fermier, si son bail ne lui donne que la jouissance des fruits naturels, alors nul doute qu'il ne peut user du droit de saisir féodalement: mais si tout est compris dans son bail, quint, re-lief, &c., il faut distinguer; ou le bail n'est que pour le temps ordinaire, ou il est à longues années: dans le premier cas, si le bail ne porte point une procuration spéciale, à l'effet de saisir féodalement, il ne pourra se procurer le payement des droits échus pendant sa jouissance que de deux manières; en obligeant le propriétaire à user de son droit de saisie féodale ou à le lui céder, ou en se pourvoyant par une simple action contre les propriétaires des fiefs ouverts.

Mais cette action ne participera point aux privilèges de la saisie féodale; car cette Saisie dérive de la puissance exécutrice attachée au domaine direct; puissance qui ne peut résider que dans le main de celui qui est propriétaire de ce domaine, & qui ne peut être exercée que par lui ou en son nom.

Il y a donc deux choses qu'il est essentiel de distinguer dans les fiefs; la prééminence, la supériorité du fief dominant, l'espèce d'autorité publique qui y est attachée, en un mot, le pouvoir d'investir, de saisir féodalement, & les profits pécuniaires qui en dérivent : ces derniers ne sont point proprement au nombre des droits domaniaux, ils n'en sont que les fruits; ils peuvent être cédés par le seigneur, & même celui qui les doit peut en prescrire la délibération.

Lorsque le bail est à longues années, qu'il forme ce que l'on appelle un bail emphitéotique, la chose est bien différente; un bail de cette espèce est un acte d'aliénation, un acte translatif de propriété; le preneur a donc, pendant la durée de sa jouissance, tous les droits d'un véritable propriétaire, il peut donc saisir féodalement.

Les créanciers peuvent-ils saisir féodalement les fiefs mouvans de celui qu'ils ont fait saisir réellement ?

Ou le fief saisi réellement est en bail judiciaire, ou il n'y est pas : dans le premier cas, comme le seigneur saisi réellement est dépossédé, & que les fruits & profits de son fief sont par ce moyen aux créanciers, on peut dire avec le Maître, que le commissaire aux Saisies réelles, sans sommation préalable, *peut, si la mutation est à profit*, saisir les fiefs dépendans du fief saisi réellement, qui seront ouverts pendant le cours de la Saisie réelle, parce que ces profits deviennent aux créanciers comme fruits du fief saisi réellement; fruits dont le commissaire aux Saisies réelles ne compte qu'aux créanciers, si ce n'est que la partie saisie obtînt la main-levée & la radiation de la Saisie réelle : au moyen du bail judiciaire, il est comme curateur au fief saisi réellement, & dès-là il est suffisamment autorisé pour agir, pour percevoir tous les fruits & émolumens du fief saisi réellement.

Mais si le fief saisi n'est pas en bail judiciaire, le commissaire aux saisies réelles ne peut saisir les fiefs servans; la raison est, que le saisi réellement n'étant pas dépossédé, il jouit pleinement de tous les droits & émolumens de son fief.

Le procureur fiscal du seigneur a-t-il droit de saisir, *en son nom de procureur fiscal*, les fiefs servans du fief de celui dont il est le procureur fiscal?

Dumoulin, sur *l'art.* 1, *gl.* 1, *n.* 72, paroît tenir l'affirmative; mais il ne parle que d'un procureur fondé; voici ses termes: *Non est dubium quòd sic; quidquid enim procurator, habens sufficiens mandatum, nomine domini faciat, ipse dominus facere censetur etiam verè & propriè, quod est intelligendum quantùm ad validitatem actûs & effectum, & maximè quando est actus ex quo procuratori nihil potest acquiri*, & il ajoute, *sufficit mandatum generale aliter non limitatum, quia agitur de simplici administratione & utilitate domini.*

Duplessis, sur Paris, des fiefs, titre de la Saisie feodale, ch. 3, tient la négative.

Le Maître, sur Paris, dernière édit. pag. 58, la tient aussi: quoique, dit-il, le procureur fiscal ait de droit une procuration générale pour tout ce qui concerne les droits seigneuriaux, il ne s'ensuit pas qu'il puisse agir en son nom, mais seulement qu'il n'a pas besoin de procuration particulière pour faire saisir au nom du seigneur. Son motif est qu'il n'y a que le roi en France qui puisse plaider par procureur.

Il paroît y avoir trois arrêts pour cette opinion

Le premier rapporté par Brodeau sur l'article 1 de Paris, n. 16, & par Duplessis, *loco suprà*, du 4 octobre 1540.

Le second du 14 février 1661, journal des audiences.

Le troisième rapporté par les annotateurs de Duplessis, du 16 janvier 1690.

Pour l'opinion de Dumoulin il y en a deux au journal du palais; le premier du 11 mars 1681, le second du 7 mars 1692.

» Par l'examen de ces arrêts, dit Guyot, je crois » avec Livonnière, des fiefs, *liv.* 8, *ch.* 1, *sect.* 3, » qu'il faut s'en tenir à la dernière jurisprudence, » & qu'une saisie féodale, faite, soit à la requête » & sous le nom du seigneur, soit à la requête » & sous le nom du procureur fiscal, est également valable; en effet, deux circonstances écartent le jugé des arrêts de 1661 & de 1690.

» 1°. Les annotateurs de Duplessis, d'après Lartéïste, remarquent que dans l'affaire jugée par » l'arrêt de 1661, le procureur fiscal avoit assigné » *au châtelet en son nom*, pour voir déclarer la » perte des fruits encourue; voilà le cas où l'on doit » appliquer la maxime, que le roi *seul* en France » plaide par procureur: le seigneur n'est rien, *à* » *fortiori*, son procureur fiscal n'est rien hors la » justice du seigneur, qui lui-même n'est plus qu'un » particulier. Le roi est toujours le roi dans toutes » les justices de son royaume: de cette première » circonstance, les annotateurs, en disant qu'il n'est » pas étonnant si la procédure fut déclarée nulle, » induisent que, lors de l'arrêt de 1690, il y avoit » sans doute une circonstance pareille, puisqu'en » 1692, deux ans après, on a suivi l'arrêt » de 1681.

» 2°. Brillon, en son dictionnaire des arrêts, *dernière édition en 6. vol. tom. 6*, sur le mot *Saisie*

» *féodale*, *p.* 18, *n.* 53, sur l'arrêt du 16 janvi
» 1690, rapporte une circonstance décisive po
» la nullité de cette saisie féodale; c'étoit dans
» coutume d'Amiens, qui, articles 20 & 21
» dit que si le seigneur veut que les vassaux l
» fassent hommage en personne, il faut qu'il l
» fasse sommer, *& qu'il n'y avoit point de som*
» *mation*, car la cour ajouta, *sauf au seigneur*
» *obliger le vassal, aux termes de ladite coutum*
» *d'Amiens, à lui faire la foi & hommage* «. *Guyo*
traité des fiefs, *tom.* 4, *page* 340.

Denisart, *verbo Saisie féodale*, est d'avis con
traire; il nous assure que, suivant l'usage actuel
les Saisies féodales doivent être faites à la requê
du seigneur; voici ses termes: » Quoique toutes c
» raisons soient spécieuses, la jurisprudence actuel
» & l'usage sont absolument contraires, parce qu'o
» regarde la Saisie féodale comme un acte de pro
» priété qui n'est communicable à personne. Voye
» l'arrêt du 4 octobre 1540, cité par Papo
» sur l'article 368 de la coutume de Bourbonnoi
» & par Brodeau sur l'article premier de la cou
» tume de Paris; celui du 14 février 1661, rap
» porté dans le journal des audiences, *tome* 1
» *livre* 4, *chap.* 6; celui du 7 mars 1692, rend
» au grand conseil, rapporté au journal du palais
» celui du 16 janvier 1699, cité dans les note
» sur Duplessis, & un dernier (imprimé avec l
» Saisie féodale), rendu en la quatrième chambr
» des enquêtes le 6 juin 1712, au rapport d
» M. l'abbé de Vienne; mais voyez aussi un autr
» arrêt du 11 mars 1681, rapporté au journal d
» palais: la matière y est traitée avec beaucou
» d'étendue & d'une manière lumineuse «.

Le mari peut saisir féodalement les fiefs mouvan
des propres de sa femme, soit faute de foi o
de droits payés, ou faute de dénombrement; il e

plus quàm procurator, plus quàm usufructuarius; mais la Saisie doit être au nom de lui & de sa femme, ou au moins elle doit être en son nom *comme mari* &.... C'est ce que Dumoulin dit §. 1, gl. 1, n. 73, *non tamen nomine suo, sed nomine mariti, hoc est tanquàm dominus vel quasi, ad causam, & ratione uxoris, nec etiam simplex usufructuarius, sed est sicut legitimus administrator in re suâ.*

Les tuteurs, comme les curateurs, peuvent saisir les fiefs tenus des fiefs de leurs mineurs, dans tous les cas ou les mineurs pourroient saisir : *cùm munere fungantur autoritate publicâ ad utilitatem pupillorum.*

Quoique le vassal ait l'usufruit du fief dont il relève, il n'en est pas moins tenu de porter la foi au propriétaire de ce fief, si, pendant la durée de son usufruit, il arrive une mutation qui donne lieu à la prestation de la foi, parce que c'est un droit dominant, *virtus honorifica*, qui ne tombe point dans l'usufruit; mais si l'ouverture donne lieu non seulement à une prestation de foi, mais encore au payement du quint ou relief, le vassal en est quitte pour la foi; il ne paye point les droits utiles, ils entrent dans son usufruit : cependant s'il avoit négligé la prestation de foi, le propriétaire pourroit saisir féodalement avec perte de fruits pour l'usufruitier; de même, s'il donnoit lieu à la commise, il perdroit son fief, & pour la propriété & pour l'usufruit, quoique ce fief fût remis au domaine dont il est usufruitier, parce que la commise est une peine; que, l'ayant une fois encourue, il doit la supporter toute entière, & que ce seroit l'inviter à mépriser son seigneur, que de lui accorder l'usage des fruits dans le cas de la commise, & sur-tout dans celui de la Saisie féodale.

Celui qui n'est propriétaire qu'en partie du fief

dominant, peut néanmoins saisir féodalement, fai[re] les fruit siens, & exiger tous les droits domaniau[x] proportionnellement à la portion qu'il a dans le do-maine direct.

Quand on dit que la saisie de ce copropriétai[re] est proportionnelle à la part qu'il a dans le fi[ef] dominant, on suppose que sa Saisie est faite co[n]-tre le gré de ces coseigneurs; autrement un se[ul] d'entre eux peut saisir les arriere-fiefs ouverts; & dans le doute, tous les fruits tombent dans la Sai[sie] & se partagent propoitionnellement entre tous l[es] copropriétaires.

Le procureur fondé du seigneur peut saisir féo-dalement les arrière-fiefs; & même, comme cet[te] Saisie n'est qu'un acte d'administration utile a[u] mandant, il n'est point nécessaire que le procure[ur] ait une procuration spéciale à l'effet de saisir, *suffi[cit] mandatum generale.*

Quiconque posséde un fief en son nom, *nomi[ne] proprio*, peut saisir féodalement les fiefs qui e[n] dépendent, exercer sur eux tous les droits dom[a]-niaux, même en recevoir les vassaux en foi. Ceu[x]-ci ne sont pas en droit d'exiger de ce posses[seur] qu'il exhibe ses titres de propriété, sa possession l[ui] suffit; il faut le reconnoître, ou s'exposer à la com-mise en le désavouant; aussi, en lui portant la foi & l[ui] payant les droits, le vassal est-il entiérement libé[ré] même envers le véritable propriétaire, pourvu tout[e]-fois que ce possesseur le soit paisiblement & publi-quement: quand même il seroit en procès ave[c] un tiers sur la propriété, le vassal seroit égale-ment libéré par la prestation qu'il lui feroit d[es] droits & devoirs; & dans le cas où ce posses[seur] succomberoit, le véritable propriétaire ne pourro[it] exiger qu'une nouvelle prestation de foi, sans auc[un] droit utile, sauf à lui à répéter contre le posses[seur] ceux qu'il auroit perçus; il en seroit autreme[nt] la question étoit sur la possession, c'est-à-dire, un tiers prétendoit que celui qui saisit n'est pas même le possesseur du fief dominant; alors, la possession étant douteuse, le vassal doit se faire recevoir en foi par main souveraine. Si le saisissant n'étoit pas en possession du fief, il faudroit que le vassal dénonçât la Saisie au possesseur actuel, autrement il seroit tenu de reconnoître cet étranger, ou de le désavouer avec peine de commise.

§. II. *Des causes pour lesquelles on peut saisir.*

Il y a deux espèces de Saisie féodale; celle qui a lieu *faute d'hommes, droits & devoirs non faits & non payés*, & celle faute de dénombrement. Nous destinons à cette dernière un article particulier: la première a lieu, soit qu'il y ait mutation dans le fief servant, soit que le fief dominant change de propriétaire: cela doit être ainsi; puisque dans dans les deux cas la foi manque également, il y a également ouverture au fief. *Apertura feudi*, c'est Dumoulin qui parle sur l'article 22 de l'ancienne coutume de Paris, gl. 1, n. 5, *est eo ipso quòd nulla persona est in fide patroni, sive propter mutationem patroni, sive vassalli contingat sacramentum fidelitatis, quod personalissimum est, cessare & fidelitatem esse interruptam.*

Que la Saisie ait pour cause le changement de seigneur ou celui de vassal, elle obéit aux mêmes règles, avec cette différence néanmoins qu'elle doit être précédée d'une interpellation juridique, lorsque la mutation est arrivée *ex parte patroni*; c'est encore la décision de Dumoulin *sur le* §. 47, *hodie* 65, *n.* 1. *Cùm autem ex parte patroni fit mutatio, statim quidem feudum aperitur & obligatio nascitur ad fidelitatem renovandam; sed non est pura, sed per interpellationem vassalli à novo patrono fien-*

dam, & lapsum quadraginta dierum immediatè sequentium purificanda.

Le nouveau seigneur ne peut donc saisir les fiefs de sa mouvance qu'après des proclamations & significations préalables ; la forme de ces proclamations est prescrite par l'article 65 de la coutume de Paris, conçu en ces termes.

Quand un fief vient de nouvel par succession, acquisition ou autrement, à aucune personne, le nouveau seigneur ne peut empêcher ni mettre en sa main les fiefs qui sont tenus de lui, jusqu'à ce qu'il ait fait faire les proclamations & significations que ses vassaux lui viennent faire la foi & hommage dedans quarante jours, & ce fait, lesdits quarante jours passés, si lesdits vassaux ne se présentent, il peut saisir & exploiter les fiefs tenus & mouvans de lui, & faire les fruits siens, pourvu toutefois que ladite proclamation & signification ait été faite ; c'est à savoir quant aux fiefs étant ès duchés, comtés, baronnies & châtellenies dont ils sont mouvans, par proclamation à son de trompe & cri public, par trois jours de dimanche ou de marché, si marché y a ; & quant aux fiefs étant hors desdits duchés, comtés, baronnies & châtellenies dont ils sont mouvans, par signification faite au vassal, à sa personne ou au lieu du fief, s'il y a manoir, ou au procureur dudit vassal, si aucun y a, sinon au prône de l'église paroissiale dudit lieu en jour de dimanche ou autre jour solennel.

Cependant il y a des coutumes qui semblent permettre au nouveau seigneur de saisir les anciens vassaux sans sommation préalable ; telles sont, Chartres, article 35 ; Château-neuf en Thimerais, article 36 ; Orléans, article 60. Mais ces coutumes ajoutent, que telle Saisie ne vaut que dénonciation & même Chartres & Château-Neuf, après les quarante jours, disent *qu'il faut saisir* ; Orléans d qu'après les quarante jours les fruits sont acquis au seigneur.

Lorsque c'est le fief servant qui change de propriétaire, le seigneur peut saisir tout le temps que le nouveau vassal ne s'est point présenté pour faire la foi & payer les droits ouverts par la mutation; & n'importe de quelle manière cette mutation arrive, soit par la mort naturelle ou civile du vassal, soit par l'aliénation ou abandon du fief, soit que l'ouverture donne lieu à des droits utiles, soit qu'elle ne donne lieu qu'à des droits honorifiques.

Le défaut de payement des droits ne suffit pas pour autoriser le seigneur à saisir féodalement: si-tôt la réception en foi, il n'a plus qu'une simple action pour exiger le payement du quint ou du relief, à moins que par l'acte de réception il ne se soit réservé la faculté de saisir faute de payement dans tel temps ou à telle condition.

Si, du vivant du véritable vassal, un tiers se mettoit en possession du fief, soit à titre d'héritier, soit à tout autre titre, le seigneur pourroit bien saisir féodalement sur ce tiers; mais il seroit tenu de rendre les fruits au vrai propriétaire, à moins que ce possesseur, par sa bonne foi ou par les impenses qu'il auroit faites, ne fût dispensé de les restituer lui-même; car la Saisie féodale a acquis au seigneur tout ce qui appartenoit à ce prétendu vassal.

Cependant si le propriétaire étoit absent, qu'un tiers possédât le fief en son nom propre & comme à lui appartenant, alors la bonne foi du seigneur le rendroit irrévocablement propriétaire des fruits tombés dans la Saisie féodale; & si le véritable propriétaire venoit à reparoître, il ne pourroit exiger que la restitution des fruits non encore consommés, sauf son recours contre le tiers possesseur.

» La longue absence n'est pas suffisante pour » donner lieu à la main-mise du seigneur féodal

» sur le fief de son vassal, si ce n'étoit qu'il prouv
» que l'absent a obtenu l'âge de cent ans, ou que
» pendant l'absence & durant la vie du vassal, u
» autre se fût mis en possession du fief, disa
» avoir droit du précédent vassal, & d'en jouir comm
» à lui propre & appartenant, auquel cas le sei
» gneur pourra user de main-mise & faire les frui
» siens contre le prétendu nouveau vassal & à so
» préjudice. Mais pourtant le vrai vassal étant d
» retour & rentrant en la jouissance de ses biens
» les fruits doivent lui être rendus; ce qui doi
» être observé, encore même que les héritiers pré
» somptifs aient fait partage entre eux des bie
» de l'absent. *Legrand sur l'article* 22 de *Troies.*

Jugé par arrêt du 4 août 1576, rapporté p
Carondas, *réponses*, *livre* 4, *chapitre* 70.

» L'absence du vassal, quelque longue qu'el
» soit, ne donne point au seigneur un prétex
» légitime pour saisir. La mort du vassal éta
» le fondement de son action, il doit la prouve
» par des temoignages certains: à son égard, o
» fait valoir la présomption de la loi, qu'un homm
» est présumé vivre jusqu'à cent ans s'il ne paroî
» du contraire. Dumoulin ajoute, que si les hériti
» présomptifs du vassal s'étoient mis en possessio
» de son bien, il y auroit mutation, & que l
» vassal retournant, le seigneur qui auroit jo
» ne seroit point condamnable à la restitution de
» fruits consommés, mais seulement de ceux q
» existeroient encore, sauf le recours contre le
» héritiers. Mais, à mon avis, le seigneur ne pour
» roit se défendre d'une pleine restitution; l'usur
» pation faite par les héritiers ne le déchargeroi
» pas, ayant dû lui-même savoir s'il avoit dro
» de saisir; il est juste que, s'étant trompé, il re
» tiene ce qu'il a perçu. *Basnage sur l'article* 10
» *de la coutume de Normandie.*

» S

» Si l'absent, avant son départ, n'a pas fait la foi » & hommage, ou donné un dénombrement, » son plus proche héritier est reçu à le faire pour » lui. *Quest. de droit de Bretonnier*, *verbo* ABSENT «.

Il est dû au seigneur des droits à raison des précédentes mutations; le nouveau vassal se contente d'offrir ceux ouverts par son acquisition : le seigneur est-il fondé à refuser de pareilles offres? peut-il saisir féodalement jusqu'à ce que tous les droits, tant de la dernière mutation que des antérieures, lui aient été payés?

Il y a sur ce point deux opinions qui chacune réunissent des suffrages nombreux & respectables. Voici d'abord les auteurs qui tiennent que le seigneur peut saisir pour les droits précédemment ouverts comme pour ceux de la dernière mutation.

Investituram & receptionem in homagium, rectè à domino recusari Molinæus, nisi priora quoque laudimia solvantur. D'Argentré sur l'article 71 de Bretagne, n. 6.

Il peut contraindre le vassal de lui payer non seulement le droit dû de son acquisition, mais aussi de toutes les mutations précédentes, sans être obligé à aucune discussion. *Basnage sur l'article 169 de Normandie.*

Un seigneur féodal ou censuel n'est tenu ensaisiner ni recevoir en foi le nouvel acquéreur, s'il n'est satisfait aussi des anciens droits & arrérages à lui dus. *Loisel, livre 4, titre 2, règle 19.*

Le seigneur n'est point tenu recevoir son vassal, qu'il ne lui ait payé tous les droits échus depuis trente ans, bien qu'il n'ait point acquis à la charge d'iceux, & qu'il soit en bonne foi. *Brodeau sur l'article 1 de Paris.*

Je crois qu'il faut suivre l'opinion de Brodeau. *Auzanet sur l'article 63 de Paris, n. 29.*

Le seigneur féodal peut intenter action contre

le possesseur du fief, & conclure contre lui à ce que ledit fief soit déclaré affecté & hypothéqué aux droits seigneuriaux à lui dus à cause des précédentes venditions & changemens de possessions; & le vassal est tenu le délaisser par hypothèque, pour être vendu & adjugé par décret, si mieux n'aime payer iceux droits. *Legrand sur l'article 42 de Troies.*

Si les prédécesseurs n'ont pas été reçus en foi, le nouveau vassal doit payer les droits dus de leur chef, avant que d'avoir main-levée. *Livonnière, des fiefs, livre 1, chapitre 8, section 1.*

Le seigneur peut saisir féodalement, faute de payement d'anciens droits, sans commandement préalable; mais il ne faut pas qu'ils soient prescrits. *Bourjon, droit commun des fiefs, part. 1, chap. 1, n. 128; idem*, M. le Camus *sur l'article 24 de Paris.*

Les auteurs suivans pensent au contraire que le seigneur n'est pas en droit de saisir féodalement, à raison des droits ouverts pour les mutations précédentes, & qu'il n'a pour les exiger qu'une action ordinaire.

Carondas; parce que, dit-il, l'acquéreur n'est obligé ni personnellement ni hypothéquairement, *sur l'article 63 de Paris, in fine.*

La difficulté reste toujours, si, contre ce refus, le vassal opposant l'offre réelle des droits de sa mutation & la présentation de la foi, le seigneur pourroit saisir féodalement avec justice; ce que je n'estime pas; car enfin, qu'il y ait un droit de suite, d'hypothèque, de privilège, *bene sit*; mais il le faut justifier & liquider en justice; & jusqu'à contestation de la cause, le vassal est toujours en bonne foi. *Duplessis, des fiefs, livre 5, chapitre 1.*

Guyot distingue: ou le fief étoit saisi féodalement lors de l'acquisition, ou il ne l'étoit pas: dans le premier cas, comme l'acquéreur ne pouvoit ignorer qu'il ne fût dû des droits du chef de ses auteurs, il faut qu'il les acquitte avant de pouvoir exiger que le seigneur lui donne l'investiture. Dans le second cas, l'ignorance, la bonne foi du vassal le mettent à l'abri de la Saisie, pourvu qu'il présente les droits résultans de sa mutation; & il n'est obligé d'acquitter les droits des mutations antérieures, qu'après que le seigneur lui a prouvé que ces droits sont réellement dus. *Le seigneur doit les lui prouver, & donner un délai après lequel il peut saisir.* Guyot, *de la foi & hommage, chapitre 5, in fine.*

Un vassal se présente pour faire l'hommage; il offre le quint ou le relief: le seigneur lui demande un droit particulier qu'il prétend établir par les titres, mais qui est inconnu à la coutume territoriale; le vassal refuse de payer cette prestation; le seigneur refuse de recevoir son hommage & fait saisir le fief: que penser d'un acte aussi rigoureux?

Les moyens du vassal méritent beacoup d'attention; il n'a vu énoncé dans la coutume que deux espèces de droits; elle ne parle que du relief & du quint; elle est muette sur tous les autres. Le terme générique de *droit* est donc, dans son esprit, restreint à deux espèces; le défaut de payement des droits que le seigneur lui demande n'engendre donc qu'une simple action.

Le quint & le relief sont des droits naturels & en quelque sorte inséparables du fief: la loi en ordonne le payement, quand même le seigneur n'auroit aucun titre pour les exiger. Au contraire les droits inconnus à la coutume ne sont & ne peuvent être que l'effet d'une convention étrangère à la nature des fiefs.

Mais s'il est incontestable que les droits extraordinaires n'ont d'autre origine que la convention, ils doivent obéir aux loix des conventions ; le seigneur n'a donc pour les exiger que l'action ordinaire, & non la voie rigoureuse de la Saisie féodale.

Enfin, peut-on encore regarder le fief comme ouvert, lorsque le vassal, prêt à jurer la fidélité, prêt à payer des droits considérables, n'a commis que l'oubli bien pardonnable d'un droit que souvent le caprice seul a créé. Duplessis prononce en faveur du vassal.

Quelque séduisans que paroissent ces moyens, le seigneur soutient que la sévérité des principes ne permet pas de les admettre. La coutume est sans doute le titre général de tous les fiefs ; ses dispositions tiennent lieu des conditions de l'investiture pour les fiefs dont le temps a détruit les titres originaires ; mais c'est une maxime reconnue, que la loi territoriale ne détruit point le titre d'inféodation ; elle y supplée seulement : ce titre paroît-il ? c'est à lui qu'il faut se fixer ; il est devenu la loi du vassal qui l'a souscrit, il parle avec empire dans tous les siècles.

Ici le titre d'investiture augmente ou varie les droits du seigneur ; mais, de quelque étendue ou de quelque diversité qu'ils puissent être, ils sont tous compris dans le pouvoir que le seigneur reçoit de la loi. Ce n'est pas à tels ou tels droits que la coutume attache la faculté de saisir, c'est aux droits portés dans l'inféodation : cette faculté de saisir est inhérente au contrat originaire ; c'est une condition de l'inféodation, une concession de la loi.

Les droits de quint ou de relief ne sont pas moins l'effet d'une convention ; ils ne sont pas moins étrangers à la substance du fief, une seule chose constitue son essence ; c'est dans la fidélité qu'il consiste : sous ce point de vue, parité absolue entre les droits ordinaires & les droits extraordinaires ; ils sont tous des droits réels. La coutume, qui ne di tingue point, comprend tout, & son esprit s'accorde avec la lettre de la loi; *ubi lex non distinguit, nec nos distinguere debemus.*

§. III. *Dans quel temps le seigneur peut-il saisir?*

Le seigneur féodal, après le trépas de son vassal, ne peut saisir le fief mouvant de lui, ni exploiter en pure perte jusqu'à 40 jours après ledit trépas. Art. 7 *de la coutume de Paris.*

La disposition de cet article est de la plus grande équité; il peut arriver que l'héritier ignore pendant quelque temps la mort de son auteur; il ne lui est pas même toujours possible de se présenter au seigneur dominant si tôt après le décès; il seroit donc injuste qu'il fût dès cet instant exposé à la Saisie féodale : dailleurs presque toutes les coutumes accordent à l'héritier 40 jours pour délibérer; il falloit bien qu'elles lui accordassent le même délai pour remplir les devoirs féodaux. Les mêmes raisons ne parlent point pour l'acquéreur, & le donataire, dès l'instant qu'il acquiert, qu'il reçoit, il est déterminé, il connoît son seigneur féodal, il connoît l'étendue de ses engagemens envers lui, rien ne peut donc le dispenser de les remplir, rien ne peut l'excuser s'il les diffère; aussi voyons-nous que la coutume de Paris ne donne ce délai qu'à l'héritier, & non aux acquéreurs & donataires.

D'après ces considérations, Dumoulin conclut que, dans la regle étroite, le seigneur peut saisir féodalement si-tôt après la tradition vraie ou feinte de l'objet acquis ou donné.

Cette décision de Dumoulin, comme trop rigoureuse, est rejetée par la plus saine & la plus nombreuse partie des auteurs, & même par quelques coutumes. Ces auteurs & ces coutumes sont :

Jean Desmarres, *décision* 105; Brodeau *sur*

l'art. 7 de Paris; Boyer *sur Berry*, *tit. 4*, *art. 13*; d'Argentré, *coutume de Bretagne*, *art 323*, *n. 8*; Bacquet, *des droits de justice*, *ch. 14*, *n. 13*; le Grand *sur l'art. 28 de Troies*; Livonnière, *des fiefs*, *liv. 1*, *ch. 8*, *sect. 2*; Bourjon, *droit commun des fiefs*, *part. 1*, *ch. 1*, *section 3*, *dist. 1*; Melun, *art. 22*; Anjou, *art. 102*. Tous ces auteurs pensent unanimement que de quelque manière que le fief parvienne à un nouveau vassal, il a 40 jours pour remplir les devoirs de la féodalité.

Les coutumes de Troies, d'Orléans, de Reims & de Chaumont, vont encore plus loin que Dumoulin; elles exigent que l'acquéreur présente l'hommage & les droits incontinent après son acquisition.

d'Argentré parlant de cette disposition de la coutume de Chaumont, la rejette comme trop dure & même comme cruelle, *committit crudeliter*, sur l'art. 323 de la coutume de Bretagne n. 8.

Legrand, *sur l'art. 28 de Troies*, ajoute, que ces coutumes étant exorbitantes du droit commun doivent être restreintes à leur territoire, & Dumoulin lui-même est d'avis que, malgré leurs dispositions, les fruits tombés dans la Saisie doivent être rendus à l'acquéreur, s'il se présente dans les quarante jours. *Puto fructus ei restituendos, non debent enim hæ feudales consuetudines tam amare.... accipi inter patronum & clientem, veluti inter infestos.* Sur l'article 4 de l'ancienne coutume de Paris.

Tronçon, sur l'art. 7 de la coutume de Paris, *verb. 40 jours*, rapporte un arrêt du 25 janvier 1617, qui a jugé que le seigneur dominant ne peut saisir sur le nouvel acquéreur avant l'expiration des quarante jours. Cet arrêt est dans la coutume de Meaux; & comme cette coutume n'a point de disposition sur cet objet, il en résulte que le délai de 40 jours a lieu en faveur des acquéreurs, même dans les coutumes muettes.

Du vassal ecclésiastique.

» Le seigneur doit attendre 40 jours après le » décès du titulaire, sans qu'il soit obligé d'at- » tendre que le pourvu *per obitum* ait pris posses- » sion. *Brodeau sur l'art. 7 de Paris, n. 16.*

» Les gens de main-morte feront diligence de » donner homme vivant & mourant dans les qua- » rante jours du décès de leur homme vivant & » mourant; autrement le seigneur féodal pourroit » faire saisir le fief immédiatement tenu de lui, » & faire les fruits siens «. *Bacquet, traité des droits d'amortissement, ch. 55, n. 6.*

» Si le bénéfice est vacant, le titulaire ayant » fait une résignation, il faut donner aussi quarante » jours, à compter du jour de la prise de posses- » sion faite par le résignataire «. *M. le Camus, observations sur l'art. 7 de Paris.*

Les quarante jours que notre article accorde à l'héritier, ne se comptent point de l'instant du décès, *de momento ad momentum*; ce sont quarante jours pleins, non compris celui de la mort ni celui de l'échéance, *jusqu'à quarante jours après le trépas*, porte l'article, c'est-à-dire, jusqu'à ce que quarante jours se soient écoulés depuis celui du trépas.

» Par arrêt donné en la coutume d'Anjou, rap- » porté par l'Hommeau sur cette coutume, il a » été statué que les 40 jours doivent être francs, » & être complets & entiers, sans qu'on les compte » de moment à moment, ni que ces deux termes, » savoir, celui du jour du décès du vassal & de » la quarantaine, y soient compris «. *Brodeau sur l'art. 7 de Paris.*

L'arrêt dont parle Brodeau est du 20 août 1573 à

cet arrêt est conforme à ce que l'on trouve dans les établissemens, *ch.* 3, *comment l'on doit perforcier gentilhomme qui ne veut faire la foi à son seigner? li sire doit laissier passer le jor, & le jor passé, le lendemain il peut prendre le fief en sa main.*

Cette règle, dit Dumoulin, que le seigneur peut saisir quarante jours après le décès, ne s'exécute cependant pas à la rigueur dans tous les cas. Le vassal est décédé à Naples le premier mai; le seigneur, prevenu par quelque ami qu'il a dans cette ville, fait saisir le 11 juin; le 20 août, les héritiers, à qui cette nouvelle est enfin parvenue, se présentent au seigneur: tous les fruits sont séparés du sol, toute la recolte est tombée dans la Saisie féodale; les héritiers pourront ils la réclamer? pourront-ils obliger le seigneur à leur restituer ces fruits? Mais qu'importe au seigneur l'ignorance ou la connoissance des héritiers; il a le droit de saisir le fief ouvert, après quarante jours; il n'a donc fait autre chose qu'user de son droit; d'ailleurs tout est réel dans cette matière; c'est uniquement sur le fief que le seigneur doit avoir les yeux ouverts, & non sur ceux qui sont appelés à le posséder. Nonobstant ces raisons, il faut tenir, que dans l'espèce présente le seigneur sera obligé de restituer les fruits qu'il a perçus. Il est vrai qu'en général il est indifférent au seigneur que l'héritier ait eu connoissance ou non de la mort de son auteur; mais il faut qu'il ait pu vraisemblablement acquérir cette connoissance; il faut au moins que cette nouvelle ait été répandue dans le pays: & tout le temps que, par quelque empêchement physique ou moral, cet héritier ne peut connoître la mort du défunt, le délai de la coutume ne court point contre lui.

M. le président Bouhier rejette cette décision de Dumoulin; voici ses termes:

» J'aurois peine à prendre ce sentiment; car

» notre coutume ayant fixé un temps à tout vassal » sans exception, pour rendre les devoirs de fief, » il ne nous appartient pas d'en fixer un autre » *à die notitiæ*. En effet, Dumoulin convient lui-» même, en traitant cette question, comme il a » fait auparavant, qu'en cette manière, *non exi-» gitur notitia novi vassalli*; on n'exige pas non-» plus de son aveu que le vassal ait la liberté de » satisfaire à la disposition de la coutume : puisque » ni l'absence ni la prison n'empêchent pas que le » temps de porter la foi ne coure contre lui, » pourquoi donc ne courroit-il pas dans le cas » proposé? Dumoulin n'en allègue aucune raison » plausible : d'ailleurs, quand fait-il courir le temps » dont il s'agit? du jour que la connoissance de » la mort du vassal est devenue publique? Mais » comment pourra-t-on fixer un tel jour? Le plus » sûr est de nous en tenir à la lettre de la dis-» position coutumière «. *Le président Bouhier sur la coutume de Bourgogne*, *ch.* 45, *n.* 12 & 13.

Si le dernier propriétaire du fief n'avoit pas fait la foi, le seigneur peut saisir dès le jour de son décès, parce qu'il le pouvoit bien auparavant; dans ce cas le délai de quarante jours ne court pas contre l'héritier : ce délai aura-t-il lieu dans l'espèce suivante?

Le vassal meurt; son héritier ne lui survit que vingt jours : l'héritier de cet héritier aura-t-il le délai entier de quarante? ou bien, après l'expiration des vingt jours qui restent à courir, le seigneur pourra-t-il saisir féodalement?

Cette question est fort controversée, elle divise les auteurs les plus célèbres.

Chasseneuz pense que le successeur doit avoir le délai entier. *Quia ipse successor feudum habet à principio, magis beneficio alterius, quàm predecessoris, & quasi ex successorio edicto; unde, tempus inceptum non debet successori nocere.* In consue Burg. de feud. §. 1, n. 4.

Le contraire est plus subtilité que raison. *Bourjon droit commun, prem. part. des fiefs, chap.* 1 *sect.* 1, *dist.* 3, *n.* 15.

» Sur la question, si son héritier doit enco » avoir quarante autres jours, Dumoulin tient l » négative ; j'estime l'affirmative plus véritable *Duplessis des fiefs, liv.* 1, *ch.* 1.

Auzanet est de même avis. M. le Camus, d ses observations, dit que c'est le sentiment commu Guyot convient que l'avis de Dumoulin est da les principes ; mais, ajoute-il, *summum jus summ injuria*, ainsi je pense qu'il faut accorder nouve délai. *De la foi & hommage, ch.* 2, *n.* 4; *idem* Couart *sur l'art.* 30 *de la coutume de Chartre* Basnage *sur l'art.* 109 *de Normandie*; Laland *sur l'art.* 50 *d'Orléans* ; Boucheuil, *sur l'art* 1 *de Poitou*; Pothier, *coutume d'Orléans, introd.* d *fiefs, n.* 29.

M. le président Bouhier, les annotateurs d Duplessis, Brodeau & Ferriere pensent au contra que l'héritier n'a pas un nouveau délai de quara jours, & que, dans l'espèce que nous examinons, seigneur peut saisir à l'expiration des vingt jo qui restent à courir ; voici de quelle manière c quatre jurisconsultes s'expriment.

» Les auteurs qui se sont déterminés en fave » de l'avis de Chasseneuz, se sont trompés sur » point ; car outre qu'on n'allègue aucun arrêt po » leur opinion, la nôtre a été adoptée par d » jurisconsultes très - instruits de l'usage prése » & qui l'ont confirmée par des raisons auxquell » je ne vois pas que l'on ait répondu ; & à l'ég » de ceux qui ont le parti opposé, il me seroit a » de démontrer que la plupart ne s'y sont portés q » parce qu'ils l'ont cru conforme à l'esprit partic

» lier de leur coutume «. *Le président Bouhier sur la coutume de Bourgogne, ch. 45, n. 19.*

» Quoique l'avis de Duplessis fasse dabord impression, & qu'on se prévienne qu'il doit être conforme à l'usage & à la dernière jurisprudence, cependant, comme l'on ne trouve aucun préjugé qui l'ait autorisé, il est encore permis d'examiner la question, & de dire que le sentiment de Dumoulin est fondé sur les principes & sur les anciens usages du châtelet de paris, marqués par l'auteur du grand coutumier, & les décisions de Desmarres. Ces principes se peuvent réduire à trois.

» Le premier, que le délai de quarante jours est plus réel que personnel.

» Le second, que celui qui est décédé ou qui a vendu le fief sans avoir fait la foi & hommage, n'avoit, à proprement parler, qu'un droit au fief, sans aucune possession ni même propriété à l'égard du seigneur.

» Le troisième, que si cette question est décidée en faveur du seigneur, les mêmes principes font aussi décider contre lui; que quand il y auroit plusieurs aliénations accumulées sans avoir fait la foi & hommage, le seigneur ne peut prendre ni double relief ni de nouveau quint, parce qu'il n'y a point de mutation depuis celle du dernier vassal. *Les commentateurs de Duplessis sur l'endroit ci-dessus cité* «.

Voici le passage de Desmarres, sur lequel le second principe est appuyé : « La coutume que le mort saisit le vif, n'a pas lieu tant à ce qui touche le seigneur ; car le fils n'est saisi ni possesseur du fief de son feu père, jusqu'à temps qu'il soit en foi ou souffrance. *Décis.* 285.

» La décision de cet article ne procède pas, quand il se rencontre une ouverture précédente;

» celle du décès du vassal, pour laquelle est dû quint
» ou relief; auquel cas, le seigneur n'est point
» obligé d'attendre ces quarante jours «. *Brodeau sur l'article 7 de Paris*, *n.* 11. Je ne puis me déporter de l'opinion de Dumoulin. *Ferrière sur l'article 7 de Paris*, *n.* 13.

La Saisie faite avant l'expiration des quarante jours est tellement nulle, que quand le vassal ne présenteroit point la foi au temps prescrit, le seigneur seroit obligé de faire une nouvelle Saisie, la première étant insuffisante pour lui faire gagner les fruits; c'est ce qui résulte des termes de la coutume de Paris, *ne peut*: & même si le seigneur en vertu de cette première Saisie, s'étoit mis en possession du fief, ou en avoit recueilli les fruits, il ne pourroit en faire valablement une nouvelle qu'il n'eût auparavant remis les choses dans leur premier état & réintégré le propriétaire du fief.

Non seulement le vassal est à l'abri de la Saisie pendant l'espace de quarante jours, mais le seigneur ne peut exiger de lui aucun devoir, aucun droit que ce délai ne soit écoulé. Il est vrai que les coutumes ne parlent que de la Saisie; mais comme leur esprit est de donner à l'héritier le temps de délibérer, il s'ensuit que ce n'est qu'après l'expiration de ce temps qu'on peut lui demander des choses qui sont une suite de la qualité d'héritier: cependant, s'il s'agissoit de droits journaliers & payables à de certaines époques, l'héritier en seroit tenu même pendant cet intervalle de quarante jours, parce que la disposition de la loi ne s'applique qu'aux droits résultans de l'ouverture du fief.

A Paris & presque par-tout ailleurs, le seigneur après les quarante jours de la mutation passés, peut saisir *rectâ* le fief qui est resté ouvert.

En Anjou, article 103, & au Maine, article 116, ce n'est pas la même chose

Le seigneur peut dans l'an & jour saisir ; & s'il ne saisit pas dans l'an, il faut qu'il somme son vassal de venir à la foi ; & dans l'an après cette interpellation, si le vassal ne vient à la foi, le seigneur peut encore saisir, & il fait les fruits siens ; mais après cette année, s'il ne la fait, il ne peut plus saisir : c'est ainsi que Dupineau interprète l'article 10 d'Anjou. Livonnière, traité des fiefs, livre 1, chapitre 8, section 2, tient le même avis.

Mais, dit Guyot dans son traité des fiefs, tome 4, page 360, ceux qui liront bien attentivement l'article 103 d'Anjou, & le 116 du Maine, ne trouveront pas qu'après l'an le seigneur soit obligé à une interpellation réitérée, encore moins qu'il ne puisse plus saisir quand cette seconde année est écoulée.

Il est vrai que l'article 109 d'Anjou, parlant du cas où la foi est faite en l'absence du seigneur, dit que le seigneur étant de retour & l'ayant fait savoir à son vassal dans la forme qu'elle prescrit, peut, *dans l'an & jour ensuivans*, faire saisir. Je crois, continue Guyot, qu'il peut en tout temps, après les quarante jours donnés pour venir à la foi par les art. 101 & 102, saisir faute d'hommes, après une sommation de venir à la foi.

Il y a quelques coutumes, comme Reims, Châlons, Berry, qui permettent au seigneur de saisir *incontinent* ; mais ces Saisies ne valent que sommations ; & si le vassal se présente dans les quarante jours, la Saisie n'a aucun effet, le vassal n'en paye pas même les frais.

Dourdan, article 14, a encore une disposition singulière, mais plus favorable aux vassaux & qui se rapproche plus de l'ordonnance de 1667, qui donne à l'héritier trois mois pour faire inventaire, & quarante jours pour délibérer.

Quand le fief est ouvert par le décès du vassal, le

seigneur féodal ne le peut saisir que quarante jo[urs] après le décès ; & (la Saisie faite) si celui auq[uel] est échu ledit fief ne vient (dedans autres quara[nte] jours après ladite Saisie) faire ses devoirs, ledit s[ei]gneur fait les fruits siens. Coutume de Dourda[n], art. 14.

Ainsi cette coutume donne à l'héritier quat[re] vingts jours pour faire la foi ; & la Saisie faite da[ns] les quarante jours qui ont suivi le décès de l'anc[ien] vassal, n'a l'effet que d'une sommation, si le vas[sal] se présente dans les quarante jours qui suivent [la] Saisie.

§. IV. *Formalités nécessaires pour la validité d[es] Saisies féodales* (*).

Dumoulin pensoit qu'il étoit au choix du seigne[ur] ou de saisir de son autorité privée, ou de recou[rir]

(*) *Formule de la commission pour saisir, & de l'expl[oit] de Saisie.*

Pierre .... bailli .... &c. au premier sergent féodal [de] ladite seigneurie, ou autre huissier ou sergent royal sur [ce] requis ; vous mandons & commettons à la requête de... stipulant par son procureur fiscal de ladite seigneurie de... de prendre & saisir féodalement & sous la main dudit [sei]gneur & de justice, les fief .... terre .... de .... consist[ant] en .... mouvant & relevant en plein fief, foi & homma[ge] de mondit seigneur, à cause de sadite seigneurie de .... fau[te] d'homme, de foi & hommage, droits & devoirs seigneuria[ux] non faits & non payés, *aveu & dénombrement non baillé* ; comme aussi faute d'avoir exhibé & communiqué tous & c[hacun] chacun les titres & contrats concernant la propriété desd[its] fief & seigneurie de .... & en chacun desdits cas, au régi[me] & gouvernement desquels fief & seigneurie de .... & d[es] fruits croissant sur iceux, établissez commissaires des person[nes] solvables, pour lever & percevoir lesdits fruits en pure per[te] au profit de mondit seigneur, jusqu'à ce que le propriétai[re] ait rendu la foi & hommage & satisfait aux autres dro[its] au ministère de la justice ; selon lui, cette dernière voie n'étoit point nécessaire, mais seulement la plus

---

& devoirs par lui dus, pour rendre compte desdits fruits & en payer le reliquat quand il sera ordonné, comme dépositaire de biens de justice, faisant les significations, défenses & élection de domicile en tel cas requis & nécessaire ; & en cas d'oppositions, refus ou délais, votre Saisie tenante, donnez jour & assignez les opposans, refusans ou délayans, pardevant nous, pour en dire les causes ; de ce faire donnons pouvoir. Donné à .... au chef-lieu de ladite seigneurie, le .... jour de .... mil sept cent ....

Signé & scellé ....

L'an mil sept cent .... le .... jour de .... a .... midi, je .... soussigné, certifie qu'en vertu de la commission ci-dessus de M. le bailli de la seigneurie de ..... en date du .... étant en bonne forme, signée & scellée, obtenue, & à la requête de .... stipulant par M^e^ .... son procureur fiscal de ladite seigneurie de .... qui a élu son domicile au chef-lieu de ladite seigneurie, & en tant que besoin seroit, en la maison dudit procureur fiscal, sise audit .... je me suis exprès transporté au terroir de .... distant de ma demeure de .... lieues, où étant sur lesdits fiefs ci-après déclarés avec & en la présence de B .... & D .... demeurant à .... témoins à ce appelés, j'ai pris, saisi & mis ès mains de mondit seigneur de .... & de justice, par faute d'homme. de foi & hommage, droits & devoirs seigneuriaux non faits & non payés, *aveu & dénombrement non baillés*, comme aussi faute d'avoir exhibé & communiqué tous & un chacun les titres & contrats concernant la propriété dudit fief ci-après déclaré, & en chacun desdits cas les fiefs de .... mouvans & relevans en plein fief, foi & hommage de mondit seigneur de .... à cause de ladite seigneurie de .... ensemble les fruits & revenus étans & croissans sur iceux fiefs, & ce par la prise du .... avec mesdits témoins susnommés, que j'ai pris & saisi pour tout ledit fief de .... au régime & gouvernement auquel fief de .... & des fruits croissant sur icelui, j'ai établi pour commissaire & gardien la personne de .... demeurant à .... auquel en son domicile, parlant à .... j'ai enjoint, de par mondit seigneur, de .... & de justice, d'accepter ladite charge & d'y faire son devoir, pour en rendre compte & payer le reliquat quand il sera ordonné, nonobstant oppositions ou appellations quelconques, & par corps, comme dépositaire des

honnête, *& hoc est civilius.* Nous avons quelqu coutumes dont les dispositions sont conformes l'opinion de notre auteur; savoir, Bourbonno article 368; Auvergne, titre 22, article 2; *Berr* titre 5, article 25, &c.; celle de Poitou semble êt du nombre. *Le seigneur*, dit-elle, *peut saisir ou fa saisir.* Article 82.

Dans les autres coutumes, il faut que la Sai soit faite par le ministère d'un huissier & en ver d'une ordonnance du juge du seigneur saisissan s'il en a un, *si non habet jurisdictionem, provide se coram judice ordinario.* Dumoulin *sur l'articl du titre 2 de la coutume de Lodunois.*

» De sorte qu'une Saisie féodale qui seroit fa » de la propre autorité du seigneur & par vo » extrajudiciaire, *viâ facti*, sans autorité de just

biens de justice, sauf ses salaires, lequel .... parlant com dessus, a fait réponse .... pourquoi je lui ai, en sondit d micile & parlant comme dessus, donné assignation à com roir le .... heures de plaids, pardevant mondit sieur le ba de ladite seigneurie de .... en l'auditoire ordinaire audit.. pour dire ses moyens de refus & être condamné, comme est, à faire ladite charge de commissaire, y faire son devo en rendre compte & payer le reliquat quand il sera ordonn nonobstant oppositions ou appellations quelconques, & par co comme dépositaire des biens de justice, sauf ses salaires ra sonnables, & en outre procéder comme de raison; laque Saisie & établissement de commissaire j'ai à l'instant, à la quête & élection de domicile que dessus signifié, dénoncé dûment fait savoir à .... en son domicile audit lieu & parla à .... lui ai enjoint de le faire savoir au propriétaire du fief saisi, à ce qu'il n'en prétende cause d'ignorance, lui fa sant défenses & à tous autres de troubler & empêcher le commissaire au fait de sa charge & commission, sur les pein portées par les ordonnances, auquel .... commissaire, & a.. parlant comme dessus, j'ai, à chacun séparément, baillé laissé copie de ladite commission & du présent exploit, en p sence desdits témoins, qui ont signé avec moi, lesdits jour an que dessus.

» d'

» & par le ministère d'officiers publics, seroit nulle » & de nul effet. « C'est un des points jugés sur l'arrêt du 9 décembre 1595. *Boucheuil sur l'article 82 de Poitou.*

On doit donc tenir pour certain qu'il faut une commission du juge pour saisir.

Il faut que la commission soit *spéciale* pour tel fief, & qu'on y déclare les causes de la Saisie. La raison, dit fort bien le Maître, *sur Paris dernière édit. page* 55, est que la Saisie féodale emportant perte de fruits & devant s'exécuter nonobstant opposition ou appel, elle ne doit pas s'accorder sans connoissance de cause.

» On ne peut, dit Guyot, se servir de commission générale pour saisir *tous fiefs ouverts*; » elle seroit nulle. Dumoulin lui-même est obligé » d'en convenir, §. 1, gl. 4, n. 68. Il demande, » au nombre 66, si on peut interjeter appel d'une » Saisie féodale; & après avoir décidé que non » (*quod est contrà practicam*), il dit, nombre » 68 : *Limito tripliciter primo, nisi commissio judi-* » *cis sit generalis & absque specificatione feudorum* » *prehensorum, quia est contra quædam arresta* » *curiæ* «.

En effet, tous les auteurs sont d'accord qu'une Saisie féodale faite en vertu de commission générale, est nulle.

M. le Maître, en son traité de la foi & hommage, qui est à la fin de son traité des criées, chapitre 6, en rapporte un arrêt du 13 mai 1530, entre M. Augustin de Thou, avocat au parlement, & M. François de Mouceau, chevalier, seigneur de Saint Cyr, par lequel, *commission générale pour saisir tous fiefs ouverts, est reprouvée, & défendu à tous juges d'exercer pareilles commissions.*

M. le Maître rapporte l'ordonnance de 1512, article 46, qui interdit à tous juges de délivrer aucunes lettres *de debitis* ou ſauve-gardes générale & il ajoute, *& faut noter que cet arrêt eſt fon* *ſur cette ordonnance.* On doit ajouter foi à ce mo tif de l'arrêt, puiſqu'il eſt atteſté par M. le Maître premier préſident du parlement. Ainſi cet arr doit paſſer comme arrêt de réglement.

Brodeau ſur l'article 1 de Paris, n. 18, rappo encore un arrêt qui a jugé de même. Il eſt du avril 1648, en la grand'chambre. Il infirma u ſentence du ſénéchal de la Baſſe-Marche, ou lieutenant à Bellac, du 18 mai 1646, qui av confirmé l'ordonnance du juge de Tournon, 2 août 1644. Cet arrêt jugea qu'un ſeigneur de ne pouvoit faire décerner une ordonnance & co miſſion générale par ſon juge, portant que to poſſeſſeurs de maiſons & héritages ſitués dans l tendue de la ſeigneurie, ſeroient tenus de repréſen les titres en vertu deſquels ils jouiſſoient; autreme permis au ſeigneur de s'en emparer.

De quel juge doit être émanée l'ordonnance p tant commiſſion de ſaiſir? Sans doute de celui q exerce la juſtice, ſoit immédiate, ſoit de reſſort, le fief que l'on ſe propoſe de ſaiſir, de celui d le territoire duquel ce fief eſt aſſis; car un jug tel qu'il ſoit, n'eſt qu'une perſonne privée au d des bornes de ſa juridiction, *extrà territorium ju* *canti impunè non paretur.*

Le ſeigneur ne peut donc pas ſaiſir par le miniſt de ſon juge, les fiefs de ſa mouvance ſur leſque il n'a pas la juſtice. Dans ce cas, il doit donc retirer pardevers le juge naturel du fief qu'il propoſe de ſaiſir.

C'eſt ce que dit Dumoulin dans ſa note ſur l'ar cle 2 du titre 1 de la coutume de Lodunois, *non habet juriſdictionem, provideat ſibi coram jud* *ordinario.*

Les juges, par leur ordonnance à l'effet de ſaiſi

mettent quelquefois le fief sous la main de la justice. Cette manière de prononcer est vicieuse, & peut avoir de dangereuses conséquences, sur-tout lorsque la justice n'appartient pas au seigneur saisissant. C'est entre les mains du seigneur, & non en celles de la justice, qu'il faut mettre le fief saisi.

La Saisie ordinaire n'a d'autre effet que de mettre la chose sous la main de la justice. La Saisie féodale fait bien plus ; elle rend le seigneur dominant possesseur du fief saisi ; elle réunit en quelque sorte le domaine utile au domaine direct ; réunion précaire à la vérité, mais qui donne tellement la jouissance de tous les fruits au seigneur, qu'il n'est pas même tenu de reconnoître & d'acquitter les hypothèques & les rentes dont le vassal pourroit avoir grevé son fief.

Les commissions pour saisir féodalement doivent-elles être scellées à peine de nullité ?

Autrefois, en France, on ne signoit point les jugemens ; le juge dictoit sa sentence au greffier, &, pour attester qu'il l'avoit prononcée, il y faisoit apposer le scel du roi, s'il étoit juge royal ; le sceau représentoit la signature. Cela est savamment expliqué par le père Mabillon dans son livre *de re diplomaticâ*. Ducange, sous le mot *sigillum*, remarque que le sceau représentoit la signature ; Loyseau, long-temps auparavant, avoit fait les mêmes observations ; mais dans la suite il a été établi que les jugemens, les contrats & les autres actes seroient signés. Dès-lors le sceau a été beaucoup moins nécessaire : cependant, comme il produit des droits considérables pour le domaine du roi, il intervint différens édits & déclarations qui firent défenses à tous huissiers & sergens de mettre à exécution les jugemens, sentences, contrats & obligations, à moins qu'ils ne fussent scellés. Il y eut un premier édit de 1558, portant création en titre d'office des gardes des sceaux.

Il y en eut un second en 1568, portant défenses de mettre à exécution aucuns jugemens, à moins qu'ils ne fussent scellés ; mais cette loi ne regardoit que le domaine du roi & les justices royales. La cour, dans l'arrêt d'enregistrement du 12 août de la même année, déclara que c'étoit sans préjudicier aux seigneurs qui ont droit de sceau ; & ce ne fut pas sans raison que la cour s'expliqua ainsi ; c'est que, d'un côté, la loi, qui étoit faite pour les jugemens émanés des justices royales, n'avoit point d'application aux justices seigneuriales ; & d'autre, parce que tous les seigneurs qui ont des justices n'ont pas droit d'avoir sceau, comme on le voit dans les coutumes d'Anjou, de Touraine, du Maine & autres.

En 1595, il parut un nouvel édit dont voici les termes : » Déclarons & ordonnons dorénavant, que
» tous contrats, transactions, &c., comme aussi toutes
» sentences, jugemens, décrets, commissions &
» autres actes de justice qui émanent de quelque
» justice que ce soit, seront scellés du sceau de nos
» armes, sans lequel sceau lesdits contrats, tran-
» sactions & autres instrumens, sentences & actes
» de justice seront nuls & de nul effet & valeur,
» comme tels les déclarons dès à présent, sans qu'on
» s'en puisse aider en quelque sorte & manière que
» ce soit «.

Les termes de cet édit font connoître qu'il n'a & qu'il ne peut avoir d'application qu'aux jugemens émanés des justices royales, & que les justices des seigneurs n'en ont point été l'objet (*seront scellés du sceau de nos armes*) ; mais comme on ne scelle point du sceau royal les jugemens émanés des justices seigneuriales, il est évident que l'édit ne concerne & n'a été fait que pour les jugemens donnés dans les justices royales. Aussi Loyseau, qui fit son traité des offices héréditaires peu de temps après l'édit de 1595, propose cette question, liv. 2, chap. 4

n. 32, savoir, si le sceau est une partie formelle & nécessaire à la substance & perfection des sentences, & il résout très-expressément que non.

L'émolument du sceau a été le principal motif des édits. On voit même que pendant un très-grand nombre d'années ils n'ont point été exécutés; ce qui fit qu'en 1672 il fut donné un édit portant défenses aux huissiers & sergens de faire aucunes exécutions en vertu de jugemens qui ne seroient point scellés, & ce à peine de cinq cents livres d'amende pour la première fois, & de punition corporelle pour la seconde. Ces défenses ne concernoient que les huissiers, & n'emportoient pas peine de nullité. L'édit de 1696 a renouvelé cette règle; mais il n'a encore été fait que pour les justices royales. Ajoutons que le roi ne peut user du scel royal dans la terre d'un haut-justicier, ainsi qu'il a été jugé par les anciens arrêts qu'on trouve dans Boucheul en sa bibliothèque du droit françois.

De ces observations on peut conclure, 1° que les édits n'ont été donnés que pour les jugemens émanés des justices royales, & pour l'émolument du sceau; 2°. qu'il n'y a aucune loi qui oblige le seigneur, pour saisir féodalement le fief ouvert & mouvant de lui, de faire sceller la commission délivrée à cet effet.

Ces réflexions ont prévalu. On tient aujourd'hui, que pour la validité d'une Saisie féodale, il n'est pas nécessaire que la commission du juge soit scellée. » On a voulu, dit Guyot, dans les derniers temps, » introduire une nullité. On prétendoit que la commission du juge pour saisir devoit être scellée; mais » ce moyen n'a pas réussi «. Cet auteur rapporte ensuite un arrêt qui juge la question de la manière la plus positive.

Dans l'espèce jugée par cet arrêt, le comte de Gouffier demandoit la nullité d'une Saisie féodale, fur le motif que la commiffion à l'effet de faifi n'étoit point fcellée. Le 23 août 1741, arrêt q déclare la Saifie bonne & valable. On voit, con tinue Guyot, que le défaut de fceau à la commiffi pour faifir, *n'eft pas un moyen de nullité.*

Pour la validité de la Saifie féodale, il n'eft pa néceffaire d'un commandement préalable, le vaff eft fuffifamment interpellé par la coutume, & m en demeure par le terme qu'elle accorde.

C'eft le fentiment de Ricard & des autres com mentateurs de Paris; *idem*, Dupineau fur l'artic 43 d'Anjou.

Comminationes funt magiftratuum & judicum... fed legum alia eft conditio : . . . iftarum nihil commininativum. Semper enim leges difpofitivè proc dunt, nam in legibus vis eft perpetua, homin funt comminationes. . . . Terrent, cùm ferire nolin denique & Molinæus expreffè negavit ad prehenfi nem ob defectum inveftituræ hominis & homagii nullam interpellationem vaffalli requiri, fed ftat poffe procedi viâ executivâ & prehenfionis . . . . hi moribus, hæc fcripto jure, hæc ratione obfervat D'Argentré, *in confuet. Brit.* art. 323, n. 9, 10.

» L'ordonnance qui veut que les commandeme » précèdent la Saifie, n'a pas lieu en matière d » Saifie féodale & autres exploits domaniaux, ta » parce que la coutume interpelle perpétuelleme » le vaffal qui doit & qui eft en demeure, qu'à cau » que le droit de main-mife dépend de la nature » condition & qualité effentielle du fief. *Bouche* » *fur l'article 82 de Poitou, n. 9.*

» Cela eft rigoureux, mais autorifé. *Bourjon, de fiefs, tit. 3, num.* 133.

» Un arrêt rendu en la grand'chambre le 10 juill » 1741, fur les conclufions de M. l'avocat génér » Gilbert, a jugé qu'il falloit que la Saifie féoda » fût recordée de deux témoins. La coutume

» Paris ne parle pas de cette formalité. *Bourjon, des* » *fiefs, chap.* 1, *n.* 138, dit qu'il croit qu'elle est » nécessaire.

» La Saisie féodale étant un exploit de rigueur qui » dépossède le vassal, est demeurée assujettie à la » nécessité des témoins ou records, comme la Saisie » réelle. *Guyot, de la Saisie féodale, sect.* 4, *n.* 8 «.

L'édit du contrôle sembloit avoir abrogé les formalités des records pour toutes les Saisies féodales ; mais la déclaration du 20 mars 1671 s'est expliquée ainsi sur ce point, *sans néanmoins dispenser les exploits de Saisie féodale, des autres formalités de témoins & records, prescrites par les coutumes & anciennes ordonnances*.

» Et pourtant ledit seigneur féodal est tenu faire » notifier la main-mise à son vassal au principal ma- » noir de son fief, ou du moins celui qui tient ledit » fief ou laboure les terres d'icelui, ou par publication » générale au prône de l'église paroissiale dudit lieu » saisi, & faire enregistrer au greffe de la justice du » lieu «. *La coutume de Paris, art.* 30, *ajoute :* » Faute » de laquelle notification la Saisie est nulle & ne pro- » duit aucun effet pour la perte des fruits. *Brodeau.*

» Cette Saisie doit être enregistrée au greffe de la » justice du lieu, soit subalterne, soit royale ; lequel » enregistrement est pour le premier cas de la signi- » fication aussi bien que pour celui de la publication. » Arrêt du 21 mai 1649. *Duplessis, des fiefs, liv.* 5, » *chap.* 30 «.

Ricard pense au contraire que l'enregistrement est inutile dans le premier cas, c'est-à-dire, lorsque la Saisie a été notifiée au vassal ou au principal manoir ; ce qui a été ainsi jugé par arrêt du 11 mars 1681, qui est en la septième partie du journal du palais, *disent les annotateurs de Duplessis.*

Deux opinions, comme l'on voit, partagent les auteurs sur ce point. Les uns prétendent que la Saisie doit être enregistrée lors même qu'elle a été notifiée au vassal lui-même; les autres soutiennent au contraire que la formalité de l'enregistrement n'est nécessaire que dans le cas de la publication à la messe paroissiale.

Brodeau & Ricard sont à la tête des deux partis. Le premier, *sur l'art.* 30, *n.* 14, exige l'enregistrement dans tous les cas; suivant le second, *idem*, cette formalité n'est nécessaire que lorsque l'on s'est contenté de la publication au prône. Duplessis, s'est rangé du parti de Brodeau. Le Maître *sur Paris, dernier édit. page* 62, adopte au contraire l'opinion de Ricard. Poquet de Livonnière paroît se rendre à ce dernier avis; voici comme il s'exprime: La Saisie féodale doit être notifiée au vassal, suivant *l'art.* 30 *de la coutume de Paris.* Il y a deux manières de faire cette notification; la première, en dénonçant la saisie au vassal trouvé sur le fief saisi, ou à ses fermiers; la seconde par la publication à la messe paroissiale du fief saisi, avec enregistrement au greffe; car il a été jugé par arrêt du 12 mars 1681, que l'enregistrement ordonné par la coutume de Paris n'est nécessaire que dans ce dernier cas. *Livonnière, des fiefs, liv.* 1, *ch.* 8.

Boucheuil parle, comme Livonnière, des deux espèces de notifications, par signification au vassal, & par publication au prône: ce n'est que dans le dernier cas qu'il exige l'enregistrement; voici ses termes: » Quand le vassal ne demeure pas au » fief, & qu'il n'y a ni fermier ni laboureur à » qui la Saisie puisse être notifiée, cette notifica- » tion se doit faire par une publication générale » au prône de la paroisse du lieu saisi, & enregistre- » ment au greffe de la justice dudit lieu. *Sur l'art.* 83 » *de Poitou* «.

Guyot pense de même que quand la Saisie a été notifiée, soit au seigneur, soit à ses fermiers, soit à son manoir, le défaut de cet enregistrement n'emporte point nullité. *De la Saisie feodale*, *sect.* 4.

Les auteurs qui se sont déclarés pour cette dernière opinion, paroissent s'être fondés principalement sur un arrêt du 11 mars 1681, rapporté au journal du palais, tome 2 de l'édition *in-folio* de 1701. Il faut voir cet arrêt; le fait & le moyen des parties y sont très bien développés.

» Ce n'est que du jour de cet enregistrement que » la Saisie féodale emporte perte de fruits; ce qui » est certain dans le cas que la notification s'est » faite au prône «. *Bourjon*, *droit commun*, *chap.* 1, *des fiefs*, *n.* 142.

Depuis la déclaration de 1698, les publications au prône n'ont plus lieu pour les affaires temporelles; elles se font aujourd'hui à la principale porte de l'église, à l'issue de la messe paroissiale.

Le seigneur qui saisit faute d'hommes, droits & devoirs, est-il obligé d'établir un commissaire pour la perception des fruits du fief?

Cette formalité est indispensable dans les Saisies faute de dénombrement; dans celles faute d'hommes, elle est également nécessaire dans certaines coutumes qui l'exigent. A cet égard, point de difficulté. C'est dans la coutume de Paris & autres semblables que la question s'élève.

La majeure & la plus saine partie des auteurs dispense le seigneur de cette formalité.

Dumoulin, §. 6, de Paris, *hodie* 9, gl. 7, n. 2: *Si quidem ex defectu clientis certum est quòd non, cùm tunc faciat fructus suos in merum & perpetuum damnum deficientis clientis.*

Brodeau, sur le même, art. 9, n. 11, tient la même opinion, ainsi que sur l'article 31, n. 10 & 11.

Chopin sur Anjou, liv. 2, part. 2, chap. 1, tit. 1, n. 4, est du même avis; & cela parce que, même après avoir établi des commissaires, le seigneur peut jouir par ses mains. Il en rapporte un arrêt du 9 décembre 1586.

M. le Prêtre, cent. 3, chap. 49, dit aussi qu'après la Saisie faite avec établissement de commissaires, le seigneur peut jouir par ses mains.

Ricard, sur l'article 31 de Paris, dit que cet article, parlant des commissaires, s'est expliqué dans le plus fréquent usage; mais qu'il n'oblige pas pour cela le seigneur d'établir des commissaires, à peine de nullité, n'y ayant aucune loi qui ait imposé cette nécessité au seigneur, lorsqu'il fait les fruits siens. Il rapporte aussi l'arrêt de 1586.

Auzanet, sur l'article 1 de Paris, tient aussi qu'il n'est pas besoin d'établir commissaires en Saisie féodale faute d'hommes; mais Duplessis, titre *des fiefs*, liv. 5, chap. 3, pense qu'il faut y établir commissaires, parce que l'ordonnance l'a ainsi prescrit pour toutes les Saisies. Il ajoute que c'est aussi l'intention de la coutume, qui, en l'article 31, parle des commissaires.

Le Maître sur Paris, dernière édition, page 61, dit aussi que la coutume n'oblige d'établir commissaires, que faute de dénombrement.

» Pour moi, dit Guyot, je tiens que dans le cas
» de la Saisie féodale *faute d'hommes*, le seigneur
» n'est astreint par aucune loi à établir commis-
» saires, si la coutume ne le dit textuellement.

» Et en effet, *cui bono* établir des commissaires
» que les auteurs conviennent & que les arrêts jugent
» qu'il peut expulser pour jouir par ses mains; il
» n'est tenu à aucun compte de ces fruits, & dès-lors
» ce seroient des frais inutiles.

» Par rapport à l'article 31 de Paris, invoqué par
» Duplessis, je crois que cet article parle du cas où
» le seigneur en auroit établi; auquel cas, faute
» de renouveler la Saisie dans le temps de la cou-
» tume, ils sont déchargés; mais cet article n'im-

» pose pas la nécessité d'établir des commissaires dans » une Saisie où *tout* appartient au seigneur : il seroit » encore plus absurde d'en tirer une nullité.

» Dire, comme Duplessis, que l'ordonnance veut » un établissement de commissaires en toutes Sai- » sies, c'est aller trop loin. L'ordonnance parle des » Saisies dont l'exécution n'est pas au profit du saisis- » sant seul, & dont le profit ne lui revient *en plein ;* » mais seulement jusqu'au *rata* de sa créance : ici » *tout* appartient au seigneur, parce que le défaut » de foi est un mépris du seigneur ; mépris qui se » punit par la perte totale des fruits dont le seigneur » jouit *pleno jure*, sans aucun compte «. *Traité des fiefs*, *tom.* 4, *pag.* 378.

Voyez la collection de jurisprudence de Denisart, *verbo* Saisie féodale.

Une autre condition pour la validité de la Saisie, c'est que si le fief est un immeuble réel, il faut le transport de l'huissier sur les lieux, non pas, à la vérité, dans le principal manoir, mais du moins sur quelque partie du fief, à moins que le vassal n'y mette obstacle.

Le transport sur le fief est tellement nécessaire, qu'une Saisie féodale est nulle, quoique faite parlant à la personne du vassal, *en autre lieu que celui où est situé le fief.* C'est la disposition d'un arrêt du 11 décembre 1608, rapporté par M. le Prêtre, troisième centurie, chap. 49.

On verra dans le paragraphe suivant quelles sont les formalités nécessaires pour saisir valablement un fief en l'air.

Lorsque le fief dominant & le fief servant sont régis par deux coutumes différentes, à laquelle des deux faut-il se référer pour les formalités de la Saisie féodale ?

Le droit commun sur ce point est consigné dans le commentaire de Dumoulin sur l'article 12 de la coutume de Paris; tous les termes de ce passa[ge] sont précieux ; nous allons les transcrire. *Non deb[et] attendi consuetudo loci dominantis, sed loci feu[di] servientis .... quia de jure in his quæ concernunt re[m] vel onus rei, debet inspici consuetudo loci ubi res si[ta] est, sicut in concernentibus contractum vel emergen[tibus] tibus tempore contractûs, locus in quo contrahitur & in concernentibus meram solemnitatem cujuscumq[ue] actûs, locus in quo ille actus celebratur.*

Ainsi, de droit commun, c'est la coutume du fi[ef] servant qui détermine les droits & les charges aux quels le fief est assujetti ; c'est elle qu'il faut con[-] sulter, & non la coutume du fief dominant. *N[on] debet attendi consuetudo loci dominantis, sed feu[di] servientis.* Cette règle ne reçoit qu'une seule excep[-] tion. Lorsqu'il s'agit de la forme extérieure d[es] actes de féodalité, ce n'est plus la coutume du fi[ef] servant qui fait la loi, il faut suivre celle du lie[u] où l'acte doit être rédigé. *In concernentibus mera[m] solemnitatem cujuscumque actûs, locus in quo ille actus celebratur debet inspici.* Cette règle n'est qu[e] la conséquence du principe *locus regit actum.*

Voilà donc & la règle & l'exception. Lorsqu'i[l] s'agit de déterminer les charges du fief, c'est l[a] coutume territoriale qu'il faut consulter ; mais s'agi[t-] il de la forme des actes de féodalité ? il faut suivr[e] ce que prescrit la coutume du lieu où le devoi[r] féodal doit être rempli, où l'acte doit être rédig[é.] De là cette maxime, que c'est la coutume du fi[ef] dominant qui règle la forme de l'hommage, parce qu'en effet c'est toujours sous l'empire de cette cou[-] tume que l'hommage doit être rendu.

Du même principe il résulte également que c'est la coutume du fief servant qui doit régler les for[-] malités de la Saisie féodale, puisque c'est sou[s] l'empire de cette coutume que l'acte de Saisie e[st] rédigé.

§. V. *Des fiefs en l'air.*

Le fief en l'air est celui qui consiste uniquement en cens, rentes seigneuriales & droits incorporels; c'est un fief, parce que le créancier de ces rentes en jouit sous la charge de l'hommage; on le nomme *fief en l'air*, parce qu'il est sans domaine.

Il est bien vrai que les cens & rentes qui composent ces sortes de fiefs se perçoivent sur des immeubles réels; mais on ne peut s'y méprendre; ces héritages ne constituent pas le fief; ils en sont, & rien de plus, les parties subalternes : d'ailleurs, purement roturiers, il est bien impossible qu'ils forment le domaine d'un fief; domaine essentiellement noble & féodal.

Ce n'est donc pas sur ces héritages qu'est le fief; il en sort, mais il n'y repose pas : où est donc son assiette ?

Comme tous les droits immobiliers, ce fief repose dans la main du créancier des cens & rentes, c'est-à-dire du vassal : il est bien clair qu'il ne peut pas être ailleurs, puisqu'il consiste uniquement dans le domaine direct des héritages dont nous venons de parler; domaine idéal, qui ne peut résider que dans la personne de celui qui exerce les actions & les droits qui en dérivent.

Voilà les véritables notions des fiefs en l'air; elles sortent de la nature des choses : nous les puisons dans la source la plus pure, dans les écrits de Dumoulin.

Ce jurisconsulte demande, comme nous venons de le faire, où est l'assiette des droits qui constituent le fief en l'air ? Il répond de même que ce n'est pas sur les héritages grevés de ces prestations, mais dans la personne du vassal. Voici ses termes : *Si hæc jura alicubi esse censerentur, non reputarentur esse in te pro illis hypothecatâ nec in debitoris personâ; si magis in personâ creditoris in quo actiones resid[illegible] & ejus ossibus inhærent.* §. 1 de l'ancienne coutum de Paris, gl. 4, n. 9.

Ces principes indiquent très-clairement au seigne[illegible] dominant la marche qu'il doit tenir lorsqu'il ve[illegible] saisir un fief de cette espèce.

Que doit saisir le seigneur qui n'est pas servi? [illegible] coutume répond : le fief. Comment doit-il saisi[illegible] il faut le transport de l'huissier sur le domaine [illegible] fief.

Lorsqu'il s'agit d'un fief en l'air, & que l'huissi[illegible] se rend au domicile du vassal, que là il déclare qu[illegible] saisit le fief, &c., n'est il pas vrai de dire qu'il éto[illegible] sur le domaine; du moins il en a approché le pl[illegible] près qu'il étoit moralement possible; que pourroi[illegible] on exiger davantage? une pareille Saisie remp[illegible] donc le vœu de la loi.

Nous avons encore Dumoulin pour garant [illegible] cette décision. *Patronus notificabit clienti se ad p[illegible] testatem & manum suam dominicam revocare s[illegible] saisire illud jus reditûs . . . . nec puto aliud requiri [illegible] validitatem & efficacitatem actûs. Idem. n. 6.*

La Saisie ainsi faite aura toute l'efficacité dont el[illegible] est susceptible : désormais les cens & rentes écherro[illegible] au profit du seigneur; & si le vassal se permet d[illegible] les percevoir, il sera obligé de les restituer. *Si va[illegible] sallus exigerit, domino restituere tenebitur.* C'est enco[illegible] Dumoulin qui parle.

Une pareille Saisie est régulière; elle emporte[illegible] perte de fruits : Dumoulin le dit expressémen[illegible] Cependant il n'a pas encore parlé du débiteur de[illegible] cens & rentes, c'est à-dire du détempteur des hér[illegible] tages grevés. Pourquoi donc lisons nous dans tou[illegible] les auteurs, que la Saisie féodale doit être faite pa[illegible] Saisie-arrêt entre les mains de ses débiteurs? Cett[illegible] Saisie-arrêt seroit-elle donc une formalité essentielle? Il s'en faut bien. En voici l'objet unique.

Comme il est toujours plus avantageux de percevoir directement que d'en être réduit à former une demande en restitution; que, d'un autre côté, le débiteur paye valablement jusqu'à ce que les sommes qu'il doit soient arrêtées entre ses mains, on a pensé qu'il étoit de la sagesse de tous les seigneurs de procéder à cette Saisie. L'usage s'en est établi, & quelques auteurs, prenant cet usage qui n'est qu'une précaution de prudence, pour une règle de droit, ont mis en maxime, que pour saisir un fief en l'air, il faut faire une Saisie-arrêt entre les mains des débiteurs des cens & rentes.

Mais il est clair que cette formalité, très-utile, comme nous venons de le dire, pour assurer la jouissance du seigneur, est absolument sans influence sur la validité de la Saisie, puisque le fief n'est pas dans la main du débiteur, puisqu'il ne repose pas même sur l'héritage grevé de la rente, *nec puto necessarium esse notificari debitori reditûs, nisi quod ad hoc insolvendo creditori vassallo non liberetur*. Cette décision est encore de Dumoulin.

Si la Saisie-arrêt entre les mains du détempteur des héritages grevés, n'est qu'une précaution pour assurer la jouissance du seigneur saisissant; de là deux conséquences.

1°. Le seigneur peut se contenter d'un exploit signifié au domicile de son vassal, par lequel il lui déclarera qu'il saisit le fief en l'air, &c. Si le vassal perçoit les rentes qui constituent ce fief, le seigneur le fera assigner pour les lui restituer; 2°. il peut saisir & arrêter ces rentes entre les mains du fermier. Cette Saisie aura la même efficacité que si elle étoit faite sur les détenteurs des héritages affectés à ces rentes, puisque cette Saisie-arrêt n'est autre chose qu'une précaution pour assurer la jouissance du seigneur, & que dans les deux cas elle remplit également cet objet.

Cependant comme les Saisies féodales sont extr
mement rigoureuses, & que l'on se détermine ass
légérement à les déclarer nulles ; si le seigneur ve
enlever à son vassal jusqu'au prétexte de contest
après la Saisie féodale faite sur lui & la Saisie-arr
sur son fermier, il pourra le faire assigner po
voir dire qu'il sera tenu de lui communiquer no
ses titres, mais ses livres de recette, à l'effet de sai
pareillement sur les débiteurs.

A la vérité, quelques auteurs, entre autres, Ferri
sur l'article 50 de la coutume de Paris, pensent q
le vassal saisi n'est pas obligé de donner des rens
gnemens au seigneur ; mais cette opinion est év
demment erronée : puisque la loi donne la jouissan
du fief au seigneur saisissant, il faut bien qu'elle l
donne les moyens d'en connoître les fruits. Il ent
donc nécessairement dans ses vûes, que le vassal l
communique au moins ses manuels de recette, q
vult finem vult media. L'article 50 de Paris l'ordon
textuellement dans le cas du relief ; & telle est
décision de Dumoulin, dont l'autorité seule est sup
rieure à celle de tous les autres feudistes réunis. Vo
ses termes : *Aut agitur de chartis seu scripturis q
respiciunt collectionem & perceptionem fructuu
ut libri redituales & censuales .... dominus cog
potest possessorem ad sibi tradendum.* Sur la coutu
de Paris, §. 37, gl. 7, n. 3.

§. VI. *Quels sont les objets que le seigneur pe saisir?*

De tous les biens du vassal, le seigneur ne pe
saisir que ce qui relève de lui en fief : mais au
tout ce que le vassal tient à ce titre est-il suj
à cette Saisie, soit que le fief consiste en terre ou
maison, en choses corporelles ou incorporelles, e
cens ou autre rente annuelle & perpétuelle. Ce
quali

qualité de perpétuelle est ici à remarquer, parce qu'un meuble ou une simple obligation à temps ne pourroient pas être tenus en fief.

De ce principe, découlent bien des conséquences. Le seigneur ne peut rien sur la personne de son vassal, mais uniquement sur le fief. La vassalité établit, il est vrai, une espèce de servitude; mais cette servitude frappe uniquement sur la chose, ne va pas jusqu'à la personne, & le vassal est absolument libre, quoiqu'obligé à des devoirs personnels à cause du fief qu'il possède; c'est moins sur lui que sur le fief que le seigneur doit avoir les yeux ouverts; c'est pourquoi il peut exiger les prestations réelles de toutes espèces de possesseurs. De cette décision en dérive une autre; savoir, que le vassal peut même, malgré son seigneur, abandonner le fief, & par-là se soustraire à tous les devoirs féodaux.

La seconde conséquence du principe que nous avons établi plus haut, c'est que le seigneur ne peut comprendre dans la Saisie les meubles ou autres effets mobiliers appartenans à son vassal, quand même ils seroient dans la maison féodale; d'où il suit que les fruits séparés du sol & les arrérages de rente échus ne tombent point dans cette Saisie.

Une troisième conséquence de notre premier principe, c'est que tous les fruits ordinaires, accidentels, corporels ou incorporels, tombent dans la Saisie féodale; & non seulement ces fruits appartiennent au seigneur, mais il devient encore propriétaire de tout ce qui peut être regardé comme une dépendance du fief saisi, ou comme un droit annexé à ce fief: tels sont les cens, arrière-fiefs, en un mot, tous les droits compris dans le titre de concession, & les aveux & dénombremens, en sorte qu'il peut mettre en sa main les arrière-fiefs ouverts pendant la durée de la Saisie, en faire les

fruits ſiens, & admettre les arrière-vaſſaux en foi
Il en ſeroit autrement ſi le vaſſal avoit incorporé
ſon fief quelque objet qui ne relevât point du ſeigneur
Il eſt clair que faiſant ſeulement partie de la choſe
& non du fief, il ne ſeroit point compris dans la
Saiſie féodale, à moins que ces objets étant allo-
diaux & libres, le vaſſal, ſciemment & volontairement, ne les eût reportés au ſeigneur comme féodaux, & ne les eût reçus de lui à titre de fief & comme
faiſant partie de l'ancien. Réciproquement, ſi le ſeigneur
permet qu'on lui reporte ſa propre choſe comme
féodale, qu'on lui en faſſe la foi, il confère à
cette choſe le caractère de la féodalité; le domaine
utile ceſſe de lui appartenir, il ne conſerve plus
que la directe; en un mot, de propriétaire abſolu
il n'en eſt plus que le ſeigneur dominant. Ce
changement s'opère quand même le ſeigneur ne
l'auroit pas textuellement exprimé, pourvu toutefois que telle eût été ſon intention. L'établiſſement
d'un nouveau fief n'exige pas néceſſairement un acte
d'inveſtiture, un acte équipollent ſuffit.

Si un vaſſal qui a un fief ſur lequel un autre a
la juſtice, acquiert cette juſtice, elle n'eſt point incorporée à ſon fief par cette réunion; il n'eſt pas obligé
de la reporter à ſon ſeigneur dominant, par la raiſon
que le fief & la juſtice ſont entièrement ſéparés, &
même n'ont rien de commun.

Ces déciſions ſont la conſéquence du principe, que
le ſeigneur ne peut ſaiſir que ce qui fait partie du
fief, en ſorte que tout ce qui lui eſt étranger, tout
ce qui ne lui eſt point incorporé, ou qui l'eſt à d'autre
titre que celui de la féodalité, eſt à l'abri de cette
Saiſie.

Paſſons maintenant à ces augmentations, à ces
accreſſions inſéparables du fief, qui ne peuvent ſub-
ſiſter ſans la choſe à laquelle elles ſont unies.

Si le vaſſal a acquis une ſervitude au profit de

fief servant, quoique cette servitude soit attachée à la substance même du fief, elle ne tombe cependant pas dans la Saisie féodale. Le seigneur ne peut en user, à moins que ce ne soit du consentement du vassal pour conserver sa possession. Le vassal au contraire peut continuer à en jouir & en tirer avantage, comme il auroit pu faire avant la Saisie.

Il est vrai que cette servitude est attachée au fief même; il est vrai qu'un usufruitier en auroit l'usage; mais le seigneur saisissant n'est point précisément dans le cas de cet usufruitier; la Saisie ne lui donne pas le droit de rentrer dans l'universalité du fief, mais seulement dans ce qui en faisoit partie lors de la concession originaire.

Si cependant le vassal avoit acquis la servitude en cette qualité; par exemple, si elle lui avoit été léguée comme vassal & en vue du seigneur direct, alors nul doute qu'elle seroit incorporée au fief à tous effets, & qu'elle tomberoit dans la Saisie.

Il en seroit de même si le vassal avoit acquis la libération de la servitude dont le fief étoit chargé au moment de l'investiture. Cette libération profiteroit au seigneur saisissant; & quoique le vassal eût fait cette acquisition de ses deniers, & par-là augmenté la valeur du fief, le seigneur ne seroit point obligé de lui tenir compte de cette augmentation, à moins que cette servitude ne fût de grande valeur, telle, par exemple, qu'une servitude, *itineris vel aquæ haustus*, dont l'usage diminueroit considérablement le prix du fief: alors il seroit contre équité que le seigneur jouît, sans indemniser son vassal, d'un avantage dont l'acquisition lui a coûté une somme considérable. La règle générale n'aura donc lieu que lorsque la servitude dont le vassal a acquis le libération, est de peu de conséquence; par exemple, lorsque sa valeur n'est que de la

sixième partie ou environ de celle du fief. Mêm
dérogation au principe général, lorsque la servitu
dont le vassal a acquis la libération, consistoit en un
rente payable à un tiers. Pendant la durée de l
Saisie féodale, le seigneur sera obligé de tenir comp
de cette rente au vassal, & il ne fera les frui
siens que déduction faite de la valeur de cette rent

Il nous reste à parler des augmentations qui arri
vent au fief par alluvion. Si l'accroissement s'est form
insensiblement (*incrementum latens*), nul dou
qu'il fait partie du fief & qu'il retourne au seigne
par la réunion. Il en est de même de l'accroissem
qui se fait tout à coup par le débordement d'un fleuv
dans ce cas cependant la confusion ne s'opère q
lorsque l'incorporation est telle, que les deux hérita
ne peuvent plus être distingués : si le fleuve chan
de lit, celui qu'il laisse s'unit pareillement aux h
ritages adjacens, à moins que leur étendue n'ait é
fixée par des bornes autres que le rivage de
rivière.

La Saisie féodale ne comprend que le fief mouv
immédiatement du seigneur direct ; elle ne s'étend poi
jusqu'aux arrière-fiefs, c'est-à-dire jusqu'aux fiefs r
levans de celui qui est saisi. Si cependant ces arrière-fi
s'ouvroient pendant la durée de la Saisie, le seigne
seroit en droit de les saisir, d'en faire les fru
siens, & d'en investir le propriétaire. La raison e
est sensible ; le seigneur est alors le possesseur d
fief dont ils relèvent : la Saisie de ce fief a réu
dans sa main le domaine direct au domaine utile
il a donc sur ces arrière-fiefs tous les droits que
seigneur immédiat auroit pu exercer lui-même.

On conçoit aisément que ce droit du seigne
ne s'étend point indistinctement sur tous les fiefs d
vassal, mais seulement sur ceux qui relèvent d
fief dont il est le seigneur direct ; & même à l'égu

de ceux-ci il y a encore une observation à faire : si le vassal avoit sous-inféodé une partie du fief, sans que le seigneur dominant eût approuvé cette inféodation, elle ne formeroit point un arrière-fief à son égard, il pourroit comprendre cette partie démembrée dans la Saisie qu'il feroit du fief, & en jouir comme il auroit fait avant la sous-inféodation : il en seroit tout autrement s'il avoit approuvé cette sous-inféodation.

§. VII. *Des effets de la Saisie féodale.*

L'effet de la Saisie féodale est de rendre le seigneur propriétaire des fruits échus pendant sa durée ; de manière qu'en en donnant main-levée, il n'est point tenu de les restituer ni de les imputer sur les droits qui peuvent lui être dus.

Pendant la durée de cette Saisie, le seigneur n'a point le droit de démolir, de changer l'état des lieux ; son droit est de jouir & non d'abuser : à cela près, il use de tout pour son utilité, comme un véritable propriétaire : droits utiles, droits honorifiques, tout est entre ses mains.

Le mot *fruit*, dans sa signification étroite, ne s'entend que des fruits naturels : dans un sens plus étendu, il comprend aussi les fruits civils & tout ce qu'une chose produit, de quelque manière que ce puisse être. Toutes ces espèces de fruits appartiennent au seigneur saisissant, cependant avec cette modification, qu'il ne peut demander que les fruits à écheoir, & non ceux qui sont échus ou recueillis ; 2°. qu'il ne peut réclamer comme fruits, les avantages qu'il pourroit tirer de la chose, en l'aliénant, ou l'hypothéquant, ou en la soumettant à quelque servitude. Pour tout dire, en un mot, la Saisie lui donne tous les droits attachés à l'usufruit, & en outre l'exercice de tous les droits féodaux &

domaniaux; droits qui ne passent point à l'usufruitier.

La jouissance de l'usufruitier & celle du seigneur saisissant diffèrent, premiérement en ce que l'usufruitier jouit de la chose d'autrui, & que le seigneur est censé jouir de la sienne propre. De cette différence, découlent toutes les autres. 2°. L'usufruitier est obligé de donner caution de jouir en bon père de famille, & de restituer la chose à l'extinction de l'usufruit; le seigneur, au contraire, n'est obligé à aucune espèce de caution. 3°. L'usufruitier du fief ne peut en investir les vassaux, du moins en son nom. Le seigneur, au contraire, peut, durant la Saisie, admettre les vassaux en foi.

Il faut distinguer le poisson étant dans un étang pour croître & multiplier, de celui que l'on a déposé dans un réservoir, seulement pour le conserver & afin de le prendre plus aisément. Celui-ci est purement mobilier, &, semblable aux autres meubles, il ne tombe point dans la Saisie féodale.

Celui qui est mis en étang pour croître & multiplier, est au contraire un véritable immeuble; il fait partie du fonds sur lequel il se nourrit; & si l'instant de la pêche arrive pendant la Saisie, si-tôt que la bonde de l'étang est levée, la totalité du poisson appartient au seigneur saisissant; la pêche étant, à son égard, ce qu'est la récolte pour les autres fruits.

Supposons que le seigneur n'ait donné en fief qu'un terrein inculte & de peu de valeur, & que le vassal, à force de peine & de dépense, soit parvenu à en faire un fertile & spacieux étang; à l'instant où le vassal alloit, pour la première fois, jouir du fruit de ses travaux, le fief s'ouvre, le fils du vassal laisse écouler les quarante jours sans se mettre en régle, & le seigneur saisit: la totalité de la pêche lui appartiendra-t-elle? Si cela est, il absorbera les fruits de cinq années, & cependant la Saisie n'aura duré que quelques jours. D'ailleurs, ce n'est pas un étang qu'il a donné en fief, c'est une terre inculte. Ne lui suffit-il pas de percevoir les fruits qu'a pu produire l'héritage qui est sorti de ses mains ? Malgré ces raisons, il paroît que l'on doit décider que la totalité de la pêche appartient au seigneur, parce qu'en effet la coutume lui donne tous les fruits récoltés pendant la main-mise.

La règle générale est que le seigneur *fait siens* tous les fruits de quelque nature qu'ils puissent être, soit civils, soit naturels, pourvu qu'ils échoient ou soient récoltés pendant la Saisie. Ce n'est point proportionnellement au temps pendant lequel il jouit que le seigneur recueille; tout lui appartient, parce que la Saisie le met à la place du propriétaire & lui en donne tous les droits.

Si le seigneur cueille les fruits avant leur maturité, & que le vassal se présente pour rendre les devoirs avant le temps ordinaire de la récolte, il aura le droit d'exiger la restitution des fruits perçus, parce qu'il y a de la mauvaise foi dans le procédé du seigneur.

S'il y a un colombier attaché à la maison féodale, il tombe dans la Saisie; le seigneur saisissant peut en jouir, à l'exception cependant de la volée du mois de mars, qu'il est obligé de laisser croître pour renouveler le colombier, suivant l'usage. Si, au lieu d'un colombier, il n'y avoit qu'un petit volet, il n'en jouiroit pas, parce que de tels pigeons sont reputés meubles. Cependant si ces pigeons étoient dans ce volet à perpétuelle demeure & pour multiplier, ce seroit alors plutôt un colombier qu'un petit volet, & ils tomberoient dans la Saisie féodale, parce qu'ils feroient partie du fonds, ainsi que les pigeons étant dans les grands colombiers.

Les bois de haute-futaie ne sont point dans la

classe des fruits, conséquemment ils ne tomben[t] point dans la Saisie féodale; le seigneur saisissant [a] seulement les fruits de ces bois, tels que la glandée. A l'égard des bois-taillis, le seigneur peut exploite[r] ceux qui tombent en coupe pendant la Saisie; d[e] manière qu'il perçoit les fruits de dix ou douze an-nées, quoique sa Saisie n'ait duré que quelques mois. Voici les autorités sur lesquelles cette décision es[t] appuyée.

» S'il y a bois ou eau au fief, les fera-t-il coupe[r] » ou pêcher? Certes, oui, & prendra tout c[e] » qu'il pourra trouver audit fief. *Le grand coutumier,* » *livre 2, chapitre 29.*

» Encore que par la rencontre de cette bonn[e] » fortune le seigneur recueille en une année le[s] » fruits de plusieurs années précédentes .... tels frui[ts] » de la Saisie féodale ne se prenant point po[ur] » portion du temps. *Brodeau sur l'article 48 d[e]* » *Paris, n.1.*

Idem; Bacquet des droits de justice, chapitre 14, n. 4; Duplessis, des fiefs, livre 5, chapitre 4, section 1; Boucheuil sur l'article 91 de Poitou; le Grand sur l'article 22 de Troies, glose 6.

» Bien que le seigneur profite des fruits de plu-» sieurs années précédentes, ce profit lui appar-» tient légitimement «. *Basnage sur l'article 109 de Normandie.*

» Les coutumes s'accordent, que le seigneu[r] » prend les fruits en l'état qui les trouve lors d[e] » la Saisie, & tels que le vassal les doit prendre: » or, que ce soient les fruits de plusieurs années, ce » n'est pas comme quand le seigneur prend les » fruits d'un an pour son droit relief «. *Coquille, inst. au droit françois, des fiefs.*

» Le seigneur peut prendre tout ce profit, la » coupe, la pêche toute entière, sans proportion » de temps «. *Livonnière, des fiefs, liv. 1, chap. 8, sect. 5.*

Après la Saint-Jean, les levées sont ameublies, & par conséquent l'on pourroit conclure, comme a fait Godefroi, que le seigneur qui a saisi par faute d'homme & dénombrement non baillé, ne doit point avoir les levées, comme n'étant plus que mobilières ; néanmoins il me semble que quand le seigneur les trouve pendantes par les racines sans être séparées du fonds, il les doit emporter. *Basnage sur l'article* 109 *de la coutume de Normandie.*

Le seigneur qui perçoit les fruits du fief en vertu d'une Saisie féodale, est tenu, dit Dumoulin, indemniser son vassal des frais de culture ; l'équité l'oblige à cette indemnité ; d'ailleurs la loi ne lui donne que les fruits, & les fruits ne s'entendent que déduction faite des frais de culture.

Cette décision, toute juste qu'elle paroît, a trouvé beaucoup de contradicteurs.

» Quand le seigneur gagne les fruits à faute » d'hommes, il les prend tels qu'ils sont, sans rien » précompter ni déduire pour les frais & labours » de son vassal «. *Loisel, liv.* 4, *tit.* 3, *r.* 17; *Laurière sur cette règle.*

» Vrai est qu'il prend les fruits en l'état qu'il » les trouve, sans être tenu de payer les labours » & semences, & autres amandemens en ce qui » touche l'intérêt du vassal «. *Coquille, inst. au droit françois des fiefs.*

Idem, Tournet, Tronçon sur l'article 56 de la coutume de Paris; Lafond sur l'article 211 de celle de Laon; le président Bouhier, coutume de Bourgogne.

Brodeau tient l'opinion de Dumoulin, & pense, comme lui, que le seigneur est obligé de restituer les frais de labours ; cependant il ajoute sur l'article 56, n. 19, que dans le cas où le vassal a exploité les terres par ses domestiques & ses chevaux, la répétition des frais est indécente, contraire à l'honnêteté, à la cordialité qui doit régner entre deux pe sonnes unies par le lien féodal.

La coutume de Paris, plus occupée de l'équi que des règles de la politesse, a adopté la décisio de Dumoulin sans distinction & de la manière plus absolue ; voyez l'article 56. Si cette que tion est encore susceptible de quelque difficult ce ne peut donc plus être que dans les coutum muettes : il faut convenir qu'à leur égard les au rités que l'on vient de citer peuvent faire quelq impression. Si l'on se déterminoit à les suivre, faudroit au moins les modifier par la restrictio que Coquille met lui-même à son avis. » Si » métayer, laboureur ou autre, dit-il, y a emplo » ses labours & semences ou autres frais, le se » gneur ne levera les fruits au préjudice de ce » laboureurs ; car il ne doit prendre, sinon ai » que le vassal eût pris s'il n'y avoit eu Saisie *Inst. au droit françois des fiefs.*

A l'égard de la coutume de Paris, la seule che qui fasse difficulté, est de savoir si le rembours ment des frais doit suivre ou précéder la récol Cette coutume n'en parle pas ; celles d'Orléans d'Etampes décident qu'il doit les rendre *préalabl ment.* Malgré l'autorité de ces coutumes, les com mentateurs de celle de Paris ont décidé que le se gneur n'y étoit obligé qu'après avoir perçu les frui

» Tel est l'usage & la pratique notoire » cet article «. *Brodeau sur l'article 56 de Pari num.* 13.

» Je crois que le seigneur n'est obligé de rend » ces labours & semences qu'après la récolte ; c'e » ici une peine imposée au vassal, & il ne fa » pas l'étendre contre le seigneur «. *Guyot, de Saisie feodale, sect.* 7.

» C'est un usage notoire, confirmé par plusieu » sentences «. *Ferrière sur l'article 56 de Paris.*

Idem, Tournet sur cet article.

Auzanet désiroit que l'on ajoutât à cet article 56, que le seigneur ne pourroit être contraint à ce remboursement que quatre mois après la récolte.

Bourjon, qui est de même avis, ajoute : » Pourvu » que le seigneur en profite, car s'il y avoit une » stérilité entière, il ne devroit remboursement de » labours «. *Droit commun, partie* 1 *des fiefs, chap.* 1, *sect.* 3, *dist.* 11.

Nous avons dit plusieurs fois que la Saisie rend le seigneur propriétaire de tous les fruits tant naturels que civils. Il n'y a pas de difficulté pour les fruits naturels ; à cet égard, la récolte, la séparation du sol déterminent les droits du seigneur. Quant aux fruits civils, tels que les cens, les rentes, &c., il y a trois opinions. Dumoulin estime qu'ils naissent & mûrissent *de die in diem*, & conséquemment que le seigneur doit en avoir une part proportionnelle à la durée de sa jouissance.

Suivant Duplessis, l'on ne doit considérer que le terme auquel ces fruits sont dus. S'il échet pendant la durée de la Saisie, ce terme appartient en totalité au saisissant ; autrement il n'a rien du tout à prétendre.

Coquille distingue entre les redevances qui ont une *proportion correspondante* avec les fruits naturels de la chose sur laquelle elles sont assises, & celles qui n'ont aucun *respect aux fruits* : à l'égard des premières, le seigneur les perçoit *pro ratâ temporis* ; pour les secondes, il ne peut les exiger qu'autant que le terme auquel elles sont dues, échet pendant la durée de sa jouissance ; voici les autorités sur lesquelles ces trois opinions sont fondées.

Première opinion. *Fructus civiles producuntur statim ac incipiunt deberi, itaque quod operatur in naturalibus fructibus separatio, hoc operatur in civilibus obligationis cessio, & sicut in naturalibus attenditur tempus separationis, quantùm ad effectum acquisitionis, ita in civilibus tempus quo incipiunt deberi, hinc est quòd in pensionibus domuum, & in mercedibus operarum quæ tempus successivum habent, & quotidie deberi incipiunt, inspicitur temporis rata.... & ita expressè Baldus pensiones seu fructus civiles æquiparat fructibus separatis à solo si cessit dies pensionis solvendæ; si autem nondùm cessit; æquiparat fructibus pendentibus; si pro parte temporis cessit, pro parte non, judicat de eis pro ratâ temporis, & nihil posset verius & brevius ad rem adduci.* Dumoulin, §. 1, gl. 1, §. 5 & suivant.

Diversum est in istis, qui tempus successivum requirunt ad acquisitionem, ut pensiones domorum moletrinarum & pistrinorum reditus, &c. qui quotidie deberi incipiunt: in his notanda regula, temporis ratam spectari, ut quanto quisque temporis fruendi jus habuerit, usufructuarius tanti temporis suos faciat. D'Argentré sur l'article 76 de Bretagne, n. 6.

» On ne peut rien ajouter à ces principes, ils parlent d'eux-mêmes; on y voit d'un coup-d'œil comment doit se régler la perte de ces fruits entre le seigneur & le vassal; à l'égard de ces fruits, ils échoient *de die in diem*; le seigneur les a au prorata du temps que sa Saisie a duré. Il aura tous les termes qui sont échus «. *Guyot, de la Saisie féodale, sect. 7, n. 7.*

» La dette étant successive & courante, comme les rentes & pensions, dont les arrérages renaissent & croissent chaque jour, on règle & on sépare la portion des temps échus «. *Brodeau sur l'art. 92 de Paris, n. 4.*

Les fruits civils, *qui & obventiones dicuntur*, à cause qu'ils ne procèdent pas *ex ipso corpore*, mais *ex jure*, sont de deux sortes; car aucuns, comme les louages de maisons & arrérages des rentes, *in singulos dies atque etiam in singulas horas percipiuntur* . . . . . » & doivent être à cette raison par-» tagés. . . . . Quant aux autres fruits civils, *qui* » *semel & in momento deberi incipiunt*, comme » lods & ventes, quint & requint, & autres droits » seigneuriaux, on regarde le temps auquel ils » sont échus «. *Le Grand sur l'art.* 85 *de la coutume de Troies*, *gl.* 8, *n.* 23.

» A l'égard des fruits qui s'acquièrent tous les » jours, comme les loyers de maisons & arré-» rages de rente constituées, il n'y a point de jour » qu'il n'en soit dû quelque chose; ainsi ce qui » se trouve dû, eu égard à la quantité des jours » depuis que le bail a commencé ou que la » rente a été constituée, est mobilier «. *Ferrière sur l'article* 92 *de Paris*, *n.* 21.

Remarquez que ces décisions ne tombent que sur les loyers des maisons & autres fruits civils de cette espèce, & que, dans le sens même de ces auteurs, le cens n'est point mis au nombre des redevances *quæ cadunt de die in diem*. Dumoulin le dit formellement dans sa note sur la coutume de Berry, titre 8, article 23, *pro ratâ temporis*, excepté quant au cens, *qui solvitur in recognitionem dominii*, *inspicitur cessio diei in quo solvi debet*, *& totus iste articulus*, *junctâ annotatione*, *generaliter observatur in regno*.

» A l'égard des arrérages de cens & rentes fon-» cières, comme ils ne s'acquièrent qu'au jour de » l'année qu'ils sont payables, ils sont réputés im-» meubles jusqu'à ce jour; ils ne sont dus que » *in recognitionem dominii directi*; ainsi, *momento* » *acquiruntur*, & partant, on ne peut pas dire » qu'ils s'acquièrent *pro ratâ temporis* «; Ferrière *sur l'article* 92 *de la coutume de Paris*, *n.* 2;

idem, *Pontanus in conf. de obvent. feud. art.* 78 §. 3.

Seconde opinion. » Pour les fruits civils, comm
» arrérages de cens & rentes, & loyers de mai
» sons, j'estime qu'il n'est pas nécessaire que l
» seigneur les touche pour les gagner, parce qu
» ces dettes sont acquises *ipso jure*, par l'échéanc
» du jour; mais je tiens qu'il faut toujours qu
» le terme du payement en échée durant la Saisie
» quoi faisant, il auroit tout le terme, quoiqu'il
» en ait partie qui soit antérieure à la saisie; n'é
» chéant rien, il n'en aura rien du tout, parc
» qu'il ne sauroit prétendre que ce qui est exigib
» dans son temps «. *Duplessis, des fiefs*, *l.* 5, *c.* 4 *sect.* 1.

» Comme aussi on peut dire des arrérages d
» rentes & louages de maisons qui sont échus
» parce qu'on les tient pour immeubles, d'autan
» que la cause de la dette des arrérages de rent
» & louages de maisons dépend de la forme &
» du temps convenu pour payer, qui est de l'es
» sence du contrat, principalement pour le regar
» de la rente «. *Carondas sur l'article* 9 *de Paris.*

» Le seigneur saisissant féodalement, n'a por
» tion dans les fruits civils, que lorsque, pen
» dant le cours de la Saisie féodale, il est échu
» un terme ou deux de ces mêmes fruits; &
» s'il n'est échu aucun terme, il n'y a rien; dans
» le cas même qu'il est échu un terme pendant
» le cours de la Saisie féodale, il ne l'a que jus
» qu'à la concurrence de la portion du temps qui
» a couru pendant la Saisie féodale. En cas que
» ce terme excède cette portion, M. Duplessis dit
» que dans ce cas il doit avoir le terme entier;
» mais la proposition contraire a été formée sur

l'opinion la plus commune. En effet, la Saisie féodale est une peine qui ne doit pas être étendue ». *Bourjon, droit commun, part.* 1 *des efs, chap.* 1, *sect.* 3, *dist.* 8.

« Au regard des arrérages de rentes foncières » ou constituées, & loyers de maisons, sont réputés » meublés, lors seulement que les termes de payement » seront échus. *Art.* 207 *de la coutume d'Or-* » *léans* ». Voyez Pothier sur cette art.

Troisième opinion. » Quant aux redevances, si » le terme est échu avant la Saisie & notification » susdite, les fruits appartiennent au vassal, *& è con-* » *trà*, s'il échet après, au seigneur. Article 57 de » Nivernois.

» Se doit entendre des redevances foncières qui » se payent à jour certain, sans avoir égard à la pro- » portion du temps ; car si c'étoit comme, par » exemple, un moulin baillé à cens, à rente per- » pétuelle, laquelle rente ait sa portion corres- » pondante à raison de tant de bled & argent par » semaine ou mois ; combien que le payement » ne se fasse qu'une ou deux fois l'année, je dirois » que les fruits appartiennent *pro ratâ temporis*, » parce que le terme des payemens est pour la » commodité des débiteurs ; mais la chose ne laisse » pas d'être due si-tôt que le profit & fruit se perçoit ; » autrement est des redevances, qui n'ont aucun » respect avec les fruits, & n'ont proportion avec » le temps ; car en icelles se dit que le jour auquel le payement échet, a même effet comme » la perception réelle aux fruits naturels. *Coquille*, » *sur l'article* 57 *de Nivernois* ».

A l'égard des fruits civils, on en peut faire trois espèces ; la première, de ceux qui sont dus de *jour à jour*, par succession & proportion de temps, *qui successivum tempus habent, & quotidie deberi incipiunt.* » Par exemple, les loyers de maison &

» de moulin, &c. Le seigneur ne prend ceux » qu'à proportion du temps que la Saisie a du » la seconde espèce est de ceux qui échoient d » un instant, *qui momento cadunt*; par exemp » les lods & ventes, rachats, &c. Lorsque » émolumens du fief sont échus pendant la Sai » féodale, ils appartiennent pour le tout au seign » dominant; il y a une troisième espèce de fru » civils, sur quoi il y a des difficultés entre » docteurs; ce sont les rentes foncières & féodal » quelques-uns les mettent à la première espè » comme représentant les fruits de toute une an » qui ont été produits successivement; d'autres » rangent sous la seconde, comme étant dus » entier au jour de l'échéance du terme ». *Livonnièr des fiefs, liv.* 1. *ch.* 8, *sect.* 5.

Des fermages. Ils ont quelque affinité avec fruits civils, sur-tout lorsqu'ils se payent en arge cependant ils suivent des règles un peu différen

Tous les auteurs sont d'accord, que les term fixés pour le payement ne sont que des arran mens particuliers, tout-à fait étrangers au seigne de manière qu'à son égard il ne faut considé que la récolte des fruits; si elle se fait pend la durée de sa jouissance, il a la totalité du p de la ferme. Si cette récolte est antérieure ou pos rieure à sa Saisie, il n'a rien à prétendre, quoiq l'échéance du terme cette Saisie dure encore. *Un ergo concludendum existimo, ut si calendis octob fructibus feudi jam collectis, dominus feudalis feudi possessionem mittatur, jampridem à vassa locati, pro certâ pensione solvendâ calendis nove bribus, ea sanè pensio vassalli erit, nec ad dom num pertinebit, eo quòd post fructus perceptos vassallo, ejusve colono aut conductore, feudum a prehensit.* Pontanus *sur l'art.* 78 *de Blois.*

» Aussi le fermier ne peut, en fraude du seigneu

» avanc

» avancer les termes de ses payemens, & quand » il y auroit clause par son bail, il seroit tenu de » payer le seigneur une seconde fois, sauf son » recours contre le vassal, parce que le droit du » seigneur est antérieur «. *Guyot, de la Saisie, sect.* 7, n. 9; *idem*, Coquille, en ses institutes. La raison, dit-il, c'est que les fruits, *summo jure*, appartiennent au seigneur; & naturellement il les auroit levés sans le bail: or, les fruits ne s'avancent pas, ils ont leur temps réglé; le prix de la ferme n'est jamais censé qu'une conséquence de la récolte des fruits, & pareille convention est une fraude qui ne peut nuire à un tiers qui est le seigneur.

Voyez Ricard *sur l'art.* 56 *de Paris, & l'art.* 101 *de la coutume de Reims.*

» Le seigneur ne peut déloger le vassal durant » la Saisie féodale, s'il se trouvoit demeurant au » fief; mais il faut qu'il en use comme nous avons » dit dans le relief «. *Duplessis, des fiefs, liv.* 5, *ch.* 4, *sect.* 1: & c'est le bon avis. Guyot, *de la Saisie féodale, sect.* 7.

Lorsque le vassal saisi féodalement, exploite son fief par lui-même, le seigneur ne peut, pendant la saisie féodale, le déposséder de la totalité du château; il n'a le droit que d'en prendre une portion, encore le vassal n'est pas obligé de la lui fournir meublée. A l'égard des bâtimens nécessaires à l'exploitation des terres, le seigneur qui a saisi féodalement doit en jouir en totalité; il en est de même de ceux qui sont nécessaires à la conservation des fruits. Si le vassal ne peut être évincé de la totalité du château, lorsqu'il exploite par lui-même, il en résulte qu'il ne peut l'être de la partie qu'il s'est réservée par le bail, lorsque sa terre est affermée. Si le fief ne consistoit qu'en un château habité par le propriétaire, le seigneur ne pourroit exiger le loye que déduction faite de ce qui seroit nécessaire pou l'habitation de son vassal ; enfin, dans le cas o le fief seroit affermé, il est obligé de se contente du prix du bail, pourvu que ce bail soit sa fraude.

Telles sont les conséquences qui résultent du prin cipe que la jouissance du seigneur est soumise au mêmes règles dans le relief & dans la Saisie féodale On trouve cette décision dans presque tous les auteu qui ont écrit depuis Dumoulin, notamment da Duplessis, *des fiefs, liv.* 5, *ch.* 4, *sect.* 1; le Maîtr *sur la coutume de Paris*; Bourjon, *droit commun ch.* 1 *des fiefs, n.* 173 *& suiv.*

On ne doit pas être surpris que Dumoulin a pensé le contraire; il écrivoit sur l'ancienne cou tume, qui avoit sur ce point des dispositions bi différentes de la nouvelle.

Cependant Lalande, sur l'art. 73 d'Orléan rapporte deux arrêts, qui, même avant l'époque d la réformation, ont jugé que le seigneur saisissa n'avoit pas le droit de déloger son vassal.

§. VIII. *De quelle manière finit la Saisie féodale*

1°. Par le laps de trois années. Si le seigne laisse écouler cet espace de temps sans renouve la Saisie, elle s'anéantit, à moins qu'il n'y ait procè dans ce cas elle dure autant que la contestation.

2°. Par la réception en main souveraine. Lorsq deux seigneurs prétendent la mouvance du mê fief, & que l'un & l'autre, ou l'un d'eux, ont fa saisir ce fief, le vassal obtient main-levée définiti en se faisant recevoir par main souveraine, pour cependant qu'il consigne les droits utiles, s'il e est dû : cette consignation est indispensable, qua même le vassal auroit précédemment payé les droits à l'un des seigneurs.

3°. Par le désaveu. Lorsque le vassal désavoue son seigneur, à l'instant la Saisie cesse, le vassal en obtient main-levée provisoire; cela doit être ainsi, puisque la qualité de seigneur est mise en problême.

Le roi seul, quoique désavoué, jouit des fruits du fief saisi. C'est l'effet de cette maxime née dans les derniers siècles, *le roi ne plaide que les mains garnies.*

4°. L'injustice ou la nullité évidente d'une Saisie, peut-être la dissipation notoire du seigneur pourroient quelquefois déterminer le juge à prononcer la main-levée provisoire de la Saisie féodale.

5°. Si l'ouverture qui a donné lieu à la Saisie procède de la mort civile du vassal, l'instant où il obtient des lettres de réhabilitation opère la main-levée de cette Saisie.

6°. La Saisie s'anéantit également, lorsque celui sur lequel elle est faite est dépossédé par le véritable propriétaire qui étoit en foi lorsque lui-même a été dépouillé.

7°. Dumoulin propose la question suivante: Six frères ont hérité d'un fief; tous ont négligé de porter la foi: le seigneur fait saisir la sixième partie de ce même fief, c'est-à-dire, la portion de Titius, l'un des cohéritiers; enfin la succession se partage, &, par l'événement, Titius n'a rien dans le fief. Que devient la Saisie féodale? Dumoulin décide qu'elle est valable, qu'elle emporte perte de fruits: la raison qu'il en donne, c'est que cette Saisie portoit, non sur la personne, mais directement sur le fief.

§. IX. *De la manière de se pourvoir contre un Saisie féodale, & des dommages & intérêts qui peuvent en resulter.*

Lorsque la Saisie faite par le seigneur est évidemment nulle, le vassal est-il obligé de la respecter; doit-il attendre que la justice en ait prononcé la nullité, pour rentrer dans la possession de son fief? Oui si cette Saisie est faite de l'autorité de la justice alors il ne peut se pourvoir que par la voie de l'appel ou de l'opposition; cependant si, sans voie de fait sans violence, il s'étoit procuré la jouissance de son fief, nonobstant la Saisie; venant ensuite à faire déclarer cette Saisie nulle, il seroit à l'abri de tout reproche à cet égard : il seroit au contraire avantageux au seigneur que son vassal eût par-là diminué les dommages & intérêts qu'il avoit droit d'exiger de lui.

Dans quel cas le vassal peut-il exiger des dommages & intérêts du seigneur saisissant? Dumoulin a traité cette question dans plusieurs endroits de ses ouvrages. Par-tout il distingue la Saisie faite sans cause, de celle annullée par défaut de formalités & ce n'est que dans le premier cas qu'il accorde des dommages & intérêts à la partie Saisie; voici comme il s'exprime sur l'article 1 de la coutume de Paris : *Prehensio injusta & ex falsâ vel indebitâ causâ facta aut pramatura, est, ipso jure, nulla quantùm ad ipsum effectum; & dominus tenetur de damnis & interesse; secùs si causa subsit, & prehensio nulla sit tantùm ex defectu solemnitatis.*

Cet auteur tient le même langage dans sa note sur l'art 76 de la coutume de Blois. *Non debet sumptus, nec damna, nec interesse, si ex justâ causâ manum minùs solemniter injecit.*

M. Louet, *lett. S, som.* 20, adopte cette distinction. S'il y avoit lieu à saisir, dit-il, le seigneur ne doit aucuns dommages & intérêts, *quia causa suberat : non idem*, s'il n'y avoit point lieu de saisir, *putà*, s'il n'étoit rien dû ; car en ce cas la saisie seroit plutôt tortionnaire que nulle ; tortionnaire, faite *pro non debito* ; nulle, *ex defectu solemnitatis*.

» Si le vassal veut se pourvoir contre la Saisie, » il doit le faire, dit Brodeau, par simple action, » sans même qu'il puisse intenter le cas de saisine » & de nouvelté «. *Brodeau sur M. Louet, tit.* 5, *n.* 20.

» Le vassal saisi féodalement n'a pas l'action de » complainte contre son seigneur ; il n'a que la voie » de demander la main-levée, la possession fondée » sur la loi ne pouvant donner lieu à cette action ; » c'est à cet égard ce qui se pratique au châtelet «. *Bourjon, droit commun des fiefs, première partie, ch.* 1, *sect.* 3, *dist.* 4.

§. X. *Du bris ou infraction de la Saisie.*

L'infraction de la Saisie consiste dans l'enlévement & la perception des fruits du fief par le vassal ou gens par lui préposés, nonobstant la Saisie *dûment notifiée*.

Quelques auteurs se sont partagés sur l'infraction de la Saisie par le vassal, c'est-à-dire, sur la question de savoir s'il y avoit où s'il n'y avoit pas infraction de Saisie *par la perception seule* des fruits au préjudice de la Saisie.

Brodeau, *sur l'art.* 31 *de Paris*, *n.* 8, dit » que » si le seigneur n'a point fait établir de commissaires « à sa Saisie féodale, qui aient dépossédé le vassal, » & a souffert qu'il ait jouit des fruits de son » fief, nonobstant la Saisie, pendant plus de trois » ans, il est reputé l'avoir abandonnée, & ne sera

» pas recevable ni bien fondé, après les trois ans
» de demander qu'il soit tenu de lui rétablir &
» restituer les fruits par lui perçus depuis la Saisie,
» l'article 31 de Paris, qui donne l'effet à la Saisie
» pour trois ans, étant au cas de l'établissement
» de commissaire ou du seigneur qui a joui par ses
» mains «.

Le Maître, sur Paris, *dernière édition*, p. 61, est de sentiment opposé ; il dit que la décision de Brodeau est directement contraire à l'article 29, qui veut que le vassal qui enfreint la Saisie dûment notifiée, restitue les fruits, & à l'article 31, qui n'oblige de renouveler la Saisie que de trois ans en trois ans, & lui donne effet pour trois ans, encore même qu'elle n'ait pas été renouvelée.

Il ajoute que c'est une illusion de dire que cela n'a lieu que quand on a établi commissaires qui ont dépossédé le vassal ; car la coutume n'oblige d'établir commissaires que dans la Saisie faute de dénombrement, laquelle n'emporte point perte de fruits, ainsi que Brodeau lui-même le soutient sur cet article 31, n. 10 & 11.

» Il faut convenir en bon principe, dit Guyot,
» que si l'usage a introduit des commissaires dans
» la Saisie féodale *faute d'homme*, le seigneur n'y
» est cependant obligé par aucune loi. Brodeau,
» *loco citato* par le Maître, en convient formel-
» lement ; & même il est de principe que le
» seigneur saisissant, P. E. la veille de la récolte,
» & y établissant commissaire, peut, dès le len-
» demain, les renvoyer, & récolter par ses mains;
» ce qu'il ne pourroit, s'il falloit de droit étroit
» établir commissaires, qui naturellement doivent
» récolter, & font des sequestres des fruits, comme
» dans le cas du défaut de dénombrement.

» La raison est, *ut dixi suprà*, & comme tous
» les auteurs en conviennent, que dans le cas de

» Saisie féodale *faute d'homme*, le seigneur gagne » tous les fruits qu'il perçoit, & n'en doit aucun » compte ; il est de texte pur de l'art. 29 de » Paris, & de presque toutes les coutumes, que » le vassal qui *prend les fruits du fief* depuis la » Saisie signifiée, *id est*, notifiée dûment, est » obligé à la restitution de ses fruits avant toutes » choses, c'est-à dire, avant que le seigneur soit » tenu de le recevoir en foi. «. *Non tenetur cum accipere nec oblationibus acquiescere, nisi etiam negligens vassallus fructus offerat & restituat à tempore prehensionis.* Mol. §. 19, *hodie* 29, n. 1.

L'article 25 de Péronne dit que le vassal jouit jusqu'à ce que la Saisie soit dûment faite & signifiée ; l'art. 26 ajoute : *Et si après icelle le vassal prend aucuns fruits, il est tenu de les rétablir au profit dudit seigneur pour l'infraction de main, & jusqu'à ce n'aura main-levée.*

Sur ces mots, *après icelle*, la Villette dit : *Pour nous dire que (sans signification) la Saisie demeure nulle & sans effet, & que l'infraction n'oblige pas à la restitution des fruits, quand même le vassal en auroit eu connoissance d'ailleurs* ; d'où cet auteur pensoit, qu'après *la signification & notification de la Saisie*, la seule perception des fruits par le vassal étoit une infraction de Saisie. Cette coutume, non plus que celle de Paris, n'oblige pas à établir commissaires à la Saisie *faute d'homme*.

Nous venons de le dire ; l'effet de l'infraction de la main-mise, est que le seigneur n'est pas obligé de recevoir le vassal en foi, ni d'accorder main-levée, s'il ne restitue les fruits qu'il aura perçus au préjudice de la Saisie. Dumoulin le décide sur l'art. 19, *hodie* 29, de la coutume de Paris ; il l'avoit encore dit, §. 1, gl. 9, n. 1. *Si vassallus infregerit manum domini, vel aliquid occupaverit aut abstulerit de re prehensâ, vel fructibus in eâ penden-*

tibus, non debebit audiri, nec admitti ad proponendum nec prosequendum aliquas causas oppositionis vel appellationis; donec occupata & oblata restituerit, & redintegrata sit seu repleta manus domini.

Brodeau, sur l'art. 29, d'après Dumoulin dans le style du Parlement, part. 7, chap. 106, rapporte un arrêt du 19 juillet 1556, entre le duc de Longueville & l'archevêque de Sens.

C'est la conséquence de cette régle *spoliatus ante omnia restituendus:* par les coutumes, le seigneur est envoyé en possession du fief vassal, au moyen de la Saisie; l'infraction de la Saisie est un trouble en la possession, fondée dans le texte de la loi; ainsi il faut, avant toutes choses, réparer le trouble.

Il y a des coutumes, comme Orléans & autres, qui, outre la restitution des fruits, prononcent une amende contre le vassal, pour infraction de Saisie; celle de Paris n'en dit rien; ce sont des dispositions pénales, qui ne doivent avoir lieu qu'autant qu'elles sont prononcées par la loi.

Nous observerons cependant avec Dumoulin sur la coutume de Paris, art. 19, *hodie* 29, n. 1, que s'il y avoit preuve d'infraction de Saisie avec violence & voies de fait, les juges condamneroient à une amende ou dommages-intérêts, outre la restitution des fruits. *Quòd si nedum contemnat, sed vim faciat commissariis, meritò ultra restitutionem oblatorum fructuum mulctandus est.*

Sur l'article 1 de la coutume de Paris, Dumoulin propose une question intéressante. Cet auteur dit d'abord qu'il faut que le seigneur saisisse effectivement le fief, *en envoyant sur le fief; mittens nomine suo in rem præsentem ut prehendatur*; ce qui marque la nécessité que le sergent se transporte sur le lieu, sans quoi, dit Dumoulin, *nullius est momenti talis imaginaria prehensio.*

Ensuite il se fait une objection. Si le vassal, par force & violence, empêche que l'on ne se transporte sur le fief pour saisir, la Saisie féodale sera-t-elle censée faite ? opérera-t-elle perte de fruits, *quod intellige*, s'il y a procès-verbal de rebellion? Il dit, *nisi vi, fraude & insidiis vassali fieret quominùs prædio clientelario accedi posset*; & il ajoute, *tunc enim puto habendum pro prehenso*, & le vassal est tenu de restituer tout ce que le seigneur auroit perçu s'il eût saisi, & en outre aux dommages-intérêts du Seigneur : *Non enim æquum est eum vassallum ex dolo vel calliditate suâ commodum reportare.*

Le juge du seigneur peut-il connoître de l'action intentée par le seigneur pour l'infraction de la Saisie faite en vertu d'une commission émanée de lui ?

Il faut répondre pour l'affirmative; cette Saisie est un exploit domanial, & d'ailleurs elle est faite par commission de ce juge, & par-là il est compétent pour connoître de l'exécution ou inexécution de sa commission; cela peut d'autant moins souffrir de difficulté, que, par l'ordonnance de 1667, les juges des seigneurs peuvent connoître de tout ce qui concerne les droits de la Seigneurie, si ce n'est dans le cas où le fond du droit est contesté.

Le seigneur, pour la restitution des fruits enlevés par le vassal au préjudice de la Saisie, a-t-il le même privilége que pour les droits seigneuriaux, tels que le relief & le quint ? est-il, à cet égard, préféré aux autres créanciers de son vassal ?

Duplessis, dans son commentaire sur la coutume de Paris, *tit. des fiefs*, *ch.* 4, discute & décide cette question en ces termes :

» Il y a question si, pour la restitution des » fruits de la Saisie féodale que le vassal a pris, » soit par droit de Saisie ou autrement, le seigneur » a cette ancienne hypothèque de l'investiture, pré-

» férable à tous créanciers, comme pour le qu
» & le relief; & si cela est compris sous l'article
» de la coutume de Paris, qui dit que les prof
» de fief sont réels.

» J'estime que non, par deux raisons de diff
» rence; la première, que ce n'est point ici un dro
» comme les autres, mais une peine. Or, *pa*
» *nunquam retrahitur.*

» La seconde, que la Saisie féodale n'est poi
» une dette, ni une action à laquelle seule l'hy
» pothèque convient; mais c'est une propriété d
» fruits dont le seigneur est réputé faire l'alién
» tion du jour de l'omission qu'il fait de les pren
» dre; qu'il s'impute de ne les avoir pas; car si l
» vassal les a enlevés de force, qu'il s'impute enco
» de n'y avoir pas mis bonne assurance; il y aur
» plus de difficulté quand le vassal a eu main-lev
» pendant le procès; mais je n'en ferois pas ".

Un arrêt du 7 février 1743, conforme à ce
décision, déboute le seigneur de Renay d'une de
mande hypothécaire à fin de restitution des frui
d'un fief saisi. Cet arrêt, rendu au rapport d
M. de l'Epine de Grainville, est rapporté p
Guyot, *tom.* 4, *pag.* 425.

§. XI. *De la Saisie faute de dénombrement.*

Dans toutes les coutumes le vassal est tenu d
donner à son seigneur le dénombrement de son fief
& dans toutes le seigneur peut saisir le fief, faut
par son vassal d'avoir rempli cette obligation. Ma
sur le temps où cette Saisie doit être faite & su
les effets qu'elle doit produire, les coutumes s
partagent en quatre classes.

Dans le plus grand nombre, à la tête desquelle
est la coutume de Paris, le vassal est tenu de don
ner son dénombrement quarante jours après qu'i

a rendu la foi. Ce terme expiré, le seigneur peut saisir; mais la Saisie, quelque régulière qu'elle soit, n'emporte pas perte de fruits. Absolument stérile pour le seigneur, cette Saisie, n'a d'autre effet que de suspendre la jouissance du vassal. C'est la disposition des articles 8 & 9 de la coutume de Paris, dont voici les termes : *Le vassal qui a été reçu en foi & hommage par son seigneur, est tenu de bailler son dénombrement dans quarante jours, à compter du jour de ladite réception.* Art. 8. *Si le vassal ne baille son dénombrement dedans quarante jours après qu'il aura été reçu par son seigneur en foi & hommage, icelui seigneur peut saisir le fief & y mettre commissaires, jusqu'à ce que ledit dénombrement lui ait été baillé : mais il ne fait les fruits siens, & en doit rendre compte le commissaire après icelui dénombrement baillé.* Art. 9.

Dans d'autres coutumes, le vassal n'est obligé de donner son dénombrement qu'après sommation à lui faite par le seigneur. Ces coutumes sont, Artois, la Salle de Lille, Tournai, Ponthieu. Auxerre, article 50, porte : Après que le seigneur féodal a reçu son vassal en foi & hommage, il peut enjoindre audit vassal qu'il lui baille dans quarante jours son dénombrement & déclaration de fief; & s'il ne le fait dans ledit temps, le seigneur peut saisir. Même disposition dans la coutume de Sens. On y lit : Après que le seigneur a reçu en foi son vassal, il peut lui enjoindre de donner son dénombrement. Troies, art. 30, dit que le vassal doit donner son dénombrement dans quarante jours après qu'il a été reçu en foi, *& qu'il lui est enjoint de le faire.* On retrouve les mêmes dispositions dans les coutumes de Blois, Dunois, &c.

Suivant quelques coutumes infiniment plus favorables aux seigneurs, la Saisie faute de dénombrement, comme celle faute d'hommage, emporte perte de fruits. C'est la disposition de l'article de la coutume de Poitou. Cet article porte : *Quan le sujet est condamné par jugement à bailler so aveu & dénombrement par écrit dans aucun temps s'il ne les baille & ne fournit à la condamnation le seigneur peut prendre les fruits du fief, san en faire recréance, & chéent en perte.*

Enfin, il y a des coutumes dans lesquelles dénombrement est dû à peine de Saisie, non se lement aux mutations de vassal, mais encore lo que le fief dominant change de propriétaire. C coutumes sont, Poitou, Maine, Anjou, &c.

Dumoulin sur l'article 8 du Maine a mis cet note : *Silicet impensis domini.* Chopin sur Anjo pense au contraire que les frais de ce dénombre ment tombent sur le vassal.

Dans toutes les coutumes le délai pour do ner le dénombrement, ne commence à courir q du jour de la réception en foi. Si le vassal a pré senté la foi, & que le seigneur ait négligé de recevoir, il n'y aura lieu à la Saisie que quaran jours après la réception.

De même que dans la Saisie *faute d'homme*, seigneur qui saisit faute de dénombrement n'e pas obligé de faire à son vassal un commandeme préalable, il suffit d'une dénonciation subséquen

La Saisie faute de dénombrement ne donne a seigneur que l'administration des fruits & reven ordinaires du fief saisi. Cette administration n s'étend point jusqu'à l'exercice des droits incorpore tels, par exemple, que ceux résultant de l'ouver ture des arrière-fiefs. Cette décision est fondée su huit raisons. 1°. Ce n'est qu'en parlant de la Sai faute d'hommes, droits & devoirs, que la cou tume accorde au seigneur l'exercice des droits d cette dernière espèce. 2°. Lorsque la Saisie e faite seulement faute de dénombrement, le vass est en foi, le fief n'est plus ouvert, il ne peut plus être censé réuni au dominant; le suzerain ne peut donc plus exercer les droits attachés à cette réunion. 3°. Le vassal étant investi, les arrière-vassaux ont en lui un seigneur immédiat : or, des vassaux ne peuvent avoir deux seigneurs immédiats. Le suzerain ne peut donc plus agir envers eux qu'en qualité de suzerain. 4°. L'esprit de la coutume, en établissant cette Saisie, est uniquement de donner des entraves au vassal, afin de l'engager à présenter son dénombrement, & non pas de permettre au seigneur d'user du fief comme de sa chose. 5°. Le fief saisi de cette manière n'est qu'un simple gage dans la main des seigneurs. 6°. Le seigneur est obligé, en donnant main-levée, de restituer tous les fruits qu'il a perçus. Or, que pourroit-il restituer s'il avoit investi ses arrière-vassaux, &c. ? 7°. Quoique l'exercice de ces sortes de droits demeure au vassal, il est assez puni, & l'intention de la loi est assez remplie pour la suspension de sa jouissance. 8°. Tel est l'usage.

Cependant si le fief saisi n'avoit d'autres revenus que ceux résultans de l'ouverture des arrière-fiefs, comme la Saisie ne doit point être illusoire, je pense que le seigneur saisissant jouiroit de ces droits, qu'il pourroit investir les arrière-vassaux, & toucher les droits de quint, de relief, &c. A l'égard de ces derniers, il seroit sans contredit obligé de les restituer, ainsi que les actes de foi, les dénombremens qu'il auroit reçus. Pour les investitures, comme elles sont purement honorifiques, elles ne donneroient lieu à aucune répétition, & les arrière-vassaux ne seroient pas obligés de porter de nouveau la foi.

Le seigneur qui saisit faute de dénombrement, doit, à peine de nullité, établir commissaire au fief saisi; la coutume de Paris l'exige.

Par commissaires, on entend des personnes pr posées à la garde du fief, à la perception & à l conservation des fruits. Dans l'usage, on a co tume de les confondre avec les curateurs; cepen dant il y a une grande différence entre eux: l curateur représente le propriétaire, & agit en so lieu & place; le commissaire n'est au contrai qu'un simple administrateur; le curateur peut pré senter aux bénéfice, le commissaire ne le peut pa

Le seigneur peut préposer à la garde du fief le commissaire qu'il juge à propos; il est dans le bons procédés de confier cette commission au vass ou à quelqu'un de ses domestiques. Si le fief e considérable, on en peut proportionner le nombr à son étendue. Si le seigneur en nommoit plus qu la régie n'en exige, les frais qu'il auroit occasionn par-là retomberoient sur lui; il doit en outre avoi soin de ne choisir que des personnes intelligent & solvables, &, autant qu'il le peut, du voisinag du fief; sinon le vassal a le droit de critiquer leu établissement, & de demander que l'on procède une nouvelle nomination.

Personne ne peut être contraint de se charger d cette gestion, quand même elle lui seroit déféré par ordonnance de justice; telle est la règle géné rale. Cependant si le cas est urgent, si l'état de biens exige nécessairement un commissaire, & qu personne ne se présente volontairement, le juge pourra en nommer un qui sera forcé d'accepter même hors le cas de nécessité, s'il se trouvoit dans le voisinage du fief un homme qui eût, plus qu'au cun autre, les connoissances requises pour bien admi nistrer, le juge, sans plus de perquisitions, pour roit l'établir commissaire, & il ne pourroit refuser, à moins qu'il n'eût quelque légitime empêchement qu'il seroit obligé de présenter au juge, qui décide roit de leur validité.

Ce n'eſt qu'en vertu d'une ordonnance de juſtice que l'on peut être contraint d'accepter une pareille commiſſion; un ſimple huiſſier, quoiqu'envoyé pour ſaiſir & nommer commiſſaire, ne pourroit pas impoſer cette obligation; il faudroit qu'il aſſignât les oppoſans, pour déduire les cauſes de leur oppoſition. Si cependant la choſe étoit très-inſtante, cet huiſſier auroit le droit de charger proviſoirement quelqu'un qui ſeroit tenu de gérer juſqu'à ce qu'il en eût été autrement ordonné par le juge : dans tout autre cas, comme cet office eſt purement privé & non public, perſonne n'en peut être chargé que de ſon conſentement.

Dumoulin penſoit que le ſeigneur n'étoit pas garant de la geſtion des commiſſaires; mais les auteurs qui ont écrit depuis, ſont d'avis contraire : l'importance de cette déciſion nous engage à rapporter les autorités ſur leſquelles elle eſt fondée.

» La ſuſpenſion & ſurſéance étant levée, les » commiſſaies établis à la requête des ſeigneurs, » *deſquels ils ſont garans & reſponſables*, doivent » rendre compte au vaſſal de tous les fruits qui » ont été perçus pendant la Saiſie, déduction » faite des frais de la Saiſie, ſalaires & vacations » raiſonnables des commiſſaires «. *Brodeau ſur Paris, art. 9, n. 2.*

» Il eſt ſans doute que ſi la Saiſie eſt faite » par les ſergens du ſeigneur, il en doit répon- » dre, parce qu'il eſt tenu du fait de ſon officier. » Mais ſi la Saiſie eſt faite en vertu de la com- » miſſion du juge royal, en forme de conforte » main, par ſergent royal, il faut diſtinguer : ou » le ſeigneur a nommé le commiſſaire & donné » charge au ſergent de l'établir, ou de lui-même » le ſergent l'a commis; en la première eſpèce, le » ſeigneur en eſt tenu, parce qu'il eſt réputé avoir

» lui-même fait le dommage. Si le sergent a » lui-même établi un commissaire insolvable, » semble qu'il doit être premiérement poursui » & discute, parce qu'il est personne publique » & le seigneur l'estimant capable & se fiant » lui, n'est en dol. Toutefois j'ai vu juger contr » le seigneur, par arrêt donné en l'audience du » mars 1582, parce qu'il se doit imputer si le » sergent n'a fait son devoir; d'autant qu'il s'es » aidé de son exploit, que la Saisie est faite à sa » requête, & qu'il pouvoit se servir d'un plus suffi » sant & expert sergent «. *Carondas sur l'article 9 de Paris.* » De la solvabilité desquels commis » saires il est garant «. *Dupleſſis, des fiefs, liv. 1, chap* 4.

Idem, Tournet, le Maître, traité des fiefs, chapitre 5; Lalande sur l'article 78 d'Orléans.

» Le seigneur est garant & responsable de l'in » solvabilité du commissaire établi à la Saisie faute » de dénombrement : si le commissaire est suspect au » vassal, il peut demander qu'il en soit mis un » autre, & en ce cas, le seigneur n'en est pas » garant «. *Billecocq, traité des fiefs, liv. 7, chap. 22, sect.* 3.

L'annotateur de Billecocq continue ainsi : » Cette » garantie a lieu indistinctement, soit que le com» missaire ait été établi par un sergent de la justice » du seigneur saisissant, ou par un sergent d'une » autre justice, contre ce que prétend Ferrière, » que le seigneur n'est garant que quand ce com» missaire a été établi par un sergent de sa justice, » ou qu'il y a fraude; distinctions dans lesquelles il » seroit dangereux d'entrer «.

La présentation du dénombrement opère à l'instant & de plein droit la main-levée de cette espèce de Saisie; & telle est l'efficacité de cette présentation, qu'elle anéantit

néantit la Saisie, quelque défectueux que soit le dénombrement, quels que soient les blâmes que le seigneur y oppose.

(*Article de M. H***; avocat au parlement.*)

Saisie-gagerie. C'est une simple Saisie d'effets mobiliers, qui diffère de la Saisie-exécution, en ce que les effets saisis restent en la possession de la personne à qui ils appartiennent; mais elle ne les possède plus qu'en qualité de dépositaire, & c'est à ce titre seul que l'huissier saisissant doit lui laisser les choses comprises dans son procès-verbal.

La coutume de Paris accorde à divers créanciers le droit de faire faire des Saisies-gageries sur les meubles & effets de leurs débiteurs, quoiqu'ils n'aient point de titre authentique. L'article 161 autorise, par exemple, le propriétaire qui n'est point payé de ses loyers, à procéder par cette voie sur les meubles qu'il trouve dans sa maison pour les termes qui lui sont dus (*).

(*) *Formule de Saisie-gagerie pour loyers de maison.*

L'an, &c. le .... avant midi, en vertu de l'ordonnance étant au bas de la requête présentée à M. le prévôt *ou* bailli de .... signée & scellée, & à la requête de ... demeurant à .... propriétaire d'une maison sise à .... qui élit son domicile en la maison de M^e^ .... son procureur, sise à .... pour sûreté & conservation du contenu en ladite requête, circonstances & dépendances; je me suis .... huissier à .... demeurant à .... soussigné, transporté au domicile de .... sous-locataire de ladite maison, où il demeure, sise à .... où étant & parlant à .... je lui ai déclaré que j'allois procéder par voie de Saisie-gagerie sur ses biens meubles; & de fait, en présence de deux de ses proches voisins, par moi requis & mandés avant que d'entrer en sa maison, pour être présens à ladite Saisie, ce qu'ils ont refusé faire, même de dire leurs noms & signer leurs refus, de ce interpellés; j'ai, soussigné, saisi & mis sous la main du roi & justice les meubles ci-après. Premièrement. (*On met ici tous les meubles par article.*) Tous les-

Chopin a remarqué que quand le bail étoit pa
pardevant notaires, on pouvoit procéder par voie d
Saisie-gagerie, sans qu'il fallût une permission d
juge; mais que cette permission étoit nécessai
quand le bail étoit verbal ou sous signature priv

Ricard & Brodeau ont prétendu que cette pe
mission étoit inutile quand il y avoit un bail so
signature privée : mais le Maître est d'avis contrair
& pense qu'en pareil cas on doit se conformer
la disposition du droit, & à la loi 176, au digest
de regulis juris, qui ne veut pas que les particu
liers fassent, de leur autorité, ce qu'on peut fai
publiquement avec l'autorité du magistrat, de pe
qu'une telle liberté n'occasionne quelque tumult

---

quels meubles & choses ci-dessus saisis, sans déplacer, j
laissé en la garde dudit.... parlant à sa personne, qui s
est volontairement chargé, & a promis de les représen
quand il en sera requis, comme dépositaire de biens de j
tice, & pour voir déclarer ladite Saisie bonne & valable, &
& ordonner sur icelle ce que de raison, répondre & procé
aux fins de ladite requête; ce faisant, que lesdits meub
ci-dessus saisis-gagés seront vendus & adjugés au plus offr
& dernier enchérisseur en la manière accoutumée, & les d
niers en provenant baillés & délivrés audit.... sur & m
moins, ou jusqu'à concurrence de son dû en principal, in
rêts, frais, dépens & mises d'exécution; les frais de vente
ceux qui seront faits pour y parvenir, les premiers pris,
le surplus tenu en justice à la conservation des droits de q
il appartiendra, à la représentation desdits meubles, ledit..
contraint par corps, quoi faisant déchargé, j'ai audit.... pa
lant comme dessus, donné assignation à comparoir d'hui en..
jours, pardevant ledit sieur prévôt ou bailli de.... ou l
lieutenant, en son auditoire, audit lieu, heure d'audience,
pour en outre répondre & procéder, comme de raison, c
quérant dépens, & signifié que M^e.... procureur, occupe
pour ledit demandeur; & lui ai laissé, parlant comme dess
copie, tant de ladite requête & ordonnance, que du prése
le tout fait en présence & assisté de.... & de.... demeur
à.... témoins avec moi soussignés, & ledit....

Non est singulis concedendum quod per magistratum publicè possit fieri, ne occasio sit majoris tumultûs.

Ce seroit en vain, observe le même auteur, qu'on alégueroit que la coutume ne requiert point cette formalité; elle ne dit pas non plus que la Saisie-gagerie doit être faite par le ministère d'un huissier ou sergent; & cependant il est certain que ce ministère y est nécessaire.

Il résulte de ces observations, que quand la coutume donne quelque faculté de l'espèce de celle dont il s'agit, on doit toujours présumer qu'elle veut qu'on employe les voies ordinaires de la justice pour l'exercer.

Lorsqu'il y a des sous-locataires, la Saisie-gagerie peut aussi avoir lieu sur leurs meubles; mais ils doivent obtenir main-levée en payant le loyer particulier dont ils se sont chargés. C'est ce qui résulte de l'article 162 de la coutume citée.

Le seigneur censier en la ville & banlieue de Paris peut pareillement, suivant l'article 86 de la même coutume, procéder par voie de Saisie-gagerie sur les meubles qui sont dans les maisons de sa censive, pour trois années d'arrérages du cens & au dessous.

Cette faculté a encore été étendue, par l'article 163, au créancier d'une rente foncière due sur une maison située à Paris ou dans les fauxbourgs, possédée par un tiers détenteur qui n'est pas personnellement obligé à la rente. Ce créancier peut, conformément à cet article, faire procéder par voie de Saisie-gagerie, *pour trois termes d'arrérages de sa rente, & non plus, sur les meubles étant en ladite maison appartenant aux détenteur & propriétaire.*

Mais si la maison étoit occupée par un locataire, le créancier ne seroit pas fondé à procéder par voie de Saisie-gagerie, il pourroit seulement faire saisir & arrêter les loyers.

Saiſie réelle. La Saiſie réelle eſt un exploit p lequel un huiſſier ſaiſit & met ſous la main de la j tice un héritage ou autre immeuble fictif, tel que cens & rentes foncières ou conſtituées dans les p où elles ſont réputées immeubles, offices, &c.

Il y a certains meubles que l'on ſaiſit réel ment, tels que les vaiſſeaux & moulins ſur batea

On n'uſe point au contraire de Saiſie réelle po les biens qui ne ſont immeubles que par ſtip lation.

On appelle cette Saiſie, *réelle*, parce qu'elle pour objet un fonds, & pour la diſtinguer d ſaiſies mobilières, qui n'ont pour objet que les me bles, ou effets mobiliers, ou les fruits. On co fond quelquefois la Saiſie réelle avec les criées les décrets, quoique ce ſoient trois choſes différ tes : la Saiſie réelle eſt le premier acte pour p venir à l'adjudication par décret ; les criées ſont formalités ſubſéquentes, & le décret eſt la fin de Saiſie réelle.

Quelquefois auſſi, par le terme de Saiſie réelle, entend toute la pourſuite ; ſavoir, la Saiſie mên les criées, le décret, & toute la procédure qui fait pour y parvenir.

Chez les Romains, on uſoit de ſubhaſtations, q reſſembloient aſſez à nos Saiſies réelles.

La Saiſie réelle eſt donc le premier exploit qui fait pour parvenir à une vente par décret (*).

(*) *Formule de Saiſie réelle d'héritages.*

L'an mil ſept cent .... le .... jour de .... a .... mi en vertu d'une obligation paſſée pardevant .... notai le .... ſignée & ſcellée, étant en forme exécutoire, *ou* d'u ſentence rendue par M. le prévôt *ou* bailli de .... le .... ſigné ſcellée, *ou* d'un arrêt du parlement de .... en date du .... ſi & ſcellé, & à la requête de .... demeurant à .... qui élit ſon micile en la maiſon de M^e^.... ſon procureur, ſiſe à.... en contin

Toute Saisie réelle doit être précédée d'un com-

---

les poursuites & diligences ci-devant faites le .... portant refus, & faute de payement avoir été & être fait audit .... par .... demeurant à .... audit .... de la somme de .... en quoi il est obligé par ladite obligation, *ou* condamné par ladite sentence, *ou* par ledit arrêt, pour les causes y contenues, sans préjudice les intérêts de ladite somme, autres dus, droits, actions, frais & dépens, je .... huissier à .... demeurant a .... soussigné, certifie m'être transporté dans une maison sise à .... consistant (*mettre la déclaration de la maison, avec les tenans & aboutissans, & s'il y a plusieurs maisons & en différens lieux, l'huissier dira :*) *Item*, & au dedans d'une autre maison sise à .... (*mettre aussi la déclaration de ladite maison, tenans & aboutissans ; & s'il y a des héritages, il faut dire :*) *Item*, sur une pièce de terre ou vigne, contenant .... sise en la paroisse de .... territoire de .... tenant d'une part à .... d'autre à .... d'un bout à .... & d'autre à .... (*si c'est une terre noble ou fief :*) *Item*, sur la terre noble & fief de .... sise à .... consistant .... (*mettre le château & principal manoir, avec la paroisse, les consistances & dépendances, droits & profits y attachés ; & si c'est une rente, l'huissier dira :*) *Item*, rente (*dater le contrat de création, exprimer la somme & le débiteur*) ; le tout appartenant audit .... le fond, très-fond, propriété & superficie, possession & jouissance, fruits, profits, revenus & émolumens, desquelles choses ci-dessus déclarées en détail, ainsi qu'elles se poursuivent, comportent & étendent de toutes parts, j'ai réellement, actuellement & de fait, saisi & mis sous la main du roi & justice, pour, si besoin est, & faute de payement de ladite somme de .... sans préjudice, comme dit est, être criées & subhastées par les quatre criées & quatorzaines à Paris, accoutumées, & être vendues & adjugées par décret & autorité de justice au parc civil dudit châtelet, pardevant M. le prévôt *ou* bailli de .... l'audience des criées tenante (*si c'est au parlement, il faut dire* à la barre de la cour ; *& si c'est aux requêtes du palais* ou *de l'hôtel, il faut dire* au parquet de nosseigneurs des requêtes *ou* de l'hôtel), au plus offrant & dernier enchérisseur, en la manière accoutumée ; au régime & gouvernement desquelles maisons & héritages j'ai commis & établi, de par sa majesté, la personne de Me .... conseiller du roi, commissaire général aux Saisies réelles, demeurant à .... auquel j'ai enjoint de faire son devoir en ladite commission, à la charge de ses frais & salaires

mandement recordé (*), & doit être faite en ver[tu] d'un titre exécutoire.

L'huissier qui procéde à la Saisie réelle doit [se] transporter sur les lieux où les biens qu'il veut [sai]sir se trouvent situés. L'article premier de l'édit [de] Henri II, du 3 septembre 1551, l'a ainsi ordon[né] pour empêcher les Saisies vagues & générales q[ui] se pratiquoient précédemment en plusieurs provin[ces], de tous les biens du débiteur, en quelque e[n]

---

sur la chose saisie, & d'en rendre compte, enfin d'icelle pa[yer] le reliquat à qui il appartiendra, en la manière accoutum[ée] faisant défenses, de par sa majesté, de troubler ledit [sieur] commissaire au fait de sa commission, sous les peines port[ées] par les ordonnances; & tout ce que dessus, fait en prése[nce] & assisté de .... & de .... demeurant à .... témoins a[vec] moi menés exprès, & soussignés.

(*) *Formule du commandement recordé qui doit préc[éder] la Saisie réelle.*

L'an mil sept cent .... le .... jour de .... en vertu d'[une] obligation passée pardevant ...., notaire, signée & scellé[e] étant en forme exécutoire, *ou* de sentence rendue par M. [le] prévôt *ou* bailli de .... le .... signée & scellée, *ou* d[']arrêt du parlement de .... en date du .... signé & scellé, [&] à la requête de .... demeurant à .... qui élit son domic[ile] en la maison de Me.... son procureur, sise à .... je.... huissier à .... demeurant à .... soussigné, certifie avoir [fait] commandement de par le roi & justice à .... demeur[ant] à .... en son domicile, parlant à .... de présentement pay[er] audit .... ou à moi, huissier, pour lui porteur des pièces, l[a] somme de .... en quoi il a été obligé par ladite obligation, *ou* condamné par ladite sentence *ou* par ledit arrêt, pour le[s] causes y contenues, sans préjudice des intérêts de ladite somm[e,] autres dus, droits, actions, frais & dépens; lequel .... par[lant] comme dessus, a été de payer refusant, pour lequel refu[s] je lui ai déclaré qu'il y sera contraint, tant par Saisie [&] vente de ses biens-meubles, Saisie réelle de ses immeubles, [&] autrement, à ce qu'il n'en ignore; & lui ai laissé, parlan[t] comme dessus, copie tant de ladite obligation, sentence o[u] arrêt, que du présent, en présence & assisté de .... & de .... témoins, demeurant à .... avec moi soussignés.

droit qu'ils fussent situés. Cet huissier doit exprimer dans son exploit l'année, le jour & le temps où il a été fait; si c'est avant ou après midi; l'obligation en vertu de laquelle il fait les poursuites; le commandement qui a été fait au débiteur; le domicile réel du créancier, & celui qu'il a élu, si le bien est situé ailleurs que dans le lieu de son domicile réel; le domicile élu par le même créancier au lieu où la Saisie réelle doit être poursuivie; la justice où doivent se faire les poursuites; le commissaire établi; les deux témoins qui ont été présens à la Saisie; leurs noms, leurs surnoms & leurs professions. Ces témoins doivent en outre signer l'acte de Saisie qu'il faut faire contrôler dans les délais fixés par les réglemens, à peine de nullité.

Dans le corps de l'exploit, l'huissier ou sergent dit qu'il a saisi l'immeuble réellement, actuellement & de fait, & qu'il l'a mis sous la main du roi & de la justice, pour, à faute de payement de la somme due au saisissant, être vendu par décret & autorité de justice, en telle juridiction, au plus offrant & dernier enchérisseur, en la manière accoutumée. Si le saisissant a droit de *committimus*, & qu'il veuille s'en servir, on fait mention dans la saisie, de la date du *committimus* en vertu duquel on veut faire porter le décret aux requêtes du palais ou à celles de l'hôtel : en ce cas, on donne copie du *committimus*, avec l'exploit de signification de la saisie. Il y a des coutumes où le saisissant doit nommer un domicile à la partie saisie, sauf à elle à en choisir un autre par la suite, si elle le trouve à propos. Quant à la déclaration des fonds saisis, il y a une grande différence entre les fiefs & les rotures.

Par rapport au fief, il suffit, suivant l'édit de Henri II, de saisir réellement le principal manoir, ses appartenances & dépendances, & les droits seigneuriaux, attendu qu'il seroit difficile au saisissant de recouvrer des aveux par lesquels il pourroit être en état d'expliquer en quoi consistent les domaines & les droits seigneuriaux.

Pour ce qui est de la décision de la question si on est obligé de faire une mention expresse de la justice dans l'exploit de la Saisie réelle, il faut distinguer les dispositions des coutumes. Dans quelques-unes, les fiefs & la justice n'ont rien de commun, de sorte que le fief peut être sans justice. Dans ces coutumes, il faut faire une mention expresse de la justice; autrement, elle ne seroit point comprise dans la Saisie réelle, puisqu'elle n'y est point regardée comme une dépendance du fief. Dans d'autres coutumes, comme celle de Bretagne, la justice est inhérente au fief; ainsi on peut se dispenser d'en faire mention dans la Saisie réelle du fief dont elle est une dépendance.

Il faut aussi faire une distinction entre les coutumes, pour savoir si le fief servant qui appartient au même propriétaire que le dominant, est compris dans la Saisie réelle du principal manoir & des appartenances & dépendances du fief dominant; car il y a des coutumes où la Réunion du fief servant se fait de plein droit au fief dominant, à moins qu'il n'y ait une déclaration expresse du propriétaire de l'un & de l'autre, faite dans le temps même qu'il a acquis la propriété, que ce n'est point son intention de réunir les deux fiefs. D'autres coutumes qui regardent les droits des fiefs comme étant beaucoup plus réels que personnels, décident que la Réunion ne se fait que quand il y a une déclaration expresse de la part du propriétaire, qu'il veut réunir ces deux fiefs; ou quand il a compris dans un aveu rendu au seigneur supérieur, le fief servant, comme ne faisant plus qu'un seul fief avec le fief dominant. Dans la coutume de Nevers, le fief servant n'est réuni u fief dominant, que quand le propriétaire a possédé l'un & l'autre pendant un an & un jour, sans léclaration expresse ou tacite qu'il veut les posséder éparément. Ce n'est que quand le fief servant se rouve réuni au fief dominant par la disposition de a coutume qui le régit, que la Saisie réelle du prinipal manoir du fief dominant comprend le bien & es droits qui composoient auparavant le fief serant. Il en est de même des censives ; on n'est point bligé de les saisir en particulier, & d'en marquer s tenans & les aboutissans, quand elles ont été ne fois réunies au fief aux termes de la coutume où s héritages sont situés.

Lorsque le roi a réuni plusieurs fiefs pour les ériger en fiefs de dignité sous le titre de duché, de omté, de marquisat ou de Baronnie, & que les ittres d'érection ont été enregistrées, tous ces fiefs nsemble n'en font plus qu'un seul ; il suffit de ire saisir réellement le principal manoir auquel st attaché le titre du fief de dignité, & ses déendances.

On demande si le fief ayant été démembré, de orte que le propriétaire ait fait un autre arriere-fief de on domaine, la partie du fief démembré est comprise ans la Saisie réelle du principal manoir & de ses lépendances ? Il n'y a point de doute que dans les outumes où le démembrement de fief est autorisé, a partie du domaine démembré, qui est devenue rière-fief, n'est point comprise dans la Saisie réelle u principal manoir dont elle est un fief séparé. l en est de même quand le seigneur suzerain a pprouvé le démembrement, même dans les coumes qui ne permettent point au vassal de déembrer son fief sans le consentement du seineur. Mais il y a plus de difficulté à l'égard des outumes qui défendent absolument tout démemement de fief, en cas que le seigneur ne l'ait point approuvé ; car cette portion de fief démembré y est tellement regardée comme partie du fief principal, que la Saisie féodale du fief principal comprend le nouvel arrière-fief, & que quand le relief est dû pour le fief principal, on le doit payer pour la partie qui en a été démembrée. Cependant lorsqu'on examine avec quelque attention l'esprit de la disposition de ces coutumes, on voit que ces défenses de démembrer les fiefs n'ont été faites que par rapport aux seigneurs & pour ce qui concerne les droits seigneuriaux ; de sorte que ces démembremens ne nuisent point au seigneur direct, qui doit jouir de ses droits de la même manière que si le fief n'avoit point été démembré. Mais à l'égard des autres personnes, les fiefs sont purement patrimoniaux, on peut en faire des arrière-fiefs ou les donner en censive, & les diviser par-là du corps du fief, de sorte que la portion démembrée n'est point comprise dans la Saisie réelle du manoir principal, quand le propriétaire a en sa faveur une possession légitime avant que le principal manoir soit saisi réellement.

Comme le patronage attaché au fief est censé en faire une partie, & qu'il passe toujours de droit avec la propriété du fonds, il est compris dans la Saisie du principal manoir, comme une dépendance du fief.

Si le fief est incorporel, comme ceux que l'on appelle *fiefs en l'air*, qui ne consistent qu'en droits dus au propriétaire de ces fiefs, soit par un seigneur, soit par des vassaux ou des censitaires, il suffit de saisir ce fief, & de distinguer en général les fonds sur lesquels les droits qui en dépendent sont assis.

Dans la Saisie d'un franc-aleu noble qui a justice, fief ou censive, il suffit de saisir le principal manoir, les circonstances & les dépendances ; car l'alticle premier de l'édit de 1551 permet cette espèce de Saisie générale, non seulement pour les fiefs, mais encore pour les seigneuries. Or, sous ce terme de seigneuries, on comprend toute espèce de terre qui donne à celui qui en est propriétaire, l'autorité sur les personnes, par rapport à la justice, ou le domaine direct sur les fonds qui en sont tenus, soit en fiefs, soit en censives, & par conséquent les francs-aleux qui ont justice, fiefs ou censives.

La coutume de Normandie permet de saisir réellement le principal manoir des biens nobles, sans entrer dans le détail des domaines & des droits de fief. Mais celui qui fait saisir est tenu, dans l'acte même de la Saisie, de mettre un prix sur le fief & sur toutes ses parties, par une seule somme; ce qui tient lieu de l'estimation des fiefs saisis, qui se faisoit autrefois en Normandie par les nobles, les vassaux, les ouvriers & les artisans. Cette coutume oblige encore le saisissant à mettre au greffe, après la Saisie, la déclaration des terres, des bâtimens, des bois, des rentes & des autres appartenances & dépendances du fief saisi. On fait ensuite assigner la partie pour prendre communication de cet état dans quarante jours, & pour déclarer s'il y a quelques droits qui aient été omis, ou si l'on en a compris quelques-uns qui n'appartiennent point à la terre. Si, après l'adjudication, il se trouvoit quelque portion de rente seigneuriale, ou du domaine, ou de quelque autre droit, omise, la portion omise demeureroit au saisi, à moins que l'adjudicataire ne voulût la retenir, en payant la valeur sur le pied du denier vingt. C'est là peine que cette coutume prononce contre la partie saisie qui a négligé de prendre communication de la déclaration du fief, ou d'y faire ajouter ce qui avoit été omis.

Pour ce qui est des rotures, la coutume de Normandie veut que, par l'acte de la Saisie, le saisissant mettre un prix sur chaque pièce d'héritage, une somme à une fois payer, ou en rentes rac tables, & que l'on marque dans l'exploit les nans & les aboutissans. L'édit de 1551 n'obli point à mettre le prix aux différentes parties héritages roturiers saisis, mais de les déclarer de les spécifier par le menu dans l'acte de Sai par tenans & aboutissans. Le motif de cette ord nance est de faire connoître à ceux qui voudroie acquérir, la qualité & la quantité des biens sais afin qu'ils puissent être portés à leur juste vale & que l'exécution de l'adjudication ne donne po lieu à de nouveaux procès.

Quand on saisit en même temps un fief & d rotures sur le débiteur, il suffit de saisir le princi manoir du fief & ses dépendances; mais il fa déclarer les rotures par tenans & aboutissans, mê dans le cas où les rotures seroient enclavées da les terres tenues en fief, & où les propriétaires l auroient affermées avec la seigneurie : la raison est, que ce bail général ne change point la natu de chaque partie de bien, & ne fait point que roture devienne partie du fief. Toute partie d' domaine roturier qui n'est point déclarée dans Saisie réelle par tenans & aboutissans, n'est poi censée saisie & n'appartient point à l'adjudicatai Tournet rapporte sur cela un arrêt de réglement q fait défense aux juges d'autoriser le décret des te res roturières, *pour être vendues selon qu'elles se co portent.*

Les coutumes de Paris, d'Orléans & de Cal disent que les criées d'une rente foncière doive se faire de la même manière que se feroient l criées des héritages sujets à la rente. Il suit de l que pour saisir réellement une rente foncière, faut que l'huissier se transporte dans la maison o sur l'héritage qui doit la rente; qu'il marque e néral le fief & ses dépendances, si la rente est ie sur un fief, & qu'il déclare en détail les roires avec leurs tenans & aboutissans, si ce sont s terres roturières qui sont chargées de la rente.

Comme les rentes constituées sur les particuliers ont point de situation, quoiqu'elles soient réputées nmeubles dans la plupart des coutumes, on les isit réellement, & l'on signifie la Saisie au débiur, avec défenses de la racheter ou de vider s mains du principal, ni même des arrérages échus u à écheoir. On ne spécifie point dans la Saisie les nds hypothéqués pour la sûreté de la rente, arce que ces sortes d'obligations sont purement ersonnelles, & que l'hypothèque sur les fonds n'est ue subsidiaire.

La Saisie des rentes sur l'hôtel-de-ville se signifie u payeur, pour empêcher que les créanciers de i rente ne reçoivent au préjudice de la Saisie, & au reffier conservateur des hypothèques, pour valoir pposition au sceau des lettres de ratification.

Quant à la Saisie réelle d'un office (*), il faut,

(*) *La Saisie réelle d'un office se fait ainsi :*

L'an mil sept cent .... le .... jour de .... a .... midi, n vertu d'un contrat *ou* obligation passée pardevant .... noires à ... le .... signée & scellée, *ou* de sentence rendue ar M. le prévôt *ou* bailli de .... en date du .... signée & cellée, *ou* d'arrêt du parlement de .... en date du .... signé & scellé, & à la requête de .... demeurant à .... qui élit on domicile en la maison de M^{e} .... son procureur, sise .... en continuant les commandemens & diligences ci-devant faites, portant refus & faute de payement avoir été & tre fait par .... demeurant à .... audit .... de la somme le .... en quoi il est obligé par ledit contrat *ou* obligation, *ou* condamné par ladite sentence *ou* par ledit arrêt, sans préjudice les intérêts de ladite somme, autres dus, droits, actions, rais & dépens ; je .... huissier à .... demeurant à .... oussigné, certifie avoir saisi réellement, actuellement & de fait, & mis sous la main du roi & justice, l'état & office le .... (*mettre la qualité de la charge & office, & lieu de*

suivant l'édit du mois de février 1683, la faire enregistrer au greffe du lieu d'où dépend l'office, & où s'en fait la principale fonction, quand même l'adjudication seroit poursuivie dans une autre juridiction.

Si le greffier refusoit d'enregistrer la Saisie réelle de l'office après une sommation, on pourroit faire rendre un jugement contre lui, qui lui enjoindroit de faire l'enregistrement, à peine de tous dépens, dommages & intérêts, même d'interdiction, si la juridiction avoit le pouvoir d'interdire le greffier du siége où se fait l'exercice de l'office saisi.

Quoique l'édit de Henri II n'oblige point de signifier la Saisie-réelle à la partie, il est néanmoins d'usage de faire faire cette signification par un huissier accompagné de deux témoins (*). Cet usage est

---

l'exercice), dont ledit .... est à présent pourvu, titulaire & jouissant, avec les gages, droits & émolumens y attribués, appartenant audit office, sans aucune chose en excepter, retenir ni réserver, pour, si besoin est & faute de payement de ladite somme de .... sans préjudice, comme dit est, être ledit état & office vendu & adjugé au parc civil dudit châtelet, *ou* pardevant M. le prévôt *ou* bailli de .... l'audience tenant (*si c'est au parlement, il faut dire* à la barre de la cour; *si c'est aux requêtes du palais* ou *de l'hôtel, il faut dire* au parquet de nosseigneurs des requêtes du palais *ou* de l'hôtel), au plus offrant & dernier enchérisseur, en la manière accoutumée; au régime, gouvernement & recette des gages, droits & émolumens, duquel état & office ci-dessus saisi, j'ai commis & établi de par sa majesté, la personne de M^{e} .... conseiller du roi, commissaire général aux Saisies réelles, demeurant à .... auquel j'ai enjoint de faire son devoir en ladite commission, à la charge de ses frais & salaires raisonnables sur la chose saisie. Fait le jour & an que dessus; & lui ai, parlant comme dessus, laissé copie du présent; le tout en présence & accompagné de .... & de .... demeurant à .... témoins, avec moi soussignés.

(*) *Formule de la signification de la Saisie réelle.*

L'an mil sept cent .... le .... jour de .... à la requête

fondé sur ce qu'il est à propos de faire connoître au débiteur qu'il n'a plus le droit de disposer des choses saisies; & qu'il ne doit point troubler dans l'exercice de ses fonctions, le commissaire établi pour en faire la régie.

Quand la Saisie réelle est d'un office, on la signifie à la partie saisie, à M. le garde des sceaux, parlant au garde des rôles, pour valoir opposition au sceau, & au payeur des gages, lorsqu'il y en a d'attribués à l'office saisi, pour valoir Saisie-arrêt.

La Saisie réelle n'étant point une action, mais une exécution en vertu d'un titre, elle devroit naturellement durer pendant trente années: cependant, comme la Saisie réelle ne se fait que pour parvenir à une adjudication en justice, & que l'on y marque le juge devant lequel les procédures doivent être faites, plusieurs ont cru qu'on pouvoit regarder l'exploit de la Saisie réelle comme une espèce d'instance sujette à péremption par la discontinuation de procédures pendant trois ans. C'est ce qui a donné lieu à deux dispositions de l'ordonnance de 1629, dont l'une porte en général, que *les Saisies d'héritage, discontinuées pendant trois ans, n'auront effet*; l'autre, que *toutes instances & criées périssent par la discontinuation de trois ans, nonobstant l'établissement de commissaires*. Cette règle doit être exécutée dans tous les parlemens où l'ordonnance

---

de .... demeurant à .... qui élit son domicile en la maison de M^e .... son procureur, sise à .... la Saisie réelle & établissement de commissaire ci-dessus, a été par moi, huissier susdit & soussigné, signifiée, dénoncée, & d'icelle laissé copie à .... demeurant à .... en son domicile, parlant à .... à ce qu'il n'en ignore & n'ait à troubler ledit M^e .... commissaire général au fait de sa commission, sur les peines portées par les ordonnances; & lui ai laissé, parlant comme dessus, copie, tant de ladite Saisie réelle, obligation, sentence ou arrêt, que du présent; en présence & assisté de .... & de .... demeurant à .... témoins avec moi soussignés.

de 1629 a été entegiſtrée de la manière dont s'e-registroient alors les édits & les déclarations. M. C-telan dit qu'il l'a vu ainſi juger pluſieurs fois, en particulier le 11 février 1679, en la grand-chambre du parlement de Toulouſe, où l'ordonnance de 1629 & l'arrêt d'enregiſtrement furent mis ſur le bureau.

Mais cette ordonnance ayant été lue & publiée au parlement de Paris, ſans que le parlement eût la liberté d'y mettre des modifications, comme on le pratiquoit alors, elle n'y fut point obſervée, & l'on continua d'y ſuivre l'ancienne juriſprudence au ſujet de la péremption des Saiſies. On trouve cette juriſprudence bien expliquée dans Brodeau ſur Louet; cet auteur rapporte un arrêt du dernier janvier 1586, ſuivant lequel une Saiſie réelle doit être périmée par une diſcontinuation de pourſuites pendant trois ans, quand il n'y a point eu d'établiſſement de commiſſaires & de baux judiciaires faits en conſéquence. D'un autre côté, il cite trois arrêts, le premier du parlement ſéant à Tours, le ſecond du 8 janvier 1602, & le troiſième du 18 mai 1631, par leſquels on a jugé que quand la Saiſie réelle a été ſuivie de l'établiſſement de commiſſaire & de baux judiciaires, elle ne tombe point en péremption, & dure pendant trente années. Pour fixer cette juriſprudence, le parlement régla par le troiſième article de ſes arrêtés du 28 mars 1692, que *les Saiſies réelles & les inſtances des criées des terres, héritages & autres immeubles, ne tomberoient en péremption lorſqu'il y auroit établiſſement de commiſſaires & baux faits en conſéquence.*

La diſtinction que l'on fait au parlement de Paris, entre la ſimple Saiſie réelle qui n'eſt pas ſuivie de baux judiciaires, & celle où ces baux ont été faits, eſt fondée ſur le principe du droit romain, que toute preſcription eſt interrompue par une poſſeſ-

ſion

sion de l'immeuble obligé & hypothéqué à la dette (*). Ainsi la justice possédant pour le créancier qui a saisi, la péremption, qui est une espèce de prescription, ne peut courir contre lui.

Il suit de cet usage du parlement de Paris, que si un créancier avoit fait saisir réellement le bien de son débiteur quelques jours avant que la dette fût prescrite, & qu'il eût ensuite laissé passer trois ans sans faire aucune poursuite & sans qu'il y eût des baux judiciaires ; la Saisie-réelle étant périmée, ne produiroit aucun effet, & que la dette même seroit prescrite, parce toute poursuite périmée ne peut, suivant l'article premier du réglement du 28 mars 1692, proroger l'action ni interrompre la prescription. Mais si, dans le cas de la Saisie réelle faite immédiatement avant que la créance fût prescrite, on avoit fait des baux judiciaires dans le cours de trois années à compter du jour de la Saisie, l'action du créancier seroit prorogée de même que si la prescription avoit été interrompue par un titre nouvel du débiteur.

Ce que l'on vient de dire de l'effet de la discontinuation de poursuites pendant trois années, quand il n'y a point de baux judiciaires, n'a lieu que dans le cas où la péremption n'est pas couverte par la partie saisie : car si l'on fait par son ordre quelque procédure depuis que la péremption a été acquise, on ne peut plus s'en prévaloir, comme le prouve l'article 4 du réglement de 1692.

(*) Procul dubio est (*dit la loi* cum vel notissimi, parag. *imò*, *cod.* de præscriptionib. 30 vel 40 annorum) quòd si quis eorum quibus aliquis debetur, res sibi suppositas sine violentiâ tenuerit, per hanc detentionem interruptio fit præteriti temporis, si minùs effluxit triginta vel quadraginta annis ; & multò magis quàm si esset interruptio per conventionem introducta.

La jurisprudence du parlement de Rouen est fo singulière sur cette matière ; car l'article 547 d la coutume Normandie, veut que l'exploit de Saisie réelle soit fait dans l'an & jour de la somm tion de payer. De là on a conclu que dans ce coutume l'action de la Saisie réelle est annale, & qu'à quelque point que la procédure en ait été portée elle périt par le défaut de continuation de pou suites pendant une année. Cependant s'il inter vient dans le cours de la procédure quelque arré interlocutoire, tels que sont ceux qui confirme des diligences d'un décret, la Saisie réelle ne pér que par le défaut de procédures pendant trois anné Il y auroit de l'inconvénient en ce cas, disent l jurisconsultes de Normandie, de faire durer per dant trente années l'action qui résulte d'un arrê tandis que rien n'empêche le saisissant de conti nuer ses poursuites. La péremption annale de l Saisie réelle n'est point acquise dès qu'il y a des pro cédures, quand même ces procédures ne seroien point de nature à pouvoir arrêter les poursuites d la Saisie réelle. Basnage rapporte plusieurs arré pour établir chacun de ces usages particuliers.

Maillart observe qu'en Artois la Saisie réelle pér lorsqu'on en discontinue les poursuites pendant un année. Il cite là-dessus le placard du 8 juillet 153 suivant lequel toute procédure commencée par un commission ou par un exploit qui n'est point ap pointée, devient nulle quand on a laissé passe une année sans la poursuivre.

Il y a plusieurs coutumes qui décident que l'app de la Saisie réelle n'en suspend point l'effet. Tel est la disposition de l'article 41 du titre des exé cutions de la coutume de Nevers, qui dit qu *les criées seront poursuivies, nonobstant oppositior & appellations quelconques ; & si aucuns s'oppose ou appellent*, porte l'article 443 de la coutume du Poitou, *le sergent fera & accomplira tous les cris.* Quoique la coutume de Paris n'ait point de disposition pareille à celle que l'on vient de rapporter, la même régle y est observée, comme le justifie un acte de notoriéte du 2 mars 1686, où l'on atteste que, selon l'ancien usage du châtelet, lorsqu'il y a appel interjeté des Saisies réelles & des criées, on passe outre aux criées des choses saisies, jusqu'au congé d'adjuger inclusivement; le même acte de notoriété porte, que presque toutes les adjudication qui se font au châtelet sont de cette nature, & qu'elles ont toujours été confirmées par les arrêts du parlement, & notamment par celui du 22 août 1676, rendu sur l'intervention des officiers du châtelet.

Il y a des cas où les créanciers de la partie saisie peuvent demander que la procédure de la Saisie réelle ne soit point poursuivie, afin que les biens de leurs débiteurs ne soient pas consommés en frais. Ce droit appartient à celui qui ayant acquis les biens avant la Saisie-réelle, en a employé le prix à payer des créanciers privilégiés ou premiers en hypothèque. Le même droit peut être exercé par le premier créancier qui a acquis la terre, pour être payé de ce qu'on lui devoit. En effet, comme le créancier saisissant ne peut espérer de tirer aucun fruit de l'adjudication faite en justice, dont le prix doit être absorbé par celui qui a acquis avant la Saisie, il est évident que ces procédures n'auroient d'autre objet que de consommer en frais un partie des biens au préjudice des créanciers : la justice ne doit point autoriser les procédures qui n'ont pour principe qu'une intention de nuire, sans espérance de profit pour celui qui les fait. L'intérêt est la mesure des actions, & dès que l'on n'a point d'intérêt dans une procédure, on n'est point recevable à la suivre.

C'est sur ce principe que le jurisconsulte Marcie[n] décide en la loi *creditor*, 12, ff. *qui potiores in pigno[re] vel hypothecâ habeantur*, que si un créancier q[ui] est le premier en hypothèque, est en possession d[u] fonds qui étoit hypothéqué à sa créance, un créan[ci]cier postérieur ne peut exercer contre lui l'actio[n] hypothécaire.

Mais pour que ce premier créancier acquéreur d[u] fonds, ou un autre acquéreur subrogé aux plus ancien[s] créanciers, puisse faire arrêter le cours des procédur[es] de la Saisie réelle, il faut qu'il justifie que le[s] créanciers postérieurs n'en tireroient aucun profi[t] sur le fondement que le bien a été vendu à [sa] juste valeur. C'est pourquoi nous voyons que pa[r] arrêt rendu au parlement de Paris le 16 juill[et] 1691, on a ordonné qu'une maison dont le pri[x] devoit être employé à payer les plus anciens créan[-]ciers du vendeur, & qui depuis avoit été saisi[e] réellement, seroit estimée, & que l'estimation ayan[t] été faite & rapportée, on ordonna par un arrêt d[u] 14 juillet 1642, que le contrat de vente sero[it] exécuté. Il seroit encore plus court que l'acquéreu[r] demandât, qu'en cas que le créancier saisissant s'obsti[-]nât à poursuivre, il fût condamné à le rembourser d[e] ce qui lui seroit dû, ou de ce qu'il auroit payé aux plu[s] anciens créanciers, ou bien qu'il donnât caution, qu[e] l'héritage sera porté si haut, que l'acquéreur se trou[-]vera indemnisé; car en ce cas les derniers créancie[rs] ne peuvent dire que la vente ait été faite en fraud[e] & au préjudice des droits qui leur étoient acquis.

Ce tempérament d'équité a paru si juste a[u] parlement de Rouen, qu'il en a fait l'article 13[...] du réglement de 1666 (*); il porte, que celui qui[...]

(*) *Cet article est ainsi conçu :*

Celui qui a acquis les héritages avant qu'ils fussent sais[is]

acquis les héritages avant qu'ils eussent été saisis par décret, peut demander le payement des dettes qu'il a acquittées, antérieures à celles pour lesquelles la Saisie est requise, ou obliger le saisissant de donner caution de les faire payer en exemption du treizième & frais du décret.

Ces règles d'équité sont suivies en Lorraine.

Quand la loi permet d'hypothéquer un fonds à plusieurs créanciers, ce n'est que sous la condition tacite que les derniers créanciers n'auront de droit sur ce fonds qu'après que ceux qui les précédent en ordre d'hypotèque seront payés ; on ne leur fait donc point de tort, quand on ne leur permet point de se venger sur un fonds qui n'a pu leur être engagé que sous la condition, qui n'existe point, que les créanciers antérieurs seroient remplis.

Par une suite de ces mêmes principes d'équité, un premier créancier qui voit que le bien qui faisoit sa sûreté est saisi réellement, & qu'une partie de ce bien peut être absorbée en frais, peut demander qu'il lui soit adjugé pour le prix auquel il sera estimé par des experts. Henrys rapporte six arrêts qui l'ont ainsi jugé en faveur des plus anciens créanciers ; le premier est du 8 janvier 1646 ; le second du 19 janvier 1647, les quatre autres sont des années 1647, 1648 & 1649 ; mais pour que le créancier puisse se rendre ainsi adjudicataire suivant l'estimation, il faut qu'il offre, 1°. de rembourser les créanciers antérieurs, s'il y en a ; 2°. de laisser les héritages aux autres créanciers, à condition de les payer ou de les faire porter à un si haut prix,

---

ar décret, peut demander le payement des dettes par lui acquittées, antérieures à celle pour laquelle la Saisie est acquise, obliger le saisissant de bailler caution de les faire porter en exemption de treizième & frais du décret.

qu'il puiſſe être payé de ce qui lui eſt dû, tant en principal & intérêts que frais & dépens.

Quand pluſieurs créanciers ont fait ſaiſir réellement les biens de leur débiteur, il arrive ſouvent des conteſtations entre eux pour ſavoir qui demeurera pourſuivant. C'eſt la date des Saiſies-réelles qui doit ſervir de moyen de déciſion dans ces ſortes de conteſtations; car, ſuivant l'ancienne maxime de notre droit françois, *ſaiſie ſur ſaiſie ne vaut*; la première Saiſie l'emporte ſur les ſuivantes, qui doivent être converties en oppoſitions: mais depuis l'établiſſement des commiſſaires aux Saiſies réelles, ce n'eſt point celui qui a fait faire le premier exploit de Saiſie qu'on regarde comme le premier ſaiſiſſant; on préfère celui qui a le premier fait enregiſtrer la Saiſie réelle, parce que la première Saiſie enregiſtrée eſt celle qui a eu la première quelque effet; c'eſt pourquoi la ſeconde ne doit pas même être enregiſtrée, ſi on la préſente au bureau où la première a été portée; cependant ſi la ſeconde eſt beaucoup plus ample que la première, c'eſt-à-dire, ſi l'on y a compris beaucoup plus de biens, l'uſage eſt de donner la pourſuite au ſecond ſaiſiſſant; & de convertir la première Saiſie en oppoſition, quoique la ſeconde Saiſie n'ait point été enregiſtrée la première; le ſecond ſaiſiſſant devient en ce cas le premier, par rapport aux biens que le plus diligent n'avoit point fait ſaiſir; & ce ſeroit multiplier les frais inutilement, que de faire faire des pourſuites & des procédures différentes, pour parvenir à l'adjudication des biens ſaiſis; il vaut donc mieux joindre ces ſaiſies, & donner la préférence pour la pourſuite à celui dont la Saiſie eſt plus ample. »

Lorſqu'il y a lieu de craindre des intelligences entre la partie qui a fait une Saiſie-réelle plus ample,

& la partie saisie, on ordonne que le premier saisissant demeurera poursuivant, en remboursant celui qui a fait la seconde Saisie. C'est l'espèce de l'arrêt rendu au rapport de M. de Vienne, le 7 septembre 1713, contre un fils qui demandoit la poursuite de la Saisie réelle des biens de son père, sous prétexte que la Saisie qu'il avoit faite étoit plus ample que celle du premier saisissant.

Si celui qui est chargé de la poursuite de la Saisie réelle vient à donner main-levée, un autre créancier opposant peut se faire subroger à la poursuite; en ce cas tout opposant est censé saisissant; c'est le plus diligent qui est alors préféré : il en est de même si le poursuivant néglige de faire continuer les procédures, soit parce qu'il se trouve hors d'état d'avancer les frais, soit par pure négligence, soit par collusion avec la partie saisie.

Voyez l'ordonnance du mois d'avril 1667, & les commentaires; la procédure civile du châtelet; le traité de l'administration de la justice; le praticien du châtelet; le style des huissiers; le journal des audiences; les arrêts de Papon; les édits de février 1689, février 1705, septembre 1708, & août 1712; les ordonnances d'Orléans & de Blois; les institutes coutumières de Loisel; l'édit du mois de décembre 1725; Loiseau, traité des offices; le Maître & Bruneau, traités des criées; les arrêts de Catelan; le traité de la vente des immeubles par décret; Basnage sur la coutume de Normandie; les actes de notoriété du châtelet de Paris, &c.

Voyez aussi les articles AJOURNEMENT, ADJUDICATION, COLLOCATION, CONTRAINTE, CRIÉES, DECRET, PRÉFÉRENCE, RECORDS, &c.

ADDITION à l'article SAISIE RÉELLE.

Une Saisie réelle faite antérieurement à l'expédition des lettres de ratification introduites par l'édit du mois de juin 1771, qui abolit les décrets volontaires; mais postérieurement au contrat de vente des immeubles saisis, fait par un débiteur en faillite, au profit d'un beau-frère créancier, est-elle nulle?

Cette question a été jugée négativement le 20 août 1782 en la grand'chambre du parlement de Paris, au rapport de M. Titon de Villotran, sur l'appel d'une sentence rendue aux requêtes du palais, qui avoit déclaré valable le contrat de vente, & ordonné la radiation des réserves mises dans les lettres de ratification qui n'avoient été expédiées *qu'à charge des oppositions & autres diligences du décret.*

Les parties étoient le sieur le Chanoine Dumanoir de Juaye, & les créanciers du sieur Dantignatte son beau-frère.

Voici l'espèce; elle ne pouvoit être plus favorable aux créanciers: l'importance de la matière nous impose le devoir de ne négliger aucune des circonstances qui ont servi à la décider.

Il s'agit de l'interprétation de l'édit de 1771 dans le point le plus délicat & le plus important. L'arrêt a peut-être plus d'influence dans la législation françoise, & particulièrement dans les Saisies réelles, que l'édit même.

Le 30 septembre 1775, le sieur Dantignatte, écuyer, entreposeur du tabac & receveur des tailles à Bayeux, s'évade pendant la nuit.

Il y avoit à cette époque des lettres de change protestées & des sentences consulaires rendues contre lui.

Cette évasion étoit constatée par une lettre où le

sieur Dantignatte s'exprime de cette sorte. » Etant » averti.... que mes créanciers travaillent à me » faire arrêter, je vais pourvoir à ma sûreté per- » personnelle : M. de Lanoë m'en facilite les » moyens.... *Comme je pars cette nuit*, *&c.* «.

Cette lettre, signée du sieur Dantignatte, & datée du 30 septembre 1775, a été produite; on n'en a contesté ni la réalité ni le contenu.

M. de Lanoë, dont fait mention cette lettre, est le mari de la sœur de la dame Dantignatte, qui est en même temps celle du sieur le Chanoine Dumanoir.

Cette évasion du sieur Dantignatte étoit d'ailleurs constatée par des actes de notoriété, l'un des maire, échevins & des notables de la ville de Bayeux, l'autre des nobles & des ecclésiastiques.

Le passif du sieur Dantignatte étoit d'environ 400,000 livres. Son actif consistoit, 1°. dans les terres de Trungi - Vichi - Lalonde; 2°. dans une maison sise à Bayeux; 3°. dans sa charge de receveur des tailles; 4°. dans ses fonds & dans sa place d'entreposeur du tabac. Le mobilier avoit disparu depuis son évasion, ainsi que les fonds & le cautionnement de l'entrepôt.

Le sieur Dumanoir exposoit qu'il n'avoit pas d'hypothèque utile pour sa créance; il est cependant colloqué utilement même dans le prix du contrat; mais il est presque le seul avec ceux qui le précèdent; aucun des créanciers de l'union ne l'est.

Le sieur Dumanoir, aidé de la dame de Lanoë & de la dame Dantignatte ses sœurs, négocie avec les créanciers, qui suspendent leurs poursuites.

Cette négociation n'avoit point été contestée. La dame de Lanoë, par une lettre du 4 octobre 1775, presse un des créanciers de lui envoyer un état de sa créance, *pour former un projet que la fa-*

mille est dans l'intention de présenter à MM. le créanciers en général.

M. Dumanoir, dans une lettre du 14 du même mois, marque que les biens du sieur Dantignatt sont insuffisans; que *son but étoit cependant qu'il ne perdissent rien.*

Cette négociation aboutit à obtenir des créanciers *tous les temperamens possibles pour les payemens*, *pourvu qu'il* (le sieur Dumanoir) *voulût avec la famille, repondre de ce que l'on promettoit de payer.*

Le sieur Dumanoir n'ayant point répondu à cette délibération des créanciers qui demandoient sa caution & celle de sa famille, ils se disposèrent à faire saisir réellement les immeubles de leur débiteur.

On convenoit dans le mémoire de M. Dumanoir, des intentions favorables des créanciers pour son beau-frère. » Pendant ce temps-là (est-il dit page 4) » le général des créanciers *avoit semblé agréer &* » *vouloir* (*) «.

Ce dessein de faire saisir réellement se manifesta le 25 novembre 1775, par un traité fait avec le receveur aux consignations, qui faisoit remise, en faveur des créanciers de la majeure partie de ses droits.

De nouvelles promesses faites aux créanciers les divisent sur ce projet; ils remettent à prendre un parti définitif après la foire de Caen, qui se tient

---

(*) M. Dumanoir objecte, il est vrai, les lenteurs des créanciers; mais ces lenteurs n'intéressoient qu'eux. On ne voit pas d'ailleurs que ce reproche fût fondé, puisque l'on compte à peine six mois de l'instant de la faillite du sieur Dantignatte à la vente de ces terres; six mois étoient un délai fort court pour des créanciers dispersés dans différentes villes du royaume.

tous les ans dans la quinzaine de pâques, & dont l'ouverture étoit cette année-là le 22 avril.

Sûr que les créanciers ne se porteroient à aucune extrémité contre lui, le sieur Dantignatte reparoît à Bayeux dans le mois d'avril 1776; ils lui avoient permis d'y revenir.

Le sieur Dumanoir s'étoit rendu à Paris; le sieur Dantignatte, determiné par le sieur de Lanoë, s'y rend en poste avec lui, & le 16 avril, c'est-à-dire, aussi-tôt son arrivée & six jours avant l'ouverture de la foire de Caen, temps où devoit se tenir l'assemblée des créanciers pour prendre un parti définitif, le sieur Dantignatte passe contrat de vente de la totalité de ses immeubles au profit du sieur Dumanoir, moyennant 170,500 livres, avec promesse de revendre ces immeubles au profit des créanciers. Cette promesse est bien essentielle, puisque c'étoit convenir de la vilité du prix de la vente; voici comment elle est exprimée, page 5 du mémoire du sieur Dumanoir : » Il lui dit que » s'il se proposoit d'acquérir son bien, ce n'étoit » que pour éviter le malheur d'un décret forcé, » *& que le profit qu'il y pourroit faire, si le béné-* » *fice lui demeuroit, il le distribueroit à ses crean-* » *ciers* «.

Ces immeubles consistoient, ainsi qu'on l'a dit plus haut, dans les terres seigneuriales de Trungi-Vichi & Lalonde, & dans une maison sise à Bayeux.

Les terres seules avoient été vendues, en 1768, sur le pied de 250,000 livres, par l'oncle du sieur Dantignatte, qui en avoit fait le retrait sur le comte de Fodoas.

Depuis que l'on avoit négocié avec les créanciers, la famille du sieur Dantignatte en avoit refusé ce prix, & même plus.

» M. Lair (écrivoit l'avocat du sieur Duma-

» noir) eſt venu chez moi, m'a offert 200,00
» livres de la terre de Trungi; il ſe chargera e
» outre du douaire de madame Aubri, & perdi
» ſa créance : c'eſt déjà quelque choſe ; je vois
» en trouver mieux «.

Le douaire de la dame Aubri étoit de 2,200 livre de rente, & la créance du ſieur Lair étoit de 30,00 livres, ſans les intérêts.

La maiſon de Bayeux, qui faiſoit partie des bien vendus par le ſieur Dantignatte, avoit été eſtimé 13,000 livres par les contractans.

Ainſi, à conſidérer les biens, ſoit d'après l vente faite au comte de Fodoas en 1768, ſoi d'après les offres qui avoient été faites à l'avocat d ſieur Dumanoir, ils avoient été vendus enviro 100,000 livres au deſſous de leur valeur. Les créan ciers expoſoient que la preuve étoit au procès, qu le ſieur Dumanoir avoit déclaré ne pas la vendr au deſſous de 300,000 livres. Le ſieur Dumanoi convient dans ſon mémoire, ainſi qu'on l'a obſerv ci-deſſus, qu'il y avoit un bénéfice certain.

Les créanciers avoient garanti les enchères 240,000 livres, & ce judiciairement : ils s'étoien chargés des frais du décret, ſans en prétendre au cune répétition contre le ſieur Dantignatte.

Le prix de la vente étoit délégué par le contra même, non pas à la maſſe des créanciers, mais ſeu lement à huit d'entre eux : on en comptoit ſoixant dans un des états produits au nom de la famille.

Le 28 avril, ſix jours après la paſſation du con trat, le ſieur Dumanoir fit le dépôt de ſon contra au greffe du bailliage de Bayeux, où ce contrat fu affiché, au terme de l'article 8 de l'édit du mois d juin 1771.

Après différentes plaintes, faites vaguement pa les créanciers, ſur ce qu'on les avoit abuſés, il s'uniſſent par un acte public, &, le 16 juin 1776 ils font saisir réellement les immeubles vendus.

Le sieur Dantignatte s'étoit évadé une seconde fois. Le sieur Dumanoir lui avoit obtenu un sauf-conduit lors du contrat de vente ; mais il crut l'avoir perdu ; d'ailleurs il craignoit des poursuites plus sérieuses. Il n'a point reparu depuis cette seconde évasion : il s'étoit expliqué sur la nature de ses craintes, dans une lettre datée de Jersey. On lui avoit fait croire *qu'il étoit décrété de prise de corps ;* il en étoit persuadé.

Le 22 du même mois, les créanciers dénoncent la Saisie au conservateur des hypothèques, avec opposition à ce qu'il délivre aucune lettre de ratification du contrat de vente.

Ces lettres sont expédiées, *mais à charge des oppositions & des autres diligences du décret.*

Le sieur Dumanoir avoit contracté sous le contre-scel du châtelet. Le 24 mai, il obtient, sur requête non communiquée, une sentence qui homologue son contrat de vente ; le 11 juillet, il en obtient une seconde qui déclare nulle la Saisie réelle ; & enfin, le 17 du même mois, il en obtient une troisième qui ordonne *que les oppositions formées par les créanciers du sieur Dantignatte au sceau des lettres de ratification, seront rayées de tous registres, & en accorde main-levée pure & simple.*

D'un autre côté, le procureur général du parlement de Normandie fait rendre arrêt qui révoque les procédures du sieur Dumanoir, & fait défense aux créanciers de plaider ailleurs que devant le juge de Bayeux.

De l'autre, le sieur Dumanoir obtient un arrêt du parlement de Paris, qui ordonne l'exécution des sentences du châtelet.

Arrêt du 23 août du parlement de Normandie, qui réitère les défenses faites aux créanciers de plaider ailleurs qu'au bailliage de Bayeux.

Arrêt du parlement de Paris du 10 septembre qui ordonne la radiation de la Saisie réelle & des autres procédures du décret, & envoye le sieur Dumanoir en possession.

Le 11 du même mois, c'est-à-dire le lendemain de cet arrêt du parlement de Paris, le sieur Dumanoir prend des lettres en réglement de juge.

Sur ce conflit, les créanciers prennent pour moyen les principes que nous avons établis à l'article Décret, c'est-à dire, qu'il est de principe que le juge de privilége ne connoît pas des Saisies réelles; que le *committimus*, plus fort que le scel, est cependant sans force en ces sortes de matières.

Que même le scel du châtelet ne pouvoit être invoqué que par celui qui avoit contracté personnellement dans son ressort, contre celui avec lequel il avoit contracté, ou ses héritiers.

Que quand même le scel du châtelet auroit assimile le sieur Dumanoir aux bourgeois de Paris, il n'auroit pu en invoquer le privilége qu'en défendant, puisqu'en demandant ils sont astreints à la maxime *actor sequitur forum rei.*

Les créanciers établissoient encore dans leur mémoire au conseil, que le châtelet etoit incompétent pour déclarer nulles, illusoires & contraires à l'édit des hypothèques, les diligences d'un décret fait en Normandie; qu'aucun tribunal dans le royaume ne peut prononcer la nullité d'un décret dont il n'est pas saisi; » qu'enfin il étoit impossible qu'un décret » de biens immeubles en Normandie pût être » soumis à l'examen du châtelet, si ce n'est par » la voie de l'évocation ou de l'attribution «.

Les créanciers argumentoient encore des lettres-patentes du 7 juillet 1771, sur l'édit du mois de juin que leur objectoit le sieur Dumanoir.

» En effet, disoient-ils, loin de trouver dans les

» lettres-patentes (*) cette attribution abusive en fa-
» veur du châtelet, elles fournissent au contraire les
» moyens d'en proscrire la supposition, en même
» temps qu'elles confirment les saines maximes &
» maintiennent l'ordre des juridictions auxquelles
» on ne peut porter atteinte sans attenter au droit
» public «.

Sur cette contestation au conseil, il intervient arrêt qui en évoquant renvoye les parties à plaider pour le principal aux requêtes du palais, sauf l'appel au parlement, qui déjà avoit ordonné la radiation de la Saisie.

La cause ayant été plaidée pendant un grand nombre d'audiences ; savoir, par MM. Target & Desbonnières pour le sieur Dumanoir & le sieur Dantignatte, & MM. Martineau & Bitouzé Deslinières pour les créanciers unis, intervint sentence qui, après avoir déclaré nulles les offres faites par les créanciers de se charger des terres de Trungi-Vichy pour deux cent quarante mille livres en outre des frais du décret forcé, ordonne, 1°. l'exécution du contrat du 16 avril & de la délégation des revenus de la charge de receveur général des tailles; 2°. la radiation de la réserve *à charge du décret*, mise par le greffier des hypothèques sur le repli des lettres de ratification, comme étant contraire à l'édit de 1771 ; déclare nulle la Saisie réelle faite à la requête des créanciers unis.... condamne les créanciers unis à répondre de l'insolvabilité des fermiers; les déclare solidairement garans des dégrada-

(*) » Ordonnons, porte l'article 10 de ces lettres-patentes, » que les contestations qui pourront naître sur l'exécution de » nos édits des mois de février & juin derniers, seront por- » tées en première instance devant les officiers de nos bail- » liages & sénéchaussées, & par appel de nos cours de par- » lemens & conseils souverains dont ils ressortissent : leur en- » joignons de tenir la main à l'exécution des présentes «.

tions & réparations survenues pendant les contestations; DONNE ACTE AU SIEUR DUMANOIR DE CE QU'IL DÉCLARE REVENDRE LA TERRE A CELUI QUI EN DONNERA UN DIXIÈME DE PLUS, *en le rendant pleinement indemne de tous frais, faux frais & loyaux coûts*; à charge par les créanciers d'accepter ces offres sous trois mois, & de n'interjeter aucun appel de la sentence; révoque ces offres dans le cas d'appel.... condamne les créanciers unis envers toutes les parties, tant à ceux faits au châtelet qu'à Bayeux; autorise le sieur Dumanoir à les employer en frais & mises d'exécution; condamne les créanciers unis en dix liv. de dommages-intérêts, applicables au pain des prisonniers de la conciergerie du palais; permet au sieur Dumanoir l'impression de la sentence jusqu'à cent exemplaires, & l'affiche jusqu'au nombre de dix, aux dépens des créanciers... déclare la sentence commune avec les défaillans, & les condamne aux dépens, que le sieur Dumanoir pourra employer en frais & mises d'exécution; ordonne en outre qu'elle sera exécutée nonobstant opposition.

Sur l'appel de cette sentence, Me. Lair Duvaucelles, avocat & l'un des créanciers, fit paroître plusieurs mémoires faits par lui-même, qui furent secondés d'une consultation de M. Dandane & de l'auteur de cette addition.

Nous allons entrer dans les moyens respectifs des parties (*).

(*) L'édit de 1771 établit la loi commune dont argumentoient les parties. Le préambule de cet édit est l'endroit qui met le plus particuliérement tout jurisconsulte à portée de juger du mérite des moyens respectifs.

Cet édit n'ayant point encore été rapporté, doit trouver ici sa place. On le trouve dans les différens renvois indiqués dans cette addition, quant à la partie qui intéresse la juris-

Le premier moyen des créanciers se tiroit naturellement de l'incapacité du sieur Dantignatte pour

---

prudence. Voici le préambule. On met en italique les endroits qui ont plus particuliérement trait à la question.

» Louis .... L'attention que nous avons toujours eue *de pourvoir à la fortune de nos sujets*, nous a portés à rechercher les moyens qui paroîtroient les plus convenables pour assurer le droit de propriété de chacun d'eux, pour prévenir les troubles & les évictions qui résultent souvent de l'omission des formalités longues & embarrassantes *auxquelles les décrets volontaires* sont assujettis. Parmi tous les moyens qui peuvent conduire à un but aussi avantageux, nous n'en avons pas trouvé de plus conformes aux règles d'une exacte justice, & de plus propres à concilier des intérêts opposés de chacun de nos sujets, que de fixer d'une manière invariable *l'ordre & la stabilité des hypothèques*, & de tracer une route sûre & facile de les conserver ; de sorte que d'un côté les acquéreurs puissent traiter avec solidité & se libérer valablement ; & *d'un autre côté, les vendeurs puissent recevoir le prix de leurs biens*, sans attendre les délais d'un *décret volontaire, formalité longue & simulée*, introduite pour suppléer au défaut d'une loi que le bien général sollicitoit de notre sagesse. Cette loi si désirable avoit commencé à avoir une partie de son exécution par l'édit du mois de mars 1673, portant établissement des greffes & enregistrement des oppositions pour conserver la préférence aux hypothèques ; mais la forme qui avoit alors été donnée à cet établissement ayant rencontré des difficultés dans son exécution, il a été révoqué par un autre édit du mois d'avril 1674. Nous nous sommes portés à faire revivre un projet aussi utile, en lui donnant une forme nouvelle, qui pût en rendre l'exécution plus facile, plus assurée & d'un avantage plus général : *nous nous sommes déterminés plus volontiers à prendre ce parti, qu'il facilitera la vente d'une quantité de petits objets & immeubles réels & fictifs qui ne peuvent être acquis avec solidité, parce les frais du plus simple décret volontaire en absorberoient le prix & au delà ; en sorte que ces immeubles restent souvent abandonnés & sans culture, par l'impuissance dans laquelle se trouvent des propriétaires* de les cultiver ; & les obstacles que craignent ceux qui pourroient les acquérir, effrayés par l'exemple des pertes qu'éprouvent souvent ceux qui, ayant fait de

disposer de ses biens lors du contrat du mois d'avr 1776.

Cette incapacité résultoit de sa faillite, qui étoi notoire à cette époque, & qui étoit particuliére ment connue de l'acquéreur. Cet acquéreur avoi négocié lui-même avec les créanciers, qu'il avoi déclaré ne pouvoir être payés en totalité.

Le sieur Dumanoir opposoit aux textes du droi & à ceux de l'ordonnance & des déclarations d commerce, concernant les faillites, qu'on ne pouvoi les faire tomber *sur un contrat à charge de décre volontaire ou lettres de ratification, parce que l contrat ne donnant à l'acquéreur aucun droit préju diciable aux créanciers, il ne peut être censé fai en fraude de leurs droits.*

Il suffisoit d'abord de répondre sur cette objec tion, que cette distinction n'avoit été introduite pa aucune loi; que l'édit de 1771 n'avoit entend qu'abolir un abus, celui des décrets volontaires qu'au surplus les loix de commerce, & particulié rement l'édit du 5 mai 1690, l'ordonnance d

---

» pareilles acquisitions, sont obligés de les déguerpir ou d » payer deux fois le prix, par l'effet des demandes en déclaratio » d'hypothèques formées par les créanciers des vendeurs; » qui donne lieu à des contestations également ruineuses po » les acquéreurs & débiteurs. Tant de motifs d'utilité pour n » sujets nous ont déterminés, en abrogeant *les décrets volon » taires*, à ouvrir aux propriétaires une voie plus facile » disposer de leurs biens, & d'en recevoir le prix pour l'em » ployer aux besoins de leurs affaires, & aux acquéreurs » rendre stable leur propriété, & de pouvoir se libérer du pr » de leur acquisition, sans être obligés de garder long-tem » des deniers oisifs; nous avons cru ne pouvoir prendre, po » cet effet, de meilleur modèle que l'établissement des offic » de conservateurs des hypothèques, des rentes sur les taille » aides & gabelles, & autres rentes par nous constituée » dont le public retire une utilité que le temps & l'expérien » ne font que rendre plus sensible. A ces causes, &c. «

commerce de 1673 & les déclarations de 1702 & 1739 n'avoient reçu aucune modification de cet édit, qui n'en fait aucune mention.

On pouvoit répondre ensuite que le contrat donnoit à l'acquéreur un droit qui *préjudicioit réellement aux créanciers*, puisqu'ils étoient privés de la faculté de pouvoir vendre à d'autres qui pourroient en donner plus, les immeubles qui en étoient l'objet.

Cette réponse étoit d'autant plus solide, que le sieur Dumanoir avoit reconnu avoir acquis la terre à bon marché, & que ce bon marché étoit tel, qu'il avoit donné sa parole de la revendre au profit des créanciers.

Le sieur Dumanoir ajoutoit, *qu'il est nécessairement aussi possible à un failli de mettre ses biens en décret volontaire pour payer ses créanciers hypothécaires à moindres frais, qu'il le seroit à ses créanciers de les mettre en décret forcé, au risque de consommer davantage.*

Le principe qui détruit l'objection que l'on vient de réfuter, détruit celle-ci avec la même efficacité. Rien, dans l'edit de 1771, n'établit cette possibilité dont on veut faire jouir *le failli de mettre ses biens en décret volontaire pour payer ses créanciers.*

Comment supposer cette possibilité, puisque cet édit abolit *les décrets volontaires* ? Il abolit cet abus pour tous les sujets du roi, & vous prétendriez qu'il l'accorderoit à un failli!

Un décret volontaire supposoit dans le vendeur une faculté que n'a point un failli; la déclaration de 1702 lui ôte toute disposition de ses biens. Aux termes de cette déclaration, tout acte qu'il passe depuis *les dix jours de la faillite publiquement connue, est nul & de nulle valeur.*

Et si l'on a entendu par décret volontaire, le dépôt

du contrat au greffe de la juridiction, ce dépôt supposoit un premier droit, celui de faire ce contrat; & un failli ne l'a pas.

L'édit, suivant son expression textuelle consignée dans le préambule, n'est qu'en faveur *des vendeurs qui peuvent recevoir le prix de leurs biens.*

Le sieur Dumanoir opposoit encore contre l'incapacité de son beau-frère qui lui étoit objectée, que l'on ne pouvoit reconnoître en lui ce que l'on entend par une homme en faillite. » Le sieur Dantignatte (disoit-il, page 9 de son précis) n'est » pas de cette classe d'hommes pour lesquels l'or» donnance de 1673 & la déclaration de 1702 » ont été faites. Il pouvoit bien se ruiner & deve» nir insolvable, mais il ne pouvoit ni faillir dans » le sens de l'ordonnance, ni être assujetti aux mê» mes règles auxquelles sont soumis les marchands » en faillite «.

C'est ainsi que le sieur Dumanoir argumentoit de la qualité de marchand qu'il prétendoit ne pouvoir convenir à son beau-frere, écuyer, receveur des tailles & entreposeur du tabac.

On lui répondoit, qu'un négociant n'est point obligé de s'assurer de la vraie qualité de celui dont on lui présente l'effet; que cette qualité est présumée d'après les actes qu'il fait; qu'il lui suffit que l'effet qu'on lui a présenté soit un effet de commerce, pour qu'il ait pu supposer dans celui qui l'a souscrit cette qualité de négociant.

Que la plupart des créanciers étoient porteurs d'effets de commerce & qui avoient été commercés; que le sieur Dantignatte avoit accepté ou tiré pour environ quatre cent mille livres de lettres de change, avec remise de place en place; & qu'enfin il y en avoit pour soixante mille livres qui n'étoient point acquittées.

Que la qualité de failli convenoit à tout homme qui avoit manqué à des engagemens contractés sous la foi publique.

Ils justifioient ce principe par les exemples que nous avons rapportés aux articles BANQUEROUTE & FAILLITE, & par celui de l'abbé Maucroy, curé de Versailles, qui fut condamné pour neuf ans aux galères ; celui du sieur Audiger, auditeur des comptes, qui fut condamné au pilori & à un bannissement pour cinq ans, n'étoit pas moins formel.

Le sieur Audiger prétendoit, comme le sieur Dumanoir, que n'étant *ni marchand*, *ni banquier*, *ni homme d'affaires*, *on ne pouvoit pas lui faire son procès*.

Nous avons plusieurs exemples récens. On ne sauroit ignorer l'arrêt célèbre du parlement de Paris contre le sieur Billard, caissier général des postes, qui, en exécution de cet arrêt du 12 février 1772, fut exposé au carcan & banni ensuite à perpétuité. Cet arrêt, ainsi qu'on le voit par la date, fut rendu pendant l'interim du parlement ; mais il confirmoit une sentence du châtelet rendue avant cette époque : cette sentence lui applique la qualité de banqueroutier : « De laquelle disposition de deniers, est-il dit dans » cette sentence, & des emprunts qu'il a faits de » nombre de citoyens à différens titres, n'ayant au- » cune sûreté suffisante à leur donner, il est résulté » *une banqueroute ouverte*, *tant à l'égard de ses* » *commettans que du public*.

Cette multitude d'exemples, qui ne sont pas les seuls, justifient le principe, *qu'il suffit*, *pour être regardé en état de faillite*, *d'avoir manqué à des engagemens contractés sous la foi publique* ; inutilement donc observeroit-on que le sieur Dumanoir objectoit que son beau-frère n'étoit pas receveur des tailles en titre. Il avoit la propriété de cette charge ; elle étoit comprise dans son actif ; il y avoit un commis qui l'exerçoit pendant son absence, & ce commis avoit été nommé par le conseil, pour gérer à la place du sieur Dantignatte & faire l'apurement de ses comptes : il jouissoit publiquement du titre, & il suffisoit qu'il fût homme de finance.

Les créanciers rapportoient deux parères des principales chambres du commerce du royaume, l'un de celle Rouen, l'autre de celle de Lyon, qui constatoient que tout homme, dans l'état du sieur Dantignatte, étoit dans le cas de la contrainte par corps, & sujet aux loix portées contre les débiteurs en faillite.

Les créanciers prenoient pour second moyen la fraude qui avoit régné dans le contrat; fraude que suppose l'ordonnance même par le seul fait que l'on contracte avec un débiteur en faillite, & que suppose le texte du droit, par cela même que le contrat se passe entre parens. On citoit plusieurs textes de droit; mais il suffisoit des faits.

Cette fraude s'induisoit, 1°. de la vilité du prix des immeubles vendus; 2°. de la clandestinité qui avoit précédé & accompagné cet acte.

Cette vilité de prix étoit constante & reconnue; elle résulte des faits exposés ci-dessus & puisés dans le mémoire même du sieur Dumanoir. Le sieur Dumanoir s'étoit engagé de revendre les immeubles, & de donner le supplément du prix aux créanciers. Il supposoit donc un profit, lors même que ces immeubles auroient payé deux fois les frais du contrat; ce qui devenoit indispensable dans la supposition de la deuxième vente. Cette vilité de prix étoit donc invinciblement démontrée. Et quant à la clandestinité, voici comment s'exprime le sieur Dumanoir dans son mémoire imprimé, page 5.

» Alors sans doute il fallut du secret; il étoit » d'autant plus nécessaire, que le sieur Dumanoir, » créancier sur son beau frère d'un capital de soixante

» cinq mille livres, n'avoit point d'hypothèque utile » pour sa créance. *Il chercha donc, autant que le secret put le lui permettre*, un acquéreur, à charge » d'exposer son contrat au bureau des hypothèques; » n'en trouvant point, il se détermina à l'être lui-même «.

Il n'étoit pas possible d'établir cette clandestinité d'une manière plus évidente ; & c'est le sieur Dumanoir qui l'établit lui-même.

C'étoit à Bayeux & à Caen que l'on provoquoit l'union des créanciers, & c'étoit à Paris que le sieur Dumanoir, qui cherchoit *dans le secret un acquéreur*, le devient lui-même.

Une semblable précaution ne peut entrer dans les vûes d'une législation sage ; & notre droit, soit celui qui émane des loix du souverain, soit celui qui émane des loix municipales, a toujours prescrit la plus grande publicité dans la vente des immeubles du débiteur insolvable. On ne verra ni dans l'édit des criées, ni dans le texte des coutumes, ni dans aucun de leurs interprètes, qu'il ait été permis à un créancier de chercher *dans le secret un acquéreur*, lorsqu'il y auroit plusieurs créanciers qui seroient intéressés à la publicité de la vente.

L'édit de 1771 n'a point introduit un semblable droit ; & ce droit répugneroit trop & à la raison & à la justice, pour qu'on pût l'en faire résulter par des raisonnemens forcés, & que rien d'ailleurs ne justifie.

Ce contrat fut donc passé dans la clandestinité & avec la plus grande précipitation : il fut consommé le 16 à Paris ; le sieur Dantignatte étoit encore le 14 à Bayeux, qui en est à cinquante-six lieues ; les créanciers avoient pris terme pour s'assembler du 20 au 30 du même mois.

L'objection du sieur Dumanoir concernant la

fraude résultante de cette vilité de prix & de cette clandestinité, consiste à dire qu'il n'étoit plus permi de la supposer ni de l'alléguer; 1°. parce que cette clandestinité avoit cessé par l'inscription & le dépôt du contrat au greffe de la juridiction; 2°. parce que tout créancier, averti par ce dépôt, avoit eu la faculté de sur-enchérir & de le déposséder par cette voie prescrite par l'édit du mois de juin 1771.

On répond, sur ce qui concerne la fraude, 1°. que pour annuller un acte, il suffit qu'il soit l'effet de la fraude; qu'il n'est pas nécessaire que cette fraude suive le contrat, que c'est assez qu'elle l'ait accompagné; que la clandestinité n'a pas cessé, puisqu'elle a duré tout le temps nécessaire pour consommer la vente; que le dépôt seul a été public, & que ce dépôt ne peut être confondu avec le contrat même. Le contrat de vente transmet la propriété; le dépôt a un objet tout différent. L'édit de juin 1771 l'a introduit pour mettre l'acquéreur à portée de connoître la position de son vendeur, & pour empêcher qu'il ne paye une chose que ce vendeur n'avoit pas la faculté de lui transmettre.

La situation du sieur Dantignatte n'étoit point ignorée du sieur Dumanoir; il connoissoit son insolvabilité & sa faillite, puisqu'il étoit son beau-frère & qu'il avoit négocié, tant par lui-même que par des personnes de sa famille & par son avocat, avec les créanciers.

Ce dépôt étoit donc un acte purement frustratoire; il savoit qu'il contractoit avec un incapable, avec un débiteur en faillite; il devoit savoir que la nullité de ce dépôt étoit une suite de la nullité de la vente, & non pas un moyen de la rendre valable.

Ce dépôt n'est qu'une condition que l'acquéteur impose au vendeur, & non pas une disposition du contrat qui en change la nature.

Cette condition, accomplie le 28 avril, n'a donc pu empêcher que l'acte qui s'est passé le 16 n'ait été couvert des ténèbres de la clandestinité.

Dire qu'une vente ne s'est point faite clandestinement, parce que le dépôt de l'acte est devenu public, c'est dire que la preuve d'un fait détruit le fait même; ce n'est que par ce dépôt que l'on a acquis la preuve de l'existence de cet acte qui a été caché jusqu'à ce moment.

Quant à la faculté où l'on prétend qu'étoit tout créancier de déposséder le sieur Dumanoir par la voie de l'enchère, on répond, 1°. que pour surenchérir sur le sieur Dumanoir, il eût fallu reconnoître la validité d'un contrat dont la nullité étoit frappante. Ce créancier auroit fait ce que les loix du commerce défendent expressément. Ces loix établissent la plus parfaite égalité entre tous les créanciers; elles ne permettent pas qu'un créancier profite au préjudice des autres, & qu'il fasse son bien en empirant la condition de la masse.

Le sieur Dantignatte, par sa faillite, avoit perdu le droit de disposer de ses biens par lui-même; il ne le pouvoit qu'avec le secours de la justice; c'étoit à la justice de régler le sort de chaque créancier & le sien propre.

2°. Que pour forcer les créanciers de sur-enchérir, il eût fallu leur supposer à tous le même désir & les mêmes facultés; il falloit supposer que les héritages étoient à leur bienséance; & c'est ce qui ne peut se supposer dans les faillites, où ce sont ordinairement des créanciers éloignés. Ceux du sieur Dantignatte étoient dispersés dans différentes villes; il y en avoit à Paris, à Bayeux, à Caen & en d'autres endroits du royaume.

Mais un moyen plus tranchant que tous ceux-là,

résulte de l'édit même du mois de juin 1771 cet édit n'a pas réduit le créancier à l'alternative ou d'acquérir cet immeuble, ou de le voir vendr à d'autres par une vente à vil prix ; il conserve a créancier tous ses droits sur son débiteur. Tout c que cet édit exige de lui, est de manifester so hypothèque dans le délai qu'il lui fixe. Or, le créanciers du sieur Dantignatte avoient manifest la leur avant & après le contrat : avant, par l protêt des lettres de change, par des Saisies-arrêts, par des sentences consulaires & par un projet de Saisie réelle dont le sieur Dumanoir reconnoît avoi eu connoissance ; après le contrat, par des opposi- tions à ce qu'il fût délivré aucune lettre de ratifi- cation, & par la Saisie réelle qui avoit été dénoncée au conservateur des hypothèques.

Les créanciers ayant manifesté leur droit dans le temps marqué par l'édit même, ils l'ont conservé dans son intégrité : or, ce droit n'est pas de courir les uns sur les autres, pour que l'un ait l'immeuble à l'exclusion de tous ; ce droit n'est pas de circons- crire les enchères entre la masse des créanciers, mais bien de le vendre après avoir appelé aux en- chères tous les citoyens & même toutes les personnes quelconques qui peuvent acquérir les immeubles du débiteur commun.

Circonscrire les enchères, c'est faire tort à la masse, toujours intéressée à augmenter la concur- rence. Cette augmentation se fait par la voie des criées & en usant des délais marqués par la coutume des lieux.

Le sieur Dumanoir, pour répondre à cette né- cessité des enchères, objectoit qu'il avoit consenti à accorder deux mois & même plus pour donner la facilité de s'en procurer.

Cette objection n'étoit pas proposable, puisqu'un acquéreur n'enchérit sur un autre qu'autant qu'il est assuré de conserver son acquisition; & en enchérissant sur le sieur Dumanoir, c'étoit acquérir *à non domino*. C'est une remarque qui a été faite précédemment, & qui répond à toutes les objections du sieur Dumanoir.

C'étoit donc acquérir pour ne pas conserver. Il existoit des oppositions à la délivrance des lettres de ratification, il existoit une Saisie réelle; alors le temps des enchères n'étoit pas arrivé: la coutume exige des formalités avant que l'on puisse procéder à ces enchères; & aucune de ces formalités n'étoit remplie. En vain le sieur Dumanoir s'offroit donc à prolonger les enchères; cette offre ne pouvoit servir qu'à en démontrer la nécessité; dès cet instant les criées devenoient indispensables.

D'ailleurs, pour qu'une offre puisse être valablement faite, il faut absolument qu'il y ait une partie capable pour l'accepter: or, il n'y en avoit pas.

Le sieur Dantignatte, comme failli, n'avoit pas cette capacité, & les créanciers de l'union, qui avoient fait la Saisie, ne l'étoient pas eux-mêmes. La Saisie, aux termes de la coutume de Normandie, ne profite pas seulement aux créanciers saisissans & opposans; elle profite également à tous les créanciers en général qui ont plus d'avantages à ne se présenter qu'à l'état: ces derniers étoient toujours dans le cas de faire saisir réellement, sans égard pour un contrat qui étoit nul dans son principe. Et en supposant qu'il y eût eu quelque doute sur la nullité de ce contrat, quel acquéreur eût voulu prendre sur lui l'événement d'un procès?

» Par le dépôt, disoit encore le sieur Dumanoir, les biens du sieur Dantignatte ont été saisis, » mis & proclamés en décret volontaire; c'est une » maxime du droit coutumier, que Saisie sur » Saisie ne vaut «.

On répond que ces biens *n'ont pu être ainsi*

saisis & mis en décret volontaire, puisque l'édit d 1771 a aboli les décrets volontaires.... puisqu' avoit pour principal objet d'abolir cette sorte d décrets, & qu'il n'a laissé subsister que les décret forcés, auxquels il a donné une nouvelle sanctio en les assujettissant à une formalité de plus.

La Saisie, le décret volontaire étant abolis, le sieu Dumanoir ne peut être censé avoir usé de cett voie.

Ce qu'il a pu faire & ce qu'il a fait réellement est un véritable contrat de vente, dont l'effet dé pendoit d'un événement qui eût pu avoir lieu s'i eût acquis les immeubles à leur juste valeur; c qu'il convenoit n'avoir pas fait, puisqu'il ne regard le prix du contrat que comme un premier prix suscep tible d'enchère.

Cet événement étoit l'expédition des lettres d ratification.

Si le contrat eût été valable dans son principe, & qu'il n'y eût point eu d'opposition à l'expéditio de ces lettres, la vente eût été consommée san retour. Le sceau mis à ces lettres élevoit une fi de non recevoir contre tout créancier, quel que fû son privilége, son hypothèque; mais l'oppositio à l'expédition des lettres de ratification, & plu encore la Saisie réelle n'ont pas permis qu'on pû leur opposer cette fin de non recevoir : il a fallu juger du mérite de l'opposition & de la Saisie réelle, & voir si elles étoient fondées en titre; le sieur Du-manoir ne méconnoissoit pas ce mérite.

L'opposition au sceau des lettres de ratificatio conserve l'hypothèque, & le sceau mis à ces lettre l'éteint. Tel est le principe, tel est l'axiome qu l'on peut faire, soit d'après l'esprit, soit d'aprè l'expression textuelle de l'édit, & particuliérement de articles 7 & 15 (*).

(*) » Les lettres de ratification (art. 7) purgeront les hypo

Il ne résulte aucune fin de non recevoir ni du contrat ni du dépôt ; le créancier n'en reçoit aucun préjudice.

Au contraire, si ce créancier ne trouve pas dans le contrat un prix suffisant pour éteindre sa créance, l'édit, par l'article 9, lui accorde la faculté d'enchérir d'un dixième & de prendre ainsi l'héritage pour lui-même. Si, ne pouvant jouir de cette faculté, il veut faire décréter l'immeuble, cet édit, par l'article 31, l'oblige à faire dénoncer la Saisie réelle aux autres créanciers qui, n'ayant pas joui de cette faculté eux-mêmes, se seroient bornés à faire leur opposition.

La difficulté naissoit de l'interprétation de ce dernier article ; le sieur Dumanoir prétendoit qu'il étoit irritant, & que le créancier étoit obligé d'enchérir, qu'autrement il perdoit sa créance, si le prix du contrat étoit insuffisant.

Mais le texte de l'édit étoit contraire à cette interprétation : POURRA, porte l'art. 9, *tout créancier légitime du vendeur se présenter au greffe pour y faire recevoir une soumission d'augmenter le prix de ladite vente.*

Lorsque l'édit établit la fin de non recevoir contre

» thèques & priviléges à l'égard de tous, les créanciers des » vendeurs qui auront négligé de faire leur opposition *avant* » *le sceau d'icelles*, & *les acquéreurs des immeubles qui au-* » *ront pris des lettres de ratification*, en demeureront proprié- » taires incommutables . . . .

» Les créanciers (art. 15) & tous ceux qui prétendront droit » de privilége & hypothèque . . . . seront tenus, à compter » du jour de l'enregistrement du présent édit, de former leur » opposition entre les mains des conservateurs créés par l'ar- » ticle 1, *à l'effet par les créanciers de conserver leurs hypo-* » *thèques & priviléges lors des mutations de propriété des* » *immeubles*, & des lettres de ratification qui seront prises sur » lesdites mutations par les nouveaux propriétaires «.

le créancier, il s'exprime bien différemment. SERONT TENUS, porte l'article 17, *de former opposition en la forme ci-dessus, sous peine de déchéance de leurs hypotèques.*

Ce dernier article contient une clause irritante dont le mot *pourra*, employé dans l'autre, bannit toute idée.

Si le créancier ne trouve pas à se remplir dans le prix du contrat, & qu'il se promette un meilleur sort par la voie du décret forcé, il a le droit de le mettre sur les immeubles; ce droit résulte de l'article 15, qui conserve au créancier qui fait son opposition, *son hypothèque & son privilége lors des mutations de propriété des immeubles.* Or peut-on contester que le privilége de l'hypothèque ne donne le droit de faire saisir réellement ces immeubles?

L'article 31 est plus formel encore; en effet il admet la possibilité, & d'une Saisie réelle faite antérieurement au contrat de vente, & la possibilité de cette Saisie faite postérieurement aux oppositions.

Cet article admet des créanciers saisissans réellement (soit avant, soit après le dépôt) & des créanciers qui ont formé cette opposition, dont dépend la conservation ou la *déchéance* de l'hypothèque; & loin de déclarer cette Saisie (*) faite ou à faire,

(*) » En cas de décret forcé (art. 31), les créanciers qui » ONT FAIT ET FERONT saisir réellement un immeuble, se- » ront tenus de faire dénoncer, un mois au moins avant » l'adjudication, leur SAISIE RÉELLE à ceux qui se trouveront » avoir formé leur opposition sur lesdits immeubles, aux do- » miciles par eux élus par l'acte d'opposition, à peine de » nullité de la procédure, de décret vis-à-vis des créanciers » qui auront formé leur opposition ès mains des conservateurs » des hypothèques, & de tous dépens, dommages & intérêts

oin de la déclarer nulle, l'édit, par cet article, blige le créancier saisissant réellement, à dénoncer la Saisie à ceux qui auront formé cette opposition. Obliger un créancier à donner à sa Saisie ne plus grande manifestation, n'est pas la déclarer ulle, c'est faire tout le contraire.

On ne dira pas que cet article est isolé dans édit, & qu'il ne regarde que les oppositions qui e font par requête, aux juges devant qui se pouruivent les décrets forcés : l'article est précis, il xplique l'espèce de ces oppositions ; ce sont celles qui se font après le dépôt du contrat ; ce sont celles qui se font *entre les mains desdits conservateurs*, lesquelles *vaudront* COMME SI *elles étoient faites en décret forcé.*

Cet édit n'a point entendu empêcher le cours les Saisies réelles qui pourroient déjà être faites (*), i de celles que des créanciers voudroient entreprendre de faire; cet édit *n'abroge que les décrets*

» desdits opposans ; & *vaudront les oppositions faites entre les* » *mains des conservateurs, comme si elles étoient faites en* » *décret forcé desdits biens* «.

(*) Peut-être voudroit-on argumenter de l'article 37, pour établir une distinction entre la Saisie faite & la Saisie à faite. Voici quelle en est la teneur : » Abrogeons *l'usage des décrets* » *volontaires*, sans que, pour aucune cause ni aucun prétexte, » il puisse en être fait à l'avenir, à peine de nullité d'iceux : » n'entendons toutefois empêcher la suite & perfection de » ceux encommencés au jour de la publication de notre pré» sent édit, ni donner atteinte *aux décrets antérieurs*, & les» dites lettres de ratification *tiendront lieu des décrets vo*» *lontaires* «.

Ces mots, *aux décrets antérieurs*, pourroient servir à établir la distinction ; mais ils ne peuvent s'entendre que des *décrets volontaires*. L'article ne les spécifie pas en ce moment, parce qu'il n'y est question que de cette sorte de décret. Ce sont les *décrets volontaires* que cet article *abroge* ; c'est des *décrets volontaires* que *les lettres de ratification tiendront lieu*.

volontaires; tel est le but qui résulte du titre même tel est celui qui est énoncé dans le préambule [illegible] la manière la plus démonstrative.

Les créanciers ajoutoient, que si l'intention [illegible] législateur avoit été d'étendre aux décrets forcés l[illegible] dispositions de son édit, il eût ordonné que l[illegible] lettres de ratification tiendroient lieu de cette so[illegible] de décrets, au lieu qu'il se borne à les appliqu[illegible] à l'autre (c'est aux décrets volontaires qu'il les ap-plique, il ne leur donne aucune extension au delà; & qu'enfin, en étendant ainsi l'effet de son é[illegible] aux décrets forcés, il n'eût pas concentré les en-chères dans le sein des créanciers du vendeur, ai[illegible] qu'il le fait par l'article 9 (*); il eût accordé [illegible] droit à tous les acquéreurs en général.

Le dernier moyen qui s'offroit pour les créan-ciers, consistoit à dire que les nullités des proc[illegible]-dures ne sont point arbitraires, & que l'on n[illegible] reconnoît *qu'autant qu'elles sont établies par la lo[illegible] & que la loi a seule le droit de les prononcer*; q[illegible] leur Saisie réelle étoit conforme à l'ordonnance [illegible] à la coutume des lieux.

Le sieur Dumanoir opposoit aux créanciers qu'i[illegible] étoient sans intérêt.

Ils lui répondoient que cet intérêt étoit démont[illegible] dans son mémoire imprimé, où il expose (page [illegible]) qu'il *n'avoit point d'hypothèque utile pour sa créan[illegible]* que son hypothèque étoit antérieure à celle d[illegible] créanciers de l'union, qui pour la plupart ne so[illegible]

(*) » Pourra, pendant lesdits deux mois, *tout créancier lé-gitime* du vendeur se présenter au greffe pour y fa[illegible] » recevoir une soumission d'augmenter le prix de ladite ve[illegible] » au moins d'un dixième du prix principal; & dans le c[illegible] » de sur-enchère *par un autre créancier* du vendeur, en [illegible] » dudit prix principal par chaque sur-enchérisseur, e[illegible] » semble, &c. .... «

que des chirographaires; qu'ainsi ils avoient, d'après lui-même, le plus grand intérêt à faire porter les immeubles à leur plus haute valeur, ce qu'ils ne pouvoient que par la voie des enchères, faites suivant les formalités prescrites par l'édit des criées & la loi municipale, qui subsistent l'un & l'autre, l'édit de 1771 ne les ayant abrogés dans aucun point.

Tels sont les moyens d'après lesquels est intervenu l'arrêt le 20 août 1782 (*), qui met l'ap-

(*) Cet arrêt devant être mis au rang des arrêts notables, on croit devoir en donner le prononcé littéral. » Notredite » cour faisant droit sur le tout . . . . . . en tant que touche les » appels interjetés, de la même sentence par lesdits Pierre-» Michel Desaunières, de Chicheboville, & Marin Querrier » ès noms, & par lesdits Antoine Fleuriot de Bellemarre & » Querrier, Jacques le Barillier, Joseph Lemasson, Grenelly » & Neron; sans s'arrêter à leurs requêtes & demandes, dont » ils sont déboutés, & adjugeant le profit du défaut obtenu » contre ledit Lebarillier, joint à l'instance par arrêt du dou-» zième jour du mois de mai dernier, a mis l'appellation au » néant; ordonne que la sentence dudit jour premier février » 1780 sortira à leur égard son plein & entier effet, fors » les dépens faits par ledit Lechanoine Dumanoir au châtelet » de Paris, qui demeureront à sa charge; condamne les ap-» pelans en l'amende ordinaire de douze livres; & ayant au-» cunement égard aux demandes dudit Jean-Louis Lechanoine » Dumanoir &, dudit Jean-Baptiste-Louis-Marc Tulle Dan-» tignatte, décharge ledit Lechanoine Dumanoir des intérêts » du prix des biens par lui acquis dudit d'Antignatte, par » contrat du 16 avril 1776, jusqu'au jour & terme de saint » Michel prochain; ordonne que jusqu'audit jour les fruits » & émolumens desdits biens seront comptés, remis & dé-» livrés par le sequestre d'iceux auxdits de Chicheboville & » consorts, pour être distribués aux créanciers dudit Dan-» tignatte, suivant l'ordre de leurs priviléges & hypothèques, » desquels fruits & émolumens lesdits de Chicheboville, » Querrier ès noms, Fleuriot de Bellemarre, Lebarillier, Le-» masson, Grenelly & Neron, seront & demeureront solidai-» rement responsables; les condamne à faire raison & paye-» ment à la masse des créanciers dudit Dantignatte, de la diffé-

pellation au néant, déboute les créanciers de leur requêtes & demandes, & les condamne en 12,000 l

---

» rence qui se trouvera entre les fruits & émolumens desdi biens, & l'intérêt du prix de l'acquisition qu'en a faite ledi Lechanoine Dumanoir, & ce pour tout le temps qui aur couru, à compter du premier juillet 1776, jusqu'audit jou & terme de saint Michel prochain; les condamne aussi soli dairement à demeurer garans de l'insolvabilité des fermier & débiteurs, si aucune est survenue pendant ledit temps, & à acquitter sous ladite solidité ledit Dantignatte, des frai qui se trouveront avoir été occasionnés par le sequestre, tant activement que passivement, lesquels frais ils ne pour ront employer en frais & mises ni autrement; les condamn pareillement & solidairement à payer audit Lechanoine Du manoir le montant des réparations & dégradations surve nues dans lesdits biens jusqu'au jour de saint Michel pro chain, à donner par déclaration; les condamne en outre & solidairement en 12,000 livres de dommages-intérêts en vers ledit Lechanoine Dumanoir, dont 6000 livres appli cables, de son consentement, au profit des créanciers dud Dantignatte, *sur lesquels les fonds se trouveront manque*, autres néanmoins que lesdits Grenelly, Lemasson & Neron & ceux desdits créanciers qui se sont associés par l'acte d 14 juin 1776; ordonne que les termes injurieux répandu dans leurs écritures & requêtes seront & demeureront sup primés, & que le présent arrêt sera imprimé jusqu'à con currence de cent exemplaires, & affiché au nombre de ving exemplaires, le tout à leurs frais & dépens; déclare le pré sent arrêt commun avec ledit Dantignatte & sa femme, ledit de la Noë, Marie-Bazile Devaux, Marais & sa femme, Jacques Dubois, Agnès Lepadois audit nom, Magdeleine Elizabeth Baudouin Despains, Jean-René Chrétien de Saint Martin, Jeanne Lefevre, Louis Belleux, Michel Mutel, Denis Hardy, Michel Legrand, les prieur & religieux d Mondaye, les prieur & religieux de saint Nicolas de l Chesnaye, Robert Douesnel, Charles Blin ès noms, ladite Roger, veuve Volterre ès noms, Louis-Paul de Sallent, François Bertaud ès noms, & Michel-Louis-François-Robert de la Londe, pour être exécuté avec lesdits susnommés selon sa forme & teneur; dépens entre ledit Lechanoine Duma noir & les prieur & religieux de l'abbaye de la Chesnaye, compensés, que ces derniers pourront employer en frais &

de dommages & intérêts, envers le sieur Dumanoir, dont six mille livres applicables de son consentement au profit de quelques créanciers perdans & qui avoient refusé de s'unir, les autres au sien propre ; supprime les termes injurieux répandus dans leurs écritures & requêtes : ordonne l'impression de l'arrêt jusqu'à concurrence de cent exemplaires, l'affiche au nombre de vingt, à leurs frais, & les condamne aux dépens.

On doit regarder cet arrêt comme devant faire loi dans tous les tribunaux du ressort du parlement de Paris ; aucun créancier ne peut se présenter sous un jour plus favorable que celui où se présentoient ceux du sieur Dantignatte ; ils perdoient tout, & l'arrêt même reconnoit l'insolvabilité du sieur Dantignatte, puisque 6000 liv. des 12,000 liv. adjugées au sieur Dumanoir, sont applicables à ceux *sur lesquels les fonds se trouveront manquer*. Ils ré-

» mises : condamne lesdits de Chicheboville, Querrier ès » noms, Fleuriot de Bellemarre, Lebarillier, Lemasson, » Grenelly & Neron, en tous les dépens envers toutes les par- » ties de l'instance, & par elles faits les unes à l'encontre des » autres, tant en demandant, défendant, que des sommations, » dénonciations, même en ceux réservés & en ceux ci-dessus » compensés, autres néanmoins que ceux faits par lesdits » religieux de la Chesnaye & ceux faits par ledit Dumanoir, » sur la dénonciation par lui faite de l'appel de ladite femme » Roger, veuve Volterre ; tous lesquels dépens ledit Lecha- » noine Dumanoir pourra employer en frais & mises d'exécu- » tion de son contrat d'acquisition & retenir par ses mains, » & que lesdits de Chicheboville, Querrier, Fleuriot de » Bellemarre, Lebarillier, Lemasson, Grenelly & Neron ne » pourront employer ni répéter : sur le surplus des demandes, » fins & conclusions des parties, les a mises hors de cour, sauf » aux créanciers privilégiés & délégués, à faire valoir leurs » droits & actions comme & ainsi qu'ils aviseront, défenses » réservées au contraire. Si mandons mettre le présent arrêt à » exécution. Fait en parlement, &c. «

clamoient une terre qui avoit été vendue au dessous de sa valeur; ils réclamoient le droit de faire vendre, suivant les loix du prince & celles de la patrie, cette terre que l'acquéreur avoit promis de revendre au profit de ces mêmes créanciers; ils offroient de tenir compte de 240,000 liv. à la masse pour cette terre que le sieur Dumanoir conservoit pour 157,500 liv., sans imputer à cette masse ni au failli, aucuns faits du décret : le profit de l'acquisition reste, par une conséquence de cet arrêt, au sieur Dumanoir, & il obtient 12,000 liv. de dommages intérêts, dont 6000 liv. applicables à lui-même.

Cette fin de non recevoir qui résulte de cet arrêt, s'élève également en faveur du vendeur & de l'acquéreur; on ne peut alléguer ni contre l'un ni contre l'autre aucuns faits de fraude quelque caractérisés qu'ils puissent être (*); le dépôt, d'après

(*) Pour juger de la vérité de ce principe, on croit indispensable d'exposer les faits de fraude judiciairement articulés par les créanciers. Ces faits sont rapportés dans l'arrêt que voici textuellement dans cette partie. » Requête desdits .... » du 10 août présent mois, tendante à ce qu'il leur fût donné » acte de ce que sous la réserve expresse qu'ils faisoient de » prendre, tant contre ledit Dantignatte que contre les fau- » teurs, complices & adhérans de sa banqueroute, la voie » extraordinaire; en conformité de l'ordonnance, ils arti- » culoient & mettoient en fait, 1°. qu'au mobilier que ledit » Dantignatte a recueilli dans la succession de son père, il en » a joint beaucoup; ce qui lui a formé un mobilier consi- » dérable, avec de l'argenterie & une voiture; 2°. que la » nuit du 30 septembre 1774, ledit Dantignatte a disparu de » Bayeux, pour se soustraire aux contraintes par corps pro- » noncées contre lui, & à l'effet d'un stellionat dont il s'est » rendu coupable; 3°. que ledit Dantignatte, au moment de » sa fuite, avoit du tabac en magasin & un cautionnement » en argent; 4°. que l'épouse dudit Dantignatte, aidée de » personnes à elle, & de son autorité privée & en fraude » des créanciers, a disposé du mobilier, fait disparoître l'ar- » genterie; dont partie a été vue chez de la Noë, son beau-

arrêt, prévaut contre tout, il ne permet aucun examen, & toute Saisie réelle faite au préjudice

---

» frère, & qu'elle ou les siens ont vendu les chevaux & la » voiture : 5°. qu'aussi-tôt la faillite dudit Dantignatte, sa » femme ayant obtenu l'entrepôt de tabac sous le nom de » *Fretel*, elle a fait servir les fonds du cautionnement de son » mari pour celui qu'elle devoit fournir au nom dudit Fretel, » & qu'elle s'est emparée & a disposé de tout le tabac qui étoit » en magasin, des ustensiles & de l'actif relatif à l'entrepôt » du tabac ..... 6°, que ladite Dantignatte a, sur des blancs-» seings qu'elle s'étoit fait remettre par son mari, touché les » loyers & fermages échus, même ceux qui ne l'étoient » pas : — 7°. qu'elle a réussi, par un autre blanc-seing, à ar-» racher à ladite de Conesains, tante dudit Dantignatte, un » compte, par l'événement duquel, en faisant disparoître un » payement de 1000 livres fait par ledit Dantignatte à sa » tante, l'on portoit ladite Conesains, créancière de cette » somme, au delà de ce qui lui étoit dû ; & pour n'en pas » profiter elle fit son billet à ladite d'Antignatte : 8°. que la-» dite Dantignatte voulant sur-tout frauder les créanciers, a » demandé par ladite de Cheux, autre tante dudit Dantignatte » & sa créancière, qui lui rendit le même service de se porter » créancière de somme plus considérable, & de la faire pro-» fiter de l'excédent : 9°. que ledit Dantignatte ayant laissé » son porte-feuille, il a si bien été ouvert, que ledit de la » Noë en a touché un effet de 1000 livres, qui étoit dû par » Exupert-Jean de la Marre en novembre 1775. Après le » départ & la faillite dudit Dantignatte, qu'aucuns maîtres » du porte-feuille, les complices dudit Dantignatte, ont » touché & disposé de tout ce qui y étoit renfermé : 1°. que, » ne bornant pas leurs idées de frustrer les créanciers seule-» ment du mobilier, ils auroient également voulu leur en-» lever les immeubles, en les mettant sur la tête dudit Du-» manoir, par une vente à moitié de leur véritable valeur ; » qu'à cet effet & pour avoir le temps de consommer ce » projet de fraude, les créanciers furent amusés par ladite de » la Noë, sœur de ladite Dantignatte, ledit de la Noë, » ledit Dantignatte, ledit Dumanoir lui-même, par des pro-» positions d'arrangement & de conciliation pour assurer le » payement des créanciers & le retour dudit Dantignatte.... » & que pour cela il fut arrêté avec ledit Dumanoir & sa fa-» mille une assemblée entre eux & les créanciers ..... dans le

de ce dépôt, est nulle, les lettres de ratificatio[n] tiennent lieu des deux sortes de décrets.

On ignore si les autres parlemens donneront cet[te] extension à l'édit; ce doute augmente, sur-tou[t] pour celui de Normandie, dans le ressort duque[l] sont situés les immeubles que les créanciers avoie[nt] fait saisir réellement. La coutume de cette pro-vince contient la disposition la plus formelle, con-cernant la validité de cette Saisie; l'article 546 n'[a] pas même soumis le saisissant à connoître à que[l] titre l'héritage qu'il entendoit faire décréter étoi[t]

» temps de la foire de Caen, qui commence le 22 avril, » qu'au lieu d'attendre cette assemblée & son issue, led[it] » Dumanoir se rendit dans le plus grand secret à Paris, » où il se logea rue saint Nicaise, fit dresser le prétend[u] » contrat de vente, préparer toutes les batteries; & le to[ut] » fait, ledit Dantignatte, qui, sur un consentement de se[s] » créanciers, avoit eu un sauf-conduit & s'étoit rendu a[u] » lieu de sa retraite à Bayeux, fut mené à Paris par led[it] » de la Noë, où arrivé à deux heures du matin le 16 avr[il] » 1776, six jours avant l'assemblée indiquée, le .... contra[t] » de vente fut signé le même jour; & le malheureux Dan-» tignatte reconduit à Bayeux, n'y resta que le temps néces-» saire pour y souscrire un acte explicatif du contrat.... & » lorsqu'ils n'eurent plus rien à en attendre, le conduisiren[t] » à sa retraite dans l'île de Jersey, domination angloise.... » 11°. qu'après le décès de ladite Aubry, aïeule dudit Dan-» tignatte, arrivé en mars 1777, ladite Dantignatte, avec » Me Crepel, son conseil, s'emparèrent des clefs au nombre » de dix-huit; qu'ils imaginèrent, après avoir resté dans la » maison, devoir porter ces clefs au curé.... Il fut ordonné » que lesdits Dantignatte & Dumanoir, dame Dantignatte & » ledit de la Noë seroient tenus d'avancer ou contester lesdits » faits; en cas de déni, il fût permis auxdits Chicheboville.... » & consorts, d'en faire preuve dans un mois, à compter du » jour de la signification, &c.... «

L'arrêt a écarté tous ces faits & les a enveloppés dans le hors de cour; il les écarte comme indifférens, & se contente de supprimer, comme injurieux, les termes dont les créanciers s'étoient servis pour les caractériser.

entre les mains d'un tiers possesseur : » En vertu » d'obligations reconnues, porte cet article, sen» tences de justice, portant exécution, contrats » passés devant tabellions ou notaires, ou autres » lettres exécutoires, les héritages, rentes & choses » immeubles appartenant *ou ayant appartenu* au » débiteur, peuvent être saisis en la main de justice, » pour être décrétés, après sommation faite à la » personne ou domicile de l'obligé, ou de ses hoirs, » ou de l'un d'eux, de payer la somme demandée, » & pour laquelle on entend faire décréter l'héri» tage *sans qu'il soit besoin de faire sommer le tiers* » *possesseur*, &, où l'obligé ou ses hoirs seroient de» meurans hors la province de Normandie, suffira » de faire ladite sommation à l'issue de la messe » paroissiale du lieu où l'héritage que l'on veut décré» ter est assis «.

Cet article, qui permet de faire ainsi saisir l'immeuble, a donné lieu à plusieurs assemblées des chambres de cette cour qui l'a confirmé dans toute son étendue ; & en l'interprétant, elle a décidé que » le créancier peut saisir par décret les » immeubles hypothéqués à sa dette, possédés par le » tiers acquéreur, & ne peut être obligé de faire » auparavant la discussion des biens de son débiteur » ou de ses héritiers «.

C'est ainsi que le parlement a expliqué cet article dans le fameux réglement du mois d'avril 1666 ; le tiers acquéreur n'a qu'une ressource, c'est de donner au saisissant une déclaration des bouts & côtés des héritages possédés par *les debiteurs ou acquéreurs postérieurs de lui, pour être adjugés par décret à ses périls & fortune, & de bailler caution de faire payer le saisissant de sa dette, en exemption des frais du décret & treizième.*

La coutume n'a jamais souffert d'atteinte dans cette disposition ; aussi employe-t-on toujours dans la Saisie réelle & dans toutes les autres diligences du décret, ces mots, *appartenant ou ayant appartenu* qui montrent que le droit du créancier sur l'immeuble du débiteur, est de le faire saisir dans ses mains ou dans celles de tout autre.

(*Addition de M. Montigny, avocat au parlement.*)

SAISINE & DESSAISINE. Voyez Devoir de loi & Nantissement.

SALAIRE. Récompense, payement pour travail ou pour service.

L'ordonnance du mois d'avril 1667 a mis au rang des matières sommaires, les Salaires dus aux ouvriers, quand la somme répétée n'excède pas mille livres.

Lorsqu'un ouvrier répète pour ses salaires au delà de ce qu'on prétend lui être légitiment dû, la contestation doit se décider par une estimation d'experts nommés pour cet effet, à moins que le juge n'apprécie lui-même ce qui peut être dû, selon les circonstances & la nature de l'ouvrage. Voyez l'article Ouvrier.

SALAISON. C'est l'action de saler des viandes, du poisson, ou d'autres provisions, pour les conserver long-temps.

Il se dit aussi des provisions salées.

L'entrée des chairs salées venant des pays étrangers ou des provinces exemptes du droit de gabelles, est défendue, à peine de confiscation, à l'exception des jambons de Bayonne ou de Maïence, des cuisses d'oies & des langues, qu'on peut faire entrer en les déclarant au fermier & en payant les droits pour les cinq grosses fermes, suivant l'arrêt du 29 juin 1688.

Il se perçoit sur le poisson salé provenant des provinces étrangères, un droit appelé de *rachat*, pour indemniser le fermier du droit de gabelle, sur le sel employé à la salaison de ces poissons.

La quotité du droit & la police observée sur ce genre de commerce, sont fixées; savoir,

Pour la gabelle de la Provence, par l'arrêt du conseil du 6 juillet 1666.

Pour le Languedoc, par ceux des 19 juin 1691 & 2 avril 1754.

Pour les gabelles de Lyonnois & de Dauphiné, par la déclaration du 24 juillet 1691.

Ces droits, qui sont modiques, ont pour objet de faciliter le commerce d'une denrée nécessaire dans les provinces méridionales, & d'encourager la pêche qui se fait sur les côtes de Bretagne, d'où vient la plus grande partie de ce poisson.

Suivant l'article 32 du titre 8 de l'ordonnance des gabelles du mois de mai 1680, le sel d'impôt ne peut être employé qu'à l'usage du pot & de la salière, & non aux grosses salaisons, sous peine de 300 livres d'amende, de restitution des droits de gabelle, & de confiscation des chairs salées. Cependant ceux dont les familles ne sont pas composées d'un nombre suffisant de personnes pour consommer le sel auquel ils sont imposés, peuvent se pourvoir pardevant les officiers du grenier à sel, pour obtenir la permission d'employer en grosses salaisons le sel qui leur reste; mais cette permission ne peut être accordée qu'en connoissance de cause, & avec le commis du fermier qui doit l'enregistrer & parapher. Tout cela doit se faire sans frais, à peine de concussion.

C'est en conformité de ces dispositions, que, par arrêt rendu au conseil le 25 janvier 1724, le roi a cassé & annullé une ordonnance donnée par les officiers du grenier à sel de Pouancé, le 28 novembre 1722, ainsi que deux sentences rendues e conséquence par les mêmes officiers les 16 juill & 15 septembre 1723, & a ordonné que les chai salées avec du sel d'impôt, saisies sur Jacques Gardai de la paroisse de Marans, & sur le nommé Raim bault, de la paroisse de la Renaudière, demeur roient acquises & confisquées au profit du fermie Ces particuliers ont en outre été condamnés à un amende de trois cents livres payables par corp Le même arrêt a fait défense à ces officiers & tous autres, de rendre à l'avenir de pareilles or donnances & sentences, & d'accorder aucune per mission pour convertir le sel d'impôt en grosse salaisons, sinon du consentement par écrit du com mis du fermier, ou en cas de refus du même com mis de répondre les requêtes tendantes à cette per mission, lequel doit être constaté par une som mation à lui faire, qu'après avoir dûment véri les rôles d'impôt, pour connoître si les particulie sont imposés à une plus grande quantité de se qu'ils n'en peuvent consommer, eu égard au nomb de personnes dont leurs familles sont composées le tout à peine de répondre en leur propres & privé noms, des permissions qu'ils auroient accordées sa avoir observé des formalités.

SALIQUE. Voyez LOI SALIQUE.

SALPÊTRE. C'est une sorte de sel qui se tir ordinairement des plâtras de vieilles murailles, de écuries, des vieilles démolitions, &c., & qui ser à fabriquer la poudre à canon.

Et l'on appelle salpêtrier, l'ouvrier qui travaille à faire du salpêtre.

Le roi ayant jugé à propos de convertir en une régie pour son compte le bail des poudres & Sal-pêtres, sa majesté a rendu en son conseil, le 5 sep tembre 1779, un arrêt de réglement concernant cette régie, qui contient les dispofition fuivantes :

Art. 1. » L'exploitation du droit exclufif de fabrication, recherche, vente & débit des poudres & Salpêtres dans tout le royaume, continuera d'être faite pour le compte & au profit de fa majefté.

» 2. Les fieurs Lefaucheux, Clouet, Lavoifier, Barbaut de Glatigny, continueront de régir, fous l'autorité & infpection de l'adminiftrateur général des finances, ladite exploitation pendant fix années, qui commenceront au premier janvier prochain, & finiront au dernier Décembre 1785. Veut & entend fa majefté qu'ils foient reconnus de tous fes fujets en ladite qualité, & qu'il foit déféré par tous les employés dans le fervice des poudres & Salpêtres, aux ordres qu'ils leur donneront relativement à ce fervice.

» 3. Les fonds de l'exploitation de ladite régie feront faits, à commencer du premier janvier prochain, par lefdits quatre régiffeurs, chacun par égale portion, & feront portés, s'il eft néceffaire, d'abord à *huit cent mille livres*, & même à *un million*, fi le fervice le requiert. L'intérêt defdits fonds fera & demeurera fixé à cinq pour cent, fans aucune retenue, déduction ni retranchement quelconque, foit pour vingtième, dixième, ni autres impofitions mifes ou à mettre, dont fa majefté les décharge dès à préfent & pour l'avenir.

» 4. Voulant fa majefté que lefdits Regiffeurs puiffent avoir un traitement de dix à douze mille livres, elle leur accorde, à titre de droit de préfence, la fomme de quatre mille livres chacun, laquelle fera diftribuée pour affiftance effective aux affemblées qui fe tiendront deux fois par femaine au bureau de la régie. Les droits

» de remise seront de deux sous pour livre pesant
» de poudre fine, vendue au delà de huit cent
» milliers, de neuf deniers par livre pesant de
» Salpêtre provenant des atteliers de la régie & des
» nitrières artificielles, desquels atteliers & nitrières
» ils remettront un état certifié, dans le cours de
» décembre de chaque année, à l'administration
» générale des finances, le tout à partager égale-
» ment entre lesdits quatre régisseurs.

» 5. Les régisseurs choisiront, pour entrer dans
» les emplois de la régie, des sujets instruits &
» de bonne réputation, pourvus de connoissances
» chimiques & mécaniques nécessaires à cette partie;
» ils ne nommeront aux emplois sédentaires qui
» viendront à vaquer, que ceux qui auront été
» précédemment admis, d'après l'état par eux fourni
» chaque année à l'administration générale des finan-
» ces; ils établiront des personnes capables pour
» la vente des poudres & Salpêtres, & pour la
» recherche & amas du bois de bourdenne.

» 6. Lesdits régisseurs pourront, avec l'autori-
» sation par écrit de l'administrateur général des
» finances, faire pour le compte de sa majesté,
» dans les villes, bourgs & villages du royaume,
» les établissemens convenables, afin d'augmenter de
» plus en plus la récolte en Salpêtre : veut &
» entend sa majesté qu'il leur soit donné par les
» villes & communautés les emplacemens inutiles,
» les tours ou châteaux abandonnés, & toutes les
» facilités qui pourront accelérer les moyens d'affran-
» chir en entier les peuples, de la fouille & re-
» cherche des terres salpêtrées dans les maisons
» & autres bâtimens.

» 7. Sa majesté ayant augmenté le prix du Sal-
» pêtre, afin de faire cesser le plus tôt qu'il sera
» possible cette fouille & recherche onéreuses,
» elle veut qu'à compter du premier octobre pro-

» chain, la poudre fine soit vendue trente-cinq sous » la livre aux débitans, pour n'être jamais par eux re- » vendue que quarante sous, & trente-six sous la livre » aux particuliers qui la prendront dans les magasins » principaux de la régie. Les poudres de guerre, de » mine & traite, continueront d'être vendues comme » par le passé; savoir, la poudre de guerre, vingt » sous seulement, & les poudres de mine & traite » dix-huit sous. Le Salpêtre brut continuera égale- » ment d'être vendu douze sous la livre, le Sal- » pêtre de deux cuites dix-sept sous la livre, & » le Salpêtre de trois cuites vingt sous la livre, le » tout poids de marc, à l'exception des provinces » où le poids de table est usité, dans lesquelles » la vente des poudres & Salpêtres continuera d'être » faite au poids du pays, en considération des dé- » penses plus fortes que le service & la fabrication » exigent dans lesdites provinces.

» 8. Les Régisseurs pourront, s'il est nécessaire, » faire délivrer aux armateurs & négocians les » poudres de guerre & de traite aux prix dont » ils conviendront avec eux de gré à gré, afin de » donner plus de facilité au commerce national, » & de prévenir la sortie de l'argent du royaume.

» 9. Comme depuis l'établissement de la régie, » il a été découvert dans différentes provinces du » royaume, des terres, pierres & craies naturelle- » ment salpêtrées, qu'il est de l'intérêt public de » mettre en valeur, sa majesté exhorte tous les » propriétaires desdites terres, pierres & craies, » à en extraire, avec l'autorisation de la régie, le » salpêtre, pour le livrer dans les magasins de sa » majesté au prix qui sera prescrit ci-après; & dans » le cas où ils se refuseroient à ce nouveau genre » d'industrie, permet sa majesté aux salpêtriers ou » entrepreneurs de nitrières, de les extraire pour » les lessiver; se réservant sa majesté de pourvoir,

» sur l'avis des sieurs intendans & commissaires dé
» partis, au dédommagement que les propriétair
» pourroient être en droit de réclamer.

» 10. Fait sa majesté très-expresses défenses &
» inhibitions aux salpêtriers d'exiger gratuitement
» ni même à un prix inférieur à celui usité dan
» chaque communauté, aucune fourniture de bo
» & logement dans les paroisses où ils travailleront
» quant aux voitures nécessaires, tant pour le trans
» port des Salpêtres aux magasins de sa majesté,
» que pour le déménagement des salpêtriers, elle
» seront fournies par les communautés au prix
» convenu, ou à celui qui aura cours dans les
» dites communautés; & en cas de refus ou de
» contestation, au prix déterminé par les sieur
» intendans & commissaires départis.

» 11. Le Salpêtre fourni par les salpêtriers qu
» feront encore usage du droit de fouille dans le
» maisons, sera payé à raison de huit sous la livre,
» poids de marc; celui des salpêtriers qui ne tra
» vailleront que des terres de démolition, sans user
» de la fouille, sera payé à raison de neuf sou
» la livre, même poids, le tout à la déduction de
» quatre au cent, & à condition, pour les uns & les
» autres, que le déchet au raffinage de brut en
» trois cuites n'excédera pas trente pour cent. Le
» Salpêtre provenant des nitrières artificielles, ou du
» lessivage des terres naturellement salpêtrées, sera
» payé à dix sous la livre, même poids, à la déduc
» tion des quatre au cent, & pourvu qu'il ne déchoie
» pas de plus de vingt-cinq pour cent au raffinage en
» trois cuites.

» 12. L'arrêt du conseil du 21 novembre 1761,
» concernant les poudres & Salpêtres amenés dans
» les ports du royaume, provenans d'achat, d'échan-
» ge, & même de prises sur les ennemis, sera exé-
» cuté selon sa forme & teneur; en conséquence,

les régiſſeurs de ſa majeſté pourront prendre leſdites matières pour ſon compte, aux prix & conditions portés audit arrêt, ſans qu'elles puiſſent être vendues ni miſes en adjudication, ſous quelque prétexte que ce ſoit, que du conſentement des régiſſeurs, qui ne pourront le donner qu'après y avoir été autoriſés ſpécialement par le ſieur directeur général des finances; n'entendant point ſa majeſté comprendre dans cette diſpoſition les poudres que les armateurs & négocians françois pourroient faire venir de l'étranger pour les employer dans le commerce extérieur.

» 13. Les commis, diſtributeurs & débitans de poudre ne pourront abſolument tenir & débiter d'autres poudres que celles fabriquées pour le compte de ſa majeſté; ils ne pourront les vendre à plus haut prix que ceux fixés par l'article 7 ci-deſſus, à peine, dans l'un & l'autre cas, de trois cents livres d'amende & de confiſcation de la poudre pour la première fois, & d'être traités comme faux-ſauniers en cas de récidive: leur enjoint ſa majeſté d'avoir à leur porte un écriteau portant *débit de poudre du roi*, & dans leur boutique ou chambre de débit, un extrait imprimé du préſent arrêt, contenant l'article 7, ſous peine de révocation & de deux cents livres d'amende.

» 14. A commencer du premier janvier prochain, leſdits régiſſeurs feront vendre & débiter, pour la facilité du public, au profit de ſa majeſté, le plomb à giboyer, par tous les diſtributeurs & débitans de poudres & dans les magaſins principaux de la régie, au prix courant & ſuivi dans le commerce; n'entendant point ſa majeſté » uſer à cet égard du privilége excluſif établi par » la déclaration du premier octobre 1699, ni priver » les marchands de la liberté de vendre ledit » plomb en concurrence avec les débitans de » poudres.

» 15. Les Régisseurs feront réparer chaque ann
» toutes les poudres qui leur seront remises d
» départemens de la guerre & de la marine, af
» que les poudres de sa majesté soient toujours da
» le meilleur état possible.

» 16. Les régisseurs s'occuperont des moye
» d'accélérer & de perfectionner la fabrication d
» poudres, afin de faire face, par les moyens l
» plus économiques, à tous les besoins du servic
» sans que sa majesté soit obligée de faire construi
» de nouvelles fabriques.

» 17. Dispense sa majesté les régisseurs de fai
» une nouvelle soumission au greffe du conseil, e
» considération de celle par eux précédemment fai
» le 30 juin 1775, qui vaudra pour la continuatio
» de la présente régie.

» 18. Les régisseurs continueront de présente
» à la fin de chaque mois, à l'administration d
» finances, un état certifié d'eux, de la situation exa
» de la régie, tant en deniers qu'en matières, &
» de compter généralement, à la fin de chaq
» année, des recettes & dépenses en deniers, m
» tières & effets, & des fournitures par eux faites
» pour ledit compte être arrêté au conseil royal des f
» nances de sa majesté.

» 19. Les ordonnances, déclarations, arrêts &
» réglemens concernant les poudres & Salpêtres
» notamment les arrêts des 30 mai & 24 juin 1775
» 14 août 1777 & 24 janvier 1778, seront exé
» cutés selon leur forme & teneur, en tout ce qu
» n'y est pas dérogé par le présent arrêt; toute
» les contestations qui pourroient s'élever sur l
» fait des poudres & Salpêtres, continueront d'êtr
» portées pardevant les sieurs intendans & com
» missaires départis dans les provinces, & pardevan
» le sieur lieutenant général de police pour les vill
» & fauxbourgs de Paris, pour être par eux jugées

» fau

« ſauf l'appel au conſeil, ſa majeſté leur en attri-
» buant la connoiſſance privativement à toutes ſes
» cours & autres juges. Fait au conſeil d'état du
» roi, ſa majeſté y étant, tenu à Verſailles le
» 5 ſeptembre 1779 ".

Signé, LE PRINCE DE MONTBAREY.

Les régiſſeurs généraux des poudres & Salpêtres ayant préſenté à M. le lieutenant général de police de Paris, commiſſaire du conſeil en cette partie, un mémoire expoſitif que les ſalpêtriers de la ville, des fauxbourgs & de la banlieue de Paris, éprouvoient journellement des difficultés de la part des propriétaires & locataires des maiſons, architectes, maçons, entrepreneurs & ouvriers employés à la démolition des bâtimens, leſquels s'oppoſoient à ce qu'ils enlevaſſent les terres, plâtres & pierres provenant de ces démolitions & propres à faire du Salpêtre; que ſans égard au beſoin indiſpenſable qu'ils avoient de cendres pour la fabrication du Salpêtre, & aux réglemens qui leur en aſſurent la préférence, les particuliers les jetoient dans le ruiſſeau ou ſur des tas de boue; que d'autres particuliers en enlevoient de la ville, fauxbourgs & banlieue, des quantités conſidérables qu'ils conduiſoient au dehors; que les propriétaires & principaux locataires, aſſimilant les ſalpêtriers aux autres habitans, les troubloient dans l'exercice de leur état; en leur donnant congé & voulant les expulſer des lieux qu'ils occupoient; que le ſervice du roi ſouffroit néceſſairement de ces abus, dont la ſource ne pouvoit être que l'ignorance des réglemens; que les ſalpêtriers eux-mêmes contreviennent quelquefois aux ordonnances & intentions du roi, en négligeant de remplir tous les devoirs de leur profeſſion & de recueillir exactement toutes les matières ſalpêtrées & alcalines qui ſont néceſſaires pour le ſervice dont ils étoient chargés; qu'enfin, pour diſſiper les obſtacles qu'on leur oppofoit & les abus & négligence dont ils pourroient fe rendre coupables, il convenoit de rappeler les difpofitions des anciens édits déclarations, arrêts & réglemens concernant les poudres & Salpêtres; il eft intervenu fur ce mémoire, le 4 août 1779, une ordonnance du magiftrat cité, qui contient les difpofitions qu'on va rapporter.

» Art. 1. Ordonnons que les édits, déclarations, » arrêts, ordonnances de police & autres réglemens » rendus fur le fait des poudres & Salpêtres, feront » exécutés felon leur forme & teneur, & confor» mément à iceux,

» 2. Enjoignons à tous particuliers, propriétaires » & locataires des maifons, architectes, entrepre» neurs & maçons, d'avertir ou faire avertir les » falpêtriers des quartiers de cette ville, fauxbourgs » & banlieue de Paris, où feront fitués les maifons, » murs & autres bâtimens qu'ils voudront faire dé» molir, du jour auquel lefdites démolitions de» vront être commencées : ordonnons que lefdits » falpêtriers prendront & enleveront les terres, » plâtras & pierres à Salpêtre, le plus prompte» ment poffible, pour en éviter le dépériffement, » fans être tenus de payer aucune chofe. Défendons » auxdits propriétaires, locataires, entrepreneurs » & ouvriers, d'employer à aucun ufage lefdites » terres, pierres & plâtras, & de les gâter ni » mouiller, dans la vûe d'empêcher que lefdits » falpêtriers les enlèvent, le tout à peine de cent » livres d'amende contre les contrevenans & refu» fans; au payement de laquelle fomme, dont » les maîtres demeureront refponfables pour leurs » ouvriers & domeftiques, ils feront contraints » comme pour les propres deniers & affaires de » fa majefté, même fous peine de prifon à l'égard » defdits ouvriers & domeftiques.

» 3. Les cendres provenant des boulangers, fa-

» riniers, & des foyers de toutes personnes, seront » vendues & livrées aux salpêtriers, par préférence » à tous marchands & particuliers : permettons » auxdits salpêtriers de prendre & arrêter lesdites » cendres aux portes & barrières, & par-tout où » ils les trouveront dans ladite ville, fauxbourgs » & banlieue de Paris, en en payant le prix de » gré à gré, ou suivant l'estimation qui en sera » faite, en cas de contestation ; sans néanmoins » que, sous prétexte de l'exercice de leur état, ils » puissent faire un amas de cendres excédant le né- » cessaire à la fabrication du Salpêtre, ni qu'ils » puissent les vendre à d'autres personnes, le tout » à peine de confiscation & de cent livres d'amende.

» 4. Tous particuliers, propriétaires & locataires » qui ne voudront pas vendre leurs cendres, seront » tenus de les mettre ou faire mettre par leurs » domestiques à côté des murs des maisons qu'ils » occupent, dans un endroit séparé des boues & » autres ordures ; & ordonnons aux salpêtriers de » les faire recueillir par leurs cendriers & cendrières, » à mesure qu'elles seront déposées le long des » murs : défendons à toutes personnes de jeter ou » faire jeter leurs cendres dans les ruisseaux ou » sur les tas de boue, à peine de cent livres d'a- » mende contre les contrevenans, dont les maîtres » seront civilement responsables pour leurs do- » mestiques.

» 5. Défendons à toutes personnes, autres que » celles munies de permissions des régisseurs des » poudres, d'enlever les cendres qu'elles trouveront » dans les rues, si ce n'est qu'elles eussent séjourné » au moins vingt-quatre heures dans le lieu où elles » auront été déposées, à peine de cent livres d'a- » mende, à moins qu'elles n'y causent de l'embar- » ras ou de la malpropreté, auquel cas les char-

» retiers du nétoyement pourront les charger sur leurs voitures avec les autres immondices.

» 6. Ne pourront les particuliers, de quelque état & condition qu'ils soient, faire aucuns magasins ni amas de cendres, au delà de ce qui sera nécessaire à ceux qui en feront usage pour leur profession, à peine de confiscation & de deux cents livres d'amende pour chaque contravention; & à l'effet de les constater, permettons aux salpêtriers & commis de la régie des poudres, d'aller en visite chez tous les particuliers où ils sauront des magasins de cendres, en se faisant assister d'un commissaire ou autre officier de judicature, pour saisir lesdites cendres emmagasinées, & en dresser ensuite des procès-verbaux, sur lesquels il sera par nous ordonné ce que de raison : défendons pareillement toute exportation de cendres de ladite ville, fauxbourgs & banlieue de Paris, sous les mêmes peines de confiscation & de deux cents livres d'amende; voulons que ceux qui en emporteroient au dehors, puissent être saisis par lesdits salpêtriers, sur les procès-verbaux des commis de la régie des poudres, sans qu'il soit besoin d'officier de judicature.

» 7. Ordonnons que les régisseurs des poudres, leurs commis poudriers-salpêtriers, pourront continuer la jouissance des maisons, atteliers & lieux servant à la fabrication du Salpêtre, lorsque les baux en seront expirés, en payant les loyers sur le pied du précédent bail, ou à dire d'experts, dont les parties conviendront pardevant nous, sinon nommés d'office, sans qu'ils puissent être dépossédés desdites maisons, atteliers & lieux, sous quelque prétexte que ce soit, qu'en vertu de notre ordonnance, si le cas y échet; le tout conformément à l'arrêt du conseil du 9 juillet

» 1718, & au jugement par nous rendu le 29 janvier » dernier.

» 8. Les maîtres salpêtriers ne pourront préposer « aucuns ouvriers appelés *hommes-de-ville*, pour la » recherche des terres & plâtras salpêtrés qui se » trouveront dans les démolitions de bâtimens ou » autres endroits, qui ne soient porteurs de certi- » ficats des régisseurs généraux des poudres, que » lesdits maîtres salpêtriers seront tenus de viser, » à peine de cinquante livres d'amende & de prison » contre ceux qui seront trouvés dans les bâtimens » sans lesdits certificats, & d'être interdits pour tou- » jours du travail chez lesdits maîtres.

» 9. Faisons défenses auxdits hommes-de-ville » de vendre ni fabriquer les terres & plâtras dont » ils auront fait la recherche, au préjudice des maî- » tres par lesquels ils seront employés, & d'en » disposer en faveur d'autres maîtres, à peine de » dix livres d'amende, & de ne pouvoir plus tra- » vailler chez aucun d'eux, à quoi le syndic des » salpêtriers tiendra la main.

» 10. Lesdits hommes-de-ville ne pourront se » transporter dans les atteliers pour démolir & amas- » ser des terres & plâtras, depuis la saint Remi » jusqu'au 1 mars, qu'après six heures du matin » jusqu'à six heures du soir; & depuis ledit jour » 1 mars jusqu'à la saint-Remi, qu'à cinq heures » du matin jusqu'à sept du soir, sans pouvoir rester » plus tard dans lesdits atteliers; après lesquelles » heures si quelqu'un desdits hommes-de-ville se » trouvoit dans lesdits atteliers, la terre qu'il aura » abattue & ramassée sera confisquée au profit de » celui qui le trouvera en faute, & il sera condamné » en dix livres d'amende, & interdit du travail de » la profession des maîtres salpêtriers; & ceux qui » auront reçus lesdites terres, dans les susdits cas, » seront condamnés à cinquante livres d'amende.

» 11. Défendons à tous hommes-de-ville, ouvriers,
» cendriers & cendrières, de quitter leurs maîtres
» sans un congé exprès & par écrit desdits maîtres;
» & à tous autres maîtres salpêtriers, de les rece-
» voir, à peine de prison contre lesdits hommes-
» de-ville, cendriers & cendrières, & de cent li-
» vres d'amende contre les maîtres qui les recevront.

» 12. Afin que le service ne puisse être retardé,
» nul ouvrier, homme-de-ville & cendrier, ne
» pourra donner congé au maître salpêtrier, sous
» quelque prétexte que ce puisse être, si ce n'est
» faute de payement de leur travail ou de leurs
» fournitures, à peine de nullité des congés, &
» d'interdiction du travail chez les maîtres.

» 13. Les cendriers & cendrières porteront cha-
» que jour chez leurs maîtres les cendres qu'ils
» auront amassées; leur défendons de les céder à
» d'autres cendriers ni à d'autres salpêtriers, à peine
» de cent livres d'amende contre le salpêtrier qui les
» recevroit, & de prison contre les cendriers.

» 14. Faisons défenses à tous cendriers & cen-
» drières de faire aucun magasins dans la ville,
» fauxbourgs & banlieue de Paris, dans la vûe de
» transporter les cendres au dehors, pour l'usage
» d'autres particuliers, à peine de prison, de con-
» fiscation, tant des cendres que des chevaux &
» harnois qui les sortiront, même de plus grande
» peine s'il y échet.

» 15. Le prix des cendres demeurera fixé à deux
» sous six deniers le boisseau de la continence de
» trente-deux pintes, mesure de l'arsenal, sans
» qu'aucuns salpêtriers puissent l'excéder, sous quel-
» que prétexte que ce soit, pas même de gratifica-
» tion, à peine de cent livres d'amende; & dans le
» cas où les cendriers & cendrières ne seroient pas
» satisfaits dudit prix, les salpêtriers pourront les
» abandonner & en commettre d'autres à leur place

» pour la recherche & amas desdites cendres, sans » qu'ils puissent s'y opposer, à peine de prison.

» 16. Pour faciliter le travail des salpêtriers, il » leur sera donné des décharges à portée de leurs » atteliers, pour le transport, tant des terres lessi- » vées, que gravois trouvés hors d'état de servir » au salpêtre, & ce par préférence à tous grava- » tiers & autres.

» 17. Pour que les travaux desdits salpêtriers ne » puissent être interrompus, faisons défenses à tous » huissiers & sergens de saisir, sous quelque titre » & prétexte que ce soit, les outils, chevaux & » harnois servant à l'usage des salpêtriers, à moins » que le saisissant ne les eût vendus; & à toutes » autres personnes, de quelque qualité & condi- » tions qu'elles soient, de troubler, empêcher & » détourner lesdits salpêtriers dans leurs travaux & » ouvrages, à peine d'amende, dépens, domma- » ges & intérêts, & autres plus grandes peines, s'il » y échet.

» 18. Défendons à tous commis, fermiers » & préposés à la levée des droits de sa majesté, » & autres aux barrières & portes de la ville, » fauxbourgs & banlieue de Paris, de prendre ni » exiger aucuns droits sur les Salpêtres, ni pour le » passage & péage des chevaux & harnois des salpê- » triers, terres, bois, cendres, eaux-mères, & gé- » néralement toutes autres servant à la fabrication » du Salpêtre; leur enjoignons de les laisser librement » passer & repasser, sans qu'ils soient tenus de faire » aucune soumission aux barrières.

» 19. Si les salpêtriers, ouvriers, cendriers & autres » gens par eux employés à la recherche des terres » & cendres, sont troublés & inquiétés dans leurs » travaux, ordonnons à tous les officiers & gar- » des établis dans cette ville, de leur prêter main-

» forte à leur première réquisition, attendu le servic
» de sa majesté.

» 20. Pour que les travaux des salpêtriers n
» soient point retardés, nous défendons à tous offi-
» ciers par nous employés à la police, d'arrêter ni
» faire arrêter, sous quelque prétexte que ce puisse
» être, les chevaux & tombereaux appartenans aux-
» dits salpêtriers; leur permettons seulement de
» prendre, en cas de délits, les numéros attachés
» aux tombereaux, & de faire assigner pardevant
» nous lesdits salpêtriers, pour se voir condamner
» en l'amende, s'il y a lieu.

» 21. Les demandes & contestations, si aucunes
» sont formées pour l'exécution de ce que dessus,
» circonstances & dépendances, seront instruites &
» jugées sommairement pardevant nous, en notre
» hôtel, sauf l'appel au conseil, conformément aux
» arrêts du conseil des 18 juillet 1718 & 28 mai
» 1775. Et sera notre présente ordonnance exécu-
» tée nonobstant oppositions & appellations quel-
» conques, pour lesquelles ne sera différé, & sans y
» préjudicier, imprimée, publiée & affichée par-
» tout où besoin sera, afin que nul n'en ignore.
» FAIT, &c. «

Voyez aussi l'article NITRIÈRE, & l'addition à cet article, insérée à la fin du tome 42.

SALVATIONS. Ce sont des écritures par lesquelles on répond à des réponses à griefs, à des réponses à causes & moyens d'appels, à des contredits de production nouvelle.

On les appelle *Salvations*, parce que l'objet de ces écritures est de sauver les premières écritures, c'est-à-dire, de soutenir les moyens qu'elles renferment. Voyez APPOINTEMENT.

SALUT. C'eſt une marque de reſpect ou d'hon-
ır que les troupes rendent au ſouverain, aux
nces & aux généraux. Voyez l'article HONNEURS
LITAIRES.

On appelle *Salut de mer*, les coups de canon
e tire un vaiſſeau pour rendre honneur à un autre
ſſeau, à une flotte, à une place, ou pour recon-
ître la ſupériorité. Voici ce que porte à ce ſujet
titre 22 de l'ordonnance de la marine du 25 mars
65.

» Article 255. Les officiers généraux comman-dant les armées ou eſcadres de ſa majeſté, & les capitaines ou autres officiers commandant des vaiſſeaux détachés, ſe conformeront pour les Saluts à exiger ou à rendre, aux ordres & inſtructions qu'ils recevront de ſa majeſté.

» Article 256. Défend ſa majeſté aux commandans & capitaines de ſes vaiſſeaux & autres bâtimens, de ſaluer aucune place maritime & fortereſſe étrangère, qu'ils ne ſoient aſſurés que le Salut leur ſera rendu, conformément à ce qui ſera preſcrit dans leurs inſtructions : ordonne en même temps ſa majeſté auxdits commandans & capitaines de ſes vaiſſeaux, de s'informer exactement, avant que de ſaluer, combien les officiers généraux de même grade ou capitaine appartenant aux autres têtes couronnées ont tiré de coups, & combien il leur en aura été rendu, afin d'éxiger les plus grands honneurs.

» Article 257. Lorſque les vaiſſeaux de ſa majeſté, portant pavillon, rencontreront ceux des autres rois, portant des pavillons égaux aux leurs, ils ne ſalueront pas qu'ils n'aient été ſalués les premiers, en quelque mer que ſe faſſe la rencontre.

» Article 258. Si un vaiſſeau portant pavillon, eſt ſalué par un vaiſſeau étranger, à grade égal,

» il sera rendu coup pour coup; & à grade infé-
» rieur, deux coups de moins; les capitaines se ren-
» dront coup pour coup.

» Article 259. Lorsqu'il y aura plusieurs vaisseaux
» de guerre ensemble, il n'y aura que le seul
» commandant qui sera salué & qui rendra le
» Salut.

» Article 260. Les Saluts ne se répéteront qu'a-
» près au moins six mois de séparation.

» Article 261. L'amiral & le vice-amiral qui se-
» ront salués par les vaisseaux marchands, nationaux
» ou étrangers, ne rendront aucun salut; les autres
» vaisseaux portant pavillon ou guidon ne rendront
» qu'un coup, & ceux portant flamme quatre coups
» de moins.

» Article 262. Si plusieurs vaisseaux marchands
» saluent successivement & indépendamment les
» uns des autres dans une rade, le commandant
» attendra le dernier Salut, pour répondre à tous en
» une seule fois, & si les marchands saluent de
» nouveau pour remercier, il n'y sera point ré-
» pondre.

» Article 263. Défend sa majesté à tous com-
» mandans & capitaines de ses vaisseaux de sa-
» luer les places des ports & rades de son royaume.

» Article 264. Sa majesté défend également aux
» commandans de ses vaisseaux, de faire tirer du
» canon dans les occasions de revues & de visites
» particulières qui pourroient leur être faites dans
» ses ports & rades.

» Article 265. Permet toutefois sa majesté au seul
» commandant en chef de ses vaisseaux dans les pays
» étrangers, de saluer la personne des généraux, com-
» mandant en chef, & capitaine commandant les
» vaisseaux étrangers, venant le visiter à son bord,
» même que les personnes de grande marque & les
» consuls de sa nation; mais en même temps que

sa majesté laisse le nombre de coups de canon à la discrétion du commandant en chef, suivant l'occurrence, il lui est enjoint de lui rendre compte de l'usage qu'il aura fait de cette liberté; les vaisseaux sous les ordres du commandant en chef ne rendront aucun de ces honneurs, quelques visites qu'ils reçoivent.

» 266. Sa majesté permet aux commandans de ses rades de faire tirer le canon certains jours de fêtes ou de cérémonies, suivant les usages anciennement établis dans la marine.

» Article 267. Défend en même temps sa majesté aux commandans des bâtimens marchands dans les rades, d'y tirer du canon à l'occasion d'aucune fête, sans la permission du commandant de la rade, à l'exception toutefois du Salut rendu par lesdits bâtimens au pavillon de sa majesté «.

SAUF-CONDUIT. Lettres émanées de l'au[tor]ité publique, par lesquelles on permet à quelqu'un [d'a]ller en quelque endroit, d'y séjourner un certain [te]mps, & de s'en retourner librement, sans crainte [d'ê]tre arrêté.

Le roi pouvant, comme législateur, suspendre [l'e]xécution des loix quand il a des raisons d'intérêt [pu]blic pour le faire, accorde seul le sauf-conduit [au]x débiteurs contre lesquels il y a des contraintes [pa]r corps. Quand on est employé au service de [l'é]tat, on peut obtenir un Sauf-conduit : on en ac[co]rde aussi aux personnes qui ne peuvent pas payer [le]urs dettes, parce que l'état leur doit. Il y a encore [d'a]utres cas qui autorisent à demander un Sauf-[co]nduit : tel est celui où un négociant a perdu par [u]n naufrage une partie de sa fortune, ou a eu ses [eff]ets consumés par un incendie, ou pillés par l'en[ne]mi, &c.

Le Sauf conduit se demande par un mémoire qu'l'on remet au secrétaire d'état dans le département duquel se trouve le demandeur (*).

Par arrêt rendu au conseil d'état du roi le 1 janvier 1781, sa majesté a ordonné que les Sauf-conduits qui pourroient être accordés aux marchands bouchers, n'auroient aucun effet à l'égard des dettes contractées par ces bouchers envers les fermiers de la caisse des marchés de Sceaux & de Poissy, & les marchands forains pour raison des marchandises qui leur auroient été vendues dans ces marchés. En conséquence, sa majesté a autorisé tant le fermier que ces marchands forains, à poursuivre l'effet des contraintes qu'ils pourroient avoir obtenues contre ces mêmes bouchers, nonobstant toutes significations du Sauf-conduit, ou autres surséances générales ou particulières.

SAVON. Sorte de composition faite avec de l'huile ou autre matière grasse, & qui sert à blanchir le linge, &c.

(*) *Forme d'un Sauf-conduit.*

Sa majesté a accordé & accorde audit.... Sauf-conduit de sa personne, pendant.... lequel, en cas qu'il se représente, elle l'a comme elle le prend & met sous sa protection & sauvegarde spéciale par ces présentes.

Mande & ordonne pour cette fois sa majesté, à tous gouverneurs & ses lieutenans généraux en ses provinces, intendans en icelles, gouverneurs particuliers de ses villes & places, maires, échevins & magistrats de sesdites villes, & à tous autres ses officiers qu'il appartiendra, de laisser passer, aller & séjourner sûrement ledit.... pendant ledit temps de... sans permettre ni souffrir que, pour quelque cause que ce puisse être, il soit attenté à sa personne, ni qu'il soit inquiété en aucune manière : défend expressément sa majesté à tous juges, officiers, &c. de mettre à exécution décrets, sentences, aucuns jugemens de condamnation contre ledit.... & à tous geoliers & gardes des prisons de le recevoir èsdites prisons, à peine, &c.

Les Savons venant d'Angleterre sont dans la classe des marchandises de contrebande dont l'entrée dans le royaume n'est pas permise.

Les Savons, tant en pain qu'en table, venant des autres pays étrangers, doivent sept livres, & les Savons noirs, verds, mous & liquides, cinq livres par cent pesant. C'est ce qui résulte, tant du tarif de 1667 que des arrêts du conseil des 5 février 1718 & 31 décembre 1744.

Voyez d'ailleurs les articles HUILE & SOU.

SAUVE-GARDE. On appelle ainsi des lettres données à quelqu'un, par lesquelles on le met sous sa protection, avec défenses à toute personne de le troubler ni empêcher, sous certaines peines, & d'être déclaré infracteur de la *Sauve-garde*. Il y a des Sauve-gardes pour la personne en quelque lieu qu'elle aille; il y en a qui sont spécialement pour les maisons & biens, afin d'empêcher qu'il y soit fait aucun dommage.

Il est parlé de ces Sauve-gardes dans plusieurs coutumes; & dans le recueil des ordonnances de la troisième race, on trouve nombre de lettres de Sauve-garde données à des abbayes & autres églises.

La Sauve-garde peut être accordée par le roi ou par les juges, soit royaux ou des seigneurs.

On entend quelquefois par *Sauve-garde*, une plaque de fer apposée sur la porte d'une maison sur laquelle sont les armes du roi ou de quelque autre seigneur.

On appelle aussi Sauve-garde, le garde, le soldat qu'un général envoye dans une maison, dans un château, pour les garantir de pillage & d'insulte.

SAUVEMENT. Voyez NAUFRAGE.

SCEAU ou SCEL. Lame de métal qui a une

face plate, ordinairement de figure ronde ou ovale dans laquelle sont gravées en creux la figure, les armoiries, la devise d'un roi, d'un prince, d'un état, d'un corps, d'une communauté, d'un seigneur particulier, & dont on fait des empreintes avec de la cire sur des lettres en papier ou parchemin pour les rendre authentiques. Il se dit aussi de l'empreinte même faite sur la cire par le Sceau.

On a coutume d'appeler *grand Sceau*, celui qui est entre les mains de M. le garde des Sceaux & qui sert à sceller les édits, les ordonnances, les déclarations, les lettres-patentes, les provisions de charges ou offices, les lettres d'abolition, de rémission, de naturalité, & en général toutes les lettres qui s'expédient à la grande chancellerie, & qui émanent directement de la puissance royale.

Il y a des lettres au Sceau desquelles il est permis de former opposition : telles sont, par exemple, les provisions des offices. Voyez l'article OPPOSITION.

On a souvent vu nos rois présider au conseil du Sceau. C'est ce qu'a fait le feu roi depuis le 4 mars 1757 jusqu'au 14 octobre 1761, qu'il disposa de l'état & office de garde des Sceaux de France en faveur de M. Berryer.

Louis XIV tint le Sceau pendant près de trois mois en 1672, après la mort du chancelier Séguier, Louis XIII le tint au camp devant Montauban, après la mort du connétable de Luynes, à qui il en avoit confié la garde; Henri IV tint aussi le Sceau depuis le mois de décembre 1589 jusqu'au mois d'août suivant, qu'il disposa des Sceaux qu'il avoit retirés des mains de Charles de Bourbon, cardinal de Vendôme, en faveur du chancelier Cheverny; & Henri III scella lui-même des lettres-patentes que le chancelier de Birague avoit refusé de sceller.

Lorsque le roi ne tient point les Sceaux, le conseil du Sceau est présidé par M. le chancelier ou M. le garde des Sceaux.

Les conseillers d'état n'assistent au Sceau que lorsqu'il est tenu par le roi, ce conseil n'étant ordinairement composé que de deux maîtres des requêtes ordinaires de l'hôtel du roi, de deux grands rapporteurs ordinaires en la grande chancellerie de France, du procureur du roi des requêtes de l'hôtel, qui est procureur général des grande & petite chancelleries de France; du grand audiencier de France, de quartier; du contrôleur général de l'audience de la grande chancellerie, de quartier; du garde des rôles des offices de France, de quartier; du conservateur des hypothèques sur les rentes assignées sur les domaines du roi, de quartier; du trésorier général des émolumens du Sceau de la grande chancellerie; du scelleur de quartier; des procureurs-syndics & anciens officiers de la compagnie des conseillers-secrétaires du roi, maison, couronne de France & de ses finances; & des secrétaires du roi de la même compagnie, de service au sceau; de deux huissiers ordinaires du roi en la grande chancellerie de France; du chauffe-cire ordinaire, du fourrier ordinaire, du cirier de semestre, du porte-coffre de semestre, & du messager ordinaire de la grande chancellerie & suite du grand conseil.

Tous ces officiers se rendent chez M. le garde des Sceaux le jour indiqué pour la tenue du Sceau, & remplissent les fonctions de leurs offices, ainsi qu'il suit.

Les conseillers du roi en ses conseils, maîtres des requêtes ordinaires de son hôtel, servent en la grande chancellerie chaque jour du Sceau, au nombre de deux, savoir, l'ancien & le nouveau de chaque quartier, de service au conseil; ils rapportent, assis, les lettres en réglement de juges, les évocations & autres lettres de justice dont ils sont chargés, & ils donnent leur avis sur les lettres de rémission qui sont présentées au Sceau.

Les grands rapporteurs & correcteurs des lettres de la grande chancellerie de France servent au Sceau pendant toute l'année, & ont rang après les maîtres des requêtes ; ils font les rapports comme eux, étant assis, & donnent aussi leurs avis sur les lettres de rémission.

Le procureur du roi des requêtes de l'hôtel est procureur général de la grande chancellerie de France & de toutes les autres chancelleries du royaume ; il siége au Sceau immédiatement après les grands rapporteurs ; il est chargé de l'exécution des réglemens faits pour les chancelleries, & d'empêcher qu'il ne se commette aucun abus & désordre dans ces chancelleries ; il donne ses conclusions en toutes matières concernant le Sceau ; il a été maintenu dans tous ces droits par l'arrêt du conseil d'état du roi du premier septembre *1666*, & lettres-patentes données en conséquence.

Les maîtres des requêtes & grands rapporteurs font les rapports des lettres dont ils sont chargés, après que le grand audiencier a fait son rapport, ils assistent au Sceau en robe, ainsi que le procureur général de la grande chancellerie, & ils se tiennent debout lorsque c'est le roi qui préside au Sceau.

Les grands audienciers de France sont au nombre de quatre ; ils servent par quartier au Sceau, & font debout le rapport des lettres dont ils sont chargés, qui sont les édits & déclarations, lettres d'anoblissement, de légitimation, de naturalité, de réhabilitation ; les abolitions, rétablissemens, affranchissemens, amortissemens, priviléges, exemptions, dons, expéditions de finances, commissions sur arrêts, & généralement tout ce qui s'expédie dans

dans les bureaux des ſecrétaires d'état, & qui a beſoin d'être revêtu du Sceau; ils font auſſi au Sceau les lectures & publications des édits & déclarations, & les enregiſtrent ſur les regiſtres de l'audience de France. Le grand audiencier eſt placé au Sceau devant M. le garde des Sceaux.

Les contrôleurs généraux de l'audience de la grande chancellerie de France, ſont au nombre de quatre; ils ſervent par quartier au Sceau: leurs fonctions ſont de veiller à ce qu'on ne ſcelle point de lettres qui n'ont pas été préſentées à M. le garde des Sceaux, & d'empêcher qu'on les retire du Sceau ſans être taxées. Le contrôleur eſt placé près du coffre dans lequel on met les expéditions du Sceau pour être taxées.

La première création des offices des grands audienciers & des contrôleurs généraux de l'audience de la grande chancellerie de France, ſe perd dans l'antiquité; ces officiers font les informations des vie & mœurs des grands officiers de la grande chancellerie de France, ainſi que des gardes des Sceaux, audienciers, contrôleurs, ſecrétaires & payeurs des gages de toutes les autres chancelleries du royaume; ce ſont eux qui taxent toutes les lettres & expéditions qui ſont ſcellées au Sceau.

Les gardes des rôles des offices de France ſont au nombre de quatre, à la nomination de M. le garde des Sceaux; ces offices ont été exercés par commiſſion juſqu'au mois de mars 1631, que le roi Louis XIII les a créés en titre d'office; ils ſervent par quartier au Sceau; leurs fonctions ſont de préſenter les lettres de proviſions de tous les offices de juſtice, police & finances du royaume, ainſi que les duplicata, ſurvivances, commiſſions du grand Sceau pour exercer des offices, lettres de relief d'adreſſe & de ſurannation concernant les offices ſeulement, & les lettres de ratifications concernant les greffes & autres offices domaniaux, de veiller à la conservation des droits des créanciers, au moyen des oppositions qui se forment en leurs mains, & dont ils doivent charger les provisions pour être scellées à la charge de ces oppositions, à peine d'être responsables en leur nom des événemens que peut occasionner cette omission; ce sont eux qui étendent le *soit montré* que M. le garde des sceaux met sur les provisions pour faire les informations de vie & mœurs des officiers qui se présentent pour être reçus dans quelque office de chancellerie. Le garde des rôles est placé au Sceau immédiatement à côté de M. le garde des Sceaux.

Les conservateurs des hypothèques sont au nombre de quatre, à la nomination de M. le garde des Sceaux; ils ont été créés par édit du mois de mars 1673; ils servent par quartier : leurs fonctions sont de présenter au Sceau les lettres de ratification de la vente des rentes & augmentations de gages, assignées sur les domaines du roi, tailles, gabelles, aides, entrées, décimes, dons gratuits & autres revenus du roi, & de veiller à la conservation des droits des créanciers, au moyen des oppositions qui se font en leurs mains, & dont ils doivent charger les lettres de ratification, pour être scellées à la charge de ces oppositions, à peine d'être responsables en leur nom des événemens que peut occasionner cette omission. Le conservateur des hypothèques est placé au Sceau à côté du grand audiencier.

Le trésorier général ancien, alternatif & triennal des émolumens du Sceau de la grande chancellerie de France & des autres chancelleries du royaume, a été créé par édit du mois de décembre 1655; il est à la nomination de M. le garde des Sceaux : ses fonctions sont de recevoir les droits des lettres, selon la taxe qui en est faite; son office n'est point regardé comme comptable, ainsi que l'édit du mois de décembre 1637 & la déclaration du roi du 22 février 1673, portant réglement général pour la grande chancellerie, l'ont déclaré.

Les. grands audienciers, contrôleurs généraux de l'audience, gardes des rôles, conservateurs des hypothèques, & trésorier du Sceau, sont qualifiés du titre de *conseiller du roi en ses conseils, secrétaire de sa majesté, maison, couronne de France & de ses finances;* ils jouissent de tous les priviléges des secrétaires du roi, & ont le droit de dresser & signer toutes les lettres & expéditions de la grande chancelleries; ils assistent au Sceau en habit noir, manteau & rabat; aux grandes cérémonies, ils accompagnent M. le garde des Sceaux, & ils sont vêtus de robes de velours noir à doubles manches, avec des toques de velours noir & cordon d'or.

Les conseillers-secrétaires du roi, maison, couronne de France & de ses finances, forment une compagnie de trois cents officiers, dont le roi est le chef. On ne trouve point la première époque de leur création : ils ont droit d'assister au Sceau, d'expédier & de signer toutes les lettres de chancellerie; ils font le rapport des lettres de grâce, rémission ou pardon; ils jouissent, de temps immémorial, de différens honneurs, immunités, droits & priviléges; ils font eux-mêmes des informations des vie & mœurs de ceux qui se présentent pour entrer dans leur compagnie, avant le Sceau des provisions; ils sont au Sceau en habit noir, manteau & rabat; ils accompagnent M. le garde des Sceaux dans les grandes cérémonies, & ils sont vêtus de robes de satin noir à doubles manches, avec des toques de velours noir & cordon d'or.

Les scelleurs héréditaires de la grande chancellerie de France sont au nombre de quatre; ces offices ont été créés par le roi ſaint Louis, qui en gratifia les quatre enfans d'Yvon de la Choue & de Thérèſe ſa femme, en conſidération de ce qu'il avoit été nourri par ladite femme la Choue; ils ſervent par quartier, tant en la grande chancellerie qu'en celle près le parlement de Paris. Le jour du Sceau ils ſe rendent dans le cabinet de M. le garde des Sceaux, & prennent le coffre des Sceaux, qu'ils portent devant lui dans la ſalle du Sceau; ils ſcellent toutes les expéditions de la grande chancellerie; ils jouiſſent de tous les privilèges des ſecrétaires du roi, excepté la ſignature; ils ſervent au Sceau en habit noir, l'épée au côté : aux grandes cérémonies, ils accompagnent M. le garde des Sceaux, & ils ſont vêtus d'habits de ſatin violet, avec des manteaux de velours de même couleur, & des toques de velours noir à cordon d'or. Lorſque les Sceaux ſont refaits, ce qui arrive à l'avénement de chaque roi à la couronne, les vieux Sceaux, après avoir été rompus, ſont donnés aux ſcelleurs, à qui ils appartiennent. Au mois de janvier 1725, M. d'Armenonville, pour lors garde des Sceaux, fit faire de nouveaux Sceaux, & les anciens furent donnés aux ſcelleurs, ainſi qu'il eſt conſtaté par le procès-verbal fait par M. Megret, grand audiencier de France, pour lors de quartier.

On ſe ſert de deux ſortes de Sceaux pour ſceller; l'un qu'on appelle le *grand Sceau*, où le roi eſt repréſenté aſſis en ſon trône, le ſceptre & la main de juſtice en ſes mains; & l'autre, qu'on nomme le *Sceau dauphin*, où le roi eſt repréſenté à cheval & armé, ayant un écu pendu au cou, dans lequel ſont empreintes les armes écartelées de la France & du Dauphiné, le tout dans un champ ſemé de fleurs-de-lys & de dauphins : le grand Sceau a ſon contre-ſcel, dans lequel eſt gravé l'écuſſon de France; & le Sceau dauphin a auſſi ſon contre-ſcel, dans lequel ſont empreintes les armes de France & du Dauphiné, ayant pour ſupport un ange. On ſe ſert de ces contre-ſceaux pour attacher à la pièce principale celles qu'il eſt néceſſaire d'y joindre. Le Sceau dauphin ſert pour ſceller toutes les expéditions du dauphiné, pour leſquelles on emploie de la cire rouge, excepté pour les édits & autres chartres, qui ſont ſcellés en cire verte avec ce Sceau. On ſcelle avec le grand Sceau en cire jaune preſque toutes les expéditions de la chancellerie, excepté les édits, lettres de rémiſſion & autres lettres intitulées *à tous préſens & à venir*, qui ſont ſcellés avec ce Sceau en cire verte, avec lacs de ſoie rouge & verte.

Les huiſſiers ordinaires du roi en la grande chancellerie de France ſont au nombre de quatre à la nomination de M. le garde des Sceaux : il y a différentes époques de la création de ces officiers, dont la première remonte à l'édit du roi Louis XI, donné à Jargeau le pénultième jour d'octobre 1473, portant création d'un huiſſier ordinaire pour ſervir auprès de M. le chancelier, tant en la grande chancellerie de France qu'au grand conſeil ; ils ſervent deux auprès de la perſonne de M. le garde des Sceaux, chaque jour de Sceau, & ils l'accompagnent dans toutes les cérémonies, portant maſſes à coté de lui ; leur habillement, les jours de Sceau, eſt le même que celui des officiers de la grande chancellerie, l'habit noir, le manteau & le rabat, avec une chaîne d'or ornée de trois fleurs-de-lys qu'ils portent au cou ; aux cérémonies ordinaires, ils ont des robes de ſoie noire, à manches pendantes, avec une toque de velours noir à cordon d'or ; & aux grandes cérémonies, ils ſont vêtus d'habits de taffetas violet & de robes de velours violet à doubles manches ; leurs fonctions ſont de veiller à ce qui ſe paſſe dans la ſalle du Sceau ; il y en a un qui ſe met derrière le fauteuil de M. le garde des Sceaux, pour être à portée de prendre ses ordres, & l'autre a soin de ne laisser entrer ni souffrir en la salle de la chancellerie, durant le Sceau, autres personnes que les officiers de la chancellerie ; lorsque le roi tient le Sceau, ils servent tous les quatre ; ce sont eux qui font les publications, ventes & adjudications des offices qui se poursuivent au Sceau ; ils ont le droit de faire seuls, avec les huissiers des conseils du roi, toutes les significations qui se font à M. le chancelier ou à M. le garde des Sceaux, entre les mains des gardes des rôles & des conservateurs des hypothèques, pour raison d'oppositions & des main-levées desdites oppositions ; c'est aussi à eux de former les oppositions sur les offices dépendans des ordres du roi, entre les mains de MM. les chanceliers desdits ordres ; ils signifient toutes les procédures qui se font dans les conseils du roi & dans les commissions ordinaires & extraordinaires desdits conseils, & ils ont le droit exclusif, avec les huissiers des conseils, de mettre à exécution dans la ville & fauxbourgs de Paris, & lieux où se tiennent lesdits conseils seulement, tous les arrêts & jugemens qui en émanent, lors même qu'il a été expédié une commission du grand Sceau, & ce à peine de nullité des procédures faites par d'autres huissiers. Ils sont exempts du droit de contrôle pour tous les actes qu'ils font, & de se faire assister de témoins; privilége dans lequel ils ont été maintenus par édit du mois de mai 1704.

Le chauffe-cire ordinaire de la grande chancellerie de France & des autres chancelleries du royaume, est un officier à la nomination de M. le garde des Sceaux, dont les fonctions sont de préparer la cire & de la présenter au scelleur ; il jouit du droit de commettre à l'exercice de chauffe-cire dans les chancelleries près les cours supérieures du royaume, dans lequel droit il a été maintenu par arrêt du conseil d'état privé du roi, le 28 mai 1759.

Le fourrier ordinaire de la grande chancellerie est un officier à la nomination des grands audienciers de France, qui a droit d'entrer au Sceau, & dont les fonctions sont d'asseoir les logemens des officiers de la chancellerie dans les voyages du roi, attendu que la grande chancellerie suit sa majesté.

Les ciriers sont des officiers à la nomination des grands audienciers de France, qui ont droit d'entrer au Sceau; ils servent par semestre; leurs fonctions sont de fournir la cire pour le Sceau, & de la faire préparer dans une pièce voisine de la salle où se tient le Sceau.

Les porte-coffres sont des officiers à la nominations des grands audienciers de France, qui ont droit d'entrer ou Sceau; ils servent par semestre; leurs fonctions sont de faire porter, chaque jour de Sceau, les coffres dans lesquels le contrôleur général de l'audience de la grande chancellerie met les expéditions du Sceau qui doivent être taxées : ce sont eux qui sont chargés de faire porter les avertissemens pour le jour du Sceau, chez tous les officiers qui doivent y assister.

Le messager ordinaire de la grande chancellerie de France & suite du grand conseil, est un officier à la nomination de M. le garde des Sceaux, qui a droit d'entrer au Sceau; ses fonctions sont de porter au Sceau les arrêts, commissions & autres expéditions émanées du grand conseil, pour les faire sceller du grand Sceau, conformément aux lettres patentes du roi François Ier du 11 décembre 1569, à l'ordonnance de M. le chancelier d'Aligre du 26 novembre 1625, & à l'arrêt du conseil d'état du roi du 8 septembre 1670, qui ordonnent que les arrêts, commissions & autres expéditions émanées dudit grand conseil, ne pourront être scellés qu'en la grande chancellerie de France,

Les chauffe-cire, ciriers, porte-coffres & messager servent au Sceau en habit noir sans épée.

Tous les officiers de la grande chancellerie de France jouissent de tous les priviléges des commensaux de la maison du roi, dans lesquels ils ont été confirmés par nombre d'édits, déclarations & arrêts.

On appelle *petit Sceau*, le Sceau qu'on appose aux lettres qui se délivrent dans les chancelleries établies près les différentes cours du royaume.

Sceau du châtelet de Paris. C'est un Sceau royal dont on use au châtelet pour sceller les jugemens émanés de ce tribunal & les actes reçus par les notaires au châtelet, afin de rendre ces jugemens ou actes exécutoires, ou du moins de rendre plus authentiques ceux qui ne sont pas de nature à emporter exécution parée, comme des légalisations & autres actes qui ne renferment aucune condamnation ni obligation liquide.

Du temps que la prévôté de Paris étoit donnée à ferme, le prévôt avoit son Sceau particulier comme les autres magistrats, dont il scelloit tous les actes émanés de la juridiction contentieuse ou volontaire; & cela seul les rendoit authentiques sans autre signature. Mais lorsque le roi eut séparé la prévôté de Paris, des fermes de son domaine, & qu'il l'eût donnée en garde à Etienne Boileau, alors cette juridiction ayant le roi même pour prévôt, ses actes commencerent d'être scellés du Sceau royal.

C'est de là que cet ancien scel du châtelet avoit conservé la figure des Sceaux de saint Louis & de quelques-uns des rois ses successeurs. Ce Sceau n'étoit chargé que d'une seule fleur-de-lys fleuronnée de deux petits tréfles, tels qu'on en voit au bas des chartres ou lettres de ces princes; c'étoit le contre-scel de leur chancellerie, c'est-à-dire, celui qui étoit apposé au revers du grand Sceau privé.

Ces deux Sceaux furent donc d'abord parfaitement conformes; mais, sous le règne du roi Jean, les trefles qui étoient dans le scel du châtelet, furent changés en deux petites fleurs-de-lys sortant du cœur de la fleur principale; on mit autour, pour légende, ces mots : *Sigillum præpositura Parisiensis*, & l'on ajouta un grenetis autour de la légende.

Cet usage souffrit quelque changement en conséquence de l'édit de Charles IX du mois de juin 1568, appelé communément l'édit des petits Sceaux. Jusque-là, les Sceaux des justices royales avoient été compris dans les fermes du domaine du roi; les fermiers commettoient à l'exercice; le châtelet de Paris avoit seul son scelleur en titre d'office : Charles IX, par son édit, créa un semblable officier dans les autres justices royales, & ordonna que ces officiers scelleroient d'un Sceau aux armes de France, tous les contrats, sentences & autres actes portant contrainte ou exécution. Le scelleur du châtelet, quoiqu'établi long-temps avant cet édit, y fut soumis comme les autres scelleurs, l'édit étant généralement pour tout le royaume; en sorte que tous les contrats, sentences & autres actes qui devoient produire quelque contrainte ou exécution, furent de ce moment scellés au châtelet, comme dans les autres juridictions royales, d'un Sceau à trois fleurs-de-lys.

Néanmoins on conserva encore l'usage de l'ancien Sceau empreint d'une seule fleur-de-lys fleuronnée de deux petites, comme un monument précieux de l'antiquité & des prérogatives du châtelet; mais l'usage en fut limité aux adjudications par décret & aux légalisations, parce que l'édit des petits Sceaux ne faisoit point mention de ces actes.

Il faut pourtant observer par rapport à cet ancien

Sceau, que dans les actes qui en portent l'empreinte depuis l'édit de 1668 jusqu'en 1696, la fleur-de-lys se trouve accompagnée de deux autres figures, l'une qui représente des tours, & l'autre un écusson chargé d'un chevron accompagné en chef de trois têtes d'oiseau arrachées, & en pointe d'un rameau d'arbre. On n'a pu découvrir l'origine de ces armes; M. de la Marre conjecture que c'étoient celles de quelqu'un des scelleurs, & que les tours ne furent mises de l'autre côté que pour les accompagner.

Quoiqu'il en soit, cet ancien Sceau n'est plus d'usage depuis l'édit de 1696, qui a établi le Sceau chargé de trois fleurs-de-lys.

Le scel du châtelet étoit autrefois unique, c'est-à-dire, qu'il n'y avoit d'autre scel royal dans tout le royaume, que ce scel avec celui de la chancellerie; c'est pourquoi il étoit aussi universel, & l'on s'en servoit, en l'absence du grand Sceau, pour sceller les lettres de la grande chancellerie.

Firmin de Coquerel, évêque de Noyon, étant sur le point de faire un voyage de long cours, Philippe de Valois fit expédier des lettres-patentes le 4 janvier 1348, pour régler la manière dont on en useroit pendant l'absence du grand Sceau; elles portent commission à Pierre de Hangers & Fouques Bardoul, pour sceller du scel du châtelet toutes les lettres qui leur seroient présentées & qu'ils jugeroient devoir être scellées pendant l'absence du chancelier, comme cela s'étoit déjà pratiqué en d'autres occasions.

Le roi Jean se servit du même scel au commencement de son règne, pour la conservation des privilèges du clergé : *Datum*, est-il dit à la fin, *Parisiis, in parlamento nostro, die 23 novembris, anno domini 1350, sub sigillo casteleti nostri Parisiensis, in absentiâ majoris.* Le traité fait par le même roi & par le dauphin son fils, avec Amédée comte de Savoie, le 5 janvier 1354, fut aussi scellé du même scel, pour l'absence du grand.

Charles, dauphin de Viennois, duc de Normandie & régent du royaume, en usa de même, pendant l'absence du roi son père, pour les ordonnances qu'il fit au mois de mars 1356, & pour des lettres qu'il accorda à divers particuliers.

Le roi, de retour d'Angleterre, scella encore de ce même scel, en l'absence du grand, des lettres qu'il accorda aux marchands de marée au mois d'avril 1361; un réglement pour le guet, du 6 mars 1363; les statuts des teinturiers, du mois d'octobre 1369, & plusieurs autres lettres.

Le scel du châtelet, par un droit royal qui lui est particulier, est attributif de juridiction, & attire de tout le royaume au châtelet, à l'exclusion de tous autres juges, toutes les actions qui naissent des actes scellés de ce scel.

Lorsque Philippe le Long, par son édit du mois de janvier 1319, unit à son domaine tous les Sceaux des juridictions qui s'exerçoient en son nom, tous les juges des juridictions furent en droit de se servir de Sceaux aux armes du roi; ils prirent de là occasion de méconnoître le privilége du scel du châtelet, & de refuser de renvoyer à ce tribunal les affaires qui s'élevoient pour l'exécution des actes passés sous ce scel: mais la question fut décidée en faveur du châtelet, par quatre arrêts formels des 31 décembre 1319, 13 mars, & de la saint Martin 1331 & 1350.

Ce même privilége fut confirmé par des lettres de Charles V du 8 février 1367, & par d'autres lettres de Charles VII & de Louis XI des 6 octobre 1557 & 25 juin 1575, & encore depuis contre le parlement de Normandie, par trois arrêts du conseil des premiers juin 1672, 3 juillet 1673, & 12 mai 1684.

Augeard a traité trois questions relativement à l'attribution du Sceau du châtelet. La première est de savoir en quel cas le privilége du scel du châtelet doit avoir lieu.

La seconde, si la reddition de compte y est sujette.

La troisième, quelle différence il y a entre le droit de *committimus* & le privilége du scel du châtelet.

Sur la première question, la maxime est que le privilége a lieu toutes les fois que l'action se trouve fondée sur une obligation personnelle qui résulte d'un acte passé sous le scel du châtelet; ainsi il produit son effet, non seulement entre les parties qui ont contracté, & leurs héritiers, mais encore à l'égard de toutes les personnes qui les représentent.

Par exemple, que le créancier d'une rente créée, ou d'une obligation passée sous le scel du châtelet, transporte ses droits à un tiers, le cessionnaire pourra poursuivre le débiteur au châtelet de Paris, de même qu'auroit fait le cédant.

Il en seroit de même du légataire ou du créancier qui exerce les droits de son débiteur.

Mais l'attribution cesse dès que l'action est dirigée contre un tiers, parce qu'il n'y a plus d'obligation personnelle, du moins qui dérive du contrat; delà vient que le détenteur de l'héritage hypothéqué ne peut être traduit hors de sa juridiction, en vertu de ce privilège, quoique l'on ait conclu personnellement contre lui à une restitution de fruits, parce que cette obligation personnelle dérive de la jouissance, & non de la convention.

C'est encore une maxime que le privilége est réciproque & a son effet, tant en défendant qu'en demandant. Un des contractans assigné devant son juge naturel en exécution d'un acte passé sous le scel du châtelet, peut, contre le droit commun, décliner sa propre juridiction pour demander son renvoi au châtelet.

Mais la difficulté seroit de savoir si le défendeur n'ayant point décliné, le juge d'attribution seroit en droit de revendiquer la cause; il semble d'abord qu'on doit conclure contre la négative, parce que les parties ne font que suivre le droit commun; néanmoins le privilége étant réel, & n'étant pas donné aux personnes, mais au scel de la juridiction, il ne dépend pas des parties d'y donner atteinte, & le juge ne doit pas avoir moins de liberté de réclamer, que chaque partie de se pourvoir devant lui.

La seconde question se réduit à un point de fait; si le comptable a été préposé par acte revêtu du Sceau du châtelet de Paris, la reddition de compte sera sujette au privilége de ce Sceau; en tout autre cas il faut suivre la régle ordinaire; c'est le titre de la demande qui doit régler la juridiction.

Sur la troisième question, le privilége du scel du châtelet & le droit de *committimus* se ressemblent, en ce que leur origine est très-ancienne, & que les ordonnances qui les ont introduites, n'ont fait que suivre la disposition du droit civil.

Chez les Romains, toute action résultante d'un contrat se pouvoit intenter devant le juge du lieu où l'obligation avoit été contractée; cette exception à la règle générale, que le demandeur doit suivre la juridiction du défendeur, nous est marquée dans la loi 19, *ff. de judiciis.*

Parmi nous, les juges royaux, suivant la disposition de la loi romaine, s'attribuoient dans les premiers temps le droit de connoître des actes passés sous le scel royal, privativement aux juges des seigneurs particuliers; dans la suite, l'usage contraire a prévalu.

Pour établir le privilége du scel du châtelet de Paris, on cite communément les lettres-patentes de Charles V, de Charles VII & de Louis XI, dont nous avons parlé.

A l'égard du droit de *committimus*, la loi dernière, au code *ubi causæ fiscales, vel divinæ domus hominumque ejus agantur*, nous apprend que les personnes préposées à la régie des biens de l'empereur, avoient leurs causes commises, en matière civile, *coram procuratore Cæsaris*, & dans les matières criminelles, *coram preside*.

Suivant cet exemple, nos rois, pour empêcher que les officiers de leur maison ne fussent distraits des fonctions de leurs charges, par la nécessité d'agir ou de se défendre en différens tribunaux, ont attribué la connoissance de leurs causes à des juges particuliers. Les ordonnances en sont rapportées au titre 13 de la conférence des ordonnances; & ce privilége, qui dans son principe n'avoit été introduit qu'en faveur des commensaux de la maison du roi, a depuis été étendu aux officiers des cours souveraines.

La conformité d'origine n'empêche pas que ces priviléges n'aient entre eux des différences essentielles, soit par rapport aux personnes qui peuvent s'en servir, soit par rapport à la forme de procéder.

Premièrement, le *committimus* est un droit accordé à la personne de l'officier, qui peut le négliger, si bon lui semble, sans que sa partie soit recevable à s'en plaindre, ni les juges du privilége à réclamer. Dans le privilége du scel du châtelet, l'attribution de juridiction est moins donnée à la faveur des contractans qu'à la faveur du scel même: en sorte que, comme il a été observé sur la première question, le défendeur assigné devant son juge naturel, en exécution d'un acte passé sous le scel du châtelet, peut, contre la règle générale, réclamer la juridiction du prévôt de Paris, au préjudice de son propre juge; &, en cas de connivence des deux par ties, le prévôt de Paris est en droit de revendiquer.

En deuxième lieu, le privilége du scel du châtelet s'étend par tout le royaume; le *committimus* n'a pas toujours la même étendue, & s'il n'est au grand Sceau, il est borné au ressort du parlement de Paris.

En troisième lieu, le privilége du *committimus* est restreint à la personne de l'officier & à sa veuve; mais le privilégié, soit partie principale ou intervenante, peut s'en servir contre toutes sortes de personnes; le privilége du scel du châtelet s'étend à tous ceux qui sont intéressés dans l'exécution de l'acte, à leurs héritiers & héritiers de leurs héritiers; mais ils ne peuvent s'en servir que lorsqu'ils sont parties principales, & seulement contre ceux qui représentent la partie obligée.

En quatrième lieu, le *committimus* est reçu en toutes matières, à l'exception seulement des réelles. Le scel du châtelet n'est attributif de juridiction que lorsque l'action dérive du contrat, ou tend à l'exécution de l'acte, puisque le scel présuppose nécessairement ou l'acte ou le contrat.

En cinquième lieu, le droit de *committimus*, quoique non contesté, ne suffit pas pour évoquer devant le juge du privilége; il faut des lettres obtenues dans l'an. La juridiction du prévôt de Paris s'établit par le seul contrat.

En sixième lieu, dans les causes des privilégiés, le renvoi se fait par le sergent dans la signification; il n'en est pas de même en tout autre cas; le défendeur doit comparoître pour demander son renvoi.

Divers arrêts, & entre autres un du 10 juillet 1739, ont jugé que le Sceau du châtelet n'étoit point attributif de juridiction contre le bailliage du palais.

Le même Sceau n'a pareillement point d'effet dans les affaires dont la connoissance est attribuée à la connétablie. Bauclas rapporte plusieurs arrêts & entre autres cinq des années 1738, 1739 1740, 1741 & 1742, qui l'ont ainsi jugé.

Le Sceau du châtelet d'Orléans est aussi attributif de juridiction, ainsi que le Sceau du châtelet de Montpellier. Ces priviléges sont fondés sur un grand nombre d'autorités & d'arrêts, & sur une possession immémoriale.

Addition à l'article Sceau du chatelet.

La prérogative de l'attribution de juridiction, dont jouit le Sceau du châtelet, a-t-elle lieu contre un habitant de Provence ? Cette question est actuellement pendante au conseil d'état privé, dans une instance en réglement de juges, entre le parlement d'Aix & le châtelet de Paris.

Le sieur *** fit le 7 avril 1767, pardevant les notaires de Paris, une donation de quelques verges de terre plantées en vignes, situées en Provence, à sa nièce, qui l'accepta par la médiation d'un fondé de procuration spéciale.

Par un autre acte aussi devant les notaires de Paris, du 29 octobre 1776, le donateur a révoqué sa donation, & a fait assigner ensuite sa nièce au châtelet, pour procéder sur cette demande, que la nièce a voulu faire porter devant le juge de son domicile en Provence ; de là le conflit qui a fait naître le réglement de juges.

On a dit pour la donataire, que la loi particulière de la Provence s'opposoit formellement à toute distraction de ressort ; pour le prouver, on a invoqué trois textes des statuts de Provence, qui s'expriment ainsi :

» Supplient le roi, pour le soulagement de ses » sujets & l'utilité du pays, qu'aucunes personnes » ne soient tirées hors de son pays de Provence » &

» & de Forcalquier, en vertu d'aucune obligation, » d'autant que la justice qui est accordée audit pays, est » suffisante pour rendre la justice à chacun, si ce » n'est qu'on se fût obligé à des cours hors du pays.

» Semblablement, supplient ladite majesté royale, » qu'il lui plaise ordonner, commander & statuer » qu'à l'avenir aucuns procès, tant civils que crimi- » nels, ne puissent être tirés hors du pays de Pro- » vence & de Forcalquier, par voie d'appellation, » par requête & en quelle autre manière que ce » puisse être; mais qu'ils soient terminés & jugés » dans ledit pays.

» Supplient encore humblement & respectueu- » sement sadite majesté, qu'il lui plaise qu'aucunes » personnes des comtés de Provence & de For- » calquier, ni aucuns des habitans desdits comtés ne » puissent, pour raison des priviléges, traîner ni » appeler aucuns devant les juges conservateurs, » quels qu'ils soient, hors les comtés susdits, & » ce sous peines formidables.

» *Ainsi plaît au roi*, a répondu le comte de » Provence sur toutes ces suppliques, de manière » que par son approbation elles sont devenues des » loix sous la garde & la protection desquelles vivent » les habitans de provence «.

Ces priviléges ont été formellement conservés; Charles d'Anjou, comte de Provence, en instituant par son testament du 10 décembre 1481, pour ses héritiers, Louis XI, le dauphin son fils, & leurs successeurs rois de France, stipula expressément que *son pays seroit maintenu dans ses statuts, conventions, priviléges, libertés, franchises, pactes, chapitres, exemptions, prérogatives & usages, rits, mœurs, style & louable coutume.*

Tous les rois de France ont de nouveau confirmé la promesse que fit Louis XI; par ses lettres-pa-

tentes du 19 décembre 1481, de maintenir
priviléges.

Charles VIII, en 1486, déclara par un é
exprès, » que si aucunes lettres avoient été
» étoient ci-après octroyées par le roi, les ge
» de son grand conseil ou autres, pour faire tir
» hors du pays les habitans en icelui, ou qu'icell
» lettres fussent dirigées à autres qu'aux officiers d
» dit pays, contraires ou préjudiciables aux statu
» & priviléges d'icelui pays, il veut & conse
» qu'iceux les officiers dudit pays se y conduise
» & gouvernent selon & en suivant lesdits priv
» léges & statuts dudit pays «.

Indépendamment de ces loix qui prohibent
expressément toute distraction de ressort, les hab
tans de Provence peuvent invoquer encore la l
de l'union de leur pays à la France; on la trou
écrite dans les lettres-patentes de Charles VIII
1486: » Nous avons, dit ce prince, pour nous
» nos successeurs, voulu & voulons avoir & sou
» tenir nosdits pays & comté de Provence, For
» calquier & terres adjacentes, pour nous & no
» successeurs à ladite couronne de France, perpé
» tuellement, inséparablement, comme vrai com
» & souverain seigneur d'iceux, sans que jamai
» ils en puissent être aliénés... les avons adjoint
» & réunis, adjoignons & réunissons à ladite cou
» ronne, sans qu'à icelle couronne ou royaum
» ils soient pour ce subalternés pour quelque caus
» & occasion que ce soit ou puisse être.... ni auss
» pour ce aucunement nuire ni préjudicier à leur
» libertés, franchises, conventions, chapitres d
» paix, loix, coutumes, droits, statuts, police &
» manière de vivre... mais iceux leur avons d
» nouvel & d'abondance confirmés, loués & ap
» prouvés, promettant en bonne foi & parol
» de roi, & jurons de la leur garder, observe

» & entretenir, ensemble ladite union & adjonc-
» tion, inséparablement & perpétuellement & à
» toujours.

Ainsi les conditions & la nature de l'union de la Provence à la couronne, les loix particulières de ce pays se réunissent pour prohiber toute distraction de ressort; ce qui comprend sans doute l'effet attributif du sceau du châtelet.

On a de plus ajouté que cette prérogative d'attribution n'avoit pas lieu pour les provinces réunies à la couronne depuis l'établissement du privilége: on en a donné pour preuve trois arrêts du conseil des 27 juin 1701, 15 mai & 11 décembre 1702, rendus pour la province de Bretagne, réunie, comme la Provence, à la couronne depuis la création du privilége du Sceau du châtelet.

J'ai soutenu le parti contraire: après avoir cité l'ordonnance de Charles V de l'année 1367, où ce roi parle de cette prérogative comme *de son droit*, établi *de si grande ancienneté qu'il n'est mémoire du contraire*, j'ai dit que c'étoit un *droit royal* qu'on ne devoit pas comparer aux autres priviléges qui produisoient des distractions de ressort; c'est une prérogative attachée à la juridiction du châtelet, & absolument indépendante des qualités des personnes qui en réclament l'usage; elle a de plus l'avantage d'être réciproque, & d'appartenir également à chacune des parties qui ont contracté devant les notaires du châtelet; elle n'a donc pas la défaveur des priviléges inhérens à des personnes qui les exercent, contres d'autres qui n'en jouissent pas, comme sont les *committimus*, les *gardes gardiennes*, & le privilége de la *scolarité*.

Lorsque deux personnes de Provence, ou d'un autre pays de la France, choisissent les notaires du châtelet pour recevoir leurs conventions, elles deviennent toutes deux justiciables de la juridiction du châtelet, & chacune d'elles a un droit égal à réclamer sa compétence.

Dans ce cas les parties ne se choisissent pas pour juges ceux du châtelet, mais elles en sont devenues justiciables, par une suite nécessaire du choix qu'elles ont fait des notaires du châtelet pour recevoir leurs conventions : libres dans le choix de ces officiers, les parties ne l'ont plus été dans le choix des juges qui ont à prononcer sur l'exécution de ces conventions. Il en est de même en matière de délit ; le juge du lieu où il a été commis est compétent, quoique le coupable n'ait pas son domicile dans son territoire. La compétence du lieutenant criminel résulte, non pas du choix fait par le coupable, mais du fait que le délit a été commis dans l'étendue de la juridiction ; ainsi la compétence du châtelet sur l'exécution d'un contrat passé devant les notaires du châtelet, dérive uniquement de l'empreinte du Sceau du châtelet sur le contrat, & nullement de la volonté des contractans.

Cela paroîtroit même avoir été prévu par les statuts de Provence qu'on oppose. *Supplient le roi*, dit le premier texte, *pour le soulagement de ses sujets & l'utilité du pays, qu'aucune personne ne soit tirée hors de son pays de Provence & de Forcalquier, en vertu d'aucune obligation, d'autant que la justice qui est audit pays, est suffisante pour rendre la justice à chacun*, SI CE N'EST QU'ON FUT OBLIGÉ A DES COURS HORS DU PAYS.

Il suit de là, que cette distraction de ressort, dont les Provençaux demandoient à être affranchis, avoit lieu cependant dans le cas où l'on *s'étoit obligé à des cours hors du pays* ; ce qui paroît juste, puisqu'alors le Provençal qui s'étoit ainsi obligé à une cour hors de son pays, avoit de lui-même renoncé à son privilége national, auquel il ne devoit plus avoir recours ensuite.

C'eſt ainſi que l'habitant de Provence, qui vient à Paris paſſer un contrat devant les notaires du châtelet, s'oblige à une cour hors de ſon pays, & par conſéquent renonce à ſon privilége; il ne peut être préſumé avoir ignoré l'effet attributif du Sceau du châtelet; d'où il ſuit, qu'en conſentant de donner l'empreinte de ce Sceau à ſon contrat, il eſt cenſé s'être ſoumis à ſon effet, & par conſéquent il eſt préſumé avoir renoncé, ou plutôt il a formellement renoncé à ſon privilége national..

Le caractère de l'union de la Provence à la couronne, ne peut empêcher l'effet de cette renonciation; comme les loix particulières à ce pays ne défendent point à un habitant de Provence de venir à Paris paſſer des contrats, elles ne peuvent arrêter l'effet néceſſaire & indiſpenſable du Sceau du châtelet, qui donne l'authenticité à ces contrats: l'habitant de Provence peut contracter à Paris; il peut donc, & même il doit ſe ſoumettre à toutes les ſuites ordinaires & naturelles que produiſent les contrats paſſés à Paris.

S'il eſt vrai qu'on puiſſe dire que les arrêts de 1701 & 1702 ont jugé que le Sceau du châtelet n'étendoit pas ſon effet attributif dans la province de Bretagne, cela ne vient pas de ce qu'il n'a pas lieu dans les provinces réunies à la couronne depuis l'établiſſement du privilége: preuve de cela, c'eſt l'arrêt célèbre du conſeil du 12 mars 1684, qui a jugé que l'habitant de Normandie qui a paſſé un contrat à Paris, étoit juſticiable du châtelet, nonobſtant les priviléges de cette province, confirmés expreſſément par des lettres-patentes de Louis XI, de 1461. Le conſeil a penſé que nos rois, quoiqu'ils euſſent maintenu dans leurs priviléges les différentes provinces au moment de leur réunion à la monarchie, n'avoient pu cependant déroger à une prérogative royale qu'ils avoient attachée au Sceau du châtelet, *de si grande ancienneté, qu'il n'étoit mémoire du contraire*, disoit Charles V en 1367; prérogative d'autant plus précieuse à conserver, que si, d'un côté, elle décore la première juridiction ordinaire du royaume, elle ne fait, de l'autre, aucun tort aux habitans des provinces, qui n'y deviennent assujettis que par le libre effet de leur volonté, en se servant du Sceau de cette juridiction pour donner à leurs conventions de la durée & de l'authenticité.

On a opposé encore contre le privilége dont il s'agit, un arrêt du parlement d'Aix du 2 mai 1720, par lequel cette cour, sur le récit qui lui fut fait de certains prétendans priviléges, qui se croyoient fondés à porter leurs causes au grand conseil, en vertu d'une évocation générale, ordonna.... *que les statuts municipaux & articles accordés aux états de 1482, les édits de 1486.... qui ont déclaré.... la Provence exceptée des évocations générales au grand conseil, seront exécutés selon leur forme & teneur; en conséquence, sont faites très-expresses inhibitions & défenses auxdits prétendans priviléges, & à toutes personnes, de contrevenir auxdits statuts & loix; & d'attirer les causes de la compétence des tribunaux du ressort audit grand conseil....*

Mais il est facile de voir que cet arrêt ou arrêté du parlement d'Aix n'a de rapport qu'aux évocations générales, ou attributions au grand conseil, obtenues par quelques ordres religieux, sans qu'on puisse en faire l'application au Sceau du châtelet, qui ne distrait un habitant de Provence des tribunaux de son pays en vertu d'aucune loi, mais seulement en conséquence de sa propre volonté, qui lui a fait librement choisir les notaires du châtelet de Paris, de préférence aux notaires de Provence.

On peut donc considérer la question comme n'étant pas encore préjugée même par cet arrêt du parlement d'Aix; il seroit d'ailleurs difficile de la trouver plus dégagée de circonstances qu'elle ne l'est.

Seroit-ce une conjecture sans nul fondement, de dire que le privilége d'attribution de juridiction, accordé par nos rois au Sceau du châtelet, fut dans le principe un des moyens employés par eux pour détruire insensiblement la puissance des seigneurs, en donnant à leurs sujets la faculté de porter devant les juges du roi les affaires qui seroient une suite de l'exécution des contrats passés sous le scel du châtelet? C'a été principalement pour parvenir à ce but, que les appels & les cas royaux ont été introduits; on pourroit asseoir cette conjecture sur la qualité de Sceau royal, donnée par plusieurs lettres-patentes au Sceau du châtelet, & sur ce que ce privilége a été confirmé par Charles V & Louis XI, ceux de nos rois, entre autres, qui ont travaillé le plus efficacement à faire rentrer dans la main du roi les prérogatives de la royauté.

(*Addition de M. SANSON DU PERRON, avocat au parlement & aux conseils du roi.*)

Scel du secret ou *scel secret du roi.* C'est le petit Sceau ou cachet du roi. Il étoit autrefois porté par un des chambellans; toutes les lettres qui devoient être scellées du grand Sceau, devoient d'abord être examinées par deux maîtres des requêtes, puis scellées du scel du secret, après quoi le chancelier y apposoit le grand Sceau. M. de Laurière croit que le scel privé ou particulier, & que le scel privé du prince, qui étoit beaucoup plus petit que le grand Sceau, est le même qu'on a appelé depuis contre-scel.

Scel de la rigueur ou *scel rigoureux.* C'est celui qui donne droit d'exécution parée & de contrainte, contre celui qui s'est obligé sous la rigueur de ce scel, non seulement sur ses biens, mais aussi sur ſa personne. A Nîmes, il y a un juge des conventions qui a ſcel royal authentique & rigoureux; il connoît des conventions faites & paſſées aux formes & rigueurs de ſa cour, aux fins de contraindre les débiteurs à payer par Saiſie & vente de leurs biens & détention de leurs perſonnes, pourvu qu'ils s'y ſoient ſoumis, & que la ſomme ſoit au moins de dix livres.

On appelle *petit ſcel*, le Sceau des actes judiciaires émanés des juridictions royales, dont les droits font partie de la régie des domaines, & la formalité remplie par les commis de cette régie, en mettant ſeulement ſur les actes & jugemens un certificat portant qu'ils ont été ſcellés & que le droit a été acquitté.

Divers édits des années 1619, 1639 & 1640, avoient créé des offices de *garde-ſcel* dans toutes les juridictions royales ordinaires & extraordinaires, pour ſceller les ſentences & jugemens qui en ſeroient émanés, ainſi que les contrats & actes des notaires & tabellions royaux. Il fut enſuite ordonné par arrêt du conſeil du 28 mars 1676, que ces offices demeureroient réunis au domaine, & que le fermier général rembourſeroit les engagiſtes & jouiroit des droits; & par un autre arrêt du conſeil du 10 mai 1677, l'exécution du précédent fut ordonnée pour la généralité de Moulins, dans les lieux où le droit de ſcel n'étoit pas engagé.

Par édit de Louis XIV du mois de novembre 1696, il fut dit que comme la juſtice qui s'exerçoit dans les juridictions du royaume, prenoit ſa force entière de l'autorité de ſa majeſté, les rois, ſes prédéceſſeurs, avoient cru qu'il étoit néceſſaire pour en imprimer une marque authentique aux ſentences, commiſſions, mandemens & autres actes qui s'expédioient, d'y appoſer le ſcel royal, ainſi qu'aux contrats & actes qui ſe paſſoient par les notaires

& tabellions. En conséquence, pour établir l'uniformité dans les fonctions des offices de gardes-scel, & dans la perception des droits, ce prince supprima les offices de gardes-scel des sentences, jugemens & autres actes de toutes les juridictions royales, ensemble les offices de gardes-scel des contrats & actes des notaires & tabellions royaux, soit qu'ils eussent été joints à d'autres offices, ou réunis au domaine, à l'exception seulement des offices de gardes-scel créés depuis 1688; & en même temps il fut créé de nouveaux offices sous le titre de conseillers gardes-scel des sentences & des contrats, dans toutes les juridictions royales ordinaires & extraordinaires du royaume, pour sceller tous les jugemens, sentences provisoires, interlocutoires, définitives, défauts, congés (*), adjudications des baux judiciaires, tutelles, curatelles, interdictions, séparations, certifications des criées, adjudications par décret, redditions & clôtures de comptes, commissions, décharges de commissaires, mainlevées, acquiescement, exécutoires de dépens, & généralement tous les jugemens, ordonnances & autres actes émanés de ces juridictions, soit que les expéditions en fussent faites par les greffiers, ou qu'elles fussent seulement signées par les juges

---

(*) Observez que les défauts & congés levés au greffe des présentations, qui ne portent point de condamnation, les actes de présentation, ceux d'affirmation de voyages, ceux de produit, les appointemens de conclusion, ou d'appointé en droit ou à mettre, les ordonnances mises au bas des requêtes concernant les instructions des procédures, comme pour *donner acte*, *soit signifié*, ou *en jugeant*, *production reçue*, *viennent à l'audience*, & qui ne portent aucune permission de saisir, d'appeler parties, compulser, ni autre réglement & condamnation, ont été déchargés du droit de scel par une déclaration du roi du 10 novembre 1699.

au pied des requêtes ou des procès verbaux ; même les contraintes & rôles des tailles, de l'impôt du sel & autres impositions dont le droit de scel seroit remboursé aux collecteurs, & à cet effet imposé par les rôles.

Il fut aussi ordonné par le même édit, que tous les contrats & actes des notaires & tabellions royaux seroient scellés par les titulaires de ces nouveaux offices : mais on observera à cet égard, que les fonctions de garde-scel des actes des notaires furent désunies par une déclaration du roi du 18 juin 1697 : les droits en furent ensuite réunis au domaine par une autre déclaration du 6 mai 1698 ; & ces droits furent fixés par le tarif du 10 novembre 1699. Enfin, le droit de petit scel des actes des notaires a été supprimé par un édit du mois d'août 1706, qui a attribué à ces officiers le droit de sceller eux-mêmes leurs actes, à compter du premier octobre suivant ; & par un autre édit du mois de novembre de la même année, il a été expressément ordonné que les expéditions des actes des notaires royaux, passés avant le premier octobre 1706, seroient scellés & les droits payés comme avant l'édit du mois d'août 1706.

Remarquez que pour déterminer la quotité du droit de petit scel des actes des notaires, il faut considérer le temps auquel ces actes ont été passés : s'ils sont antérieurs au premier novembre 1696, il n'est dû que la moitié du droit fixé par le tarif du 10 novembre 1699 (*), conformément à la dernière section de ce tarif ; & le droit est dû en entier pour les expéditions des actes passés depuis

(*) *Voici ce tarif :*

Pour les contrats & actes des notaires, gardes-notes & tabellions royaux, sera payé, le premier novembre 1696, jusqu'au premier octobre 1706, époque à laquelle ce droit a été supprimé.

Toutes les expéditions & les extraits même qui

SAVOIR:

Pour les contrats de constitution de rente, obligations, partages, ventes d'immeubles ou d'offices, contrats de mariage, donation à vie ou à perpétuité; les inventaires, partages, résignations, permutations, résilimens d'actes, échanges, transports de meubles ou immeubles, rentes, droits successifs, titres nouveaux & reconnoissances, baux à rentes ou à longues années, transactions, cessions, subrogations d'immeubles ou de constitutions de rentes par contrats, quittances ou autrement, transports & marchés; contrats pignoratifs, gracieux ou à faculté; testamens, codicilles, dons mutuels, actes de prise de possession de bénéfices ou d'immeubles; clôture de comptes, compromis, sentences arbitrales, reconnoissances des actes ci-dessus passés, d'abandonnement de biens, *& généralement pour tous autres contrats* qui seront reçus & passés par les notaires & tabellions royaux, sera payé pour le droit de scel les sommes qui ensuivent;

SAVOIR:

1. Pour les contrats ou actes dont les principaux ne seront que de cent livres & au dessous, 10 sous;

De ceux de cent livres jusqu'à cinq cents livres, 20 sous;

Et de ceux de cinq cents livres, à quelque somme qu'ils puissent monter, 40 sous.

2. Pour les baux à loyer, sous-baux à moitié, ou autres, il sera payé, pour ceux jusqu'à cent livres & au dessous, 10 sous;

Pour ceux depuis cent livres jusqu'à cinq cents livres, 20 sous;

Pour ceux de cinq cents livres & au dessus, à quelque somme qu'ils puissent monter, 30 sous.

3. Pour les rétrocessions & subrogations de baux, il sera payé moitié de ceux ci-dessus.

4. Pour chacune procuration, ratification pure & simple, même de celles des avis de parens pour tutelles, curatelles, ou autres cas, 6 sous.

5. Pour les renonciations, consentemens purs & simples,

ſont délivrés des actes dont il s'agit, doivent être ſcellés avant de pouvoir être remis aux parties, à peine de cent livres d'amende pour chaque contravention, en quelque nombre que ſoient les expéditions ou extraits d'un même acte, ſoit qu'on veuille les mettre à exécution ou non. C'eſt ce qui réſulte de deux arrêts du conſeil des 20 mars 1703 & 13 mai 1704.

Par l'article 8 de l'édit du mois de novembre 1696, il a été défendu à tous greffiers de délivrer aucune ſentence, ordonnance ou autre acte ſujet au

---

actes d'acquieſcement ou de déſiſtement, acte d'appel ou d'oppoſition, ſommation ou conſignation de dépôts, rappors d'experts ou autres, 6 ſous.

6. Pour procès-verbaux de ventes de meubles, faits par les notaires, 30 ſous.

7. Obligations pour prêt de ſel, ſix deniers pour chacun y dénommé.

8. Pour les déclarations fournies aux papiers terriers des domaines du roi, ou aux ſeigneurs particuliers, il ſera payé pour le ſcel d'une déclaration qui ſera au deſſous de dix articles, 5 ſous;

Et pour celles au deſſus, à tel nombre qu'elles puiſſent être, 10 ſous.

9. Les obligations & actes deſquels il ne reſtera point de minutes, ſeront ſcellés ſur les brevets, & les droits payés, ſans que les notaires les puiſſent délivrer autrement, à peine de cent livres d'amende.

10. Et à l'égard des autres contrats ou actes dont il y aura minute, les notaires n'en pourront délivrer les expéditions, qu'elles n'aient été ſcellées & les droits payés.

11. Pour le droit de ſcel des contrats & actes de la qualité de ceux ci-deſſus, reçus par les notaires & tabellions avant l'édit du mois de novembre 1696, il ne ſera payé que moitié des ſuſdits droits.

Fait & arrêté au conſeil royal des finances, tenu à Marly le dixième jour de novembre mil ſix cent quatre-vingt-dix-neuf.

Collationné, *ſigné* Delaistre.

petit ſcel, avant qu'ils euſſent été ſcellés, à peine de nullité & de cent livres d'amende contre chacun des contrevenans pour chaque contravention. L'article 9 a pareillement défendu aux parties de s'en aider, à tous procureurs & autres de les produire dans les procès & inſtances, & à tous huiſſiers & ſergens de les ſignifier ou mettre à exécution ſous pareille peine, & aux juges d'y avoir égard. Et à l'égard des ordonnances & autres actes ſujets au petit ſcel, dont il ne ſe délivre point d'expéditions par les greffiers, & qui s'exécutent ſur la ſimple ſignature des juges, l'article 10 a défendu, ſous les mêmes peines, aux parties de s'en ſervir, & à tous huiſſiers & ſergens de les mettre à exécution avant qu'ils aient été ſcellés.

*Les décrets de priſe de corps peuvent néanmoins être mis à exécution avant d'être ſcellés : c'eſt une diſpoſition de l'article 11 ; mais le commis doit percevoir le droit de petit ſcel, en contrôlant le procès-verbal de capture ou de perquiſition de la perſonne décrétée.

Par la déclaration du roi du 17 ſeptembre 1697, les offices de gardes-ſcel créés avant 1696, dans les juridictions royales ordinaires, furent rétablis, à l'exception de ceux du châtelet & des autres juridictions de la ville de Paris, à l'égard deſquelles il fut ordonné que l'édit de novembre 1696 ſeroit exécuté ; & les offices ſemblables qui avoient été créés dans les juridictions royales extraordinaires, furent unis aux corps des officiers.

Par une autre déclaration du 6 mai 1698, le roi ordonna que les offices de gardes-ſcel du châtelet & des juridictions royales ordinaires, ſeroient réunis à ces juridictions ; mais ſa majeſté s'en réſerva les droits.

Et par un édit du mois de décembre 1713, les

offices de gardes-scel ont été supprimés & les droits réunis au domaine.

Par l'article 2 de la déclaration du 29 septembre 1722, le roi a révoqué les édits, déclarations & arrêts portant suppression, aliénation ou abonnement des droits de contrôle des actes, d'insinuations laïques & de *petit scel*, précédemment rendus, & a ordonné que, du premier novembre suivant, tous les actes sujets à ces droits, ensemble tous les jugemens & actes judiciaires sujets au petit-scel, seroient contrôlés, insinués & scellés, & les droits payés, conformément aux précédens réglemens & sous les peines y portées, sans aucune distinction des lieux où ces droits n'auroient point été perçus précédemment, sauf à rapporter au conseil les titres en vertu desquels les suppressions, aliénations ou abonnemens auroient été faits, pour, en conséquence, être procédé à la liquidation des finances & au remboursement, le cas échéant.

Le droit de petit scel est dû sur le pied réglé par le tarif du 20 mars 1708 (*), dont l'exécution

---

(*) *Voici ce tarif :*

PREMIÉREMENT :

Pour chacune sentence ou jugement définitif, contradictoire ou par défaut, portant condamnation, liquidation, contrainte ou décharge de somme liquidée, & les exécutoires de dépens, dommages ou intérêts, il sera payé,

SAVOIR :

Pour lesdites sentences & jugemens définitifs & exécutoires de cent livres & au dessous, 12 sous 6 deniers.

Et depuis cent livres jusqu'à cinq cents livres, 18 sous 9 deniers.

Et depuis cinq cents livres jusqu'à mille livres, 25 sous.

Depuis mille livres & au dessus, à quelque somme qu'ils puissent monter, 37 sous 6 deniers.

Pour les sentences ou actes d'enregistrement, insinuation,

a été ordonnée par la déclaration du 29 septembre 1722.

---

nantissement, ensaisinement, approprîement, publication de donation, ou ouverture de testament, & autres de cette qualité, sera payé,

SAVOIR:

Pour ceux de cent livres & au dessous, 12 sous 6 deniers.

Depuis cent livres jusqu'à cinq cents livres, 18 sous 9 deniers.

Depuis cinq cents livres jusqu'à mille livres, 25 sous.

Et depuis mille livres & au dessus, 37 sous 6 deniers.

Pour les sentences ou jugemens portant condamnation par provision ou de sommes liquidées, même celles de payement d'alimens ou médicamens, il sera payé moitié des sommes ordonnées pour les sentences ou jugemens définitifs.

Deuxième classe des sentences.

Pour les sentences portant revendication ou renvoi de cause, débouté de déclinatoire, conversion d'opposition en saisie & arrêt, main-levée des saisies, ou qui convertiront les oppositions à fin de charges, ou de distraire; celles qui recevront les appellations, ou qui porteront défenses d'exécuter les sentences des juges inférieurs; celles qui donneront acte aux commissaires aux saisies réelles de leurs diligences; celles qui contiendront des déclarations, affirmations, soumissions en exécution d'autres sentences, ou qui ordonneront l'exécution d'autres jugemens, actes ou sentences; celles qui ordonneront que les sommes saisies seront délivrées, ou main-levée des sommes consignées; celles qui ordonneront que les sommes colloquées seront payées; celles qui ordonneront qu'il sera baillé caution; celles de réception de caution; celles portant commission rogatoire, sera payé, pour le droit de scel de chacune, 25 sous.

Troisième classe des sentences.

Pour les sentences portant nomination de tuteur, curateur, commissaires sequestres; celles qui ordonneront assemblées de parens, aux fins de nomination de tuteur, curateur, ou pour donner avis pour les affaires des mineurs, d'habitans & communautés; celles portant condamnation de rendre compte par les tuteurs, curateurs, commissaires, sequestres, & autres

Par arrêt du conseil du 22 janvier 1709, il a été ordonné que les sentences qui donnoient acte

---

dépositaires; celles portant clôture & addition de comptes & inventaires; celles qui ordonneront les partages, interdiction, séparation, renonciation, reconnoissance en exécution des retraits; celles de bénéfices d'âge ou inventaire, & celles d'enregistrement de lettres royales, il sera payé, pour le droit de scel de chacune d'icelles, 25 sous.

Quatrième classe des sentences.

Pour les sentences qui ordonneront la vente ou licitation d'immeubles, visites, procès-verbaux de visites, ou estimation & entérinement de rapports; celles qui porteront réception de tiercement de baux judiciaires, ou des enchères sur lesdits baux, 22 sous 6 deniers.

Cinquième classe des sentences.

Pour les oppositions aux criées, 6 sous 3 deniers.

Pour les sentences de vérification ou certification des criées, ou congé d'adjuger, 37 sous 6 deniers.

Pour les adjudications faites en justice, ou de biens vendus par décret, licitation volontaire ou forcée, sera payé pour celles jusqu'à mille livres & au dessous, 37 sous 6 deniers.

Pour celles depuis mille livres jusqu'à quatre mille livres, 3 livres 15 sous.

Pour celles de quatre mille livres & au dessus, 7 livres 10 sous.

Sixième classe des sentences.

Pour les reconnoissances ou vérifications d'écritures, jugemens portant réglement sur débats de compte, ceux portant qu'il sera apposé des affiches ou fait publications, 12 sous 6 deniers.

Pour les baux judiciaires de quatre cents livres & au dessous, 25 sous.

Pour ceux au dessus de quatre cents livres, 37 sous 6 deniers.

Septième classe des sentences.

Pour une commission d'ajournement personnel, 12 sous 6 deniers.

Pour les sentences portant conversion de décret ou d'assigné pour être oui en ajournement personnel ou prise de corps; celles qui convertiront les procès criminels en ordinaires, aux

aux commissaires aux saisies réelles de leurs diligences, & les commissions & mandemens pour met-

où il y aura partie civile; celles qui permettront de compulser, informer, interroger, ou qui déclareront que les témoins seront recollés & confrontés; celles d'élargissement de personnes, quand elles ne sont point détenues à la requête des receveurs des tailles; celles qui ordonneront que les témoins qui seront en demeure ou refusans de déposer, y seront contraints; il sera payé pour chacun desdits actes 7 sous 6 deniers.

A l'égard des actes de présentations, ceux d'affirmations de voyages, ceux de produit, les défauts & congés levés aux greffes des présentations, qui ne porteront point de condamnation; les appointemens de conclusion, d'appointé en droit ou à mettre; les ordonnances mises au bas des requêtes concernant les instructions des procédures; comme pour donner acte, soit signifié, ou en jugeant, production reçue, viennent à l'audience, & qui ne porteront aucune permission de saisir, d'appeler parties, compulser, ni autres réglemens & condamnations, ils ont été déchargés du droit de scel par la déclaration de sa majesté du 10 novembre 1699, & ne sera payé aucun droit pour iceux.

Les rôles des tailles & du sel, & autres impositions générales & particulières de toutes les provinces & généralités du royaume, à l'exception des généralités de Toulouse, Montpellier, Provence, Bourgogne, Flandre, Hainaut & Artois, seront sujets au droit du scel, avant que de pouvoir être mis à exécution;

SAVOIR:

Pour un rôle au dessous de quatre cents livres, 3 livres.

Pour un depuis quatre cents livres jusqu'à mille livres, 4 livres.

Pour un depuis mille livres jusqu'à deux mille livres, 6 livres.

Pour un depuis deux mille livres jusqu'à trois mille livres, 8 livres.

Pour un depuis trois mille livres & au dessus, à telle somme qu'il puisse monter, 12 livres.

Pour les décrets & ordonnances apposés sur les requêtes ou procès verbaux portant permission d'assigner, saisir, exécuter, surséance & établissement de sequestre, ou autres actes de cette qualité, il sera payé 6 sous 3 deniers.

tre à exécution les sentences & jugemens par d'autres huissiers que ceux des juridictions où ils avoient été

Et s'ils portent condamnation provisoire ou définitive, il sera payé comme pour les sentences.

Pour les scellés aux inventaires, sera payé pour chaque vacation, jusqu'à la confection de l'inventaire, 37 sous 6 deniers.

Pour le scel des actes de foi & hommage ou réception d'aveu & dénombrement, il sera payé pour chacun desdits actes,

SAVOIR:

Pour les fiefs simples, 25 sous.

Et pour les châtellenies, baronnies, ou autres terres titrées, 50 sous.

Pour les commissions ou mandemens pour mettre à exécution les sentences & jugemens par d'autres huissiers que ceux des juridictions où auront été rendues lesdites sentences & jugemens, sera payé 20 sous.

Justices consulaires.

Il sera payé pour le droit de scel,

SAVOIR:

Pour les sentences exécutoires au dessous de cinquante livres, 7 sous 6 deniers.

Et pour celles de cinquante livres & au dessus, 12 sous 6 deniers.

Pour les sentences provisionnelles ou définitives, contradictoires ou par défaut, exécutoires de dépens, au dessus de cent livres, à quelque somme qu'elles puissent monter, 25 sous.

Et pour les autres procédures de ladite juridiction, sa majesté les a dispensées dudit Sceau, ainsi qu'il est porté par la déclaration du 3 septembre 1697.

Requêtes du palais.

Il sera payé pour le droit de scel de sentences provisoires ou définitives, exécutoires des dépens, jugemens & autres actes desdites requêtes, comme dans les autres juridictions royales, à l'exception des procédures concernant les instructions faites èsdites requêtes, & seront les lettres-patentes du 30 juillet 1697, concernant le droit de scel des rendus, seroient scellés, quoiqu'omis par erreur dans quelques *duplicata* du tarif de 1708.

Par un autre arrêt du 14 juillet 1719, le conseil a jugé contre un procureur à Angoulême, qu'il étoit dû ving cinq sous de droit de scel pour une ordonnance portant permission d'intimer sur appel.

Par une décision du 30 juin 1722, le conseil a jugé qu'il étoit dû six sous six deniers pour le scel d'un décret d'assigné pour être ouï.

Les permissions d'informer & les décrets ne sont pas sujets au droit de petit scel, quand les poursuites se font à la requête des procureurs du roi, seuls parties, sans dénonciateur. C'est ce qui résulte d'une décision du conseil du 22 décembre 1722.

Le 31 du même mois, le conseil a décidé que le jugement qui ordonnoit l'exécution d'un autre jugement, les sentences qui déboutoient des oppositions à celles qui avoient été rendues par défaut, & celles qui accordoient acte de l'affirmation d'un débiteur sur une Saisie-arrêt, étoient sujets au droit de petit scel à raison de vingt-cinq sous, & que les sentences qui accordoient acte de la nomination d'experts & de leur prestation de serment, les jugemens qui ordonnoient une visite ou un rapport d'experts, ou qui en-

---

requêtes de l'hôtel du palais à Paris, exécutées selon leur forme & teneur, pour le scel des sentences, jugemens & actes de la qualité de ceux ci-dessus, qui ont été rendus avant l'édit du mois de novembre *1696*, dans toutes les juridictions du royaume, & qui seront délivrées & mises à exécution, il ne sera payé que moitié desdits droits de scel ci-dessus fixés.

Seront en outre payés les deux sous pour livre de tous lesdits droits, aux officiers créés par les édits des mois de février & octobre 1707.

Fait & arrêté au conseil royal des finances, tenu à Versailles le 20 mars 1708.

Collationné. *Signé*, GORYON.

térinoient les rapports, & ceux qui autorisoient les femmes au refus de leurs maris, étoient sujets au Sceau.

Il a été décidé le même jour, que les procès-verbaux d'enquête n'étoient point sujets au Sceau; mais que si le juge prononçoit défaut & réassignation sous peine d'amende, il étoit dû sept sous six deniers pour le droit de petit scel, suivant la septième classe.

Par une autre décision du 19 mars 1629, le conseil a jugé que les actes de reprise d'instance, pour en venir à l'audience & procéder suivant les derniers erremens, & qui se signifioient de procureur à procureur, étoient des actes d'instruction non sujets au Sceau.

Mais quand il s'agit de demandes introductives d'instances, le jugement qui permet d'assigner est sujet au Sceau, soit qu'il soit signifié à la partie ou au procureur. C'est ce qui résulte d'une décision du conseil du 11 décembre 1751, intervenue sur le mémoire des procureurs de Magny.

Le conseil a en même temps jugé qu'il étoit dû sept sous six deniers pour le droit de petit scel des ordonnances portant permission d'informer & de se faire visiter par des chirurgiens.

Par une autre décision du 22 mai 1738, le conseil a jugé que les appréciations de grains dont les extraits étoient délivrés par les greffiers, n'étoient point sujettes au Sceau.

Par arrêt du 12 décembre 1721, le conseil a fait défense de donner des assignations pour les tutelles en conséquence d'ordonnances non scellées, & a prononcé les amendes encourues.

Par un autre arrêt du 29 juillet 1747, le conseil a réitéré les défenses faites aux greffiers de délivrer aucune expédition ou extrait de jugement avant qu'ils aient été scellés, & a réformé l'ordonnance de l'intendant de Metz, en ce qu'elle déchargeoit des amendes encourues, le greffier du bailliage de Toul, sur le fondement qu'il n'avoit pas signé les expéditions en les remettant aux parties, & qu'il ne les signoit qu'après qu'elles les avoient fait sceller.

Voyez les autorités citées dans cet article, & les mots OFFICES, OPPOSITION, *COMMITTIMUS*, GARDE-GARDIENNE, PARÉATIS, NOTAIRE, DÉCRET, &c.

SCELLÉ. C'est l'apposition d'un sceau sur les effets de quelqu'un, pour la conservation de ces mêmes effets & pour l'interêt d'un tiers.

Le Scellé se met sur les coffres, cabinets, & portes des cabinets où sont les effets, par le moyen d'une bande de papier qui est attachée aux deux bouts par des sceaux ou cachets en cire d'Espagne, de manière que cette bande de papier couvre les serrures & empêche d'ouvrir les portes & autres lieux fermés sur lesquels le Scellé est apposé.

Quelquefois, pour empêcher que le Scellé apposé à une porte extérieure ne soit endommagé par inadvertance ou autrement, on le couvre d'une plaque de tôle attachée avec des clous.

L'usage des Scellés nous vient des Romains; il en est parlé dans la loi *scimus*, cod. *de jure deliberandi.*

Plusieurs de nos coutumes ont aussi quelques dispositions sur le fait des Scellés. Telles sont les coutumes de Bourbonnois, d'Auvergne, de Clermont, de Sens, de Blois, de Bretagne, d'Anjou & du Maine.

Mais la plupart des règles qu'on suit en cette matière ne sont fondées que sur les ordonnances, arrêts & réglemens.

Il y a différens cas où le Scellé peut être apposé.

1°. Il peut être apposé après le décès du débiteur,

à la requête d'un créancier, pourvu que celui-ci soit fondé en titre, & pour une somme certaine, ou bien pour réclamer des choses prêtées ou données au défunt en nantissement.

L'usage du châtelet de Paris est que quand le corps du défunt n'est plus présent, on ne peut faire apposer le Scellé qu'en vertu de requête & ordonnance du siége.

On doit demander l'apposition du Scellé immédiatement après le décès du défunt, ou du moins dans les premiers jours qui le suivent; car si l'on attendoit plus long-temps, le Scellé deviendroit inutile, puisqu'il ne pourroit plus constater l'état où les choses étoient au temps du décès.

2°. La veuve, pour sûreté de ses reprises & conventions; ou les héritiers, pour empêcher qu'il ne soit rien détourné, peuvent faire mettre le Scellé; l'exécuteur testamentaire peut aussi le requérir.

3°. Les créanciers peuvent le faire mettre du vivant de leur débiteur, en cas d'absence, faillite, ou banqueroute, ou emprisonnement pour dettes.

4°. Le procureur du roi, ou le procureur fiscal si c'est dans une justice seigneuriale, peuvent le faire apposer sur les biens d'un défunt, au cas qu'il y ait des héritiers mineurs n'ayant plus ni père ni mère, & dépourvus de tuteur & de curateur.

5°. Le ministère public peut aussi requérir l'apposition du Scellé sur les effets d'un défunt, quand il a laissé des absens pour héritiers; où qu'il y a lieu aux droits de déshérence, bâtardise, aubaine, &c.

6°. Il en est de même quand il est question de l'intérêt du roi, du public & de l'église; comme lorsqu'il s'agit des successions des curés, marguilliers, notaires ou autres saisis de minutes, registres, titres d'églises au autres choses de pareille nature.

7°. Enfin le Scellé peut être apposé, en matière criminelle, sur les effets de l'accusé, quand le juge présume qu'on y trouvera des preuves servant à la conviction du crime.

En général, c'est au juge du lieu à apposer le Scellé, à moins qu'il n'y ait des commissaires en titre, comme au châtelet de Paris, où cette fonction est réservée aux commissaires au châtelet.

Il y a néanmoins des cas où le Scellé est apposé par d'autres officiers, par une suite de la juridiction qu'ils ont sur certaines personnes. Par exemple, c'est le parlement qui appose le Scellé chez les princes du sang. La chambre des comptes est en droit de l'apposer chez les comptables dont les comptes ne sont pas apurés; & si le Scellé étoit déjà apposé par les officiers ordinaires, ceux de la chambre des comptes seroient en droit de le croiser (*).

Les officiers du châtelet de Paris peuvent, par droit de suite, apposer le Scellé par tout le royaume, pourvu que le défunt ait eu son principal domicile à Paris.

Les commissaires des pauvres du grand bureau de Paris, ont, exclusivement à tout autre officier, le droit d'apposer les Scellés & de faire les inventaires après le décès des pauvres qui sont à l'aumône de ce bureau.

Le prévôt de la prévôté de l'hôtel a droit d'apposer le Scellé après le décès des personnes attachées à la suite du roi, ou à celles de la reine & de la famille royale; & décédées pendant le temps de leur service; mais ce droit ne peut être exercé que sur les effets trouvés dans les logemens occupés par

(*) *Croiser le Scellé*, c'est en apposer un second pardessus le premier, de manière qu'on ne peut lever le premier sans lever auparavant le second; & dans le cas où le premier Scellé est ainsi croisé, on assigne ceux qui l'ont apposé, pour être présens à la levée des deux Scellés & venir reconnoître le leur.

ces personnes *pour le temps de leur service seulement*; car si ces personnes étoient décédées, même pendant le temps de leur service, dans des maisons qui leur appartinssent, ou qu'elles eussent louées pour un temps plus long que celui de leur service, l'apposition de Scellé seroit de la compétence du juge ordinaire, attendu que ces maisons ne seroient pas comprises, en pareil cas, dans la juridiction du prévôt de l'hôtel. C'est ce qui résulte d'un arrêt rendu au conseil le 1 avril 1762, pour faire cesser les conflits qui s'élevoient fréquemment entre le châtelet & la prévôté de l'hôtel.

Le bailli du palais peut, lorsque le défunt a son domicile principal dans sa juridiction, aller apposer le Scellé dans les autres endroits situés dans l'étendue du ressort du châtelet; & réciproquement, les commissaires du châtelet peuvent apposer le Scellé par suite, dans le territoire du baillige du palais. C'est ce que porte l'article 2 d'un édit du mois d'octobre 1712, servant de réglement entre les officiers du châtelet de Paris & ceux du bailliage du palais.

Le titre 29 de l'ordonnance du roi, du 1 mars 1768 (*), règle ce qui doit être observé relative-

---

(*) *Ce titre contient les neuf articles suivans.*

1. Les majors des places, & les aides-majors en leur absence, auront droit d'apposer le Scellé sur les effets des officiers généraux employés par lettres de service, sur ceux des officiers d'infanterie, de cavalerie & de dragons, aumôniers & chirurgiens-majors des régimens qui décéderont dans leur place, & d'en faire l'inventaire, si ces officiers y sont tombés malades leur troupe y passant ou y étant en garnison; ils en useront de même pour les effets des officiers d'artillerie & des ingénieurs, soit qu'ils servent dans lesdites places par semestre ou par extraordinaire, ou qu'ils y soient en résidence fixe.

2. Entend sa majesté que les papiers concernant les forti-

ment aux Scellés & inventaires des officiers des états majors des places & autres.

---

fications, qui se trouveront chez un ingénieur décédé, soit qu'il soit en résidence ou non, soient remis aussi-tôt par inventaire, dont il sera envoyé une copie au secrétaire d'état ayant le département de la guerre, entre les mains de l'ingénieur principal résident dans la place, lequel, pour cet effet, sera tenu d'être présent à l'apposition & à la levée du Scellé; & s'il n'y avoit point d'ingénieur dans la place, le major sera mettre lesdits papiers dans un lieu particulier, & il y apposera le Scellé, la levée duquel ne se fera qu'en présence du directeur des fortifications du département ou de l'ingénieur envoyé par lui, & muni de son ordre par écrit pour les retirer.

3. Les commissaires des guerres & du corps royal auront droit, à l'exclusion de tous autres, d'apposer le Scellé sur les effets des employés d'artillerie qui décéderont dans une place, & de faire vendre les effets de ceux desdits employés qui ne laisseront point d'héritiers à portée d'en prendre possession.

4. A l'égard de tous les autres officiers militaires qui seront employés en résidence fixe dans les places, ou qui s'y trouveront sans leur troupe ou sans emplois, le droit appartiendra aux juges des lieux qui ont la connoissance des causes des nobles.

5. L'officier major de la place ne pourra faire vendre les effets des successions qu'il aura inventoriés, si cette vente n'est nécessaire pour l'acquit des dettes que le défunt auroit contractées dans la garnison & pour le payement des frais funéraires, ou s'il n'en est requis par les héritiers; en ce cas, il pourra retenir le sou pour livre sur le produit de la vente.

6. Il remettra lesdits effets ou ce qui restera du produit de la vente, lesdites dettes acquittées, à celui ou ceux qui justifieront être les héritiers du défunt, en retirant d'eux une décharge valable; & en cas de contestation, il déposera lesdits effets ou argent au greffe de la justice des lieux, pour les délivrer à qui il appartiendra.

7. Lors de la levée des Scellés qui auront été mis par les juges des lieux sur les effets de la succession des officiers militaires en résidence, ils seront tenus d'y appeler le major de la place, ou un aide-major en son absence, pour en retirer les papiers qui concerneront le service du roi, & les

Ceux qui requièrent l'apposition du Scellé, doivent expliquer l'intérêt qu'ils ont à le faire (*).

---

remettre au successeur du défunt dans son emploi, ou les envoyer au secrétaire d'état ayant le département de la guerre si le défunt n'étoit pas dans le cas d'être remplacé.

8. L'épée que portoit ordinairement l'officier défunt, ser mise sur son cercueil lors de son enterrement, & le major d la place, ou à son défaut l'aide-major qui le remplacera dan ses fonctions, la retiendra comme un honoraire, en considé ration du soin qu'il aura pris de faire rendre les honneur militaires au convoi.

9. Si le prix de cette épée étoit nécessaire pour l'acquit de dettes du défunt, elle y seroit employée par préférence.

Si le défunt en avoit disposé authentiquement avant sa mort celui en faveur duquel il en auroit disposé en mettroit à l place une autre du même métal.

(*) *Requête pour faire apposer le Scellé après l'enterremen*

A M. le prévôt de Paris *ou* M. le lieutenant civil.

Supplie humblement .... veuve du sieur .... bourgeo de Paris.

Qu'il vous plaise, vu le décès & l'inhumation dud sieur .... lui permettre de faire apposer le Scellé sur les effe & papiers dépendans de sa succession & de la communau qu'il y a eue entre lui & la suppliante, & ce par le commi saire .... ou tel autre qu'il vous plaira commettre; & vo ferez bien.

Ordonnance.

Permis de faire apposer le Scellé par le commissaire, le ... fait ce ....

Procès-verbal d'apposition de Scellé.

L'an, &c. nous .... conseiller du roi, commissaire-enqu teur au châtelet de Paris, étant requis, nous sommes tran porté rue .... paroisse .... en la maison occupée par sieur .... &c. où étant, est comparue dame .... laquelle no a dit que ledit sieur .... son époux, vient de décéder; qu'aya été commune en biens avec lui, elle a intérêt de conserver l effets & papiers délaissés par son décès, tant pour la guid dans le parti qu'elle se réserve de prendre, touchant ladi communauté, dans les délais de l'ordonnance, que pour co server les objets sur lesquels elle pourra se pourvoir pour

Il y en a même qui sont obligés de prouver cet intérêt : tels sont, l'exécuteur testamentaire, les créanciers du défunt, &c.

---

répétition de ses dot, douaire, reprises, & autres conventions matrimoniales, & en outre pour éviter tous reproches de spoliation de ladite succession ; qu'en conséquence elle nous requiert d'apposer nos Scellés sur les effets & papiers desdites succession & communauté, & étant en ladite maison, & ensuite dans tous les lieux où il conviendra, & a signé. *Signé* . . . .

Sur quoi, nous, commissaire susdit & soussigné, avons donné acte dudit réquisitoire ; & étant entré dans une petite salle par bas, avons trouvé le corps dudit défunt sieur . . . . gissant sur un lit ; & ladite dame veuve . . . . nous a remis deux clefs qu'elle nous a dit & que nous avons vérifié être, savoir, l'une de l'armoire & l'autre de la commode ci-après désignées, & avons procédé à l'apposition de nos Scellés, ainsi qu'il suit.

Premiérement, avons apposé nos Scellés & cachets de nos armes sur les extrémité de deux bandes de papier portant sur l'ouverture de chacune de deux portes d'une armoire de bois de sapin, peinte en bleu, moulure dorée, de la hauteur de huit pieds, largeur de quatre.

Plus, dans le cabinet dudit sieur . . . . &c.

Et étant monté dans une chambre au second étage de ladite maison, suivant l'indication à nous faite par ladite dame veuve . . . . & nous préparant à apposer nos Scellés sur une armoire & autres meubles, ladite dame veuve . . . . nous a déclaré que pour l'usage de ladite maison, jusqu'à la levée de nosdits Scellés & suites, elle se chargeroit de la quantité de douze serviettes de toile blanche, de la grandeur d'une aune, marquées en bleu des lettres *C & P*, initiales des noms du défunt ; plus, de deux paires de draps marquées de même, de la grandeur de . . . . &c. Ce que ladite dame veuve . . . . ayant tiré de ladite armoire, elle s'en est chargée & a promis le tout représenter quand il appartiendra, & a signé.

Suit l'évidence.

Dans ladite chambre s'est trouvé en évidence un lit composé de, &c.

Les effets que l'on ne peut mettre dans d'autres qui sont scellés, doivent être décrits d'une maniere sommaire ; cepen-

On doit remettre à l'officier qui appose le Scellé, les clefs des coffres, commodes, armoires, bureaux & tiroirs fermant à clef, pour empêcher qu'on ne puisse y fouiller. Cet officier ne doit faire aucune description des choses qui y sont ; le Scellé apposé sur les ouvertures suffit pour conserver ces choses.

Le sceau qu'on emploie pour les Scellés doit être public, & l'on regarde comme tel le sceau royal ou celui de la justice seigneuriale du lieu: un sceau gravé d'un chiffre ou d'un écusson privé, ne doit pas être employé à cet usage, parce que s'il venoit à se perdre, on ne pourroit plus vérifier, lors de la levée du Scellé, si les empreintes

---

dant, comme il y a lieu de craindre qu'on ne les enlève pour y en substituer d'autres de pareille matière & espèce, mais de moindre valeur, le commissaire les scelle aussi quelquefois; mais ceci ne se fait guère qu'à l'égard d'un meuble de prix & qui n'est pas d'un usage journalier. Au surplus, l'officier qui appose le Scellé ne peut faire des meubles en évidence qu'une description sommaire, sans prisée ni estimation, suivant un arrêt rendu en forme de réglement entre les juges de Montiérender, Sommevoir, & les notaires royaux au bailliage de Châmont, le 21 avril 1751.

Dans les tiroirs d'un bureau, &c. étant en ladite chambre, s'est trouvée la somme de 325 livres, en treize louis d'or de 24 livres; deux écus de 6 livres, une pièce de 12 sous, une de 6 sous, & une de 2 sous, laquelle somme avons laissée à ladite veuve .... qui s'en est chargée, tant pour fournir à la dépense des frais funéraires & de maladie, que de ladite maison; le tout sans que cela puisse lui attribuer d'autre qualité que celle qu'elle jugera à propos de prendre par la suite, & a signé.

Lesquels lieux & effets ci dessus désignés sont tous les lieux & effets à nous indiqués par ladite dame veuve .... laquelle, après serment par elle fait devant nous qu'elle n'en a point caché ni détourné, vu cacher & détourner directement ni indirectement, s'est desdits Scellés & de tout ce que dessus volontairement chargée, & a promis le tout représenter quand il appartiendra, & a signé.

qui sont sur la cire sont celles que l'officier a appliquées.

Observez néanmoins qu'à Paris les commissaires ont été maintenus, par une déclaration du 2 mai 1713, dans l'usage d'apposer le Scellé avec des cachets gravés à leurs armes : mais on a très-bien observé qu'il seroit à propos, pour rendre ces cachets authentiques, que l'empreinte en fût déposée au greffe.

Quand un officier se présente pour apposer le Scellé, & qu'il trouve les portes de la maison fermées, sans qu'on veuille les lui ouvrir, il doit, s'il n'a pas caractère pour en ordonner l'ouverture, observer ce que prescrit, pour les saisies & exécutions, l'article 5 du titre 33 de l'ordonnance de 1667, & en conséquence se retirer avec la personne qui requiert l'apposition du Scellé, pardevant le juge du lieu, pour faire ordonner l'ouverture des portes par un serrurier en présence du commissaire.

Mais si, lorsque l'officier est entré dans la maison, il se présente quelqu'un qui s'oppose à l'apposition du Scellé, il faut, s'il a caractère pour prononcer sur cette opposition, qu'il décide provisoirement, après avoir oui les parties, s'il fera ou non l'apposition des Scellés, ou s'il la restreindra à certains meubles & effets. Quand l'officier n'a point de caractère pour décider, comme lorsque c'est un commissaire, il doit en référer au juge du lieu, pour faire ordonner ce qui convient ; & pour empêcher que, dans l'intervalle du référé, on ne détourne les effets du défunt, l'officier doit laisser garnison dans la maison pour y veiller, jusqu'à ce que le juge ait statué sur l'obstacle formé contre l'apposition du Scellé.

Cette garnison doit être établie de manière qu'on ne puisse emporter aucun effet : ainsi quand la maison a plusieurs corps de logis, il faut un gardien dans chacun ; & si elle a plusieurs sorties, les garder toutes.

La garnison doit aussi prendre garde à ce que ceux qui sont dans les lieux où le Scellé est requis, n'en sortent avec quelques effets appartenant à la succession.

Les dispositions des articles 5, 13 & 14 du titre 23 de l'ordonnance de 1667, doivent être exécutées, relativement à cette garnison ; ainsi le commissaire ne peut nommer aucun de ses parens ou alliés jusqu'au degré de cousin-germain inclusivement, ni aucune des parties intéressées, ni leurs enfans, petits-enfans, frères, oncles & neveux. Cependant si l'une des parties consentoit que l'autre ou ses parens fussent établis gardiens, l'officier pourroit les admettre, attendu que la prohibition n'a lieu qu'en faveur de cette partie.

Lorsque le commissaire a statué sur l'opposition qu'il en sera referé au lieutenant civil, il doit se transporter chez ce magistrat, qui, après avoir oui son rapport & les parties, rend une ordonnance relative aux circonstances. Cette ordonnance se rédige sur le procès-verbal même du commissaire.

La décision du juge, dans ce cas, doit être sommaire. C'est une conséquence de l'article 4 du titre 17 de l'ordonnance de 1667, qui met au rang des matières sommaires, les appositions & levées des Scellés ; & c'est en conformité de la même loi, que l'article 9 de l'édit de 1685, concernant l'administration de la justice au châtelet, veut que *lorsque dans les appositions de Scellés les parties formeront des contestations, les commissaires puissent, si les parties le requièrent, se transporter en la maison du lieutenant civil, pour y être pourvu ainsi qu'il avisera bon être.*

Observez toutefois que le juge ne peut statuer que provisoirement, & que sur le fond il doit renvoyer les parties à l'audience, conformément à un arrêt de réglement du 1 février 1694.

Les circonstances principales où l'on est fondé à s'opposer à une apposition de scellé, se rencontrent, 1°. lorsque le défunt n'a eu aucun droit aux choses sur lesquelles on veut apposer le Scellé.

2°. Quand l'officier qui se présente pour faire cette opération est sans caractère à cet égard.

3°. Quand il y a déjà un Scellé valablement requis & apposé, & que la partie qui en requiert un second, n'a aucun droit pour faire croiser le premier.

4°. Lorsqu'il y a un inventaire fait, & qu'il n'y a point de continuation de communauté.

5°. Quand celui qui veut faire apposer le Scellé est sans intérêt à cet égard.

6°. Quand on fait cesser le droit de la personne qui demande l'apposition de Scellé.

Le Scellé étant établi pour conserver les effets de la succession, on ne doit le lever que quand on est en état de procéder à l'inventaire.

Un arrêt de réglement du 18 juillet 1733, porte, qu'*à l'avenir il ne pourra être procedé à un inventaire que trois jours francs après les enterremens faits publiquement, à peine de nullité.* Cette règle est établie afin que ceux qui ont des droits sur une succession, aient le temps d'être instruits du décès, & de se présenter à l'inventaire pour faire valoir leurs prétentions.

Observez néanmoins que cette disposition ne s'applique qu'aux cas où rien ne presse; car s'il étoit instant de lever le Scellé plus tôt, comme dans un cas d'incendie & autre où il y auroit du péril en la demeure, le juge pourroit, sur la requête d'une partie, ordonner cette levée, quoique les délais ne fussent point écoulés; c'est ce qu'autorise une autre disposition de l'arrêt qu'on vient de citer.

La levée du Scellé peut être requise par toute

partie intéressée ; mais il n'y a que les successeurs universels du défunt, tels que ses héritiers ou légataires universels, qui soient fondés à demander que le Scellé soit levé sans inventaire ou description (*) ; la raison en est, que succédant à l'universalité

(*) *Requête à fin de levée du Scellé sans description.*

A M. le prévôt de Paris, *ou* M. le lieutenant civil.

Supplie humblement Louis .... fils majeur & seul héritier de défunt le sieur Guillaume ....

Qu'il vous plaise accorder au suppliant main-levée du Scellé après le décès dudit sieur Guillaume .... son père, par le commissaire M .... ce faisant, ordonner que ledit Scellé sera levé sans description par ledit commissaire, après reconnoissance d'icelui, en présence & du consentement des parties intéressées, appelées à cet effet ; & vous ferez bien.

Ordonnance.

Permis de faire lever le Scellé sans description par le commissaire qui l'a apposé, après reconnoissance d'icelui, en présence & du consentement des parties intéressées, appelées à cet effet. Fait ce ....

En vertu de cette ordonnance, on appelle toutes les parties intéressées, comme les opposans, l'époux survivant commun en biens, les successeurs universels & particuliers, & l'exécuteur testamentaire, s'ils comparoissent & consentent à la levée sans description, on la fait ; s'ils n'y consentent pas, ou s'ils font défaut, on ne doit pas lever le Scellé sans inventaire. On peut, pour éviter les frais de comparution, leur faire donner un consentement devant notaire, à ce qu'il soit procédé à cette levée sans qu'ils y soient présens.

Si l'on demande la description, la requête se présente en cette forme :

A M. le prévôt de Paris, *ou* M. le lieutenant civil.

Supplie humblement Françoise .... veuve du sieur Guillaume .... bourgeois de Paris, avec lequel elle étoit commune en biens,

Qu'il vous plaise lui permettre de faire procéder à la reconnoissance & levée des Scellés apposés par le commissaire .... le .... sur les effets delaissés après le décès dudit sieur Guillaume .... pour être ensuite procédé à l'inventaire & description des

des biens & des charges, on ne risque rien de lever les Scellés sans inventaire, & de leur laisser

---

de ce qui se trouvera sous iceux en évidence, les intéressés présens ou dûment appelés; & en cas d'absence, en présence d'un substitut de M. le procureur du roi; & vous ferez bien.

Ordonnance.

Permis de faire lever lesdits Scellés par le commissaire .... qui les a apposés, les intéressés présens ou dûment appelés; & en cas d'absence, en présence d'un substitut du procureur du roi. Fait ce ....

En conséquence de cette ordonnance, le commissaire en donne une qui est ainsi conçue:

De l'ordonnance de nous .... commissaire au châtelet, vous, premier huissier sur ce requis, à la requête de ...., pour qui domicile est élu en la maison de M^e^ .... procureur au châtelet, sise rue .... paroisse .... sommez & donnez assignation à tous les particuliers qui vous seront indiqués, opposans à la levée & reconnoissance des Scellés par nous apposés sur les effets délaissés après le décès de .... à comparoir de .... heure de .... en la maison où est décédé ledit .... sise rue .... paroisse .... pour, en exécution de l'ordonnance de M. le lieutenant civil au bas de la requête du .... être présens, si bon leur semble, auxdites reconnoissance & levée des Scellés, & à l'inventaire, prisée & description de ce qui se trouvera sous iceux en évidence, leur déclarant que, faute d'y comparoir, il y sera procédé, tant en absence que présence; de ce faire vous donnons pouvoir. Fait & délivré en notre hôtel, ce .... Scellé le ....

En vertu de cette ordonnance, on donne l'assignation suivante à tous ceux qui ont droit d'assister à la levée du Scellé.

L'an, &c. en vertu de l'ordonnance de M. L.... commissaire au châtelet de Paris, je .... huissier .... certifie avoir donné assignation à tels & tels, &c. à comparoir & se trouver tel jour, telle heure, en la maison où est décédé ledit sieur .... sise rue .... pour être présens, si bon leur semble, à la reconnoissance & levée des Scellés mentionnés en ladite ordonnance, & de suite à l'inventaire de ce qui se trouvera sous iceux en évidence, leur déclarant que faute d'y

prendre les effets, puisque leur titre les leur donne. Au reste, pour que des successeurs universels puissent obtenir la levée du Scellé sans inventaire, il faut le concours de plusieurs conditions : 1°. Il faut que tous les successeurs universels & ceux qui ont des droits sur la succession, adhèrent à la demande : car la résistance d'un seul rend la description nécessaire : en effet, l'inventaire étant une précaution établie en faveur des uns & des autres, on ne peut l'omettre que de leur consentement.

2°. Il est nécessaire que ceux qui demandent la levée du Scellé sans description, soient majeurs : la raison en est, qu'en se chargeant, sans état préalable, des effets du défunt, ils font acte d'héritier, & s'obligent par-là indéfiniment à ses dettes.

3°. La qualité de majeur est pareillement nécessaire dans ceux dont le consentement est requis pour qu'on puisse lever le Scellé sans description.

On commet ordinairement pour la levée des Scellés, le commissaire qui les a apposés, à moins qu'il n'y ait quelque empêchement, tel que l'absence, la récusation, une maladie, &c. Cet usage est fondé sur ce que le commissaire peut mieux connoître qu'un autre s'il n'y a point eu de dérangement dans les bandes de papiers sur lesquelles sont appliqués les Scellés, &c. C'est par cette raison que sur l'appel qu'un élu, commis pour apposer des Scellés, avoit interjeté d'une ordonnance qui commettoit un autre élu pour lever les Scellés ; la cour des aides ordonna, par arrêt du 19 mars 1698, qu'à l'avenir les Scellés

---

comparoir, il y sera procédé, tant en absence que présence; & en cas d'absence, en présence d'un substitut de M. le procureur du roi ; & leur ai, parlant comme dessus, laissé copie à chacun séparément, tant de ladite ordonnance que du présent.

qui auroient été mis par un officier du ressort de cette cour, ne pourroient être reconnus que par lui, sinon en cas d'absence, maladie, récusation, &c.

Lorsque le temps indiqué par l'ordonnance de l'officier qui doit lever le Scellé, est arrivé, il se rend, ainsi que les parties intéressées, au lieu où sont les Scellés. On commence par faire mention dans le procès-verbal, de la comparution des parties, lorsqu'elles se présentent. Si quelqu'une d'elles ne comparoît pas en personne, ni par le ministère d'un fondé de procuration, on donne défaut contre elle, & l'on requiert le ministère public de la représenter.

Il est d'usage au châtelet, que celui qui requiert la levée d'un Scellé soit assisté d'un procureur; mais les autres parties peuvent comparoir sans procureur; c'est ce que prouve un arrêt de notoriété du premier février 1754. Au reste, les parties ont coutume de se faire assister d'un de ces officiers.

Observez cependant que dans les successions collatérales chaque héritier ne seroit pas fondé à se faire assister par un procureur à la levée des Scellés; il ne doit y en avoir qu'un seul pour chaque ligne; & s'il survenoit un différend entre les héritiers d'une ligne sur le choix du procureur qu'elle a droit de nommer, ce seroit le plus ancien des procureurs choisis par tous les héritiers de cette ligne qui occuperoit aux frais de la succession; c'est encore ce qui est attesté par l'acte de notoriété qu'on vient de citer.

Quand il s'agit d'une succession directe, chaque héritier venant à cette succession de son chef, peut se faire assister d'un procureur à la levée des scellés, aux frais de la succession; mais si des petits-enfans ne venoient que par représentation de leur père ou de leur mère, ils ne pourroient avoir qu'un seul procureur pour leur branche.

Les créanciers opposans au Scellé ne peuvent

pas, chacun en particulier, faire assister aux frais de la succession leur procureur à la levée des Scellés; il ne peut y avoir qu'un seul de ces officiers pour tous les créanciers.

La déclaration du 30 juillet 1715, concernant les Scellés apposés à Paris & dans le ressort du châtelet, veut que lorsqu'en cas de faillite, les créanciers ne sont pas d'accord sur le seul procureur qui peut occuper pour eux, ce procureur soit nommé par le lieutenant civil, sans qu'il puisse y en assister d'autres.

Ce magistrat a coutume de nommer en pareille circonstance le procureur le plus ancien en réception, tant pour les Scellés apposés dans le cas de faillite qu'après décès.

Observez néanmoins que l'ancien procureur qui se présenteroit pour un créancier dont le titre ne seroit que chirographaire, n'excluroit pas le procureur moins ancien qui seroit porteur d'un titre authentique, tel qu'une sentence, un arrêt, ou un acte passé devant notaires.

Les opposans en sous ordre n'ont pas droit de faire assister leurs procureurs à la levée des Scellés apposés chez le débiteur de leurs débiteurs; telle est la jurisprudence du châtelet.

Quand le choix des procureurs des parties est réglé, elles peuvent faire, par le ministère de ces officiers, les réquisitions, observations & protestations qu'elles croient nécessaires.

C'est sur le procès-verbal de levée de Scellé qu'on nomme les officiers qui doivent faire la prisée & l'inventaire, tels que les notaires, huissiers-priseurs, experts, &c.

Lorsque les parties ne sont point d'accord à cet égard, la contestation doit se décider comme toutes les autres qui surviennent relativement à l'inventaire dans le cours du Scellé, c'est-à-dire, sur le champ

& par provision, si c'est une juge qui procède à la levée des Scellés ; ou par la voie du référé, si l'officier qui lève les Scellés n'a pas caractère pour juger.

Quand tout est disposé pour procéder à la prisée & à l'inventaire, le commissaire examine si les Scellés n'ont pas été altérés, brisés ou falsifiés ; s'il trouve qu'on ait commis quelque délit de cette espèce, il doit en faire mention dans son procès-verbal sur le champ, & constater le corps du délit, en exprimant l'état dans lequel les Scellés se sont trouvés, les interpellations qu'il a faites à celui qui les a eus en garde & à ceux qui ont demeuré dans la maison pendant qu'ils étoient apposés, & les autres choses qu'il a jugé à propos de faire pour parvenir à la découverte des coupables & des circonstances de leur crime.

Le bris de Scellé est un délit qui doit être poursuivi par la voie extraordinaire ; c'est pourquoi un arrêt rendu au parlement de Paris le 7 mai 1732, a infirmé une sentence par laquelle le lieutenant criminel du châtelet avoit, sans décret ni interrogatoire, renvoyé à l'audience sur une accusation de corruption de domestiques pour rompre des Scellés ; il auroit fallu, attendu le titre de l'accusation, décréter l'information, pour parvenir à connoître les personnes contre lesquelles la plainte avoit été rendue, sans que leurs noms y fussent exprimés.

Raviot, sur la coutume de Bourgogne, *quest.* 250, *n°.* 37, dit qu'on doit présumer que le bris de Scellé a eu lieu *pour spolier la succession*, à moins qu'il n'y ait preuve du contraire ; c'est ce que le parlement de Dijon, ajoute l'auteur cité, a jugé contre une veuve, *quoiqu'il n'y eût aucune preuve qu'elle eût spolié ou profité de la spoliation.*

Si le commissaire trouve les Scellés sains & entiers, il l'atteste, & les lève successivement, en exprimant sommairement dans son procès-verbal à quoi chaque vacation a été employée, & entre les mains de qui les effets inventoriés sont restés.

Lorsqu'en levant les Scellés, on trouve un testament olographe, c'est entre les mains du notaire & non du greffier qu'il doit être déposé; le conseil l'a ainsi jugé par arrêt du 3 décembre 1680, qui a ordonné que le testament d'un contrôleur de la grande chancellerie, dont le lieutenant de la prévôté de l'hôtel s'étoit emparé en apposant les Scellés, seroit remis à Me. Baudry, notaire au châtelet, pour en être délivré des expéditions aux parties intéressées.

Le conseil a encore jugé de même par un autre arrêt rendu en forme de réglement le 27 mai 1737, entre les officiers du bailliage de Tours, les commissaires-enquêteurs & les notaires de la même ville; cet arret a été revêtu de lettres-patentes que le parlement a enregistrées le 17 janvier 1738.

Mais si, en procédant à la levée des Scellés, on trouve un testament ou autre paquet cacheté, le commissaire doit s'en charger & le porter ensuite au lieutenant civil, à l'effet d'en être fait ouverture. L'office du juge, en ce cas, consiste à faire la description du testament cacheté, de ce qui est sur l'enveloppe, & des cachets, s'ils se trouvent entiers. On dresse à ce sujet un procès-verbal sur lequel le lieutenant civil rend une ordonnance portant que le testament sera déposé entre les mains d'un notaire qu'il nomme, & qui s'en charge en conséquence.

Si au contraire le testament trouvé est décacheté, le commissaire en fait la description dans son procès-verbal de levée des Scellés, & après l'avoir paraphé, il le remet entre les mains d'un notaire, qui est obligé de s'en charger sur ce procès-verbal, pour l'insérer dans ses minutes & en délivrer des expéditions aux parties intéressées. Ces règles sont établies, tant par deux arrêts du parlement de Paris des 13 & 21 février 1668 (*), que par une sentence rendue au châtelet le 25 avril 1716, en faveur des commissaires, contre les notaires qui refusoient de se charger des testamens sur les procès-verbaux de ces officiers.

Les notaires ne peuvent décrire & inventorier que ce qui appartient à la succession dont ils font l'inventaire; ainsi quand il se trouve sous les Scellés quelques effets, ou des paquets appartenant à des étrangers qui les réclament & en requièrent la description, elle doit être faite par l'officier qui a apposé le Scellé; c'est ce qui résulte d'un arrêt rendu au parlement de Paris le 30 septembre 1755, en faveur des commissaires au châtelet contre les notaires (**).

(*) Par le premier de ces arrêts, la cour, en confirmant l'ordonnance de M. le lieutenant civil, ordonna à Me Faudoire, notaire à Paris, qui s'étoit saisi d'un testament ouvert, trouvé sous des Scellés, de le rapporter pour être paraphé par le commissaire, & se charger de ce testament sur le procès-verbal de Scellé. Me Faudoire n'ayant pas satisfait à ce premier arrêt, il fut ordonné par le second, qu'il y seroit contraint par corps; qu'un autre notaire feroit l'inventaire en son lieu & place, & se chargeroit du même testament.....

(**) *L'espèce de cet arrêt est ainsi rapportée dans la collection de jurisprudence.*

Un des directeurs des créanciers du marquis de Nesle étant décédé, le Scellé fut apposé sur ses effets; il fut levé, & l'inventaire commencé en la manière ordinaire. Mais comme on procédoit à l'un & à l'autre, un fondé de procuration du marquis de Nesle comparut, & demanda que les papiers concernant la direction des biens de ce seigneur, qui étoient sous les Scellés, lui fussent remis, après en avoir préalablement fait une description sommaire, aux offres d'en donner décharge.

Tout le monde consentit à la description & à la remise des papiers, & il n'y eut de difficulté que sur la question de sa-

En Lorraine, c'est aux procureurs du roi ou fiscaux qu'appartient le droit d'apposer le Scellé après la mort des personnes décédées, quand il y a des enfans mineurs; mais ils requièrent seulement cette apposition lorsqu'il n'y a que des héritiers présomptifs majeurs & absens, ainsi que dans les cas d'aubaine, de déshérence, main-morte, bâtardise, & autres droits de pareille nature; telles sont les dispositions de l'article 29 du réglement du duc Léopold, du mois de novembre 1707, concernant ces officiers.

Il y a néanmoins dans cette province quelques siéges où les juges ont le droit d'apposer le Scellé, mais c'est toujours à l'assistance du ministère public.

Lorsque les héritiers d'un évêque ou d'autres ecclésiastiques pourvus de bénéfices consistoriaux, & le receveur des économats sont présens à la lévée des Scellés, la partie publique ne doit point y assister; c'est ce qui résulte particulièrement de deux arrêts rendus au conseil les 27 septembre 1740 & 11 avril 1766 (*).

---

voir si ce seroit le commissaire ou le notaire qui feroit la description. La contestation qui s'éleva sur cela, donna lieu à un référé, lors duquel M. le lieutenant civil ordonna que la description seroit faite par le commissaire.

Il y eut appel de cette ordonnance. Les commissaires en corps & la communauté des notaires intervinrent. Les notaires alléguoient un usage & une possession; ils disoient que quoique les papiers réclamés fussent étrangers à la succession, ils ne faisoient pas moins partie de l'inventaire, qui devoit contenir un détail de l'actif, des décharges & des renseignemens; que la description qu'il s'agissoit de faire sommairement, n'étoit pas litigieuse, puisque tout le monde y consentoit.

Toutes ces raisons des notaires ne firent aucune impression; & l'ordonnance de M. le lieutenant civil fut confirmée par l'arrêt cité.

(*) *Voici le second de ces arrêts :*

Le roi s'étant fait représenter en son conseil l'arrêt rendu

Les officiers d'un seigneur haut-justicier peuvent bien apposer le Scellé & procéder à l'inventaire

---

en icelui le 27 septembre 1740, par lequel sa majesté, en ordonnant l'exécution des édits des mois de décembre 1691, juillet 1708, & autres réglemens concernant la régie des économats dans son royaume, elle auroit fait très-expresses défenses aux juges d'assister à la vente des meubles; & aux procureurs du roi d'assister à la levée des Scellés & inventaires des bénéficiers décédés, lorsqu'il se présente des héritiers, s'ils n'en sont requis, ni d'exiger à ce sujet aucunes vacations. Et sa majesté étant informée qu'après le décès du sieur de Villeneuve, évêque de Montpellier, le Scellé ayant été apposé sur les meubles & effets par lui délaissés, & la levée dudit Scellé & inventaire ayant été commencée à la requête des héritiers dudit feu sieur de Villeneuve & du sieur Marchal de Sainscy, économe sequestre, ainsi qu'il résulte du procès-verbal fait par le sieur Faure, lieutenant général en la sénéchaussée de Montpellier, du 20 février 1766, le sieur Campan, avocat du roi en ladite sénéchaussée, auroit paru à ladite levée des Scellés & inventaire, & auroit prétendu y assister; à quoi les héritiers dudit sieur de Villeneuve & le procureur dudit sieur Marchal de Sainscy, pour l'intérêt de la succession, se seroient opposés, en représentant que sa présence étant inutile, il devoit se retirer, conformément audit arrêt du conseil dudit jour 27 septembre 1740, qui lui fut exhibé: que ledit sieur Campan, bien loin de satisfaire audit arrêt, a soutenu par de longs comparans, qu'il étoit en droit d'assister audit inventaire, sans doute dans la vûe de se procurer des vacations & d'alonger la procédure, pour consumer en frais la succession dudit sieur de Villeneuve; qu'il résulte de l'ordonnance dudit sieur Faure, lieutenant général, en date dudit jour 20 février, qu'il s'est contenté de donner acte des dires & réquisitions des parties, & a ordonné que l'inventaire seroit continué en présence dudit sieur Campan, avocat du roi, lequel inventaire a été suspendu; ce qui occasionne le dépérissement des effets & des frais considérables pour ladite succession; que pour mettre ledit sieur Campan dans tout son tort, l'économe lui a fait signifier, par exploit du 13 mars dernier, ledit arrêt du conseil, avec sommation & interpellation de s'y conformer & de ne point paroître audit inventaire: que néanmoins ledit sieur Campan persiste toujours à assister audit inventaire & même aux autres dans les maisons des nobles & des ecclésiastiques; comme l'ont jugé divers arrêts ; mais c'est aux juges royaux à faire cette apposition après le décès du seigneur haut-justicier, lorsqu'elle est requise; les officiers de ce seigneur sont incompétens à cet égard ; c'est ce qui résulte singulièrement de trois arrêts du parlement de Paris des 26 août 1665, 6 février 1702, & 23 avril 1704.

La même cour a rendu, le 6 mai 1780, entre les substituts du substitut du procureur général au châtelet, & les lieutenans civil, de police, criminel, & le substitut du procureur général, un arrêt de réglement concernant les reconnoissances &

---

procédures, ainsi qu'il paroît par sa réponse audit acte de sommation. A quoi sa majesté désirant pourvoir ; le roi étant en son conseil, a cassé & annullé, casse & annulle l'ordonnance du sieur Faure, lieutenant général en ladite sénéchaussée, du 20 février 1766. Fait en conséquence sa majesté très-expresses défenses audit sieur Campan, de paroître aux procès-verbaux de levée des Scellés & inventaires des meubles & effets du feu sieur de Villeneuve, évêque de Montpellier, attendu la présence des héritiers : enjoint sa majesté audit sieur Campan, de restituer ses vacations, si aucunes il a exigées, à peine de suspension de ses fonctions, même d'interdiction, s'il y échet. Ordonne en outre sa majesté que les édits des mois de décembre 1691, juillet 1708, ensemble l'arrêt de son conseil du 27 septembre 1740, & autres réglemens concernant la régie des économats dans le royaume, seront exécutés selon leur forme & teneur. Défend sa majesté à ses avocats & procureurs de ses différens siéges, d'assister aux levées des Scellés, inventaires & autres procédures concernant la liquidation des successions des bénéficiers décédés, lorsqu'il se présentera des héritiers, & sans en avoir été requis : & sera le présent arrêt signifié, lu, publié & affiché par-tout où besoin sera, & exécuté nonobstant oppositions & autres empêchemens quelconques, dont, si aucuns interviennent, sa majesté s'en réserve & à son conseil la connoissance, & icelle interdit à toutes ses cours & autres juges. Fait, &c.

levées des Scellés, descriptions & inventaires, tant en matières civiles que criminelles, ainsi qu'en cas d'absence, faillites, banqueroutes frauduleuses, & en toutes matière de quelque nature & qualité qu'elles soient. Voici le dispositif de cet arrêt.

» Après que Collet, avocat des substituts du substitut de notre procureur général au châtelet, & » Tronchet, avocat des lieutenans civil, de police, » criminel, & du substitut de notre procureur gé- » néral au châtelet, & Joly de Fleury pour notre » procureur général, ont été ouïs :

» Notredite cour reçoit les intervenans parties in- » tervenantes, & les parties de Tronchet opposantes » à l'exécution de l'arrêt par défaut; au principal, » ayant aucunement égard aux requêtes & demandes » des parties, faisant droit sur les conclusions de » notre procureur général, ordonne que l'édit du » mois de janvier 1685, registré en notredite cour » le 22 du même mois; la déclaration du 27 » mai 1690, registrée le premier juillet audit an, » & l'arrêt du 21 février 1736, seront exécutés » selon leur forme & teneur; en conséquence, » maintient & garde les parties de Collet dans le » droit & possession d'assister pour le substitut de » notre procureur général au châtelet de Paris, & » *comme le représentant*, aux Scellés ordinaires, à ceux » apposés dans les cas d'absences, faillites & banque- » routes frauduleuses, descriptions & inventaires, » où la présence & le ministère du substitut de » notre procureur général seront requis & necessaires, » tant en matières civiles que criminelles, & en » toutes matières, de quelque nature & qualité » qu'elles soient, pour la conservation des droits & » intérêts des créanciers & autres parties intéressées; » ordonne pareillement que le lieutenant civil, le » lieutenant général de police & le lieutenant cri- » minel du châtelet pourront se transporter avec

» le substitut de notre procureur général, soit pour » apposer les Scellés, soit pour les lever, tant en » matière criminelle qu'en matière civile, dans tous » les cas où l'ordre & la vindicte publique peuvent » être intéressés, à l'effet de faire faire les perqui» sitions & enlévemens de titres, papiers & effets » pouvant servir à conviction, pour les faire déposer » aussi-tôt au greffe du châtelet, sans pouvoir, par le » lieutenant civil, le lieutenant général de police, » le lieutenant criminel & le substitut de notre pro» cureur général, percevoir aucuns droits ni vaca» tions, soit pour leurs transports, soit pour leurs » assistances à l'apposition ou à la levée desdits » Scellés; ordonne qu'après lesdites opérations faites, » celles contenant la description des meubles, mar» chandises, effets mobiliers, titres & papiers, » seront continuées par le commissaire qui aura » apposé les Scellés, ou par le notaire, si aucun » a été appelé pour faire l'inventaire, en la présence » de l'un des substituts du substitut de notre procu» reur général, & du plus ancien procureur des » créanciers opposans, sauf aux parties qui vou» droient y faire assister un procureur pour elles, » à l'y faire comparoître & assister à leurs frais & » dépens, sans aucune répétition quelconque; tous » dépens entre les parties compensés. Si man» dons, &c. «

Voyez le journal des audiences; les actes de notoriété du châtelet; le recueil des réglemens concernant les Scellés & inventaires; le parfait notaire; le dictionnaire des arrêts, &c.

Voyez aussi les articles, Absent, Commission, Inventaire, Mineur, Notaire, Substitution, Succession, Testament, &c.

SCELLEUR. Officier qui appose le sceau aux lettres de chancellerie. Voyez Sceau.

Il y a aussi dans plusieurs tribunaux un Scelleur en titre, qui appose le sceau de la juridiction aux jugemens que l'on veut rendre exécutoires.

SCIENDUM *de la chancellerie*. Ce mot, emprunté du latin, se dit d'une instruction pour les officiers de la chancellerie, tant au sujet de leurs droits particuliers, que pour ceux de la chancellerie & pour la forme qu'ils doivent donner aux actes qui s'y expédient. L'ancien *Sciendum* étoit en latin tel qu'on le voit dans les additions de Joli sur Girard. On croit qu'il fut rédigé pour la première fois en 1339; d'autres disent en 1394; d'autres en 1415. Il y a apparence qu'il a été reformé plusieurs fois à mesure que l'usage avoit changé. Le commissaire de la Mare, en son traité de la police, parle de l'ancien rôle ou *Sciendum* de la chancellerie, qui contenoit tous ceux qui avoient droit de *committimus*. Il dit que ce rôle s'étant trouvé perdu, le roi ordonna qu'il en seroit fait un nouveau, ce qui fut exécuté le 9 février 1621; que ce nouveau *Sciendum*, conforme à l'ancien, & qui le confirme, contient l'énumération de ceux qui ont droit de *committimus*. On peut voir le *Sciendum* qui est à la fin des styles de chancellerie, entre autres, celui de Dusault, édition de 1666.

SCOLARITÉ. C'est l'état de celui qui étudie dans une université. Quelquefois, par le terme *Scolarité*, on entend les priviléges attachés à cet état.

Ces privilèges sont de plusieurs sortes, tels que celui d'être dispensé de la résidence pour les bénéfices, l'exemption du droit d'aubaine accordée aux écoliers étrangers par Louis Hutin en 1315, & autres priviléges semblables, qui sont en si grand nombre, que Rebuffe en compte jusqu'à cent quatre-vingts.

Ces priviléges tirent leur origine de ceux que

les empereurs avoient accordés aux étudians, & qu'ils avoient coutume de confirmer dès qu'ils étoient élevés à l'empire.

Mais quand on parle du droit ou privilége de Scolarité simplement, on entend communément le droit que les écoliers jurés, étudiant actuellement depuis six mois dans une université, ont de ne pouvoir être distraits, tant en demandant qu'en défendant, de la juridiction des juges de leurs privilèges, si ce n'est en vertu d'actes passés avec des personnes domiciliées hors de la distance de soixante lieues de la ville où l'université est établie.

Ils ne peuvent néanmoins user du droit de Scolarité à l'égard des cessions & transports qui auroient été par eux acceptés, ni à l'égard des saisies & arrêts faits à leur requête, si ce n'est en la forme qui est ordonnée pour les *committimus*.

Ceux qui ont régenté pendant vingt ans dans les universités, jouissent aussi du même privilége, tant qu'ils continuent de faire leur résidence actuelle dans l'université.

Ce privilége de Scolarité tire son origine des lettres de Philippe de Valois du 31 mars 1340, & a été confirmé spécialement par Louis XII au mois d'août 1498, par François Ier., au mois d'août 1515, & par Louis XIV au mois d'août 1669; titre 4 des *committimus*.

SÉANCE. C'est le temps pendant lequel une compagnie de juges, ou autre compagnie réglée, est assemblée pour travailler aux affaires.

On appelle Séance *des prisonniers*, ou simplement la *Séance*, une audience de faveur que le parlement donne cinq fois l'année (*) dans les pri-

(*) La première de ces audiences se donne le mardi avant

ſons de la conciergerie du palais, & au parc civil du châtelet, pour juger les demandes en liberté que forment les priſonniers détenus pour dettes.

Ces demandes ſe jugent ſommairement après une plaidoirie verbale. Les arrêts rendus à cet égard par défaut, ne ſont pas ſuſceptibles d'oppoſition, & s'exécutent ſans que le priſonnier ſoit obligé d'attendre la huitaine de la ſignification, comme cela ſe pratique dans toute autre affaire où il eſt intervenu arrêt par défaut.

Quand le parlement tient la Séance au châtelet, le lieutenant civil, le lieutenant général de police, le lieutenant criminel de robe longue & celui de robe courte, le prévôt général de la maréchauſſée de l'iſle de France, & le procureur du roi ſe placent dans le banc des gens du roi, & les commiſſaires au châtelet dans l'enceinte du barreau, aux places qu'ils ont coutume d'occuper aux audiences.

Les conſuls ſe rendent auſſi à la Séance ; ils vont attendre le parlement ſur le pont au change, & le ſuivent juſqu'au châtelet, où ils ſe placent au deſſous des commiſſaires.

A la fin de cette Scéance, la cour, ſur le réquiſitoire d'un ſubſtitut du procureur général, rend un arrêt qui renvoye le ſurplus des cauſes devant les juges auxquels la connoiſſance en appartient.

La cour des aides de Paris tient auſſi des Séances qui ont les mêmes objets que celles dont on vient de parler. *Voyez* PRISON.

SECONDES NOCES. Voyez NOCES.

---

pâques ; la ſeconde, le vendredi avant la pentecôte ; la troiſième, la veille de l'aſſomption ; la quatrième, la veille de la fête de ſaint Simon & ſaint Jude ; & la cinquieme, deux jours avant noël.

SECRETAIRE D'AMBASSADE. C'est un officier que l'on met auprès d'un ambassadeur pour écrire les dépêches qui regardent sa négociation.

Il y a une très-grande différence entre un Secrétaire d'ambassade & un Secrétaire d'ambassadeur; ce dernier est un domestique ou un homme de la maison de l'ambassadeur, au lieu qu'un Secrétaire d'ambassade est un ministre du prince même.

SECRÉTAIRE D'ÉTAT. C'est un des officiers de la couronne qui fait au roi le rapport des affaires d'état de son département, & qui reçoit directement du roi ses ordres & commandemens, en conséquence desquels il expédie les arrêts, lettres-patentes & autres lettres closes; les arrêts, mandemens, brevets & autres dépêches nécessaires.

Au commencement de la troisième race le chancelier réunissoit en sa personne les fonctions de Secrétaire d'état, & même en général de tous les notaires & Secrétaires du roi; il rédigeoit lui-même les lettres qu'il scelloit.

Frère Guerin, évêque de Senlis, étant devenu chancelier en 1223, & ayant infiniment relevé la dignité de cette charge, il abandonna aux clercs ou notaires du roi, qu'on a depuis appelés *Secrétaires du roi*, l'expédition des lettres.

Ceux-ci ayant l'honneur d'approcher du roi, devinrent à leur tour plus considérables. Il y en eut trois que le roi distingua des autres, & qui furent nommés *clercs du secret*, comme qui diroit Secrétaires du cabinet; car anciennement, suivant la remarque de Pasquier, le cabinet du roi s'appeloit *secretum* ou *secretarium*, pour exprimer que c'étoit le lieu où on parloit des affaires les plus secrètes.

Les clercs du secret furent donc ainsi appelés, parce qu'ils furent employés à l'expédition des affaires les plus

plus secrètes ; c'est de là que les secrétaires d'état tirent leur origine.

Philippe le Bel déclara en 1309, qu'il y auroit près de sa personne trois clercs du secret & vingt-sept clercs ou notaires sous eux.

Philippe de Valois avoit, en 1343, sept Secrétaires & soixante-quatorze notaires, ainsi qu'il paroît par les registres de la chambre des comptes. On y trouve aussi la preuve que les clercs du secret avoient dès lors changé de nom, & qu'ils avoient pris le titre de Secrétaires des finances.

Néanmoins, dans plusieurs ordonnances postérieures, nos rois les nomment simplement *nos Secrétaires*.

Philippe de Valois en eut sept ; le roi Jean, par son ordonnance de l'an 1361, réduisit le nombre de Secrétaires & notaires à cinquante-neuf, sans spécifier combien il y avoit de Secrétaires. Il paroît néanmoins, par une ordonnance de Charles V, régent du royaume, du 27 janvier 1359, qu'il y en avoit alors douze. Cette ordonnance porte, qu'en l'office des notaires il y auroit dorénavant cinquante notaires seulement, y compris les Secrétaires, *lesquels*, est-il dit, *pour certaines causes, nous avons retenus en leursdits offices de Secrétaires jusqu'au nombre de dix-huit ; dont les douze ont été faits par monsieur* (le roi Jean), *& les six par nous*. Charles V déclare ensuite qu'il ne nommera plus de Secrétaires qu'ils ne soient réduits au nombre de six.

Ainsi, suivant cette ordonnance, les Secrétaires du roi ou de ses commandemens, appelés auparavant clercs du secret, avoient en même temps la qualité de notaires du roi, au lieu que ceux qui étoient simplement notaires du roi n'étoient pas alors qualifiés de Secrétaires du roi, comme ils l'ont été depuis & le sont encore présentement.

C'est ce que confirme une ordonnance de Charles V du 9 mars 1365, portant confirmation de la confrérie des clercs, Secrétaires & notaires du roi, & différens réglemens pour ce collège. On pourroit croire d'abord que ces trois qualités, *clercs, Secrétaires & notaires du roi*, étoient toutes communes à chacun des membres de ce collége.

Mais en lisant avec attention cette ordonnance, on voit que la confrérie étoit composée de deux sortes d'officiers ; savoir, des clercs ou Secrétaires du roi, & des autres notaires; qu'ainsi les Secrétaires n'étoient pas alors les mêmes que les notaires; qu'il n'y avoit au plus que le titre de clercs qui leur fût commun ; encore est-il probable que ce titre étoit joint spécialement à celui des Secrétaires des commandemens, d'autant que ceux-ci furent d'abord appelés les *clercs du secret*, & que de cette dénomination on fit insensiblement celle de *clercs Secrétaires*, & par abréviation, celle de *Secrétaires* simplement.

La dénomination de Secrétaires du roi étoit tellement affectée alors aux Secrétaires des commandemens, que dans le registre D. de la chambre des comptes, fol. 75, v°., il est fait mention d'une ordonnance donnée en 1361, qui réduisoit le nombre des Secrétaires du roi, pour cette année, à onze seulement; ce qui ne peut convenir qu'aux Secrétaires des commandemens, qui étoient retenus pour le conseil, & non pas aux autres notaires, qui étoient alors au nombre de cinquante neuf. De ces onze Secrétaires, il y en avoit huit ordinaires qui avoient entrée dans le conseil, & trois extraordinaires.

Dans un réglement que Charles V fit pour les finances le 13 novembre 1372, il est dit, entre autres choses, article 7, qu'il plaît au roi que toutes lettres de don soient signées par *MM. Pierre Blanchet, Yves Daven, Jean Tabary, ses Secrétaires, & non par autres, & que si l'on apportoit lettres de don signées par autres Secrétaires, que M. le chancelier ne les scelle point.*

Cet article paroît supposer que le roi avoit encore plus de quatre Secrétaires, mais qu'il n'y en avoit que quatre pour les finances.

Il y en eut cinq l'année suivante, suivant un autre réglement que Charles V fit le 6 décembre 1373. Deux de ces cinq Secrétaires étoient du nombre de ceux qui sont nommés dans le réglement de 1372. Du reste l'article 8 de celui de 1373 est conforme à l'article 7 du précédent réglement.

L'article 9 du réglement de 1373 porte, que le chancelier commandera de par le roi, & fera jurer à ses Secrétaires qu'*ils entendent diligemment aux lettres que le roi leur commandera touchant les finances; qu'ils ne les feront point plus fortes que le roi ne leur commandera, & n'y mettront aucun nonobstant, &c., si le roi ne leur commande exprès.* Ce terme de commandement, qui est encore repété un peu plus loin, est peut-être ce qui a fait donner aux Secrétaires des finances le titre de Secrétaires des commandemens.

Charles VI, dans des lettres du 13 juillet 1381, art. 6, nomme ses Secrétaires, ses amés & féaux maîtres Pierre Blanchet, Yves Daven, Jean Tabary, Jean Blanchet, Michault Houé, Jean de Saint-Loys & Hugues Blanchet, Jacques Duval, Macé Freron, Jean de Crepy, Pierre Couchon & Pierre Manhac. Il est bien visible qu'il ne s'agit encore là que des Secrétaires des finances; en effet, il ajoute qu'aucun de ses autres Secrétaires ne pourra faire signer des lettres *touchant don ou finances.*

Ces termes, *aucuns de nos autres secrétaires*, font connoître que le titre de Secrétaire étoit alors commun aux autres notaires du roi, que l'on appeloit ordinairement *notaires-Secrétaires du roi*, au lieu que les Secrétaires des finances portoient simplement le titre *de Secrétaire du roi* ou *des finances.*

Dans d'autres lettres du 12 février 1387, Charles VI fixe de même à douze le nombre de ses Secrétaires à gage servant par mois, & il dit que ces douze Secrétaires signeront seuls les lettres sur le fait des finances. Il déclara que la signature des lettres royaux n'appartiendroit qu'à ces douze Secrétaires.

Charles VI fit une ordonnance le 7 janvier 1400, par laquelle il régla, entre autres choses, qu'à ses conseils il y auroit dix de ses Secrétaires qui auroient les gages de Secrétaires, & non autres; il nomme ces dix Secrétaires, & en désigne six en particulier pour signer. Sur le fait de signer, il leur défend à tous très-expressément *de signer aucunes lettres, si elles ne leur sont par lui commandées*; & à ceux qui signeront sur le fait des finances, *qu'ils n'en signent aucune de cette espèce, si elles ne sont passées & à eux commandées par le roi étant en son conseil, & à l'ouie de ses conseillers qui y seront.* Il ordonne enfin qu'à chacun de ses conseils il ne demeure que deux de ses dix Secrétaires; savoir, un civil & un criminel.

Il fit encore une autre ordonnance le 7 janvier 1407, par laquelle, au lieu de dix Secrétaires qu'il avoit nommés par la précédente pour être à ses conseils, il ordonna qu'il y en auroit treize. Il leur réitère les défenses de *signer aucunes lettres touchant les finances, si elles ne sont passées & à eux commandées par le roi séant en son conseil & à l'ouïe de ses conseillers*; il réitère pareillement qu'à chaque conseil il n'y aura que deux de ses Secrétaires, un civil & & l'autre criminel. Cette distinction fait connoître que l'on jugeoit autrefois des affaires criminelles dans le conseil du roi.

Au mois de mai 1413, Charles VI fit une ordonnance portant qu'à l'avenir, pour servir dans ses conseils, il n'y auroit que huit Secrétaires qui serviroient quatre ensemble de mois en mois; que, des quatre qui serviroient chaque mois, il n'y en auroit qu'un qui signeroit sur le fait des finances. Il est dit que ces huit Secrétaires seront élus *bons, diligens & suffisans en latin & en françois*, par le chancelier, en appelant avec lui des gens du conseil au nombre compétent. Charles VI renouvela aussi la défense qu'il avoit déjà faite à ses Secrétaires de *signer aucunes lettres de finance, à moins que ce ne fût du commandement du roi.*

Il déclara encore par cette même ordonnance, qu'en se conformant à celles de ses prédécesseurs, il ne recevroit dorénavant aucun pour son Secrétaire, si premiérement *il n'étoit notaire du nombre & ordonnance ancienne.*

On a vu que dans le nombre des Secrétaires du roi retenus pour le conseil, il n'y en avoit plus que deux qui eussent le pouvoir de signer les lettres en fait de dons & de finances.

Le nombre de ces Secrétaires des finances fut fixé à cinq par le même prince, ainsi qu'on l'apprend du mémorial H de la chambre des comptes du 15 août 1418, conformément à un édit de la même année, par lequel il créa le collége des cent cinquante neuf clercs notaires de la chancellerie, & réduisit les Secrétaires des finances aux cinq personnes y dénommées, *pour signer*, est il dit, *lettres en finances, & portant adresse aux gens tenant le parlement & gens des comptes.*

Charles VI établit de nouveaux Secrétaires pour signer en finance; & par une ordonnance du 25 octobre 1443, il leur enjoignit de faire apparoir à la chambre des comptes de leur pouvoir. C'est de là qu'ils y faisoient enregistrer leurs lettres de proviſion, & qu'ils inſcrivoient deux ſignatures au regiſtre du greffe ; l'une avec grille, & l'autre ſans grille. Il s'en trouve nombre depuis 1567 juſqu'au mois de juin 1672 ; les autres ont négligé de le faire.

On ne trouve que trois Secrétaires qui aient ſervi ſous Louis XI pendant tout ſon règne. Comme il étoit méfiant, il employoit le premier notaire qu'il rencontroit. Ce fut de ſon temps, en 1481, que les Secrétaires des finances commencèrent à contreſigner les lettres ſignées par le roi, comme cela s'eſt toujours pratiqué depuis.

Charles VIII confirma les Secrétaires des finances. Ce fut ſous ſon règne que Florimond Robert, premier du nom, acquit un grand crédit dans ſa charge de Secrétaire. Quelques-uns l'appellent le père des Secrétaires d'état, parce qu'il commença à donner à cet emploi le degré d'élévation où il eſt maintenant ; il continua les mêmes fonctions ſous Louis XII & François I, & fut toujours maître des plus grandes affaires.

Enfin Henri II fixa le nombre des Secrétaires d'état, & les réduiſit à quatre par ſes lettres-patentes du 14 ſeptembre 1547, ſous le titre de *conſeillers & Secrétaires de ſes commandemens & finances* : ces quatre Secrétaires furent Guillaume Dochetel, Côme Chauſſe, Claude de Laubeſpine & Jean du Thier. Il leur attribua par les mêmes lettres le droit d'expédier ſeuls & à l'excluſion des Secrétaires du roi, toutes les dépêches d'état, ſuivant le département qu'il aſſigna à chacun, afin qu'ils fiſſent leurs fonctions avec plus d'ordre & d'exactitude.

Ce ne fut que ſous Charles IX, en 1560, qu'ils commencèrent à ſigner pour le roi. Ce jeune prince étoit fort vif dans ſes paſſions ; & Villeroi lui ayant préſenté pluſieurs fois des dépêches à ſigner dans le temps qu'il vouloit aller jouer à la paume : *Signez, mon père*, lui dit-il, *ſignez pour moi ? Eh bien*, *mon maître*, reprit Villeroi, *puisque vous me le commandez, je signerai. Voyez l'histoire du président Hénault.*

Du temps de Henri III, en 1559, lorsqu'on fit au Château Cambresis un traité de paix avec l'Espagne, les François ayant remarqué que les ministres du roi d'Espagne affectoient de se qualifier *ministres d'état*, M. de Laubespine, Secrétaire des commandemens & finances du roi, qui signa pour lui ce traité, fut aussi qualifié *Secrétaire d'état*. C'est depuis ce temps que les Secrétaires des commandemens & finances ont pris le titre de Secrétaires d'état, & qu'ils ont laissé le titre de Secrétaires des finances aux autres Secrétaires du roi qui portent ce nom.

Jusqu'en 1588 les Secrétaires d'état avoient prêté serment entre les mains du chancelier ou du garde des sceaux; mais Henri III voulut qu'un nouveau pourvu de cette charge prêtât le serment immédiatement entre ses mains. Depuis ce temps, cela s'est toujours pratiqué de même.

Les Secrétaires d'état ont présentement, par leur brevet, le titre de Secrétaires d'état des commandemens & finances de sa majesté; néanmoins, en parlant d'eux, on ne les désigne communément que par le titre de *Secretaire d'état*. Le roi les qualifie de *ses amés & féaux.*

Leurs places n'étoient autrefois que de simples commissions; mais depuis 1547 elles ont été érigées en titre d'offices.

Ces offices donnent la noblesse transmissible au premier degré, & même le titre de chevalier à ceux qui n'ont pas d'ailleurs ces prérogatives.

Les Secrétaires d'état sont officiers de plume & d'épée; ils entrent chez le roi & dans ses conseils avec leurs habits ordinaires & l'épée au côté.

Leurs fonctions sont aussi honorables qu'elles sont importantes, puisqu'il sont admis dans la confiance prince pour les affaires les plus secrètes ; ce sont eux qui dressent les différens traités de paix & de guerre, d'alliance, de commerce & autres négociations ; ils les signent au nom du roi, les conservent dans leur dépôt, & en délivrent des expéditions authentiques.

Ce sont eux pareillement qui dressent & qui expédient les lettres de dons, les lettres de cachet & les autres dépêches du roi.

Les Secrétaires d'état ont chacun leur département. Louis XI les avoit fixés par un réglement du 11 mars 1626 ; mais il a été fait depuis bien des changemens, & les départemens des Secrétaires d'état ne sont point attachés fixement à leur office ; ils sont distribués selon qu'il plaît au roi.

Le Secrétaire d'état qui a le département des affaires étrangères, a aussi ordinairement celui des pensions & expéditions qui en dépendent, les dons, brevets & pensions, autres que des officiers de guerre, pour les provinces de son département.

Celui qui a le département de la marine a aussi de même ordinairement tout ce qui y a rapport, comme les fortifications de mer, le commerce maritime, les colonies françoises, avec toutes les pensions & expéditions qui en dépendent.

Celui qui a le département de la guerre a en même temps le taillon, les maréchaussées, l'artillerie, les fortifications de terre, les pensions, dons & brevets des gens de guerre, tous les états majors, à l'exception des gouvernemens généraux, des lieutenans généraux & des lieutenans de roi des provinces, qui ne sont pas de son département ; les haras du royaume, & les postes.

Enfin le quatrième Secrétaire d'état a ordinairement pour son département la maison du roi, le clergé, les affaires générales de la religion prétendue réformée, l'expédition de la feuille des bénéfices, les économats, les dons & brevets, autres que des officiers de guerre ou des étrangers, pour les provinces de son département.

Pour ce qui est des provinces & généralités du royaume, elles sont distribuées à peu près également aux quatre Secrétaires d'état.

Les dépêches que le roi envoie dans chacune de ces provinces, sont expédiées par le Secrétaire d'état qui a cette province dans son état. Toutes les lettres & mémoires que ces provinces ou les villes qui en dépendent, adressent au roi, doivent passer par les mains du Secrétaire d'état qui les a dans son département, & les députés des parlemens & autres cours souveraines, des provinces ou des villes, sont conduits à l'audience du roi par le Secrétaire d'état qui a dans son département la province ou ville d'où vient la députation.

Anciennement, les Secrétaires d'état avoient, chacun pendant trois mois de l'année, l'expédition de toutes les lettres, dons & bénéfices que le roi accordoit pendant ce temps; présentement, chacun expédie les dépêches qui sont pour les affaires & provinces de son département.

Le Secrétaire d'état des affaires étrangères est ministre, &, en cette qualité, il a entrée & séance dans tous les conseils du roi : c'est lui qui rapporte au conseil d'état ou des affaires étrangères, toutes les affaires de cette nature qui se présentent à examiner.

Le roi accorde aussi ordinairement au bout d'un certain temps, aux autres Secrétaires d'état, le titre de ministre, en les faisant appeler au conseil d'état.

Les Secrétaires d'état ont tous entrée au conseil des dépêches, quand même ils n'auroient pas la qualité de ministres. Anciennement, les dépêches s'expédioient ordinairement en forme d'un simple travail particulier dans le cabinet du roi, auquel chaque Secrétaire d'état rendoit compte debout des affaires de ſon département. Ils ne prenoient ſéance devant le roi que lorſque ſa majeſté aſſembloit un conſeil pour les dépêches; mais depuis long-temps les dépêches s'expédient dans la ſéance du conſeil appelée conſeil des dépêches

Le Secrétaire d'état qui a le département du commerce, aſſiſte au conſeil royal du commerce.

Dans tous les conſeils où les Secrétaires d'état ont entrée, ils ont l'honneur d'être aſſis en préſence du roi, de même que les autres perſonnes du conſeil.

Le rang des Secrétaires d'état dans les conſeils du roi où ils ont entrée & ſéance, ſe règle ſuivant l'ordre de leur réception, ou ſelon les autres dignités dont ils ſont revêtus lorſqu'ils y prennent ſéance.

Les réſolutions priſes dans les conſeils du roi ſont recueillies par chaque Secrétaire d'état pour les affaires de ſon département; chacun d'eux fait auſſi dans ſon département expédition de lettres & autres actes émanés du roi pour tout ce qui eſt ſigné en commandement.

Les Secrétaires d'état ſont en poſſeſſion immémoriale de recevoir les contrats de mariage des princes & princeſſes du ſang, qui ſont paſſés en préſence du roi; ces contrats ſont auſſi authentiques que s'ils étoient reçus par un notaire, & produiſent les mêmes effets, notamment pour l'hypothèque: c'eſt ce qui a été confirmé par une déclaration du 21 avril 1692, regiſtrée le 30 du même mois, qui veut que ces contrats ſoient exécutés, qu'ils portent hypothèque du jour de leur date, & qu'ils aient en toutes choſes la même force & vertu que s'ils avoient été reçus par des notaires; que la minute en demeure entre les mains de celui des Secrétaires d'état qui les aura reçus, lequel en pourra délivrer des expéditions; & néanmoins, pour la commodité des parties, il eſt dit qu'il en sera déposé une copie par lui signée par collation chez un notaire, qui en pourra délivrer des expéditions, comme s'il en avoit fait la minute.

Les dépôts des Secrétaires d'état ne sont conservés de suite que depuis le temps de M. Colbert; ils sont placés dans le vieux louvre.

SECRÉTAIRE DE JUGE. Le Secrétaire de juge est l'homme à qui les procureurs ou les parties remettent les pièces sur lesquelles un magistrat doit faire son rapport, soit à l'audience, soit à *la chambre*. Cet homme est censé chargé de rédiger l'extrait de ces différentes pièces, pour le faire passer ensuite sous les yeux du juge auquel il est attaché.

Il existe au palais plusieurs sortes de Secrétaires; le conseiller le moins occupé en a un; les avocats généraux en ont souvent deux; le procureur général est obligé d'en avoir plusieurs. Les substituts ne croient pas pouvoir s'en passer, & enfin les Secrétaires qui appartiennent à des magistrats laborieux, ont eux-mêmes des sous-Secrétaires qui ne leur laissent guère d'autres soins que celui de recevoir les offrandes qui s'accroissent en raison de la magnificence, de la crainte, ou de l'ardeur du plaideur.

Il s'élève souvent entre lui & son adversaire une lutte de générosité qui tourne au profit de celui qui a toujours des mains pour recevoir, & qui fait surtout consister sa discrétion à ne jamais laisser entrevoir que ces dons sont superflus.

Il paroît, au premier coup-d'œil, assez indifférent qu'un juge ait ou n'ait pas de Secrétaire; mais lorsqu'on vient à reconnoître que ce Secrétaire n'est point un scribe docile qui écrit sous la dictée de son maître, mais un personnage important, qui, en lisant les pièces d'un procès, les apprécie, qui en transcrit ce que bon lui semble & écarte celles qu'il juge inutiles, qui, après avoir pesé les moyens exposés par les défenſeurs des parties, finit par donner ſon avis, qu'il ſoumet, il eſt vrai, à la cenſure de ſon ſupérieur: alors on commence à ſentir combien il eſt intéreſſant pour les plaideurs, que le choix du juge ſoit tombé ſur un homme exact dans ſes extraits, auquel la probité donne le courage de lire toutes les pièces produites, qui ait de la juſteſſe dans l'eſprit, qui ſache diſcerner ce qui a véritablement trait à l'affaire, d'avec ce qui lui eſt étranger, qui ſoit en état de ſaiſir les moyens reſpectifs des parties, parce qu'il eſt poſſible que le rapporteur, ajoutant une trop grande confiance aux extraits que lui préſente ce ſubalterne, ſe diſpenſe de relire les pièces dont il a fait mention, de rechercher s'il n'en a point oublié, & ne finiſſe par adopter légérement l'opinion à laquelle il a ſu le conduire.

On ſe récrie tous les jours, & plus que jamais, contre l'exiſtence des Secrétaires; contre les abus qui naiſſent de l'idée que l'on a de leur influence dans les affaires. Des juges très-équitables n'ont pas ceſſé, pour cela, d'en avoir; il faut donc croire qu'il leur ſeroit preſque impoſſible de s'en paſſer; mais ils apportent la plus grande attention à écarter les inconvéniens qui peuvent réſulter de ce ſecours indiſpenſable. D'abord ils donnent des appointemens à leur Secrétaire, afin qu'il ſoit à leurs gages, & non a ceux des plaideurs: ils ſe rendent ſi acceſſibles aux parties & à leurs défenſeurs, ils leur indiquent de ſi bonne foi le temps où ils pourront les entendre utilement, qu'il paroît ſuperflu de gagner leurs ſubalternes. Ce n'eſt point l'affaire du plus riche qui paſſe la première à leur rapport, c'eſt la plus ancienne, ou celle dont le retard ſeroit le plus nuiſible. Lorſqu'ils ſe diſpoſent à s'en inſtruire, ils s'en font apporter toutes les pièces, les vérifient, liſent enſuite les demandes principales, en tranſcrivent ou en dictent tous les points, ne négligent rien pour connoître parfaitement tous le moyens opposés de part & d'autre ; & si les titres invoqués par les parties sont favorables ou défavorables à l'une d'elles. Au lieu d'être guidés dans leur travail par leur Secrétaire, ce sont eux qui dirigent le sien ; ce qui est beaucoup plus naturel & infiniment plus sûr.

Lorsque les plaideurs se présentent devant eux, ces juges évitent de leur dire : *Voyez mon Secrétaire, remettez cela à mon Secrétaire*, dans la crainte qu'ils ne croient que ce Secrétaire est un personnage essentiel à leur affaire. S'ils ne lui défendent pas de recevoir des procureurs ce que ceux-ci sont dans l'usage de donner, c'est parce qu'ils sont persuadés que cette défense seroit absolument inutile & ne feroit que rendre le don plus caché ; mais ils lui recommandent expressément de ne rien exiger, & font tout ce qui dépend d'eux pour convaincre toutes les parties qu'il n'a aucune influence sur leur rapport, & qu'il ne peut pas même l'accélérer : il n'y a pas de meilleur moyen que celui-là pour rendre les présens très-rares & très-peu onéreux aux parties.

Si ces juges n'ont pas tous la très bonne habitude de faire eux-mêmes leurs extraits ou de les dicter à leur Secrétaire, ils relisent avec tant d'exactitud (& les pièces à la main) ceux qu'on a faits ; ils relèvent si sagement les fautes de discernement, & si sévérement celles de négligence ou d'infidélité, que bientôt ils n'en trouvent plus de semblables.

Un juge intègre & délicat ne peut pas trop se hâter de congédier un Secrétaire inexact ou infidèle, parce qu'il l'expose tous les jours à la ruine ou au déshonneur ; & en effet, le magistrat auquel un plaideur a le droit de reprocher la perte de son procès par une suite de sa confiance aveugle dans le travail de son Secrétaire, n'a qu'un parti à prendre, s'il a de la probité ; c'est de réparer de sa fortune le dommage qu'il a occasionné, en se reposant sur un autre d'un ſoin qui lui étoit perſonnel. Je ne crois pas, au contraire, qu'il ſoit tenu à cet acte de juſtice, ſi, après avoir apporté tous ſes ſoins à la recherche des moyens reſpectifs, & employé toutes les facultés de ſon eſprit pour préſenter un rapport exact & ouvrir une opinion conforme à l'équité, il a, par une fatalité trop ordinaire, omis de rendre compte d'une pièce eſſentielle ou d'un fait déciſif; alors ſa faute eſt plus celle de l'homme que celle du juge, & il n'y en a point qui ſoit aſſez riche pour pouvoir réparer les funeſtes ſuites de toutes les erreurs qu'il a commiſes dans le cours d'une longue vie : il lui ſuffit donc, pour être tranquille avec lui-même, de pouvoir ſe dire : » Je » n'ai cherché que la vérité & la juſtice; mes yeux » ont lu tout ce qui m'a ſemblé devoir m'y con» duire; ce que j'ai cru néceſſaire d'entendre, je » l'ai recueilli avec ſoin : ſi j'ai été trompé, que celui » qui ne peut pas l'être vienne prendre ma place, » je la lui cède ſans regret : jamais un Secrétaire » quelque honnête qu'il ſoit, n'attachera autant » d'importance que le juge même à faire rendre un » jugement équitable, parce qu'il ne peut pas avoir » l'enthouſiaſme de l'équité au même degré que le » magiſtrat. On ne peut attendre du premier qu'une » exactitude ſervile, tandis qu'il doit ſortir de l'ame » de l'autre une ſublime ſévérité de juſtice «.

Les Secrétaires de rapporteurs, s'ils ſont infidèles, ſont encore plus dangereux que ceux des avocats généraux, parce que le rapport que fait le juge eſt ſecret; ni les parties, ni leur défenſeur ne ſavent s'il altère un fait, s'il diſſimule une pièce, s'il omet un moyen, au lieu qu'à l'audience, les avocats préſens peuvent, après que le miniſtère public a conclu, relever rapidement les erreurs qui ſont préjudiciables à leurs cliens, & ramener l'attention des juges ſur le véritable point de la cauſe. On voit tous les jours de ſemblables fautes relevées par l'heureuſe aſſurance des avocats ; auſſi les Secrétaires d'avocats généraux, qui prévoyent & craignent ces répliques impétueuſes, apportent-ils une attention plus ſévère dans leur travail : ſouvent, il eſt vrai, ils ne font que colorer avec plus d'adreſſe la partialité qu'une des parties a trouvé le moyen de leur inſpirer.

C'eſt ſur-tout dans les cauſes où un homme pauvre a pour adverſaire un homme riche, dans celles où un citoyen obſcur lutte contre un homme puiſſant, qu'un juge doit redoubler de ſoins & de ſurveillance ſur le travail de ſon Secrétaire. Il doit être bien aſſuré que la défenſe de l'homme riche ſera préſentée dans le jour le plus favorable, que ſes torts ſeront adoucis autant qu'il aura été poſſible de le faire : mais le pauvre qui n'aura pu donner que quelques foibles eſpérances, attachées au ſuccès de ſes demandes, s'il n'a un droit bien lumineux, s'il n'a eſſuyé un tort bien palpable, bien révoltant, court le riſque d'être immolé à l'indifférence qu'il inſpire. Les nuages que ſon adverſaire a ſu répandre reſteront ; heureux encore ſi on ne les rend pas plus épais !

J'ai dit plus haut que le juge ne pouvoit trop recommander à ſon Secrétaire de ne rien exiger des parties pour ſon travail ; mais j'inſiſte pour qu'il lui faſſe les plus expreſſes défenſes de rien recevoir de celles qui ſont indigentes, juſqu'à ce que ces prétendus droits ſoient juridiquement établis & paſſent en taxe.

Combien d'affaires portées au palais, dont l'objet n'eſt pas de plus de cent écus, coutent plus du double en faux frais ! N'eſt-il pas de l'humanité des juges d'étouffer, autant qu'il dépend d'eux, de ſemblables abus ? N'eſt-ce pas une eſpèce de honte pour la juſtice, qu'un homme cenſé doive ſouffrir un dommage aſſez conſidérable, plutôt que d'en demander la réparation, par la raiſon qu'en l'obtenant elle lui feroit plus onéreuſe encore que la perte qu'il endure.

Au nombre des faux frais qui retombent sur le plaideur qui a gagné sa cause, il faut principalement compter ce qu'il a été obligé de donner aux différens Secrétaires à qui ses pièces ont été remises; je dis *différens*, parce qu'il arrive souvent qu'avant qu'une affaire soit rapportée ou qu'une cause soit portée à l'audience, le juge ou l'avocat général a passé d'une *chambre* à une autre : alors le Secrétaire rend les pièces; mais il ne croit pas devoir faire au plaideur l'affront de lui rendre l'argent qu'il en a reçu; d'ailleurs, à l'entendre, son travail étoit déja achevé : il résulte de cet événement inattendu, qu'il faut disposer en sa faveur un nouvel agent qui ne manque pas d'observer qu'il ne doit pas souffrir d'un changement dont il n'est pas la cause.

Des liaisons d'intérêts, d'amitié ou de parenté, peuvent aussi déterminer souvent les Secrétaires à retarder le jugement d'une affaire, ou à le précipiter avant que son instruction soit complette; à admettre une pièce qui n'a pas été produite juridiquement, sans même la communiquer aux parties adverses qui auroient pu la détruire. En voilà plus qu'il n'en faut pour faire sentir combien il seroit à souhaiter que les Secrétaires restassent inconnus & aux parties & aux procureurs; que les magistrats ne leur confiassent que le travail dont ils ne pourroient pas absolument se charger; ils en connoîtroient mieux les affaires soumises à leur rapport, ils préviendroient bien des connivences, bien des surprises funestes; & les foiblesses d'un ame mercenaire que l'intérêt ou de petites considérations maîtrisent, n'influeroient plus sur les oracles de la justice. Dans plusieurs parlemens du royaume, & entre autres dans celui de Rouen, les magistrats, à l'exception du premier président, n'ont point de Secrétaires en titre; c'est une charge & un danger de moins pour les plaideurs. Ne dirons-nous rien de ces

Secrétaires

Secrétaires attachés aux présidens, qui, par la prééminence de leur rang, ont le droit de faire *le rôle* des audiences, c'est à-dire, de placer les causes dans l'ordre où elles doivent être appelées; c'est dans les mains de ces Secrétaires que retombent tous les placets présentés pour obtenir l'audience; il arrive de là que ces subalternes sont les maîtres de rejeter tous les placets des plaideurs obscurs qui n'ont pas pris les moyens de les intéresser; moyens toujours honteux, toujours injustes, qui ne sont favorables qu'à l'intrigue des solliciteurs & à la médiocrité des défenseurs: cette justice, qui doit, dit-on, être pour tout le monde, n'est plus alors que pour les riches ou pour ceux qui, par leur consistance personnelle, sont faits pour attirer sur eux l'attention des chefs auxquels ils s'adressent directement.

Il y auroit sans doute un moyen certain de remédier à ces abus dont on se plaint depuis trop long-temps; il faut espérer qu'il n'échappera pas à la sagacité des magistrats auxquels on ne doit jamais imputer aucune de ces partialités, si au dessous de leur auguste caractère, & qui se perpétuent toujours à leur insçu.

A dieu ne plaise que nous ayons l'intention de faire croire qu'il n'existe pas au palais des Secrétaires dignes de la confiance dont les magistrats auxquels ils sont attachés les honorent; notre zèle ne nous aveuglera jamais au point d'envelopper dans la même proscription tous ceux que des considérations particulières ont pu déterminer à embrasser un état qui exige du discernement, de l'intelligence, & qui seroit une ressource honnête contre le besoin, s'il étoit toujours rempli avec délicatesse.

Nous devons même déclarer que parmi les Secrétaires dont les circonstances nous ont quelquefois rapproché, nous en avons connu qui nous ont paru animés par des sentimens très-désintéressés, & être doués d'un esprit si juste, que nous aurions consenti à ce qu'ils dussent juger des affaires que nous défendions; mais ils ne sont pas en assez grand nombre pour contre-balancer le mal qui résulte de la confiance qu'ont usurpée les autres, & qui forme une des calamités des plaideurs.

(*Cet article est de M. DELACROIX, avocat au parlement.*)

SECRÉTAIRE DU ROI. C'est un officier établi pour signer les lettres qui s'expédient dans les grande & petite chancelleries, & pour signer les arrêts & mandemens émanés des cours souveraines.

Origine des Secrétaires du roi. Au commencement de la monarchie, celui qui scelloit les lettres étoit appelé reférendaire du roi, reférendaire du palais.

Comme il ne pouvoit suffire à expédier seul toutes les lettres, on lui donna des aides, qu'on appella *clercs*, *notaires*, & *Secrétaires du roi*.

Valentinien est le premier que l'on connoisse pour avoir fait la fonction de notaire & Secrétaire du roi; il vivoit du temps de Childebert, roi de Paris, & il collationna la chartre de donation faite à l'abbaye de saint Vincent-lez-Paris, à présent saint Germain-des-Prés, rapportée par Aimoin.

Le père Mabillon cite un arrêt du temps de Clovis III, auquel il est dit qu'assistèrent les référendaires, qui sont nommés au nombre de quatre.

Celui qui étoit préposé au dessus de ces officiers, étoit appelé grand référendaire. On voit dans la vie de saint Lambert, évêque de Lyon, que Robert portoit ce titre en 670.

Les référendaires étoient aussi appelés chanceliers; c'est pourquoi nous voyons que, sous la seconde race, le grand référendaire changea son titre en celui d'*archichancelier* ou *grand chancelier*, pour se distinguer des simples chanceliers que représentent aujourd'hui les Secrétaires du roi. Ce titre de grand chancelier subsista jusqu'a ce que les notaires du roi quittèrent le titre de chancelier, lequel, depuis le règne de Henri I, demeura affecté à celui qui étoit préposé au dessus des notaires du roi.

Quand ces officiers n'eurent plus le titre de chancelier, on les qualifia tantôt de clercs du roi simplement, tantôt de clercs notaires, tantôt de notaires de France ou notaires du roi, tantôt de notaires Secrétaires du roi, & enfin de Secrétaires du roi; ce dernier titre leur est resté.

Il paroit néanmoins qu'il y avoit anciennement quelque différence entre les notaires du roi & ses Secrétaires : tous les Secrétaires du roi étoient notaires; mais tous les notaires du roi n'avoient pas le titre de Secrétaires & n'en faisoient pas les fonctions. On entendoit alors par *clercs notaires* du roi en général, tous ceux qui écrivoient, collationnoient & signoient les lettres de chancellerie & les arrêts des cours, au lieu que par Secrétaires du roi, on n'entendoit que ceux qui étoient *à secretis*, c'est à-dire, ceux qui étoient employés pour l'expédition des lettres les plus secrètes : ceux-ci, qui approchoient le plus de la personne du roi, & qui étoient honorés de sa confiance, ayant acquis par-là un plus haut degré de considération, furent distingués des autres clercs & notaires, & surnommés clercs du secret; c'est la première origine des Secrétaires d'état, & c'est de là que ces officiers devoient toujours être pourvus d'un office de Secrétaire du roi; le premier qui en fut dispensé fut M. Chauvelin, Secrétaire d'état, en 1728, lequel fut depuis garde des Sceaux.

Les Secrétaires du conseil & des finances ont aussi été tirés du corps des notaires & Secrétaires du roi, entre lesquels il n'y en avoit qu'un petit nombre qui étoit retenu pour servir au conseil, comme six, dix, douze, treize, plus ou moins, selon que ce nombre fut fixé en divers temps.

Quant au nombre des Secrétaires du roi, il y en avoit 104 sous le roi Jean; la délibération qu'ils firent en 1359 pour l'établissement de leur confrérie aux célestins, est signée de cent quatre notaires & Secrétaires.

Ce prince ne supprima aucun de leurs offices; mais, par un réglement qu'il fit le 7 Décembre 1361, il déclara qu'à cause de la charge de sa rançon il ne pouvoit donner des gages à tous, & fit une liste composée seulement de cinquante-neuf de ses Secrétaires & notaires, pour servir continuellement & *prendre gages & bourses*, déclarant qu'il manderoit les autres quand il lui plairoit; mais Charles V réduisit absolument le nombre de ses notaires-Secrétaires à cinquante-neuf, ordonnant que les célestins par lui fondés seroient le soixantième, & qu'ils auroient une bourse comme les Secrétaires du roi.

Louis XI avoit, au commencement de son règne, créé plusieurs offices de Secrétaires du roi; mais il les supprima par un édit du mois de juillet 1465, & les réduisit au nombre ancien de 60, y compris les célestins.

Il y a eu dans la suite différentes créations de Sécrétaires du roi; ces officiers étoient au nombre de 350, quand, par édit du mois de décembre 1697, ils furent réduits à 300: ils furent augmentés de quarante par un édit du mois de mars 1704; par un autre édit du mois de juillet 1724, le feu roi les réduisit à 240, mais il en créa soixante au mois d'octobre 1727, ainsi il y en a aujourd'hui 300.

Les Sécrétaires du roi furent érigés en collége par le roi Jean au mois de mars 1350, & cette érection a depuis été confirmée par différentes loix.

On les nomme aujourd'hui *Secrétaires du roi, maiſon, couronne de France & de ſes finances*, ou *Secrétaires du roi en la grande chancellerie*, ou *Secrétaires du roi du grand collége.*

Réception des Secrétaires du roi. Philippe de Valois, par des lettres du 8 avril 1342, ordonna que les notaires qui exiſtoient alors ne prendroient point de gages avant d'avoir été examinés par le parlement, pour voir *s'ils étoient ſuffiſans pour faire lettres, tant en latin qu'en françois*, & que le parlement eût fait rapport au roi de leur ſuffiſance, & que par la ſuite il ne ſeroit fait aucun notaire, qu'il n'eût été examiné par le chancelier, pour voir de même s'il étoit capable *de faire lettres, tant en latin qu'en françois.*

Ces officiers ſont reçus après information de vie & mœurs.

La déclaration du 7 juillet 1588 défend de recevoir en ces offices aucune perſonne faiſant trafic & marchandiſe, banque, ferme ou autre négociation mécanique.

Habits & fonctions des Secrétaires du roi. Anciennement le roi leur fourniſſoit des manteaux qu'on leur a depuis payés en argent.

Louis XI ordonna, en 1482, que quand ils feroient leur ſervice, *ils ſeroient vêtus honnêtement, ſelon leur état, ſans porter habits diſſolus, & qu'ils porteroient leurs écritoires honnêtement, comme eux & leurs prédéceſſeurs.* Il leur défendit auſſi *de jouer à des jeux défendus, de mener une vie déshonnête, & de ſe trouver en compagnie & lieux diſſolus, ſur peine d'être griévement punis & repris.*

Charles IX, par ſes lettres du 15 février 1583, portant réglement pour les habits, ordonna que les notaires & Secrétaires de la maiſon & couronne de France *pourroient porter soie*, ainsi que les autres gentilshommes, tant d'épée que de robe longue.

L'édit du mois de novembre 1482 porte, qu'ils ont été établis pour *loyalement rédiger par écrit, & approuver par signaure & attestation en forme due, toutes les choses solennelles & authentiques, qui par le temps advenir seroient faites, commandées & ordonnées par les rois, soit livres, registres, conclusions, délibérations, loix, constitutions, pragmatiques-sanctions, édits, ordonnances, consultations, chartres, dons, concessions, octrois, priviléges, mandemens, commandemens, provisions de justice ou de grâce, & aussi pour faire signer & approuver par attestations de signature tous les mandemens, chartres, expéditions quelconques, faites en leurs chancelleries, tant devers le chancelier de France qu'ailleurs, quelque part que lesdites chancelleries soient tenues, comme aussi pour enregistrer les délibérations, conclusions, arrêts, jugemens, sentences & prononciations des rois ou de leur conseil, des cours de parlement & autres, usant, sous les rois, d'autorité & juridiction souveraine, & généralement toutes les lettres closes & patentes, & autres choses quelconques, touchant les faits & affaires des rois de France & de leur royaume, pays & seigneuries.*

Ce même édit porte, qu'ils ont été institués pour *être présens & perpétuellement appelés, ou aucuns d'eux, pour écrire & enregistrer les plus grandes & spéciales & secrètes affaires du roi, pour servir autour de lui & dans ses conseils, pour accompagner les chanceliers de France, être & assister ès chancelleries, quelque part qu'elles soient tenues, assister au grand conseil ès cours de parlement, en l'échiquier de Normandie, dans les chambres des comptes, justice souveraine des aides, requêtes de l'hôtel & du palais, en la chambre du trésor, & aux grands jours, pour y écrire & enregistrer tous les arrêts, jugemens & expéditions qui s'y font, tellement que nul ne pourra être greffier du grand conseil, ni d'aucunes des cours de parlement & autres cours souveraines, chambres des comptes, requêtes de l'hôtel ni du trésor, qu'ils ne soient du nombre des clercs, notaires & Secrétaires du roi.*

L'édit du mois de janvier 1566 porte, qu'ils seront envoyés avec les gouverneurs des provinces, chefs d'armées, ambassadeurs & généraux des finances, pour donner avis au roi de tout ce qui se passera, & faire autour d'eux toutes les expéditions nécessaires.

Il est aussi ordonné par ce même édit, qu'on leur donnera les mémoires nécessaires & les gages pour écrire l'histoire du royaume, selon leur institution.

Ils ne pouvoient anciennement vaquer à aucune autre fonction, & ceux qui servoient quelque autre prince sans permission du roi, perdoient leurs bourses.

Ils ont la faculté de rapporter toutes sortes de lettres dans la chancellerie.

Ils peuvent seuls signer ce qui est arrêté dans les conseils & cours souveraines.

Bourses des Secrétaires du roi. Dans tous les temps, ces officiers ont eu des bourses, c'est-à-dire, une part de l'émolument du sceau. Il y en avoit anciennement quelques-uns qui étoient seulement à gages & à manteaux; présentement, outre les gages & manteaux, ils ont chacun une bourse.

Il y a trois sortes de ces bourses; savoir, les grandes pour les vingt premiers, y compris le roi, les moyennes pour les vingt suivans, & les petites pour les vingt autres.

Honneurs, priviléges & exemptions des Secrétaires du roi. L'édit du mois de novembre 1482 porte, que nos rois les ont retenus pour être de leur hôtel & famille, & pour leurs officiers ordinaires, domestiques & commensaux ; qu'ils leur ont donné plusieurs beaux, grands & notables priviléges, franchises & libertés ; & spécialement que, pour les honorer davantage, ils ont ordonné qu'eux & leurs successeurs, chacun en son temps, fût du collége des Secrétaires du roi, dont le roi est chef, & en conséquence ils ont l'honneur d'avoir le roi inscrit le premier sur leur liste.

En qualité de commensaux, ils ont leurs causes personnelles, possessoires & mixtes, commises aux requêtes de l'hôtel ou aux requêtes du palais, à leur choix.

En matière criminelle, ils ne peuvent être jugés que par le chancelier de France, qui est le conservateur de leurs priviléges, ou par le parlement.

Ils assistent autour de la personne des rois avec le chancelier, dans les conseils du roi aux chancelleries, & dans les cours de parlement & autres cours souveraines.

Aux états tenus à Tours en 1467, ils étoient assis au dessous des princes du sang, du connétable, du chancelier & des archevêques & évêques ; ils étoient assis aux états de Blois, en 1588, au nombre de dix-huit, représentant les autres, sur un banc placé en face de celui de la noblesse, & à ceux de Paris en 1614.

Leurs offices sont perpétuels pour la vie de chacun d'eux, & ne sont impétrables que par mort, résignation ou forfaiture déclarée telle par le chancelier, les maîtres des requêtes appelés ou joints, ou par le parlement.

Ceux qui résignent à leurs fils ou gendres continuent de jouir des priviléges.

Les veuves jouissent des mêmes priviléges que leurs maris, tant qu'elles restent en viduité.

Le roi Charles VIII, par des lettres du mois de février 1484, déclara que les Secrétaires du roi étoient tous reputés nobles & égaux aux barons; il les annoblit en tant que besoin seroit, eux, leurs enfans & postérité, & les déclara capables de recevoir tous ordres de chevalerie, & d'être élevés à toutes sortes d'honneurs, comme si leur noblesse étoit d'ancienneté & au dela de la quatrième génération.

Les lettres de Charles IX du mois de janvier 1566, leur accordent du sel pour la provision de leur maison.

Elles leur accordent le titre de conseiller du roi, entrée dans les cours, & séance à l'audience au banc des autres officiers & au dessus de tous.

Il est dit dans ces mêmes lettres, que quand les cours marcheront en corps, les Secrétaires y pourront être après les greffiers, selon l'ordre de leur réception, comme étant du corps de ces cours, en tant que greffiers nés.

Les lettres du mois de mai 1572 permettent à ceux qui ont servi vingt ans, de résigner leurs offices sans payer finances ni être sujets à la règle des quarante jours. Au bout de ce temps, on leur donne des lettres d'honneur; & par déclaration du 27 mars 1598, ils furent exceptés de la révocation générale des survivances. Leurs offices ont été déclarés exempts de toutes saisies, criées, subhastations & adjudications, par une déclaration du 9 janvier 1600; ils se vendent pardevant M. le Chancelier.

Ils assisterent au nombre de vingt-six, & accompagnerent le chancelier en l'ordre accoutumé, à l'entrée du roi de Pologne en la ville de Paris, en 1573.

Ils sont dispensés de résidence.

Il ne peuvent être contraints de vider leurs mains

des fiefs qu'ils possèdent, & sont exempts de tous droits de franc fief & de nouvel acquêt.

Ils sont dispensés du service du ban & de l'arrière-ban, & de contribuer à la solde des gens de guerre.

Ils sont exempts, ainsi que leurs fermiers, métayers & jardiniers, du logement & ustensiles des gens de guerre; & défenses sont faites aux maréchaux & fourriers des logis du roi, de marquer ou faire marquer leurs logis, soit à la ville ou à la campagne.

Ils sont aussi exempts de droit de péage, passage, tonlieu, travers, chaussée, & autres pour les bleds, vins, animaux, bois & autres denrées qu'ils peuvent faire entrer par eau ou par terre à Paris pour la provision de leurs maisons.

Ils sont pareillement exempts de différens droits d'aides pour le vin de leur cru, de toute taille réelle & personnelle, &c.

Ils jouissoient encore autrefois de l'exemption des droits seigneuriaux dus au roi au sujet des mutations des biens situés dans les mouvances de sa majesté, soit qu'ils fussent vendeurs ou acquéreurs de ces biens : mais, par arrêt du conseil du 26 mai 1771, les priviléges de cette espèce ont été révoqués, comme nous l'avons observé à l'article DROITS SEIGNEURIAUX.

Voyez le recueil des ordonnances du Louvre, & l'histoire de la chancellerie par Tessereau.

SÉCULARISASION. C'est l'action par laquelle on sécularise un religieux, une communauté régulière, un bénéfice régulier.

On distingue les Sécularisations en personnelles & en réelles; les premieres ont rapport aux personnes des religieux, les autres aux bénéfices réguliers : la

Sécularisation est mixte, lorsque l'on sécularise un monastère & les religieux qui y sont.

La Sécularisation personnelle se fait ou par dispense du pape pour des causes légitimes, ou par la nomination à un bénéfice dont les fonctions sont toutes séculières ; mais aucun autre bénéfice que l'épiscopat ne sécularise un religieux ; il est dispensé de la règle qu'il avoit embrassée par la cérémonie de son sacre.

C'est une maxime reçue en France, que le religieux sécularisé ne succède point à ses parens dans le royaume, quoique ses parens puissent lui succéder.

A l'égard des Sécularisations de certains bénéfices, ou de tout un corps, communauté ou monastère, elles ne peuvent se faire que par le concours des deux puissances, parce que l'ordre public y est intéressé. Suivant les formalités observées le plus ordinairement, le chapitre qui demande d'être sécularisé obtient un brevet par lequel sa majesté lui permet de faire instance auprès de sa sainteté pour passer de l'état régulier à l'état séculier ; lorsque les bulles ont été obtenues & fulminées, le chapitre obtient du roi d'autres lettres-patentes par lesquelles sa majesté confirme ce qui a été fait, & le tout doit être enrégistré dans les cours.

La bulle de Sécularisation est considérée en France comme la régle du nouvel état des églises sécularisées, lorsque dans cette bulle il n'y a rien de contraire aux maximes & aux usages du royaume ; cette règle a lieu en matière de bénéfices contre les pourvus par mort, & sur les autres genres de vacance, excepté néanmoins contre les brévetaires du roi, soit en régale, soit de serment de fidélité ou de joyeux avénement, & contre les indultaires ; on distingue à leur égard si la Sécularisation a été faite avant ou depuis l'établissement de ces brevets.

On juge dans le premier cas, qu'ils sont obligés de se conformer aux conditions portées par la Sécularisation ; mais on décide dans le second, que le pape ou le chapitre n'a pu apposer à la Sécularisation, des conditions qui leur sont préjudiciables & qui en restreignent l'effet.

Nonobstant le sentiment de plusieurs canonistes, si l'exemption & les autres priviléges que les chapitres prétendoient, étant réguliers, ne leur sont pas conservés par une clause expresse, ils rentrent à cet égard dans le droit commun, qui les soumet à l'évêque ; il y a lieu de présumer en ce cas que ces priviléges leur avoient été accordés en faveur de la régularité.

Les lettres-patentes du roi & l'arrêt d'enregistrement des bulles de Sécularisation portent entre autres clauses celle-ci, *à la charge que les religieux profès qui sont à présent dans ladite abbaye, ne pourront prétendre aucun droit ni portion des successions de leurs parens en quelque sorte & manière que ce soit, ni faire aucunes acquisitions, si ce n'est pour donner & aumôner à ladite église.*

La Sécularisation d'une abbaye, *tam in capite quàm in membris*, quoique faite par bulles, revêtue de lettres-patentes enregistrées, ne comprend pas les prieurés conventuels qui en dépendent ; & quoique le prieuré conventuel ait été jugé séculier par arrêt, le supérieur de l'abbaye ne laisse pas d'être en droit de s'en plaindre, d'interjeter appel comme d'abus, de former opposition à l'arrêt d'enregistrement, & de relever tous les vices de la Sécularisation, pour faire juger régulier & conventuel le bénéfice dépendant.

Le parlement de Paris l'a ainsi jugé par arrêt du mois de juin 1709, relativement au prieuré de saint Romain, dépendant de l'abbaye d'Ainay.

Cet arrêt est au journal des audiences, tom. 5, livre 9, chapitre 26.

Dans le temps que les dogmes de Luther & des réformateurs furent adoptés par un grand nombre de princes d'Allemagne, un de leurs premiers soins fut de s'emparer des biens des évêques, des abbés & des moines, qui étoient situés dans leurs états. L'empereur Charles-Quint n'ayant pu venir à bout de réduire les protestans, ni de faire restituer à l'église les biens qui en avoient été démembrés, lassé d'avoir fait une guerre longue & sans succès, il convint que chacun des princes protestans demeureroit en possession des terres ecclésiastiques dont il s'étoit emparé, & que ces biens seroient sécularisés, c'est-à-dire, ôtés aux gens d'église. L'Allemagne ayant été déchirée par une guerre de trente ans, sous le règne de Ferdinand II & de ses successeurs, on fut encore obligé de recourir à des Sécularisations pour satisfaire les parties belligérantes : en conséquence, par le traité de Westphalie, qui rendit la paix à l'Allemagne, on sécularisa un grand nombre d'évêchés & d'abbayes en faveur de plusieurs princes protestans qui ont continué à jouir de ces biens jusqu'à ce jour, malgré les protestations des papes qui ne vouloient point donner les mains à de pareils arrangemens.

Par une déclaration du 3 septembre 1780, enregistrée au parlement le 5 du même mois, le roi a déterminé la manière dont il doit être pourvu aux bénéfices qui dépendent des abbayes ou prieurés conventuels sécularisés. Cette loi contient les sept articles suivans.

» 1. Les bénéfices dépendans des abbayes ou prieu-
» rés conventuels sécularisés, ou qui le seront à
» l'avenir, & dont la collation est ou sera exercée par
» l'abbé ou prieur seul, seront conférés par les ar-
» chevêques ou évêques dans les diocèses desquels

» lesdits bénéfices sont situés, lorsqu'ils se trouveront vacans, ou lorsqu'ils viendront à vaquer pendant la vacance des abbayes ou prieurés sécularisés dont ils dépendent, sans distinction entre les exempts & ceux qui ne le sont pas.

» 2. Dans les abbayes ou prieurés sécularisés, où l'usage est que les bénéfices qui en dépendent soient conférés alternativement par l'abbé ou par le prieur séculier, & par le chapitre ou autre établissement auquel a été réunie la mense conventuelle du monastère sécularisé, ceux desdits bénéfices qui tomberoient dans le tour de l'abbé ou du prieur, si l'abbaye ou le prieuré sécularisés n'étoient point encore vacans, seront conférés par l'archevêque ou évêque diocésain, selon ce qui est porté par l'article précédent; & à l'égard de ceux qui tomberont dans le tour du chapitre ou autre établissement, ils continueront d'y pourvoir ainsi que pendant la vie de l'abbé ou du prieur.

» 3. Dans les abbayes ou prieurés sécularisés, où le droit de collation est exercé en commun & conjointement par les abbés ou prieurs, & par le chapitre ou autre établissement, ledit chapitre ou autre établissement jouira seul du droit pendant la vacance de l'abbaye ou du prieuré.

» 4. Pendant la vacance des archevêchés & évêchés, les bénéfices dont la collation doit appartenir aux archevêques ou évêques, suivant ce qui est porté par les articles premier & second des présentes, tomberont en régale, & il y sera par nous pourvu en la manière accoutumée.

» 5. N'entendons comprendre dans les dispositions des deux premiers articles de notre présente déclaration, les vicairies, semi-prébendes & autres bénéfices & offices du bas-chœur dont les abbés ou prieurs ont la collation ou autre disposition, notre intention étant que la disposition en appar-

» tienne aux chapitres ou autres établissemens, pen- » dant la vacance desdites abbayes ou prieurés.

» 6. N'entendons déroger par ces présentes aux » bulles de Sécularisation revêtues de lettres-paten- » tes enregistrées, par lesquelles la collation ou au- » tre disposition des bénéfices dépendans des abbayes » ou prieurés sécularisés auroit été attribuée au cha- » pitre ou autre établissement, lorsque lesdits béné- » fices se trouveroient vacans ou qu'ils viendroient » à vaquer pendant la vacance desdites abbayes ou » prieurés; voulons qu'audit cas lesdites bulles soient » exécutées selon leur forme & teneur.

» 7. Voulons que le contenu en notre présente » déclaration soit exécuté, nonobstant tous actes, » transactions, concordats, arrêts, jugemens, usages » & possession contraires, sans néanmoins qu'il » puisse être apporté aucun trouble ni empêche- » ment à ceux qui auroient été maintenus par arrêts » ou par des jugemens, lesquels auroient acquis » l'autorité de la chose jugée; ni pareillement que » ceux qui (ayant été pourvus par les chapitres » desdites abbayes ou prieurés sécularisés, ou autres » établissemens en faveur desquels auroient été » faites les unions des menses conventuelles desdits » monastères sécularisés) se trouveroient paisibles » possesseurs lors de la publication des présentes, » puissent être inquiétés par ceux qui seroient pour- » vus par les archevêques ou évêques, postérieure- » ment à ladite publication. Voulons aussi que les » contestations qui sont déjà nées entre les pourvus » par les chapitres ou autres susdits établissemens, » & les pourvus par les archevêques ou évêques, » soient décidées suivant la jurisprudence qui étoit » observée à cet égard dans nos cours avant no- » tre présente déclaration. Si donnons en mande- » ment, &c. «

SEDUCTION. Voyez RAPT.

SÉGRAIRIE. Bois possédé par indivis & en commun, soit avec le roi, soit avec des particuliers.

Suivant l'article 1 du titre 13 de l'ordonnance des eaux & forêts du mois d'août 1669, la connoissance de tous les procès concernant le fonds & propriété des bois du roi, tenus en grurie, grairie, Ségrairie, &c., appartient aux tables de marbre, sauf l'appel au parlement dans les cas sujets à l'appel.

SEIGNEUR, SEIGNEURIE. Le mot *Seigneur* a deux significations principales, l'une personnelle & simplement relative à la dignité ou au rang des personnes à qui on donne cette qualité, l'autre réelle & qui a pour objet les droits utiles ou honorables qu'elles peuvent avoir sur tels ou tels domaines & dans de certains territoires : le mot *seigneurie* ne s'emploie guère en France que dans ce dernier sens.

C'est dans le premier sens qu'on dit *un Seigneur*, *un grand Seigneur*, *monseigneur*, *haut & puissant Seigneur*. Nous n'avons point de règles fixes qui établissent ce protocole de la vanité; mais il y a des usages plus ou moins généralement observés.

On ne donne le titre de *haut & puissant Seigneur* qu'aux grands du royaume & à ceux qui ont des seigneuries de dignité. Dans les actes de foi & hommages, aveux & dénombremens qui sont rendus à la chambre des comptes, si elle trouve ce titre pris par quelqu'un qui n'y paroît pas fondé, elle ordonne qu'il en justifiera.

On traite de *monseigneur* les princes du sang, les ducs & pairs, les chefs des cours souveraines, les présidens à mortier, &c.

Dans les requêtes qu'on présente aux cours, on

dit

dit aussi *nosseigneurs* de parlement, de la chambre des comptes, de la cour des aides, &c. *Monseigneur*, dit absolument, est la qualité qu'on donne au dauphin depuis Louis XIV.

Comme ces usages ne tiennent que de fort loin à la jurisprudence, & qu'ils varient d'ailleurs beaucoup, suivant les diverses relations de dépendance & d'intérêt de ceux qui traitent ensemble de vive voix ou par écrit, on ne s'étendra pas davantage sur cette première acception du mot *Seigneur*.

On va donc se borner à parler ici des Seigneurs & des seigneuries dans la relation purement réelle. On prendra souvent pour guide le traité des seigneuries de Loyseau, qui a le premier approfondi cette matière; mais on sera aussi souvent forcé de l'abandonner, parce que la vérité doit l'emporter sur tous les systêmes & les autorités du monde.

On expliquera, dans cinq sections, 1°. ce que c'est que Seigneur & seigneurie dans l'ordre féodal.

2°. L'origine des seigneuries.

3°. Les différentes sortes de seigneuries.

4°. A qui appartient la qualité de Seigneur de paroisse ou de village, & de quelques-uns des droits qui en dépendent.

5°. Les droits des Seigneurs de fief.

Pour achever d'exposer la matière des seigneuries, il faudroit parler encore ici, 1°. des droits & des obligations des Seigneurs suzerains; 2°. de ceux des simples seigneurs justiciers; 3°. de ceux des Seigneuries qualifiées, tant moyennes que grandes; 4°. des seigneuries qui dépendent du domaine. Mais tous ces objets sont traités séparément dans des articles particuliers. On peut consulter sur le premier les articles ARRIÈRE-FIEF & SUZERAINS, &c.; sur le second, les articles CAS ROYAUX, JUSTICES DES SEIGNEURS, JUGES DES SEIGNEURS, OFFICES SEIGNEURIAUX, & ceux qui y sont relatifs; sur le troisième, les articles BARONNIE, CHATELLENIE, COMTÉ, DUC, DUCHÉ, MARQUISAT, PRINCIPAUTÉ, PAIRIE, VICOMTE, VIDAMÉ, &c.; sur le quatrième, les art. DOMAINE, ROI, SOUVERAINETÉ, &c.

SECTION PREMIÈRE.

Ce que c'est que Seigneur & seigneurie dans l'ordre féodal.

Dans presque toutes les langues anciennes, les magistrats étoient designés par un nom dérivé de celui de vieillard, parce que la nature indique à tous les peuples, dans leur origine, de confier l'administration publique à ceux en qui une longue vie doit avoir mis plus d'éloignement des passions & plus de connoissances des usages de la nation.

Dans vingt passages de la bible, les magistrats sont appelés *les anciens* ou *les vieillards du peuple*. En grec, le même mot désigne aussi le magistrat & le vieillard. A Rome, les noms de *sénat*, de *sénateurs* & de *pères*, que l'on donnoit à ceux en qui résidoit la principale autorité de l'état, indiquoient la même chose (*).

C'est à cet usage ancien qu'est dû le nom de *Seigneur* que nous donnons à celui qui jouit de la puissance publique, dans un territoire, & qui vient évidemment du mot latin *senior*, c'est-à-dire, plus âgé que les autres. Les Italiens & les Espagnols se

---

(*) On peut ajouter à ces observations de Loyseau, que le même usage a lieu chez les peuples que nous appelons *barbares* Il suffira de citer ici le témoignage du père Lafiteau. » L'un des noms, dit-il, que les tribus de l'Amérique septentrionale donnent à leur chef, est celui de *Rokstsen-Goa*, » qui signifie le viellard ou l'ancien par excellence «. (*Mœurs des Sauvages, tome second de l'édition* in-12, *page* 172.)

servent presque du même mot ; ils disent *Signor* & *Senor* dans le même sens. C'est ce que Loyseau a établi d'une manière plus détaillée au chapitre 1 du traité des seigneuries.

Le même auteur a fort bien déterminé le véritable sens de ce mot & les différentes acceptions dans lesquelles il est pris. » Le mot de *Seigneur*, dit-il, » importe & signifie autorité & supériorité. Néanmoins, pour ce que nos seigneuries, qui, de leur » origine, n'étoient qu'offices, ont, à succession de » temps, été changées en propriété, de là est venu » qu'aujourd'hui le mot de *seigneurie* importe toujours quelque propriété ; voire que c'est aujourd'hui le terme plus usité que nous ayons pour » signifier la propriété de quelque chose, de l'appeler *seigneurie*, qui devroit être appelé *sieurie* (*) ; » mais ce mot s'en va hors d'usage, & désormais est » trouvé rude «.

» De sorte que maintenant le mot de *seigneurie* » a deux significations; l'une de signifier, *in abstracto*, » tout droit de propriété ou puissance propriétaire » qu'on a en quelque chose, qu'à l'occasion d'icelle » on peut dire sienne ; l'autre de signifier, *in concreto*, » une terre *seigneuriale*. Expliquons en premier l[ie]u » cette première signification, qui, à la vérité, » comme plus générale, comprend aucunement la » seconde que nous avons à traiter.

» Donques la seigneurie, en cette générale signi» fication, est définie *puissance en propriété* ; défi» nition bien courte, mais qui ha & son genre, à » savoir, *puissance*, qui est commune aux seigneuries » & aux offices, & sa différence, à savoir *propriété*, » qui distingue les seigneuries d'avec les offices, dont » la puissance n'est que par fonction ou exercice,

(*) Du mot *sien*, qui indique la propriété. (Voyez le même Loyseau, n. 22.)

» & non pas en propriété, comme celle des seigneuries.

» Quant à sa division, la seigneurie a deux espèces; à savoir, la seigneurie publique & privée. La publique consiste en la supériorité & autorité qu'on a sur les personnes, qui toutefois est propre au seigneur (*), au lieu que la supériorité qu'ha l'officier n'est que par exercice, comme j'ai prouvé au commencement du second livre des *offices* : & cette espèce de seigneurie est appelée publique, pour ce qu'elle concerne & importe le commandement ou puissance publique, & aussi qu'elle ne peut être exercée que par personnes publiques.

» Quant à la seigneurie privée, c'est la vraie propriété & jouissance actuelle de quelque chose, & est appelée privée, pour ce qu'elle concerne le droit que chacun particulier ha en sa chose. Donques le Seigneur qui ha la seigneurie publique, ha pour son relatif le sujet, & celui qui ha la seigneurie privée, l'esclave «.

Ainsi le nom de *seigneurie*, dans sa signification la plus étendue, indique l'autorité; & dans l'usage, on l'applique tantôt au simple domaine de propriété, tantôt à une supériorité quelconque qu'on a sur la chose d'autrui, & sur-tout à la directe; tantôt enfin à l'autorité publique, c'est-à-dire au droit de justice, dont on jouit en qualité de propriétaire dans un certain territoire. C'est-là le sens le plus propre de ce mot, quand on n'y joint aucune épithète. (*Voyez la quatrième section.*)

(*) C'est-à-dire possédée en propriété par le Seigneur.

SECTION II.

Origine des seigneuries.

C'est ici le lieu d'examiner le systême du célèbre Loyseau sur l'origine des seigneuries. Il cherche à y établir, que la propriété de la puissance publique qui constitue les justices seigneuriales, est une usurpation que les Seigneurs ont faite postérieurement à l'établissement de la proprieté des fiefs. Mais cet auteur, dont les préjugés naissoient bien plus d'un esprit de systême que du défaut de lumière, expose lui-même des faits bien propres à ébranler son opinion, quoiqu'on n'eût pas recueilli dans son siècle tous les monumens qui jettent du jour sur cette matière.

Il dit d'abord d'une manière trop générale, qu'après la conquête des Gaules les Francs victorieux *confisquèrent toutes les terres, c'est-à-dire, attribuèrent à leur état l'une & l'autre seigneuries ;* » & » qu'hors celles qu'ils retinrent au domaine du prince, » ils distribuèrent toutes les autres par climats & » territoires aux principaux chefs & capitaines de » leur nation, donnant à tel toute une province à » titre de duché ; à tel autre un pays de frontière » à titre de marquisat ; à un autre une ville avec » son territoire adjacent à titre de comté ; bref à » d'autres des châteaux ou villages avec quelques » terres d'alentour, à titre de baronnie, châtellenie, » ou simple seigneurie, selon les mérites particuliers » de chacun, & selon le nombre des soldats qu'il » avoit sous lui ; car c'étoit tant pour eux que pour » leurs soldats (*) «.

(*) Des seigneuries, chap. 1, n. 60 & 61.

Loyſeau ne s'amuſe point à prouver cette diſtribution, ni même à examiner s'il y avoit bien véritablement des marquiſats, des baronnies, des châtellenies, dans les temps qui ſuivirent la conquête.

Quoi qu'il en ſoit, il obſerve enſuite que ces conceſſions ne furent faites qu'à vie & à titre de bénéfice, en chargeant les conceſſionnaires du ſervice militaire (*) ; que l'exemple du ſouverain fut ſuivi par ſes officiers qui firent eux-mêmes des conceſſions ſubordonnées (**) ; *qu'ils rendirent auſſi aux naturels du pays quelques petites portions de leurs terres, afin de ne les exterminer, ains pour s'en ſervir au labourage*, en y impoſant un tribut annuel à titre de cens, ou plutôt en les chargeant de leur payer celui qu'ils avoient accoutumé de payer aux Romains, duquel tribut les fiefs concédés aux François étoient exempts (***).

Après avoir ainſi tracé à ſa manière l'origine des fiefs, cet auteur dit que » ces capitaines auxquels les » provinces, ou les villes, ou les amples territoires » avoient été concédés tant pour eux que pour leurs » ſoldats, n'avoient pas ſeulement la ſeigneurie » privée, ſoit directe, ſoit utile, des héritages de » leur territoire ; mais auſſi qu'il étoient Seigneurs » des perſonnes des anciens habitans du pays, ré» ſidans en leur diſtroit, ſelon la condition de la » ſervitude qui leur avoit été impoſée lors de leur » conquête (****).

Il prétend à la vérité » que cette ſeigneurie ne ſe » pouvoit étendre ſur les François qui étoient francs

(*) Des ſeigneuries, n°. 62, 63 & 64.
(**) *Ibid.* n°. 66.
(***) *Ibid.* n°. 69.
(****) *Ibid.* n°. 71.

» & libres, & que toute la ſeigneurie qu'avoient » ces capitaines, ſoit ſur les terres ou ſur les per- » ſonnes, n'étoit qu'une ſeigneurie privée, demeu- » rant juſqu'alors la ſeigneurie publique entiére- » ment pardevers le prince ſouverain, ſelon ſa vraie » nature «.

Loyſeau convient bien encore » que tous ces chefs » avoient le commandement & puiſſance publique, » *en qualité d'officiers*, étant toujours demeurés en » leurs charges de capitaines, en tant que par le » moyen des vaſſaux qu'ils avoient ſous eux, leurs » compagnies & bandes étoient maintenues à perpé- » tuité (*). Voire, que non ſeulement ils avoient le » commandement au fait de la guerre comme capi- » taines, mais ils avoient auſſi l'adminiſtration de » la juſtice, pour ce qu'en ces nations belliqueuſes » *il n'y avoit point d'autres officiers principaux que* » *ceux de la guerre*, qui quand & quand exercoient » la juſtice en temps de paix, n'ayant même en » aucune ancienne république les charges de la » guerre & de la juſtice été ſéparées, comme il a » été dit au livre des offices, livre 1. Auſſi Céſar, » au paſſage ſus allégué, dit qu'en l'ancienne Gaule » c'étoient les principaux des villes & bourgs qui » rendoient la juſtice; & *tout ainſi que ces capitai-* » *nes s'aidoient de leur vaſſaux en la guerre, auſſi* » *faiſoient-ils en la juſtice, principalement aux cau-* » *ſes d'importance qu'ils jugeoient par leurs avis, &* » *pour cette raiſon ils les appeloient* pares curiæ, » *c'eſt à-dire, pairs & compagnons de leurs cour &* » *juſtice* « (*).

Loyſeau conclut de là, » que la charge de ces ca- » pitaines étoit office & fief tout enſemble: office,

(*) *Ibid.* n°. 72.
(**) *Ibid.* n°. 73.

» en tant qu'ils avoient l'administration & des ar-» mes & de la justice; fief aussi, en tant qu'ils » étoient Seigneurs de leur territoire, lequel ils » tenoient en fief du prince souverain, à la charge » de l'assister en guerre (*).

» Aussi, continue Loyseau, l'office & le fief » n'étoient lors guère dissemblables; car outre l'af-» finité qu'ils ont encore de consister tous deux en » fonction personnelle, & de subsister formellement » en la foi, le fief, aussi bien que l'office, finissoit » lors par la mort; même l'un comme l'autre étoit » révocable par la volonté du concédant, comme » il est dit au premier titre des fiefs. *Bref, l'office* » *& le fief n'avoient lors autre différence, sinon que* » *la fonction de l'office est publique, & celle du fief* » *est privée, à savoir d'assister son seigneur en guerre* : » en signe de quoi le serment de l'office se fait pu-» bliquement, & la foi du fief se rend en privé, & » aussi la récompense de l'office consiste ordinaire-» ment en gages perceptibles du public, & celle » du feudataire en héritage dont il jouit par ses » mains « (**).

Quelle que soit l'opinion que l'on embrasse sur l'établissement des fiefs, & en adoptant même sans restriction la confiscation totale des terres faite par les conquérans, comme Loyseau le prétend, il paroît difficile de ne pas reconnoître que les justices des seigneurs ont la même origine que les fiefs, & qu'elles en ont suivi les révolutions. Puisque les concessionnaires des grands domaines à titre de fief ou de bénéfices, *avoient la directe des personnes aussi bien que des héritages*, comme Loyseau le dit lui même; puisque, *outre le commandement en*

(*) *Ibid.* n°. 74.
(**) *Ibid.* n°. 75.

fait de la guerre, comme capitaines, ils avoient aussi l'administration de la justice; puisque *tout ainsi que ces capitaines s'aidoient de leurs vassaux en la guerre, aussi faisoient-ils en la justice, principalement aux causes d'importance qu'ils jugeoient par leur avis*; puisqu'enfin *la charge de ces capitaines étoit office & fief tout ensemble, & que*, suivant Loyseau lui-même, la seigneurie ne diffère de l'office qu'en ce que la puissance publique qui convient à l'un & à l'autre, est en propriété dans la seigneurie & en simple fonction dans les offices (*), on doit en conclure, que les seigneuries ont existé, c'est-à-dire, que les justices attachées aux fiefs ont été patrimoniales dès que les fiefs mêmes ont été tenus à titre de propriété.

Ce n'est pas ainsi néanmoins que Loyseau l'a entendu. « Il faut noter, dit-il, que quelque commandement qu'eussent les ducs, marquis & comtes, » de leur première institution, si est ce qu'ils ne » l'avoient que par forme d'administration, comme » officiers, & non pas en propriété, comme Seigneurs, mais pour l'affinité qu'il y a entre la » puissance des officiers & celles des Seigneurs (qui » est si grande, que ni les Grecs ni les Romains » n'ont su la distinguer par un nom divers, ains ont » été contraints d'appeler l'un & l'autre d'un même » nom ἀρχὴν, *imperium*), il a été facile à ces anciens ducs & comtes de changer leur office en » seigneurie, entreprenant premiérement de faire » exercer leurs charges par commis & par lieutenans, » ainsi que le droit romain permet, *puis ayant trouvé* » *moyen accortement de les rendre accessoires & dépendantes de leurs fiefs qui déjà auparavant avoient* » *été faits héréditaires & patrimoniaux*. Par ainsi,

(*) *Ibid.* n°. 25.

» outre la seigneurie privée concédée à ces seigneurs, tant des terres de leur distroit que des personnes des Gaulois, ils ont encore usurpé une espèce de seigneurie publique, c'est-à-dire, une propriété de la puissance publique « (*).

Loyseau ne nous indique point quel est ce moyen *accort* dont les anciens Seigneurs se servirent pour rendre leurs offices accessoires & dépendans de leurs fiefs ; il se contente de supposer ce fait, qui est pourtant la clef de tout son édifice sur l'origine des seigneuries. Il suppose aussi que c'est avant cette usurpation prétendue *de la propriété* de la puissance publique, qu'ils ont fait exercer leurs charges par des *commis & lieutenans* ; ce qui ne paroît pas même vraisemblable.

On a tracé dans la première section de l'article OFFICES SEIGNEURIAUX, l'histoire de ces sortes d'offices, & la manière dont ils se sont établis lorsque les Seigneurs ont cessé de présider eux-mêmes dans les cours féodales, où ils faisoient rendre la justice par leurs vassaux. On a prouvé dans l'article DÉMEMBREMENT DE JUSTICE, que la juridiction étoit dans l'origine une suite de la concession du fief, qu'elle entroit dans sa nature, quoiqu'elle ne fût pas de son essence.

Ce n'est que lorsque les fiefs furent extrêmement multipliés & subdivisés, lorsqu'il y en eut qui ne consistoient qu'en domaine, sans vassaux ni censitaires (**), & sur-tout lorsque l'art de la procédure rendit nécessaire un nouvel ordre de personnes qu'on appela *gens de loi*, que la justice cessa d'être l'attribut de tous les fiefs, & que l'ambition, d'un côté, & l'ignorance de l'histoire & des plus anciens

(*) *Ibid.* n°. 79, 80, 81.

(**) Encore aujourd'hui, dans quelques coutumes, tout Seigneur féodal qui a un certain nombre de vassaux, ou qui se les procure par des sous-inféodations, a la haute-justice. Voyez le titre 4 de la coutume de Boulogne-sur-mer.

usages, d'un autre, firent naître & recevoir la maxime *fief & justice n'ont rien de commun* (*); en sorte qu'on peut dire absolument le contraire de ce qu'enseigne Loyseau; le fief & la justice étoient originairement unis, &, pour ainsi dire, inséparables: mais lorsque les fiefs sont devenus patrimoniaux, & que les Seigneurs ont cessé de présider dans leur cour, la justice a cessé d'être un accessoire des fiefs.

On sent bien; après cela, que la différence que Loyseau cherche à établir entre l'office & le fief, dans les commencemens du systême féodal, est presque aussi idéale que tout le reste; les fonctions du fief étoient publiques, non seulement parce que le jugement étoit un devoir de fief, mais aussi parce que c'est également servir la patrie que de combattre pour elle pendant la guerre, ou de maintenir la tranquillité durant la paix, & que la subordination féodale, qui formoit une chaîne sans interruption, du souverain jusqu'au dernier vassal, dirigeoit véritablement au service de l'état l'obligation où chaque vassal étoit de servir son Seigneur, de même que l'obligation où est le soldat d'obéir à son lieutenant, est une suite de la dépendance où l'un & l'autre sont du souverain. La foi & hommage se faisoit en conséquence dans la cour du Seigneur, avec beaucoup de solennités; enfin la récompense du vassal n'étoit pas moins prise sur les biens de l'état,

(*) Bodin, Loyseau & la Thaumassière disent que Philippe le Bel fit une loi par laquelle il ordonnoit *qu'aucuns, même l'église, sous prétexte de fief, ne pourroient prétendre la justice, si elle n'y étoit comprise nommément*. Cette loi, qu'on ne date point, ne se trouve nulle part; mais il paroît que la séparation du fief & de la justice n'est guère plus ancienne que le règne du prince à qui on l'attribue.

que les gages de l'officier, puisque les fiefs procédoient du domaine public.

SECTION III.

Des differentes sortes de seigneurie.

Loyseau distingue d'abord, au chap. 2, deux espèces de seigneuries ou de terres seigneuriales; la *souveraineté*, qui est la seigneurie de l'état, ou le droit d'administration suprême pour chaque peuple, & la *suzeraineté*, par laquelle il entend cette partie de la puissance publique dont les Seigneurs de fief sont propriétaires, ou, comme il le dit au chap. 4, *la dignité d'un fief ayant justice. Le mot*, suivant lui, *en est aussi étrange, comme cette espèce de seigneurie est absurde.*

Sans discuter ici le mérite de cette réflexion de Loyseau, & les fondemens du sens qu'il prête à ce mot de *suzeraineté*, on voit du moins que cette première division de la seigneurie ne peut pas être d'une grande utilité pour régler les droits des Seineurs en France, depuis que la couronne n'a plus des souverains pour vassaux. Il seroit donc inutile de s'en occuper. On aura d'ailleurs occasion de traiter de la *souveraineté* & de la *suzeraineté*, dans des articles exprés.

Loiseau lui-même, qui intitule son chap. 4, *des seigneuries suzeraines ou subalternes*, abandonne le mot *suzeraineté* dans le cours de ce chapitre & dans tous les suivans, où il parle des différentes sortes de terres seigneuriales & de leurs droits; il y emploie par-tout le mot *seigneurie* dans le sens qu'il avoit donné au mot *suzeraineté*; & c'est effectivement celui qui est en usage.

Le même Loyseau présente une autre division des seigneuries, qui est plus communément suivie,

» On les peut diviſer, dit-il, en trois claſſes, » rangs ou degrés; à ſavoir des grandes, des mé» diócres, & des petites ſeigneuries : les grandes ſont » celles qui ont un titre capable de ſouveraineté, » comme les duchés, marquiſats, comtés & prin» cipautés; les médiocres ſont celles qui ont bien » un titre de dignité, mais qui n'eſt capable de » ſouveraineté, comme les baronnies, vicomtés, » vidamés & châtellenies; bref, les ſimples ſei» gneuries ſont celles qui n'ont aucuns titre de » dignité, autre que le ſimple titre de ſeigneurie, » ſavoir eſt, les hautes, moyennes & baſſes » juſtices (*) ».

On ne trouvera point ici des règles générales pour ces différens degrés de ſeigneuries, parce qu'ils n'ont point, ou preſque point, de caractères communs. Loyſeau dit bien, par exemple, » que les grandes » ſeigneuries doivent, de leur propre nature, relever » immédiatement des ſouveraines, & les médiocres » des grandes le plus communément, & les petites » des médiocres, & ainſi ſucceſſivement de degré » en dégré (**) « : mais cette régle n'eſt plus ſuivie dans l'uſage; il y a pluſieurs comtés, des marquiſats, & même des duchés pairies qui relèvent, au moins en partie, de ſimples Seigneurs (***). Loyſeau le reconnoît lui-même, & c'eſt ce qu'il appelle des ſeigneuries honoraires.

Suivant le même auteur, la plus certaine marque des ſeigneuries de dignité, eſt d'en avoir pluſieurs ſous elles de moindre qualité, ſoit unies & annexées à elles-mêmes, ſoit relevant ſimplement d'elles, comme, par exemple, la marque de

(*) Chap. 4, n°. 38, 39, 40 & 41.

(**) *Ibid* n°. 42.

(***) Voyez l'article MOUVANCE, ſection dernière.

la baronnie est d'avoir plusieurs châtellenies en soi ou sous soi; celle du comté, d'avoir plusieurs baronnies, & celle de duché, d'avoir plusieurs comtés; la raison de cela est que le supérieur est présumé être en plus grande dignité que son inférieur; » & » touchant ces marques de seigneuries de dignité, » il fut fait un bel édit par le feu roi (Henri III) » en 1579, qui n'a été vérifié qu'au parlement » de Bretagne, portant, que, suivant l'arrêt du » privé conseil du 10 mars 1578, il est défendu » de publier aucune érection de seigneuries, aux- » quelles sera attribuée nouvelle dignité, soient » de la qualité requise; à savoir que la terre qui » sera érigée en châtellenie ait d'ancienneté justice » haute, moyenne & basse, droit de foires, marché, » prévôté, péages & prééminence sur tous étant » au dedans de ladite terre; que la baronnie sera » composée de trois châtellenies pour le moins » qui seront unies & incorporées ensemble, pour » être tenues à un seul hommage du roi; que » le comté aura deux baronnies & trois châtellenies » pour le moins, ou une baronnie & six châtelle- » nies, aussi unies & tenues du roi; que le mar- » quisat sera composé de trois baronnies & de trois » châtellenies pour le moins, ou de deux baronnies & » six châtellenies, aussi unies comme dessus, &c. «

Loyseau dit seulement qu'il seroit à désirer que cet édit fût vérifié & observé par-tout, afin que ces beaux titres ne s'avilissent pas par leur trop grande multiplicité; mais ce désir n'est point encore accompli.

On se contentera donc, pour ce qui concerne les droits de ces différentes sortes de seigneuries & de Seigneurs, de renvoyer aux articles qui concernent chacun en particulier. Au lieu de ces divisions, plus curieuses qu'utiles, on va jeter un coup-d'œil très-rapide sur les différentes sortes de seigneuries & de Seigneurs, autres que celle dont on vient de parler ; on suivra l'ordre alphabétique.

SEIGNEUR BANNIER OU SEIGNEUR DU BAN. La coutume de Nivernois, au titre 13, appelle ainsi le Seigneur qui a le droit de faire proclamer le jour de la vandange dans son territoire. Voyez BAN DE VENDANGES.

SEIGNEUR BAS JUSTICIER, est celui qui ne tient en fief que la basse justice. Voyez JUSTICE.

SEIGNEUR BOURDELIER. La coutume de Nivernois appelle encore ainsi le Seigneur à qui le droit de bourdelage est dû. Voyez BORDELAGE.

SEIGNEUR CENSIER, ou CENSUEL, est celui qui a donné un héritage à la charge d'un cens, & auquel le payement de ce cens est dû. Voyez CENS.

SEIGNEUR DIRECT, est celui duquel un héritage relève, soit en fief ou en censive.

SEIGNEUR DOMANIER. Les coutumes de Tours & de Loudun appellent ainsi le propriétaire d'un fonds, par opposition au Seigneur direct.

SEIGNEUR DOMINANT se dit à peu près dans le même sens ; mais on l'applique plus particulièrement à celui qui a la directe immédiate sur un fief. Voyez l'article MOUVANCE, & ci-dessous la section 5.

SEIGNEUR ECCLÉSIASTIQUE, est un bénéficier qui possède quelque seigneurie attachée à son bénéfice. Voyez les articles FRANCHE AUMÔNE, JURIDICTION, IMMUNITÉS.

SEIGNEUR EMPHYTEUTIQUE, ou EMPHITÉOTIQUE. On nomme ainsi celui qui a donné son bien à emphytéose, & même, dans certains pays ; le Seigneur censuel.

SEIGNEUR ENGAGISTE, eſt celui qui tient quelque terre ou une juſtice du domaine, à titre des engagemens. Voyez ENGAGEMENT & ENGAGISTE.

SEIGNEUR FÉODAL ſe dit indifféremment de tout Seigneur direct, mais plus particulièrement de celui qui a la directe ſur un fief.

SEIGNEUR DE FIEF. C'eſt le propriétaire d'un fief.

SEIGNEUR DES FLEURS-DE-LYS. On appeloit ainſi autrefois ceux qui tenoient le parlement, parce qu'ils ſiégoient ſur les fleurs-de-lys.

Voyez la préface du troiſième volume des ordonnances du Louvre, p. 48.

SEIGNEUR FONCIER OU TRÈS-FONCIER, eſt celui qui a la plus ancienne redevance foncière ſur un héritage. Voyez TRÈS-FONDS.

SEIGNEURIE HONORAIRE. Loyſeau donne ce nom aux grandes ſeigneuries qui, au lieu de relever du roi, comme c'eſt leur nature, relèvent d'un autre Seigneur. Il donne pour exemple le comté de Lude, qui a été déclaré ſimple comté honoraire, parce qu'il relève du comté de Beaumont, par arrêts des 6 août & 5 décembre 1546, rapportés par M. Chopin ſur la coutume d'Anjou : il y a à préſent des duchés-pairies qui ſont dans le même cas.

Le même Loyſeau prend ce mot de *ſeigneurie honoraire* dans quelques autre acceptions, comme on peut le voir au traité des ordres, chap. 12.

SEIGNEUR GAGIER. On appelle ainſi dans certains pays les Seigneurs engagiſtes.

SEIGNEUR IMMÉDIAT. C'eſt le Seigneur direct.

SEIGNEUR HAUT-JUSTICIER, eſt le propriétaire d'une haute-juſtice. Voyez JUSTICE.

SEIGNEUR JURIDICTIONNEL, eſt celui qui a la juſtice haute

haute ou moyenne en Dauphiné; voyez la jurisprudence de Guypape, p. 92.

Seigneur Libre, ou plutôt Libre Seigneur. C'est un titre que prend le Seigneur de saint-Maurice, dans le Mâconnois, terre possédée depuis plus de 600 ans par la maison de Chevriers, avec une partie du péage de Mâcon, en fief lige; ce titre de *libre Seigneur*, dit M. Gastelier de la Tour, peut signifier que cette terre est un franc-aleu, ou qu'elle n'est tenue qu'à simple hommage, & non en fief lige, comme la portion du péage de Mâcon que le même Seigneur tient en fief lige. Voyez *l'encyclopédie.*

Seigneur Lige. Ce mot désigne ordinairement celui auquel est dû l'hommage lige; mais en Bretagne il signifie le Seigneur le plus prochain, c'est-à dire, le Seigneur immédiat; quelquefois il y signifie le Seigneur qui a la directe sur l'aîné dans l'espèce de parage qu'on appelle *juveigneurie.* Voyez le titre 17 de la coutume de Bretagne, & l'article Juveigneurie, &c.

Seigneur de Loi. Beaumanoir, dans ses coutumes de Beauvoisis, chap. 38, p. 203, appelle ainsi une personne versée dans la science des loix, un jurisconsulte. On créoit autrefois des chevaliers en loix, comme on y crée encore des *bacheliers*, c'est-à-dire de bas chevaliers.

Seigneur moyen-justicier, est le propriétaire d'une moyenne justice. Voyez Justice.

Seigneur de Paroisse, est celui dans la haute-justice duquel une église est bâtie. Voyez la section 4.

Seigneur en partie, est le copropriétaire d'une seigneurie, le coseigneur. Voyez la même section.

SEIGNEUR PLUS PRÈS DU FONDS. On appelle ainsi dans plusieurs coutumes celui qui a la justice foncière.

SEIGNEUR DE PRINFIEF. La coutume de Bayonne, tit. 5, art. 10 & 11, &c. appelle ainsi le Seigneur direct.

SEIGNEUR PROCHAIN OU PROCHE. C'est, dans quelques coutumes, celui qui a la seigneurie directe ou immédiate.

SEIGNEUR PROFITABLE. La coutume de Chaumont, article 100 & 109, appelle ainsi le propriétaire d'un fonds tenu à titre de cens ou de fief.

SEIGNEUR SPIRITUEL. On appeloit quelquefois ainsi autrefois ceux qui ont la juridiction ecclésiastique, tels que sont les évêques, les abbés, &c.

SEIGNEUR SUBALTERNE. On appelle ainsi tous les Seigneurs justiciers autres que le roi; voyez la coutume de Berry, tit. 2, art. 14, 26, &c.

SEIGNEUR SUZERAIN. C'est celui qui n'a qu'une mouvance médiate en ce qui concerne la directe, ou le ressort médiat s'il s'agit de justice; voyez RESSORT, SUZERAINETÉ.

SEIGNEUR TAILLABLIER. C'est ainsi que la coutume de Bourbonnois nomme le Seigneur qui a droit de taille seigneuriale.

SEIGNEUR TEMPOREL, est celui qui a la seigneurie profane, à la différence du Seigneur spirituel.

SEIGNEUR TRÈS-FONCIER. C'est le Seigneur direct.

SEIGNEUR VICOMTIER. C'est le Seigneur moyen-justicier dans les coutumes de Flandres, de Picardie,

&c.; dans le reste de la France c'est le Seigneur qui est propriétaire d'une vicomté. Voyez ce mot.

SEIGNEUR UTILE. C'est le propriétaire d'un fonds considéré par opposition au Seigneur direct.

SECTION IV.

De la qualité de Seigneur de paroisse ou de village, & de quelques uns des droits qui en dépendent.

La plénitude de la seigneurie consiste dans la réunion de la directe & de la justice sur un certain territoire; mais depuis que ces deux objets sont souvent séparés, & qu'on a établi la distinction des Seigneurs hauts, moyens & bas-justiciers, il s'est élevé beaucoup de contestations sur la qualité de Seigneur de tel ou tel lieu, & sur les droits qui leur appartenoient en cette qualité.

On a parlé de ces droits aux mots JUSTICE, JUGE DE SEIGNEUR, OFFICES SEIGNEURIAUX ET DROITS HONORIFIQUES; on n'en dira donc rien ici, qu'autant que cela sera nécessaire pour décider valablement quel est celui qui peut se dire Seigneur de tel ou tel endroit.

Voici le grand principe de cette matière; la seigneurie, suivant la définition de Loyseau, n'est autre chose que *la puissance* (c'est-à-dire l'autorité publique) *en propriété*, & le Seigneur haut-justicier est le véritable propriétaire de l'autorité publique dans le territoire soumis à sa juridiction. Il a donc seul le droit de se qualifier purement & simplement seigneur du lieu; & s'il y a plusieurs Seigneurs hauts-justiciers dans un village, celui-là seul qui a l'église dans son territoire, peut s'en qualifier Seigneur.

» Le titre des (hauts) justiciers, dit Loyseau,

» est qu'ils ont droit de se titrer & qualifier Sei-
» gneurs du village auquel ils ont leur justice,
» bien qu'ils ne l'aient en tout le village, pourvu
» qu'ils l'aient en la plus grande partie d'icelui,
» *à quò totum denominatur*; car au demeurant,
» il a été prouvé ci-devant que la seigneurie, *non
» privatum dominium, sed potestatem publicam signi-
» ficat*; & d'ailleurs le nom d'une ville ou village
» ne convient pas tant aux maisons qu'à la collec-
» tion des habitans, dit Aristote au premier des
» politiques, desquels habitans le haut-justicier est
» dit le Seigneur, parce qu'il a commandement
» sur eux, réciproquement & par relation, sont
» dits ses sujets, pour ce qu'ils sont tenus d'obéir
» à ses mandemens, c'est-à-dire, à ceux de son
» juge, qui s'exécutent sous le nom & l'autorité du
» Seigneur «.

Le même auteur convient bien que c'est improprement que les simples Seigneurs féodaux ou censiers appellent leurs droits *seigneurie*. » Néanmoins,
» dit-il, d'autant que ce qui donne loi aux mots,
» c'est l'usage, *quem penès est lex & norma loquendi*,
» *Horat. art. poet.*; j'estime que non seulement un
» particulier, à faute d'intérêt légitime, ne seroit
» recevable de leur empêcher ce titre, mais même
» que le Seigneur justicier du village n'y seroit fondé
» qu'en trois cas, savoir est, ou que ce fût le
» principal village de sa seigneurie, ou celui dans
» lequel fût l'auditoire de sa justice, ou duquel lui-
» même eût accoutumé de porter le nom.

» Il a même été jugé, ajoute-t-il, par l'arrêt de
» Marly, rapporté par Chopin sur la coutume
» d'Anjou, liv. 2, que celui qui avoit un simple
» fief relevant du roi, dans le village du haut-
» justicier, se pouvoit qualifier Seigneur en partie
» d'icelui, sauf qu'ès actes où le Seigneur justicier
» seroit dénommé, il se qualifieroit Seigneur d'un

» fief sis au village; j'estime toutefois qu'il faut » restreindre cet arrêt en son hypothèse, & qu'y » ayant au village un haut, même un moyen ou » bas-justicier, qui est accoutumé de s'en quali-» fier seigneur, le simple Seigneur féodal ne doit » porter titre de Seigneur en partie du village, » principalement si son fief se trouve avoir un autre » nom; mais encore qu'ainsi soit, si au village » il n'y a point d'autre qui ait accoutumé s'en » qualifier Seigneur; je tiens que celui qui a la » direction de la plus grande part d'icelui, en peut » prendre le titre ainsi vacant, & qui ne peut » mieux appartenir à autre qu'à lui «.

Il s'en faut de beaucoup que ces dernières décisions de Loyseau soient suivies dans l'usage, & l'arrêt de Marly, qu'il cite d'après Chopin, a jugé tout le contraire de ce qu'il dit ici.

Cet arrêt n'a point jugé non plus, comme le dit Louet, lettre F, sommaire 31, » qu'il faut faire » distinction des fiefs qui n'ont aucun nom particulier que celui du village où ils sont situés, » d'avec ceux qui ont un nom spécial; qu'aux » uns on dit *Seigneur de Gentilly en partie*, aux » autres *Seigneur de tel fief situé à Gentilly* «.

Guyot observe fort bien que l'arrêt de Marly ne fait aucune de ces distinctions. Il est rapporté par Chenu, questions notables, centurie 2, n. 31; par M. Salvaing dans son usage des fiefs, chapitre 56, & dans les additions mêmes de Brodeau sur Louet: il a, au contraire, jugé au profit des enfans mineurs du sieur Budé, Seigneur haut-justicier de Marly-la-Ville, appelans de l'exécution de lettres royaux en forme de terrier, que le sieur de Meaux » *ne s'intituleroit Seigneur de Marly* indistinctement, mais » qu'il s'intituleroit spécifiquement Seigneur des » fiefs qu'il prétendoit être à lui assis en la sei-» gneurie & territoire de Marly «.

Brodeau cite quatre arrêts conformes des années 1611, 1614 & 1645.

M. Salvaing en rapporte un cinquième qui a jugé de la même manière, nonobstant la possession immémoriale, en une cause célèbre évoquée du parlement de Paris en celui de Grenoble, entre les enfans & héritiers de M. d'Argouges, marquis de Rasnes, & M. Perrault, président à la chambre des comptes. Voici l'espèce de cet arrêt, qu'on peut voir plus en détail dans Salvaing.

La baronnie de Milly avoit été mise en criées; on avoit compris dans l'exploit de saisie les paroisses, terres & seigneuries d'Arbonne & d'Oncy, comme étant de l'ancien domaine de Milly. Le marquis de Rasnes forma opposition à fin de distraire, tant de son chef que de celui du prieur & des religieux du couvent de Saint-Victor-lès-Paris.

De son chef, il demandoit distraction du fonds & propriété de la paroisse & seigneurie d'Arbonne, avec les cens & rentes & droits seigneuriaux en dépendans. Du chef du prieur, dont il étoit garant en vertu d'un échange, il forma pareille demande pour la paroisse & seigneurie d'Oncy.

M. Pérault, poursuivant les criées, déclara qu'il n'avoit point entendu y comprendre les fiefs, cens, rentes & droits seigneuriaux qui leur appartenoient dans ces deux paroisses; ainsi la question fut réduite à savoir s'ils pouvoient se qualifier Seigneurs de la terre & seigneurie d'Arbonne & de celle d'Oncy, ou simplement Seigneurs des fiefs qui leur appartenoient dans ces deux paroisses.

Les opposans justifioient la possession immémoriale en laquelle ils étoient de se qualifier *Seigneurs d'Arbonne & d'Oncy*, par beaucoup de titres, dont quelques-uns avoient été passés avec les Seigneurs de Milly & leurs officiers, » même des actes de » foi & hommage, des mains-levées de Saisies féo-

» dales, & des quittances de droits seigneuriaux » dans lesquelles le titre de Seigneur de ces deux » paroisses leur avoit été donné «.

Ils employoient encore le procès-verbal de réformation de la coutume de Melun, où leur auteur comparut en qualité de Seigneur d'Arbonne, sans que le procureur de l'amiral de Graville, pour lors seigneur de Milly, ni les officiers de sa justice, qui assistèrent à la réformation, s'y fussent opposés. Ils alléguoient, que les armes de leurs prédécesseurs étoient gravées en lieu éminent, & qu'ils y avoient toujours eu un banc relevé par-dessus les autres.

Enfin, ils invoquoient l'autorité de Loyseau, qu'on vient de rapporter, & ils faisoient observer que le seigneur de Milly n'avoit aucun droit féodal foncier, ou de censive dans les villages d'Arbonne & d'Oncy; & qu'ils étoient eux mêmes Seigneurs féodaux, directs, fonciers & censiers, non pas d'une petite partie, mais de tous les héritages assis dans ces villages, qui étoient chacun en une pièce de terre d'une seule & même continence, sans division ni mélange d'aucune autre seigneurie.

M. Pérault ne contesta aucun de ces faits; il se fonda uniquement sur sa qualité de Seigneur haut-justicier : il observa néanmoins que M. l'Amiral de Graville, Seigneur de Milly, s'étoit aussi qualifié de Seigneur d'Arbonne dans le procès-verbal de réformation de la coutume de Melun.

L'arrêt du parlement de Grenoble, dit Salvaing, donné au rapport de M. de Brochenu, très-judicieux & habile conseiller, est conçu en ces termes : » La » cour, sans avoir égard, quant à ce, à l'opposition » dudit Argouges, a maintenu & garde ledit Pé- » rault au droit de se dire & qualifier Seigneur des » terres d'Arbonne & Oncy, *à cause de la justice* » *haute, moyenne & basse qu'il a dans lesdites*

» *paroisses*, comme Seigneur & baron de Milly. » Fait inhibitions & défenses auxdits héritiers (du » sieur d'Argouges) & religieux de saint Victor, » de prendre à l'avenir ladite qualité, sauf à eux » à se dire & qualifier; savoir, lesdits religieux, Sei- » gneurs du fief ou censiers dudit Oncy, & lesdits » héritiers, Seigneurs du fief ou censiers dudit Ar- » bonne; & en conséquence déclare que l'adjudi- » cation par décret, faite au profit dudit défunt d'Ar- » gouges, par la sentence du châtelet de Melun, » de ladite terre & seigneurie d'Arbonne, n'a dû » avoir effet que pour le fief & seigneurie directe » dudit Arbonne, & moyennant ce, a mis les parties » hors de cour & de procès, dépens compensés «.

Un dernier arrêt du 31 juillet 1778, rendu au profit du baron de Palland, en sa qualité de baron de Peyrat, fait défenses au sieur du Bois de Mérignac, qui avoit la moyenne & basse justice dans la paroisse de Mérignac & dans le fief du Verger, *de se qualifier du titre absolu & sans addition de Seigneur de Mérignac & du Verger*, en le condamnant aux dépens.

Les simples Seigneurs féodaux, ou même moyens & bas-justiciers d'une paroisse, ne peuvent pas non plus s'en qualifier Seigneurs en partie. M. Salvaing en rapporte un arrêt rendu au parlement de Paris le 4 juin 1646, dans une espèce très-remarquable : » Esprit & Mathieu de Beauvais, père & fils, pré- » tendoient qu'à cause de deux fiefs qu'ils possédoient » en la paroisse d'Herbelay, l'un appelé le fief de » l'Abeville, ils pouvoient se qualifier Seigneurs » d'Herbelay en partie, & jouir des droits hono- » rifiques, & qu'en tout cas, la qualité de Sei- » gneur d'Herbelay ne leur pouvoit être déniée, » puisqu'ils avoient un autre fief de même nom » situé dans le village de Champagne-sur-Oise, au » voisinage d'Herbelay, mais qui appartenoit à un

» autre Seigneur : M. le Prévôt, maître des requêtes, » Seigneur haut-justicier d'Herbelay, soutenoit le » contraire. Par arrêt du 4 juin 1646, il fut maintenu en la possession & jouissance de tous les droits » honorifiques en l'église paroissiale d'Herbelay, de » la haute-justice sur le fief de l'Abeville; défenses » furent faites aux Beauvais de le troubler, & de se » dire *Seigneurs d'Herbelay en partie*, & à leurs officiers de se qualifier officiers de la justice d'Herbelay, mais seulement de la moyenne & basse justice » du fief de Beauvais, sis au village d'Herbelay; » permis aux Beauvais de prendre la qualité de sieurs » du fief d'Herbelay, sis en la paroisse de Champagne-sur-Oise, & furent maintenus en la possession & jouissance de la moyenne & basse-justice » sur le fief de Beauvais, à la charge du ressort à » Montmorency, & condamnés à effacer la litre qu'ils » avoient fait mettre en l'église d'Herbelay «.

La jurisprudence n'est pas moins certaine pour refuser la qualité de *Seigneur en partie* à ceux qui ont la haute, moyenne & basse-justice dans une partie du village, quelque étendue qu'elle soit, s'ils n'ont pas la haute-justice du lieu où l'église est bâtie.

Dans l'instance jugée entre M. Pérault & le sieur d'Argouges au parlement de Grenoble, dont on vient de rendre compte d'après Salvaing, M. Pérault rapporta une sentence des requêtes du palais de Paris, qui l'avoit ainsi jugé le dernier août 1660, & qui resta sans appel.

Une autre sentence rendue au châtelet le 20 décembre 1664, l'a ainsi jugé au profit de Marie de Rivières, veuve du sieur de Gomey, écuyer, Seigneur de Comblaville, en sa qualité de tutrice de son fils mineur, contre le sieur de Lacroix, qui procédoit aussi en sa qualité de mari de la dame de Bernard, & de tuteur du sieur de Bernard son frère, héritiers de leurs père & mère, propriétaire de la seigneurie de Ménessy, sise audit lieu de Comblaville.

Cette sentence maintient & garde la dame de Rivières èsdits noms en la possession des terres & seigneuries de Vaux-la-Reine & Comblaville, & en la haute, moyenne & basse-justice desdits lieux; fait défenses auxdits de Lacroix & sa femme de l'y troubler, *& de prendre à l'avenir la qualité de Seigneur & dame de Comblaville en partie*; *ains seulement de prendre la qualité de Seigneur & dame de Ménessy, sis au lieu de Comblaville, & de faire exercer leur justice, haute, moyenne & basse dans l'étendue dudit fief, sur leurs hôtes & justiciables, ainsi qu'ils avoient accoutumé.*

La même sentence a été confirmée dans tous ces chefs par arrêt du 5 avril 1667, qui assure de plus à la dame de Rivières les droits honorifiques dans l'église de Comblaville, par préférence aux sieur & dame de Lacroix. Mais en cas d'absence de la dame de Rivières, les sieur & dame de Lacroix y sont maintenus par préférence aux officiers de la dame de Rivières, quand bien même ils seroient gradués.

Cet arrêt, & presque tous les autres dont on va parler, se trouvent dans les observations de Guyot sur les droits honorifiques, & dans la dernière édition des différens traités sur les mêmes droits.

Un arrêt semblable du 10 février 1700 a été rendu entre le commandeur de Saint-Maunny, qui avoit la haute-justice du sol & de l'église, & le sieur de Potrincourt, Seigneur du fief de l'Hôpital & de quelques autres fiefs mouvans de Viry, mais situés dans la paroisse de Saint-Maunny, avec droit de haute-justice. Cet arrêt maintient le commandeur dans le droit de se qualifier Seigneur de Saint-Maunny, avec droit de haute, moyenne & basse-justice; fait défenses au sieur de Portincourt de se qualifier *Seigneur en partie*, mais seulement Seigneur du fief de l'hôpital & autres tenus de Viry, sis en la paroisse de Saint-Maunny. Le même arrêt contient aussi des dispositions relatives aux droits honorifiques.

Il y a eu un troisième arrêt le 23 août 1748 en la première chambre des enquêtes, entre les religieuses de l'abbaye de Bertaucourt & le sieur Tillette.

Le sieur Tillette étoit seigneur d'une partie de la paroisse de Long-Villiers, située dans la coutume d'Amiens. Il avoit en cette qualité, dans sa mouvance & justice, l'église, une petite partie du village, & la majeure partie du terrier. Les religieuses ont les mêmes droits sur la majeure partie du village, & entre autres sur le presbytère & les maisons vis-à-vis l'église. Elles ont, dans l'enceinte du village, un chef lieu où les officiers tiennent leurs audiences & font tous les actes appartenant à hauts-justiciers.

Le sieur de Tillette, qui tenoit plusieurs choses dans leur mouvance, leur rendit son aveu, qui fut blâmé, entre autres choses, parce qu'il ne l'avoit pas rendu aux religieuses, à cause de leur seigneurie de partie de Long-Villiers. Une sentence du 15 juillet 1734 adopta ces blâmes. Sur l'appel qui fut porté au parlement, l'arrêt infirma la sentence, en ce qu'elle avoit donné aux religieuses la qualité de *dames en partie de Long-Villiers*; émendant quant à ce, ordonne que les religieuses ne pourront prendre d'autre qualité que celle de dames du fief & seigneurie de Long-Villiers, sis au village & territoire de Long-Villiers, la sentence au résidu sortissant effet.

Ce n'est pas seulement le Seigneur haut-justicier du sol où l'église est bâtie, qui peut s'opposer à ce qu'un seigneur féodal ou justicier d'une partie de la paroisse prenne la qualité de Seigneur en partie:

tout autre Seigneur de la paroisse peut aussi s'y opposer, quoi qu'en dise Loyseau, sur-tout s'il a des droits de justice pareils à ceux du Seigneur qui veut s'attribuer la qualité de Seigneur en partie. Cela a été jugé par un arrêt très-connu, rendu le 11 janvier 1734, au rapport de M. l'abbé Pucelle, entre M. Bertin de Vaugien, conseiller au parlement, & M. de Fridy de Coubertin.

Les fiefs de Vaugien & de Coubertin sont situés dans la paroisse de Saint-Remy d'Eslande, près Chevreuse, dont la seigneurie appartient à titre de baronnie à la maison de Saint-Cyr ; ces deux fiefs sont également décorés de la moyenne & basse-justice. Le sieur Feydeau, propriétaire du fief de Vaugien, en avoit rendu l'aveu, qui avoit été reçu par sentence du 5 novembre 1654. Il s'y étoit qualifié de seigneur en partie de Saint-Remy ; son successeur avoit été inhumé dans le chœur avec la même qualité, & ses armes sur une tombe plate. Le sieur Bertin de Vaugien, qui avoit acquis cette terre, avoit pris aussi cette qualité dans l'aveu qu'il en avoit rendu le 5 février 1701. Il y avoit ses litres & ceintures funèbres.

Le sieur Frédy, seigneur du fief de Coubertin, s'éleva contre ces entreprises. Pour parer à son opposition, M. Bertin de Vaugien acquit des dames de Saint-Cyr la haute-justice sur l'église de Saint Remy, & les droits honorifiques en icelle. Les dames de Saint-Cyr se réservèrent néanmoins la haute-justice sur le surplus de la paroisse, & les droits honorifiques dans l'église avant lui, en consentant que les armes restassent sur la tombe & la litre, le tout à la charge de la foi & hommage envers elles.

M. Bertin obtint des lettres-patentes sur ce contrat : il en poursuivit l'enregistrement. Le sieur Frédy s'y opposa. Son opposition fut reçue par arrêt du 22 juillet 1729, rendu après quatre audiences. On ordonna que la justice vendue à M. Bertin seroit exercée par les officiers de la justice de Chevreuse, comme avant l'aliénation; sur le surplus, on renvoya aux requêtes de l'hôtel.

Une sentence par défaut rendue en ce tribunal, reçut le sieur de Frédy opposant » à la qualité de Sei-» neur en partie de Saint Remy, prise par le père de » M. Bertin dans son aveu du 5 avril 1701; fait » défenses à M. Bertin de se qualifier seigneur en » partie de Saint Remy, mais seulement seigneur » de Vaugien, sis en la paroisse de St. Remy, &, sans » avoir égard au contrat du 9 février 1728, ordonne » que la qualité sera rayée de l'épitaphe de 1682, » étant en ladite église, & par-tout où elle a été » usurpée «.

Le même jugement ordonne que la litre aux armes de M. Bertin sera effacée; en conséquence, ordonne que les droits honorifiques & prières nominales appartiendront aux religieuses de Saint-Cyr, à cause de leur baronnie de Saint-Remy, & qu'après leur bailli ou lieutenant, tous gentilshommes ayant fief & justice en la paroisse, auront rang & séance suivant leurs rangs, qualités & dignités; condamne le sieur Vaugien aux dépens.

Sur l'appel, le sieur de Frédy mit en cause le curé & les habitans de Saint-Remy. Il interjeta appel incident de la sentence du 5 novembre 1654, qui avoit reçu l'aveu du sieur Feydeau, en qualité de Seigneur en partie de Saint-Remy. Un arrêt rendu sur les conclusions du procureur général, infirme la sentence en ce point; émendant quant à ce, ordonne que lesdites qualités ne pourront nuire ni préjudicier auxdits de Frédy. Le même arrêt confirme la sentence des requêtes de l'hôtel, condamne M. Bertin en l'amende & aux dépens, déclare l'arrêt commun avec les curés & habitans de Saint-Remy, dépens à cet égard compensés.

C'est donc un principe incontestable, que, pour pour se qualifier Seigneur de paroisse, il faut avoir la haute-justice du sol même où l'église est située; & que tous les Seigneurs, soit féodaux, soit justiciers du surplus de la paroisse, ne peuvent pas même s'en qualifier Seigneurs en partie. Cette règle reçoit néanmoins une exception: lorsqu'il n'y a que le roi qui soit haut-justicier du village, les moyens & bas-justiciers qui ont l'église dans l'étendue de leur fief, peuvent, *par possession*, se qualifier Seigneurs de la paroisse & avoir même les honneurs de l'église. C'est ce que décide Maréchal, quant aux droits honorifiques, chapitre 1, §. 38.

On peut invoquer, pour cette opinion, l'arrêt du 12 juin 1639, dont on rend compte à la fin de cette section, & l'autorité de Salvaing au chapitre 56 de son usage des fiefs du Dauphiné. » Par le » même usage, dit-il, ceux qui ont la justice moyenne » & basse d'un village, en prennent le titre de Seigneur. La raison, ce me semble, est qu'il y a » peu de terres en Dauphiné de cette qualité, dont » la haute-justice n'appartienne au roi ou à l'église; » qu'ainsi le haut-justicier n'en porte pas le nom. » Presque tous les autres Seigneurs ont les trois sortes de justice. J'ai vu des titres anciens dans lesquels le Seigneur haut-justicier est appelé *dominus*, » le moyen justicier *domicellus*, c'est-à-dire, damoiseau. En quelques autres, le premier est appelé *magnus dominus* «.

Hors les cas de ces exceptions, il faut nécessairement, pour se qualifier Seigneur d'une paroisse, avoir la haute-justice sur le sol de l'église dans toute sa plénitude. Un arrêt du 26 janvier 1735, qui est aussi rapporté par Guyot, l'a ainsi jugé dans une espèce très-remarquable.

La coutume de Boulonnois distingue deux sortes

de justice, que Guyot appelle *justice de droit & justice d'exercice*. L'article 14 dit » que *les barons, » pairs & châtellains ont ès mètes de leursdites ba» ronnies, pairies & châtellenies, toute justice haute, » moyenne & basse*, connoissance de toute cause » & matière en première instance, par leurs baillis » & hommes féodaux, sauf des cas royaux & ma» tiéres privilégiées au roi, ressortissant pareil» lement par appel immédiatement devant ledit » sénéchal de Boulonnois, comme font *toutes les » justices inférieures de ladite comté, ayant les Sei» gneurs cinq hommes de fief sous eux, lesquels » semblablement ont toute justice moyenne & basse » & les droits y appartenans* «.

Cet article, comme on le voit, attribue toute justice non-seulement aux fiefs qui sont qualifiés du titre baronnie, pairie & châtellenie, mais encore à tous les Seigneurs de fief indistinctement, pourvu qu'ils aient cinq hommes de fief sous eux.

L'article 17 ajoute : » Et par ladite coutume, un » seigneur ayant trois hommes de fief *a commence» ment de cour*, & peut exercer sa justice ès mètes » de son fief, *en empruntant de son Seigneur supé» rieur deux de ses hommes de fief*, en demandant » lesquels il est tenu lui bailler «.

L'article 18 dit enfin que » ledit Seigneur peut » bailler de sa terre en fief, pour augmenter ses » hommes & cour «.

En 1708 & dans les années suivantes, il s'éleva beaucoup de contestations entre Jacques-Auguste de Thou, abbé de Samert-aux-bois en Boulonnois, & le comte de Mailly, Seigneur du fief de Manneville, sis dans la paroisse du même nom, à raison duquel il se qualifioit de Seigneur du lieu indéfiniment. Le 9 août 1730, le comte de Mailly fit sommer le curé de Manneville de lui déclarer pourquoi il cessoit de le nommer & de le recommander au prône. Le curé lui répondit que jusqu'en 1704 il avoit, à l'exemple de ses prédécesseurs, recommandé le comte de Mailly comme Seigneur de cette paroisse, mais qu'il lui fut fait une sommation par les abbé & religieux de Samert de les recommander ; à quoi il avoit satisfait, sans vouloir préjudicier au comte de Mailly.

Le 8 juin 1721, le curé fut assigné à la requête du comte de Mailly, pour voir dire qu'il seroit tenu de le recommander au prône. Il y fut condamné le 26 par une sentence par défaut, dont l'abbé de Thou interjeta appel au parlement.

Le 30 janvier, l'abbé de Thou y fit assigner le comte de Mailly, pour voir dire qu'un arrêt de 1647 seroit déclarée exécutoire contre lui, ce faisant, que la qualité qu'il prenoit *de Seigneur de Manneville indéfiniment*, ne pourroit nuire ni préjudicier à l'abbé de Samert.

Les 24 & 27 novembre 1727, le comte de Mailly présenta des requêtes où il demandoit, entre autres choses, d'être maintenu dans son droit *de haute, moyenne & basse justice, & dans les droits honorifiques de la paroisse, comme Seigneur de Manneville.*

L'arrêt du 8 avril 1647, dont l'abbé de Thou demandoit l'exécution, avoit simplement ordonné, du consentement du comte de Mailly, que la qualité qu'il prenoit de Seigneur de Manneville, ne pourroit nuire ni préjudicier à l'abbé de Samert.

L'abbé de Thou donna une nouvelle requête, où il demanda qu'il fût fait défenses au comte de Mailly *de prendre la qualité de Seigneur de Manneville, & qu'il fût débouté de ses demandes.*

Pour soutenir ses prétentions, le comte de Mailly produisit

produisit un contrat de vente de son fief, fait en 1647, où sa justice etoit qualifiée haute, moyenne & basse; un aveu de 1574, porté à Samert, & un décret de 1604 où étoient les mêmes énonciations. Il observoit que les habitans de Manneville lui payoient des redevances pour la place du presbytère & du cimetière, & que le même décret de 1604 énonçoit *son manoir tenant au presbytère*, d'où *il concluoit que ses auteurs avoient donné le fonds de l'église*. Il rappela enfin la réponse faite à sa sommation par le curé, laquelle prouvoit qu'avant 1704 il étoit en possession des prières nominales.

L'abbé de Thou, défendu par Guyot, auteur des observations sur les matières féodales & sur les droits honorifiques, répondoit que le comte de Mailly avoit bien une haute-justice d'exercice, mais non pas une haute-justice de droit; que quand même il auroit la haute-justice de droit, son fief étant mouvant de Samert, la haute-justice ne se seroit formée que depuis, & ne pourroit effacer le droit primitif acquis à l'abbé de Samert d'être le premier haut-justicier à Manneville.

Ce dernier raisonnement n'auroit pas sans doute décidé, puisqu'en le suivant, la qualité de Seigneur de paroisse seroit toujours dévolue aux Seigneurs suzerains auxquels ressortiroient les hautes-justices des villages. Mais l'abbé de Thou prouvoit dans le fait, par les aveux mêmes du comte de Mailly, qu'il n'avoit que trois hommes de fief sous lui dans son fief de Manneville. Il concluoit de là, que ce Seigneur n'avoit pas la haute-justice par droit; qu'il n'en avoit que l'exercice, en empruntant de l'abbé de Samert deux hommes de fief, suivant l'article 19 de la coutume. Il rapportoit même une sentence criminelle rendue à Samert le 22 octobre 1694, où l'on trouvoit au nombre *des féodaux*, c'est-à-dire des vassaux ou hommes de fief *du seigneur*, le juge du comte de Mailly, *Nicolas Louchet, desservant le fief du seigneur à Manneville.*

Il ajoutoit qu'on ne voyoit point d'acte de haute-justice fait par les officiers du comte de Mailly; que le comte de Mailly ne justifioit point avoir donné le fonds de l'église; qu'au contraire, en réclamant les redevances sur le cimetière & le presbitère, il prouvoit qu'il n'avoit rien aumôné. Enfin, il rapportoit des provisions (on veut dire apparemment des actes de présentation à la cure) données au curé de Manneville, une entre autres de 1681.

L'arrêt rendu sur les conclusions de M. le procureur général, *sur la demande dudit sieur de Mailly, afin d'être recommandé aux prières nominales des messes paroissiales de Manneville, comme seigneur de ladite paroisse, met les parties hors de cour, maintient & garde ledit de Thou, abbé de Samert, au droit de justice haute, moyenne & basse sur tous les hommes de fiefs dépendans de son abbaye, fait défense audit de Mailly de se qualifier Seigneur de Manneville, a maintenu & garde ledit Mailly dans le droit de haute, moyenne & basse justice, pour l'exercer conformément à la coutume; condamne ledit de Mailly en tous les dépens des causes principales d'appel & demande envers ledit de Thou, tous dépens envers les autres parties compensés.*

Reste à dire un mot des Seigneurs qui peuvent véritablement prendre la qualité de Seigneur en partie.

» Quand une terre a été divisée & séparée (dit » Brodeau sur M. Louet, lettre F, sommaire 31, » n. 2), l'aîné en directe, ou celui qui possède » le principal corps du fief, retient la qualité entière » & absolue de Seigneur; & ceux qui en possèdent » des membres ou branches détachés du corps,

» sont obligés de prendre la qualité de Seigneur en
» partie, suivant Dumoulin sur la coutume de
» Paris, §. 10, n. 20; & leur maison doit être
» appelée la maison du Seigneur de tel fief en
» partie; ce qui a lieu même à l'égard des étran-
» gers acquéreurs des droits de l'aîné ou des puînés.

» Mais lorsque l'on ne voit point que l'un des
» deux Seigneurs qui sont propriétaires par indivis
» de la terre & seigneurie, soit descendu de l'aîné,
» aucun d'eux ne se peut dire & qualifier seul
» Seigneur, mais seulement Seigneur en partie,
» comme il a été jugé pour la châtellenie de Beau-
» lieu en Poitou, par arrêt donné en la grand'cham-
» bre, au rapport de M. Hennequin, le 7 août
» 1632 «.

L'usufruitier d'une terre, celui qui en jouit à titre de rachat, de garde-noble ou seigneuriale, le bénéficier pour celles qui dépendent de son bénéfice, peuvent prendre la qualité de Seigneur durant leur jouissance, comme pourroient le faire les propriétaires mêmes. On doit le juger ainsi, à plus forte raison, du mari pour les terres de sa femme, puisqu'il a sur ces biens des droits supérieurs à l'usufruit.

L'engagiste, à qui la justice a été concédée par son engagement, jouit ordinairement du même privilége; mais il faut pour cela qu'il n'y eût pas dans la paroisse un Seigneur moyen-justicier qui fût en possession de la qualité absolue de Seigneur. On a vu que cette qualité pouvoit être prise par les moyens-justiciers, quand c'étoit le roi seul qui avoit la haute-justice. Il seroit dur, dans ce cas, d'en dépouiller un ancien Seigneur en faveur du nouvel engagiste. Tel paroît avoir été le motif d'un arrêt rendu au rapport de M. de la Michodière le 12 juin 1639, qui se trouve encore dans l'ouvrage de Guyot, chap. 5, sect. 1, quest. 1.

Le sieur de la Fontaine, comte de Verton, avoit plusieurs fiefs situés dans la paroisse d'Hallencourt en Ponthieu, dont un porte le nom de la paroisse. Il avoit même à peu près l'universalité de la paroisse en domaines ou en directes, & la justice vicomtière ou moyenne. Par un aveu de 1375, on voit que Firmin de Crosmont a rapporté au roi *sa cour d'Hallencourt.* Tous les actes de foi & hommage prouvent que la seigneurie du sieur de la Fontaine, comte de Verton, s'étoit toujours appelée *la terre d'Hallencourt.* Les titres de la fabrique établissoient que l'église étoit bâtie sur son fief, que le cimetière y étoit, qu'il y avoit un cens de huit deniers; enfin, comme l'église n'étoit point voûtée, il avoit ses armes sur la sablière qui portoit le comble de l'église, & une inscription annonçant qu'elles y avoient été mises du temps qu'elle avoit été bâtie. Ses armes étoient encore au grand & au petit portail & aux vitres.

En 1702, le sieur Briet père se présenta pour acquérir la haute-justice d'Hallencourt; le sieur de la Fontaine y forma opposition; 1°. pour le nom & la qualité du Seigneur d'Hallencourt; 2°. pour la police & pour d'autres objets.

L'adjudication fut faite au sieur Briet père, en 1703, conformément à l'édit de 1702. Il y étoit dit: » Ayant aucunement égard à l'opposition formée par le comte de Verton, ordonne que l'adjudication sera faite *sans préjudice de la justice vicomtière, telle qu'elle pouvoit appartenir au comte de Verton* «.

Aussi-tôt l'adjudication, le sieur Briet père fit sommer le curé d'Hallencourt de lui déférer les honneurs de l'église, par préférence au comte de Verton. Cela fit la matière d'une instance aux requêtes du palais, où l'on plaida aussi sur les cinq chefs d'opposition que le comte de Verton avoit formée à l'aliénation de la haute-justice d'Hallencourt.

La sentence des requêtes jugea tous les points en faveur du comte de Verton; elle autorisa néanmoins le sieur Briet à se qualifier Seigneur haut-justicier *dans* la paroisse d'Hallencourt, & à jouir des honneurs de l'église après le sieur de la Fontaine.

Le sieur Briet interjeta appel de ce jugement; il prétendit qu'il devoit être qualifié de Seigneur haut-justicier de la paroisse, & non pas seulement *dans* la paroisse, & qu'il devoit avoir les honneurs avant le sieur de la Fontaine; il contesta la qualité de fondateur que ce dernier s'attribuoit, & l'existence même de ses armes sur la sablière. Il soutint que quand elles y seroient véritablement, on ne pouvoit pas en tirer les mêmes conséquences que si elles eussent été à la clef de la voûte. Il fit voir que les armoiries placées aux portes de l'église & aux vitres prouvoient encore moins.

Le sieur Briet observa encore que le sieur de la Fontaine père savoit si bien que la qualité de fondateur lui manquoit, que, pour avoir les honneurs de l'église, il avoit acquis en 1696 les droits d'échange qu'il avoit depuis cédés au sieur de Créquy, à condition de jouir des honneurs. Il soutenoit que la possession du sieur de la Fontaine n'avoit pu nuire au roi tant que la haute-justice étoit demeurée dans sa main, & que par conséquent la vente de la haute-justice devoit comprendre tous les droits qui en dépendoient.

L'arrêt, en prononçant par jugement nouveau, » maintient & garde *seul* le sieur de la Fontaine » (en qualité de tuteur du comte de Verton son » neveu) *au droit & possession de se dire & qualifier* » *Seigneur d'Hallencourt; fait défenses audit de Briet* » *de l'y troubler & de prendre ladite qualité*; ordonne

» qu'elle sera rayée des actes où lui & son père peuvent l'avoir prise ; permet audit Briet, en conséquence de l'adjudication faite à son père le 5 juillet 1703, à titre d'inféodation & de propriété incommutable, suivant l'édit du mois d'avril 1701, *de prendre la qualité de Seigneur haut-justicier d'Hallencourt* «.

Cet arrêt distingua, comme on le voit, la qualité de Seigneur haut-justicier d'Hallencourt, de celle de Seigneur d'Hallencourt. Enfin il adjugea au sieur Briet les honneurs qui sont dus aux fondateurs en cette même qualité de fondateur ; & au sieur de la Fontaine, ceux qui appartiennent au Seigneur haut-justicier.

Par l'usage du Dauphiné, le possesseur d'un fief sans justice, comme sont plusieurs maisons fortes, a droit aussi de s'en qualifier Seigneur, en désignant le fief, mais non celui qui n'a qu'un simple domaine noble & exempt de taille, comme il a été jugé par arrêt d'audience du 15 de janvier 1657, donné en faveur de Jeanne-Geneviève de Rochefort, dame de Meysieu, par lequel défenses ont été faites à noble Gaspard de Vincent, de prendre la qualité de Seigneur de Panette, qui est un domaine sis dans la terre de Meysieu, nonobstant qu'il eût allégué que ses prédécesseurs l'avoient possédé d'ancienneté.

Salvaing, qui nous atteste cet usage, ajoute » que c'est abusivement que quelques-uns s'attribuent le nom des terres dont les châtellenies, vigueries ou mistralies leur sont inféodées, parce qu'ils ne sont que simples officiers, *judices feranci*, comme les appelle Joannes Faber sur le titre *de vulgari substitutione*, & non propriétaires de la basse-justice «.

Voyez sur ces sortes de fief l'article OFFICES FÉODAUX.

SECTION V.

Des droits des Seigneurs de fief.

Les droits des Seigneurs dans leur mouvance sont réglés par les coutumes dans les pays coutumiers, & par les usages des lieux, dans les pays de droit écrit; mais ces coutumes & ces usages ne sont faits que pour suppléer les titres dans ce qu'ils n'ont pas prévu; les titres sont donc les premieres règles qu'on doit consulter pour juger des droits de chaque Seigneur dans son fief & dans ses mouvances. Souvent ils donnent aux Seigneurs des droits que les coutumes ne lui attribuent point; souvent ils les privent des droits seigneuriaux que ces coutumes leur accordent, plus souvent encore ils modifient de diverses manières les droits que les coutumes établissent, en les étendant ou les restreignant.

En général, les droits que les Seigneurs ont dans leur domaine & dans leur mouvance, sont de deux espèces, *honorifiques* & *utiles*. Les droits honorifiques sont non seulement les honneurs dont les Seigneurs jouissent à l'église, mais aussi ceux qu'ils sont en droit d'exiger de leurs vassaux. La foi & hommage est presque le seul qui subsiste aujourd'hui, & il y a même des fiefs qui en sont dispensés, quoiqu'il ne puisse exister de fief sans l'obligation de la fidélité.

Les droits utiles concernent les fiefs ou les censives. Tels sont, dans le plus grand nombre des coutumes, les cens, les terrages, les lods & ventes, quints, rachats, reliefs ou autres droits de mutation, le retrait féodal ou censuel, la saisie féodale, le droit de commise, &c. On peut consulter sur cet objet les différens mots dont on vient de parler, & une foule d'autres articles de ce dictionnaire; mais on trouvera ce qui concerne leurs qualités générales, leurs priviléges & leurs règles particulières, au mot DROITS SEIGNEURIAUX.

Il suffira de poser ici quelques maximes générales sur les droits du Seigneur dans son domaine & dans son fief; la première de ces maximes est que le Seigneur peut faire dans son domaine tout ce que les loix féodales ou les titres particuliers de son fief ne lui prohibent pas expressément, & qu'il ne peut au contraire jouir d'aucuns droits sur le fief de son vassal, ou sur le ténement roturier de son censitaire, hors ceux que les loix féodales, ou les titres mêmes de son fief lui attribuent expressément.

Les fiefs sont donc patrimoniaux & semblables aux autres biens, à l'exception des réserves que les loix, l'usage général des lieux, ou les titres particuliers du fief font en faveur du Seigneur, & il en est de même des ténemens roturiers.

Les relations féodales sont purement réelles, ou du moins les obligations personnelles qui subsistent entre le Seigneur & le vassal, ne sont qu'une suite de la possession du fief; elles cessent d'exister quand l'un ou l'autre a aliéné son fief; la distinction que l'on faisoit autrefois à cet égard entre les hommages liges & les hommages pleins, n'a plus lieu.

Par la même raison, la qualité des fiefs & des seigneuries est indépendante de celles de leurs possesseurs, & il en est de même des droits que les Seigneurs ont dans leur fief, & des charges qui sont une suite de leur possession. Les francs-fiefs ue l'on exige des roturiers, la différente manière de succéder qu'on a établie en certains cas pour les nobles & pour les roturiers dans quelques coutumes, les droits d'indemnité qu'on fait payer aux gens de main-morte, & le droit qu'a le Seigneur d'exiger certaines redevances, ou d'en exiger le doublement lorsqu'il est fait chevalier, forment néanmoins des exceptions à cette maxime. On peut en voir les motifs & les principes particuliers, aux mots AIDE, CHEVALIER, FRANCS-FIEFS, INDEMNITÉ, MAIN-MORTE, TAILLE AUX QUATRE CAS, TIERCE-FOI, &c.

Voyez le traité des seigneuries de Loyseau, & les autres autorités qu'on vient de citer.

(*Article de M. GARAN DE COULON, avocat au parlement.*)

SEIGNEURIAGE. C'est le droit que le roi prend sur la fabrication des monnoies.

Ce droit, que la plupart des souverains lèvent sur les monnoies qu'ils font fabriquer, étoit inconnu aux Romains; on ne prenoit même pas sur leurs monnoies les frais de fabrication; l'état les payoit. Ainsi, lorsqu'un particulier portoit une livre d'or fin à la monnoie, il recevoit 72 sous d'or fin, qui pesoient une livre.

Depuis Pepin qui prenoit pour droit de Seigneuriage la vingt-deuxième partie de 12 onces, on ne voit pas à quel taux ce droit a été réglé sous ses successeurs jusqu'à saint Louis.

Ce prince régla les droits de Seigneuriage & de brassage à la seizième partie du prix du marc d'argent, & ceux de l'or à proportion.

Le roi Jean prenoit trois livres pour le Seigneuriage & les frais de fabrication de chaque marc d'or. Mais il paroît, par une ordonnance donnée sur la fin de son règne, qu'il se départit du droit de Seigneuriage. Il dit dans cette ordonnance, en parlant des monnoies, *qu'elles avoient été mises à si convenable & si juste prix, qu'il n'y prenoit aucun profit, lequel il pouvoit prendre s'il lui plaisoit; mais vouloit qu'il demeurât au peuple.*

Autrefois, quand nos rois manquoient d'argent, ils affoiblissoient leurs monnoies pour subvenir à leurs besoins & à ceux de l'état. Charles VI déclare dans une de ses ordonnances, qu'il est obligé d'en venir à cet expédient, *pour résister à notre adversaire d'Angleterre, & obvier à sa damnable entreprise..... attendu que de présent nous n'avons aucun autre revenu de notre domaine dont nous nous puissions aider.*

Les grandes guerres que les successeurs de saint Louis eurent à soutenir contre les Anglois, les obligèrent souvent de pratiquer ce dangereux moyen pour avoir de l'argent. Charles VII, dans la grande nécessité de ses affaires, poussa l'affoiblissement si loin, & leva un si gros droit sur les monnoies, qu'il retenoit les trois quarts d'un marc d'argent pour son droit de Seigneuriage & pour les frais de la fabrication; il prenoit encore un plus gros droit sur le marc d'or. Ce prince ayant chassé les Anglois du royaume, rétablit l'ordre dans ses monnoies.

Sous Louis XIII, le droit de Seigneuriage étoit de six livres par marc d'or, & de 10 sous 1 obole par marc d'argent; dans la suite, ce droit fut fixé à 7 livres 10 sous par marc d'or.

Sous Louis XIV, on cessa, pendant quelque temps, de lever ce droit; la perception en fut interrompue par une déclaration du 18 mars 1679: malgré l'augmentation considérable du prix du marc d'or & d'argent, sa majesté voulut bien le remettre. Alors l'or & l'argent, soit qu'ils fussent convertis en monnoie ou non, étoient de même valeur, parce qu'on ne prenoit rien ni pour le droit de Seigneuriage du roi, ni pour les frais de la fabrication des monnoies; de sorte que celui qui portoit un marc d'argent fin à la monnoie, y recevoit un marc d'argent fin en espèce.

Voici ce qui donna lieu à cette libéralité. On voyoit dans le commerce quantité de pistoles d'Espagne & d'écus fort légers; on décria toutes ces espèces & toutes les monnoies étrangères : il fut ordonné de les porter aux monnoies, où elles furent converties en louis dor & en louis d'argent, aux frais du roi, de façon que les propriétaires reçurent en poids & en titre la même somme qu'ils avoient portée.

Le droit fut rétabli en 1689 par édit du mois de décembre, registré en la cour des monnoies le 15 du même mois.

Pour savoir quel est le droit de Seigneuriage que le roi prend sur les espèces fabriquées en exécution de l'édit du mois de janvier 1726, il faut se rappeler que le marc d'or fin, c'est-à-dire de 24 karats, est fixé à 740 livres 9 sous un denier $\frac{1}{11}$, & que les louis sont au titre de 21 karats $\frac{1}{4}$ le remède pris; ils ont par conséquent 2 karats $\frac{3}{4}$ de moins que les 24 karats; en divisant les 740 livres 9 sous 1 denier par 24, pour savoir à combien monte le karat de fin, on trouve que ce karat de fin vaut 30 livres 17 sous, partant, les 2 karats $\frac{3}{4}$ de fin qui manquent aux louis, font la somme de 69 livres 8 sous 3 deniers, qui semble être ce que le roi prend sur chaque marc de louis, tant pour les frais de fabrication que pour son droit de Seigneuriage; mais, suivant l'édit de 1726, ces louis d'or étant de 30 au marc, il faut multiplier les 24 par 30; on trouvera que l'on paye 720 livres le marc d'or à 21 karats $\frac{1}{4}$, qui est beaucoup plus que la valeur intrinsèque; car le marc des louis ne vaut que 671 livres 10 deniers; en sorte que pour aller jusqu'à 720 livres, qui est la valeur que le roi a donnée aux 30 louis, il y a 48 livres 19 sous 2 deniers de différence que le roi prend effectivement, tant pour les frais de fabrication que pour son droit de Seigneuriage.

Quant aux écus de six livres, pour savoir quel droit de Seigneuriage le roi prend sur ces espèces, il faut connoître l'évaluation du marc d'argent fin, c'est-à-dire à 12 deniers, laquelle est de 51 livres 3 sous 3 deniers; & comme l'on sait que ces écus ont cours pour 6 livres, en cherchant combien il en entre au marc, on trouve qu'il faut 8 écus & 3 dixièmes d'écu pour composer le marc; il résulte de là, que le marc des écus est donné au public pour 49 livres 16 sous, ce qui est au delà de la valeur; car n'étant qu'à 10 deniers 22 grains, leur valeur intrinsèque n'est que de 46 livres 14 sous 5 deniers; partant, pour aller à 49 livres 16 sous, qui est la valeur qu'il a plu au roi de leur donner, il y a 3 livres 5 sous 6 deniers $\frac{1}{2}$, qui est ce que le roi prend par marc d'écus, tant pour frais de fabrication que pour son droit de Seigneuriage; ce qui se prouve ainsi : il faut diviser les 51 livres 3 sous 3 deniers, qui est le prix de l'évaluation, par 12, pour savoir ce que vaut le denier de fin; par ce calcul, on trouve qu'il vaut 4 livres 5 sous 3 deniers, qu'il faut diminuer de 51 livres 3 sous 3 deniers; à quoi ajoutant 4 sous pour les 2 grains qui manquent des 11 deniers, cela fait en tout 4 livres 9 sous 3 deniers qu'il faut soustraire de celle de 51 livres 3 sous 3 deniers; partant, restera 46 livres 14 sous 5 deniers, qui est la valeur intrinsèque du marc des écus à 10 deniers 22 grains.

Il paroît, par l'état des revenus portés au trésor royal, qui est annexé au compte rendu au roi par M. Necker, directeur général des finances, au mois de janvier 1781, que le droit de Seigneuriage produit annuellement au roi 500 mille livres.

SEING-PRIVE. C'eſt une ſignature qui n'a point été faite en préſence d'un officier public. Voyez *actes ſous Seing-privé.*

Fin du tome cinquante-ſeptième.

CORRECTION.

TOME XLVI.

Page 523, ligne dernière, pag. 431, *lisez* 479 & 480.

www.ingramcontent.com/pod-product-compliance
Lightning Source LLC
Chambersburg PA
CBHW060906220326
41599CB00020B/2865

* 9 7 8 2 0 1 2 7 6 7 8 4 3 *